复旦哲学·中国哲学丛书

吴震 郭晓东 主编

视域交汇中的经学与家礼学

上

复旦大学哲学学院资助成果

复旦大学哲学学院天合复旦本元文化基金

上海市教育委员会科研创新计划重大项目（2017年度）
"东亚地域《朱子家礼》文献整理及其思想研究"
（项目号 2017-01-07-00-07-E0004）

目 录

礼学与经学

宋代新儒学与经典世界的重建　吴　震（复旦大学）　3

《仪礼》重要仪节中的几席位向　叶国良（山东大学）　31

"礼崩乐坏"新论
　　——兼论中国礼乐传统的连续性　杨　华（武汉大学）　57

从儒家的"违礼"到法家的"违法"：
　　阐释《论语》"其父攘羊"的语言、礼制与历史意义
　　　　周启荣（美国伊利诺州立大学）　83

人神之际：古代中国五帝祭祀的变迁　汤勤福（上海师范大学）　111

从《儒行》到《儒效》：
　　先秦儒学的发展与转折　刘　丰（中国社会科学院）　165

《礼记》中的生活规范与政治秩序　朱　承（上海大学）　193

禘、祫再考　陈　徽（同济大学）　229

亲亲、尊尊与周礼的精神基础
　　——兼及其与儒家人道中人伦与仁义的关系
　　　　陈　赟（华东师范大学）　257

论汉儒关于宗庙迭毁争论中的亲亲与尊尊问题　曾　亦（同济大学）　287

郑玄论"圆丘"礼　陈壁生（清华大学）　311

郑玄《中庸注》的注释特色　唐明贵（聊城大学）　334
非礼之礼
　　——论晋代反向为后中的妾母服制　黄　铭（重庆大学）　353
关于唐代明堂礼的一些问题　吴丽娱（首都师范大学）　373
论宋代《周礼》学的学术价值　夏　微（西南财经大学）　413
南宋大礼卤簿制度及其实践　朱　溢（复旦大学）　430
朱子礼学思想发微
　　——以篚和冪尊疏布巾为例　王志阳（武夷学院）　450
理学的知识考古
　　——以敖继公《仪礼集说》为中心　何　俊（复旦大学）　476
明清之际浙西地区的行礼团体及其论礼　何淑宜（台北大学）　502
程瑶田礼学的心性学基础　吴　飞（北京大学）　527
论陈立对《春秋》"王鲁"说的发挥　郭晓东（复旦大学）　553
清代礼学研究的复盛和礼书编撰的兴起　苏正道（西南财经大学）　573
清人经典诠释的取向及特色
　　——以"三礼"诠释为中心的考察　潘　斌（西南财经大学）　604
明清时期实践礼学的兴衰：
　　一种基于版本数量的考察　徐到稳（中国社会科学院）　631
"礼让"传统的发明
　　——乾嘉汉学的礼义之维　刘增光（中国人民大学）　646

东亚家礼学

从《仪礼》士丧礼看《书仪》和《家礼》
　　对宋代士庶丧礼的损益和革新　徐　渊（同济大学）　673
《茗洲吴氏家典》：明清徽州《家礼》实态探析　徐道彬（安徽大学）　697

重寻"吾礼之柄":

  丘濬《文公家礼仪节》的文本生成理路 姚永辉（杭州师范大学） *730*

汪绂《六礼或问》与清代朱子《家礼》学 王献松（安徽大学） *760*

佐藤一斋的《哀敬编》初探

  ——日本阳明学与朱子学的交融 ［日］吾妻重二（关西大学） *782*

近世日本丧葬礼仪的实践与转化 田世民（台湾大学） *798*

崎门派"家礼"实践与近世日本社会 ［日］松川雅信（日本学术振兴会） *808*

佐久间象山和《家礼》 韩淑婷（日本九州大学） *828*

朝鲜初期反映于国家典礼书中的《家礼》 ［韩］朴润美（延世大学） *845*

朝鲜朝后期变礼书的发展：

  以《礼疑类辑》为中心 ［韩］张东宇（延世大学） *866*

朝鲜后期庶孽宗法地位的弱化及其原因 ［韩］金镇佑（东国大学） *905*

朝鲜本《家礼》之形成及其特征 ［韩］郑现贞（延世大学） *924*

朝鲜中期对《家礼》的考证及补正：

  以《家礼辑览》为中心 ［韩］韩在壎（延世大学） *940*

朝鲜后期《四礼》的典型：

  以《四礼便览》为主 ［韩］金允贞（韩国学中央研究院） *955*

朝鲜后期《家礼》的活用：

  《国朝丧礼补编》与《林园经济志》为中心 ［韩］李俸珪（仁荷大学） *975*

朝鲜后期代替《家礼》的新定式：

  以《四礼家式》为主 ［韩］全圣健（国立安东大学） *1006*

越南汉喃家礼书籍研究：

  版本与特征 ［越南］武越鹏（越南汉喃研究院） *1016*

后　记 *1041*

礼学与经学

宋代新儒学与经典世界的重建

吴 震（复旦大学）

10世纪以降宋代新儒学的兴起堪称中国思想发展史上的"一大事因缘"（陈寅恪语），在哲学文化等诸多领域，它不仅赓续先秦儒学之传统而且对近现代新儒学又有一定开启之功。当然，宋代新儒学不是一夜之间突然降临的产物，它不仅要回应佛道两教的冲击，同时也要面对汉唐经学、魏晋玄学的思想资源，经过一番有选择性的批判转化，将其中的有益资源化作复兴儒学的养料。

无疑地，在中国文化的大传统中，儒家经典构成了重要的文化载体，自先秦以来任何时代的儒学家在思想传承或创造的过程中，都无法将自身置于"经典世界"之外而另辟捷径便可望收获成功。事实上，如果我们以"唐宋变革"为视域，将眼光从外部的佛老或玄学转至儒家文化传统的内部，那么，我们就会发现中唐以来经学传统发生的种种嬗变竟为宋代新儒学最终实现"思想突破"提供了重要的内在契机；作为训诂注疏之学的传统经学不得不面临一场诠释典范的转移，从而发生"经学理学化"的诠释学转向，而这一关涉经学诠释方式的思想转化不仅意味着传统经学将面临被超越的挑战，更重要者，必将导致重新改写整个儒家"经典世界"的知识版图,换言之,唐宋之际儒学复兴其实又是一场重建儒家"经典世界"的文化运动。

一、唐代经学的嬗变与儒学复兴

从历史上看,儒家经典的"六经"系统承续了"轴心突破"时代自商周以来的历史文化传统,并在孔子时代就已初步成型,自此以往,儒家经典不仅型塑了中国文化的知识系统,而且构成了中国传统文化的重要"基因"。然而,由经典转化出"经学"这一知识形态,则始于西汉初年。一般而言,武帝时期自元光元年(前134)开始推行的"罢黜百家,表章六经"(《汉书·武帝纪赞》)等一系列文化政策,标志着经学进入了"昌明时代"。[1] 不过,经学的真正确立则要追溯至汉武帝建元五年(前136),该年创立的"五经博士"制度意味着经学逐渐成为政治文化的意识形态基础获得了制度上的保障。

从知识类型学的角度看,自西汉刘向、刘歆的《七略》《别录》,到魏晋南北朝之后逐步形成的四部分类法,"经"就一直在不同知识类型中占据首要地位,直至18世纪中期的清代在编纂《四库全书》之际仍然保持着这一知识形态的基本观念。然而,如果我们摆脱知识分类学的审视方法,而就思想学术史的角度看,按照宋代道学家的一般看法,无非存在三种不同的思想学术形态:训诂之学、词章之学以及义理之学(程颐语);依此,则在经学内部便已

---

[1] 皮锡瑞:《经学历史》,北京:中华书局,2012年,第40页。

存在这些不同形态的学术之争,特别是到了宋明新儒学的时代,由于对经学诠释的视域发生了转变,有关经学的训诂方法与义理诠释之间便引发了长期的冲突与争辩,如何运用义理之学的新方法来重新解读乃至重构经学,便成了新儒学所面临的一场思想挑战。就结果而言,这场挑战意味着新儒学对传统经学的"思想突破",实现了化经学为理学的转型。

但是,为了进一步考察"思想突破"的发生及其经过,有必要从汉唐经学若干演变的思想迹象说起。无疑地,就经学内部的构造看,其中涉及唐虞三代至春秋时期的思想文化,包括政治、典章、礼法、历史、宗教以及文学等诸多方面。经两汉时期,随着"今文经学"与"古文经学"的交替出现、彼此折冲,最终融合为一整套经学知识体系。不过,两汉经学特别讲求师法传承,重视文字训诂,在型塑中国古代知识系统的同时,在方法上却不免陷入饾饤之学的窠臼,甚至有人为注解《尚书·尧典》一篇,竟花费了"十万余言",或为解说"曰若稽古"一语而竟用了"三万言",[2]以致于经学逐步演变成一种繁琐哲学,难怪根据程颐的转述,韩愈有"汉儒补缀,千疮百孔"的讽刺,程颐自己更是直接批评汉儒经学"只是以章句训诂为事,且如解'尧典'二字,至三万余言,是不知要也。东汉则又不足道也"。[3]

及至隋唐之际,经学发展迎来了一波小高潮,出现了总结以往经学研究成果的发展趋向,于是便有了唐初贞观年间孔颖达(574-

---

2 桓谭:《新论》卷九《正经》,北京:中华书局,2009年,第38页。
3 《程氏遗书》卷十八,《二程集》,北京:中华书局,1981年,第232页。

648）等人编纂的《五经正义》共一百八十卷的辉煌成果，意味着经学定于一尊的学术局面得以形成。此后又经过陆续增修，合为"九经"。至唐文宗（826-840在位）时期，又增《论语》《尔雅》《孝经》而成"十二经"，并于开成二年（837）完成了"开成石经"的雕刻，置于学宫，悬为科令。至此，汉唐各家经学注疏终于迈入所谓的"统一时代"，[4] 即意味着在知识上形成了一套庞大的经学体系，同时也意味着在政治上获得了经学意识形态的支撑。

不过，就在庞大经学文献展开整理的同时，经学研究的风气则随着唐代中期古文运动的兴起，开始悄然发生了转变。这一转变的发生大致始于唐代宗大历年间（766-779），与此前的"安史之乱"而导致整个唐代社会格局的剧烈变动有一定的关联。以下一段记载最为典型地反映了当时的这股学术新动向，"助（啖助）、匡（赵匡）、质（陆质，即陆淳）以《春秋》，施士匄以《诗》，仲子陵、袁彝、韦彤、韦茝以《礼》，蔡广成以《易》，强蒙以《论语》，皆自名其学"。[5] 这批经学家在经学各个领域开创了摆脱章句之学而注重经典"文义"的研究新风气，值得关注。以下我们就以啖助等人的"春秋学"为例，对此新风气的形成及其特质略作考察。

根据陆淳（后改名质）《春秋集传纂例》等记载，有关啖助（724-770）、赵匡（生卒不详）与陆淳（?-805）三人的春秋学转述经过及其思想特色大致可概括如下：首先是啖助历时十年，"集三传，释《春秋》"，将《左传》《公羊》《穀梁》三传打通，经赵匡

---

[4] 皮锡瑞：《经学历史》，第135页。
[5] 欧阳修、宋祁：《新唐书》卷二〇〇《啖助传》，北京：中华书局，1975年，第5707页。

的增补和删订，终至陆淳而集大成，于大历乙卯（775）完成《春秋集传纂例》十卷，[6] 而《纂例》也代表中唐春秋学研究的巅峰；继而陆淳又陆续撰述了《春秋集传微旨》和《春秋集传辨疑》，阐释啖助、赵匡有关《春秋》的解经思想，将"从宜救乱""以明王道""立忠为教"认定为《春秋》的思想宗旨，突出了《春秋》一经在政治、哲学以及伦理上的思想意义。

归结而言，啖助一系的解经思想重在义理和融贯，认为经典中的"道"可与人的心灵打通，而经典中的"理"则普遍存在于事物之中，提出了"其道贯于灵府，其理浃于事物"[7] 的观点，强调从《春秋》当中可以重新发现儒家圣人之"道"和事物客观之"理"。而且三人的《春秋》学都表现出强烈的怀疑精神，首次对所谓"三传"的作者左丘明、公羊高、穀梁赤提出了大胆的怀疑；同时，也对杜预的名著《春秋左传集解》的"义例"表达了质疑，而这种怀疑精神实开唐宋之际疑古辨伪的风气之先。[8]

当然，啖助等人的春秋学研究未鸣于当时，经由宋初孙复、刘敞的提倡，而得以重见天日，并广受推崇，如朱子便断然肯定"赵、啖、陆淳皆说得好"，[9] 甚至到了元代，朱子后学吴澄（1249-1333）仍然不忘啖、赵、陆三人在经学史上作出的"信经驳传"的

---

[6] 陆淳：《春秋集传纂例》卷一《修传终始记》，《儒藏精华编》第90册，北京：北京大学出版社，2016年，第27页。

[7] 陆淳：《春秋集传微旨》卷上，《影印文渊阁四库全书》第146册，台北：台湾商务印书馆，第538页。

[8] 姜广辉主编：《中国经学思想史》卷二，北京：中国社会科学出版社，2003年，第793-795页。

[9] 朱熹：《朱子语类》卷八十三，北京：中华书局，1986年，第2151页。

重要功绩:"唐啖助、赵匡、陆淳三子,始能**信经驳传**,以圣人书法纂而为例。得其义者十七八,**自汉以来,未闻或之先**。"[10] 从理学家的这类评价可以看出,中唐经学已非唐初旧貌,足可引为宋初新经学兴起之奥援,成为催动宋初"疑经改经"思潮的一股助力。

总之,中唐时期儒学初露复兴之迹象,实有赖于两股运动之力量的合推,一是以韩愈(768-824)、柳宗元(773-819)为首的古文运动,其接力者则有李翱(772-841)等人,对佛老之学进行了全面批判,旨在重建久已失传的儒家"道统";第二就是以啖助、陆淳等人为首的经学家在经学领域展开的"信经驳传"以及重建经学"义例"的经学运动,对汉唐思想主流的传统经学阵营打开了一个缺口,由此释放出儒家经典系统有必要进行重新审视乃至全面重组的信息。

二、宋初经学运动与理学化转向

唐宋之际的儒家学者首先必须面对的是如何从整体上对汉唐经学进行批判性的审视和总结,宋初"三先生"之一的孙复(992-1057)对孔子以后的"经学史"提出了一个总体性的判断,意味深长:

> 孔子既没,七十子之徒继往,**六经之旨郁而不章**也久矣。加以秦火之后,破碎残缺,多所亡散。汉魏而下,诸儒纷然而出,争为注解,俾我**六经之旨**益乱,而学者莫得其门而入。观夫闻见

---

[10] 转引自皮锡瑞:《经学通论》,北京:华夏出版社,2011年,第435页。

不同，是非各异，骈辞赘语，数千百家不可悉数……又后之作疏者，无所发明，但委曲踵于旧之注说而已。[11]

这无疑是对汉代经学注疏传统的一项指控，认为汉魏以来尽管出现了各种经学注解，但实质上，却导致了"六经之旨"紊乱不已的严重后果，在观念上陈陈相因而"无所发明"，尽管表面上出现了"数千百家不可悉数"的繁荣景象，然而在思想上反而被"旧之注说"所笼罩。需指出的是，上述看法并非孙复个人的一己之见，而是在相当程度上，反映了宋初思想界将儒学没落归因于汉唐经学的一般看法，特别是孔子之后"六经之旨郁而不章"的思想状况，正是宋初以降儒家知识人自觉必须进行"思想突破"的主要对象。

比如以下几例也可说明这一点。欧阳修（1007-1072）就认为汉儒经说"残脱颠倒"，遂致"异说纷起"；[12]而张载（1020-1077）也指出汉儒泥于章句，"不知反约穷源"，[13]缺乏对"性命之学"的根本关注；同样，王安石也对汉唐经学相当不满，认为其特质在于**"章句之文胜质，传注之博溺心"**，导致"淫辞陂行"畅行而儒学的"妙道至言"却反而湮没不彰的格局。[14]

至此可见，宋代新儒家的确是从反拨汉唐经学的注疏传统找

---

11 孙复：《孙明复先生小集·寄范天章书二》，《儒藏精华编》第205册，北京：北京大学出版社，2014年，第15页。
12 欧阳修：《欧阳修全集》卷四十八《问进士策三首（一）》，北京：中华书局，2001年，第673页。
13 张载：《张载集·与赵大观书》，北京：中华书局，1978年，第350页。
14 王安石：《王安石全集》，《临川先生文集》卷五十七《除左仆射谢表》，上海：复旦大学出版社，2016年，第1080页。

到了思想突破口，他们意在扭转汉唐经学注疏致使儒家义理之学不传的思想现象。但另一方面，义理之学的建构又不能抽离于经典之外，经学仍然是义理之学得以生存的文本基础，因此关键在于：欲摆脱汉唐经学的"旧之注说"之同时，又如何重建经学传统以及经典系统？这才是摆在宋代新儒家面前的思想课题。

概括而言，宋代新儒学回归经典的创新，表现为宋初"疑经改经"思潮的出现，最终导致"新经学"的形成。[15]陆游（1125-1210）的一句话可以充分印证北宋疑经思潮已成泛滥之势："唐及国初，学者不敢议孔安国、郑康成，况圣人乎？**自庆历后，诸儒发明经旨，非前人所及**；然排《系辞》，毁《周礼》，疑《孟子》，讥《书》之《胤征》《顾命》，黜《诗》之序，不难于议经，况传注乎？"[16]

这里的"庆历"系指宋仁宗庆历年间（1041-1048），而其所述庆历后的一系列疑经现象，延续至宋神宗熙宁年间（1068-1077），就在范仲淹（989-1052）和王安石（1021-1086）分别主导的庆历新政和熙宁变法的政治运动中，在经学文化领域也相应发生了巨大的变动，其表征之一就是敢于怀疑经典，参与者大致有范仲淹、欧阳修、胡瑗、孙复、石介、李觏以及王安石、苏轼、司马光等人，道学人物张载、二程当然更是这场疑经改经运动的主将。所以程颐竟有"本朝经术最盛，只近二三十年来议论专一，使人更不致思"[17]的感叹。这里的"经术最盛"，大致指宋初至庆历年间，所谓"近二三十年来"则应当指熙宁年间发生的思想新动向，促成了经

---

15 参见叶国良：《宋人疑经改经考》"前言"，台北：台湾大学出版委员会，1980年。
16 引自王应麟：《困学纪闻》卷八《经说》，上海：上海古籍出版社，2008年，第1095页。
17 《程氏遗书》卷十八，《二程集》，第232页。

学议论趋向"专一"的局面。

不过若就宋初经学运动而言,活跃于南宋高宗绍兴年间(1140年代)的吴曾有一个说法值得注意:"**庆历以前,学者尚文辞,多守章句注疏之学。**至刘原父为《七经小传》,始异诸儒之说。王荆公修《经义》,盖本于原父云。"[18] 这个说法具体指明了刘原父即宋初经学家刘敞(1019-1068)才是开宋初疑经风气之先的代表人物,其代表作就是《七经小传》。这部作品为议经之作,对传统的"旧之注说"多有突破。根据吴曾的说法,王荆公即王安石的《三经新义》其实所继承的便是刘敞的《七经小传》的议经风格。显然,吴曾之说反映了庆历前后在学术界出现的疑经改经风潮已呈推波助澜之势。[19] 南宋末年王应麟的观察也进一步印证了这一点,他指出:"自汉儒至于庆历年间,谈经者守训故而不凿,《七经小传》出而稍尚新奇矣。至《三经新义》,视汉儒之学若土梗。"[20] 以上对宋初新经学的形成过程的大致描述应当是确切的,至于其中的具体过程以及案例,此不赘述。

问题是,宋初经学运动中的这股疑经改经风潮是否对熙宁前后北宋中期的道学思潮产生了某种程度的助推作用?换种说法,疑经改经风潮是否与道学思潮中的"经学理学化"[21]现象有着某种思想史的关联?须指出的是,若从道学视域出发来审视宋初以来的经学

---

18 吴曾:《能改斋漫录》卷二,《全宋笔记》第五编第三册,郑州:大象出版社,2012年,第35页。
19 杨世文:《宋代疑经思潮研究述评》,《宋代文化研究》2003年第12辑,第384页。
20 《困学纪闻》卷八《经说》,第1094页。
21 所谓"经学理学化",是新近出现的一种说法,用以概括宋明理学时代的经学特色,参见姜广辉主编:《中国经学思想史》卷三上,第10页。

运动，那么我们可以发现，伴随着疑经改经风潮的出现，连带着有关传统的经学注疏方式也开始发生动摇，逐渐被理学化的诠释方式所取代。这里，我们以程颐为例，对上述问题稍作进一步的考察。

程颐（1033-1107）与其兄程颢（1032-1085）被认为是宋代道学的真正开创者，他们对于传统知识形态的划分以及儒学在其中的定位，已有一种高度自觉，按程颐的说法，学术类型无非就是三种：文章之学、训诂之学与义理之学，他指出："今之学者，歧而为三：能文者谓之文士，谈经者泥为讲师，**唯知道者乃儒学也**。"[22] 这是说，相对于文章和经术，唯有对"道"的真正把握才称得上是儒学。程颐指出：

> 后之儒者莫不以为文章、治经术为务，文章则华靡其词、新奇其意，取悦人耳目而已。经术则解释辞训，较先儒短长，立异说以己工而已。如是之学，果可至于道乎？[23]

这里所谓"后之儒者"的情形，当就汉唐儒学的思想状况而言。在程颐看来，传统经学已沦为专事于文字训诂的"经术"，无法通达儒家之"道"。故而在经学上有必要将"道"与"术"进行区别，进而扭转汉唐经师"牵于训诂"的偏向，并对传统经学作出创造性转化。

问题在于：训诂之学与义理之学的关系究竟如何把握？也就是

---

[22]《程氏遗书》卷六，《二程集》，第95页。
[23]《程氏外书》卷六《为家君作试汉州学策问三首》，《二程集》，第580页。

说，一方面，须脱出传统经学的窠臼，始有重建理学的可能；另一方面，理学的建构绝非空中楼阁，而须以经典诠释为基础。于是，便衍生出经典与义理的先后本末的关系问题。对此，程颐有一段表述足资参考：

> 古之学者，**先由经以识义理**。盖始学时，尽是传授。后之学者，却**先须识义理**，方始看得经。如《易·系辞》所以解《易》，今人须看了《易》，方始看得《系辞》。（一本云："古之人得其师传，故因经以明道。后世失其师传，故非明道，不能以知经。"）[24]

表面看，程颐似乎主张当今学者应当"先须识义理，方始看得经"的正当性，而无法仿效"古之学者"的那种"先由经以识义理"的为学方法。然而根据此段文字末尾所附"一本云"的记述，程颐强调了"读经明道"与"因经明道"这一由来甚旧的经学常识。故可推断，在程颐看来，"后之学者"的先明义理而后读经的方法虽然可取，但在原则上，依然是"古之学者"的读经以明义理的方法更为根本。也正由此，程颐主张"今人"须先读《易》经，然后才能看《易传》的《系辞》，这才符合"因经明道"的原则。至于"先须识义理，方始看得经"的读经取向只是"后之学者"的一种变通之法。

至于这种变通之法则可以根据经典的不同而加以灵活运用。例

---

[24]《程氏遗书》卷十五，《二程集》，第 164-165 页。另参看《程氏遗书》卷二上，《二程集》，第 13 页。

如《春秋》一书所记史实非常芜杂，对其中的是非判断便须另有一个义理标准，这就有赖于"穷理"方法以便"先识得个义理"，程颐指出："**先识得个义理，方可看《春秋》。**《春秋》以何为准？无如《中庸》。欲知《中庸》，无如权，须是时而为中。……权之为言，秤锤之义也；何物为权？义也。"[25] 这段话颇值玩味，其推论的步骤环环紧扣：首先须"识得个义理"，然后才能"看《春秋》"；而对《春秋》而言，其义理标准就在于《中庸》一书；这是因为《中庸》强调的"权"之观念，便是"秤锤之义"——即标准之义；故结论便是欲明"义理"，须先读《中庸》以把握"义"的标准，拥有了有关"正义"或"道义"的义理观念，然后才可读《春秋》——意谓才能对史书记载的是非曲折作出正确的判断。显然这是要求打通《中庸》与《春秋》，在经学史上，这叫作"以经释经"的方法，其实是经典诠释的一种传统方法。

应当说，上述程颐的经学观点在宋代新儒学具有相当的普遍性。须指出的是：程颐经学观的核心主张是义理与经典同样重要，读经以明义理与先明义理而后读经的两种方法是可以互相含摄的，但是方法不等于目的，就目的而言，应以追求"义理"为终极目标。也正由此，我们才能了解程颐为何强调义理之学远高于训诂和词章之学，同时也可了解程颐解《易》为何以义理为标准的缘由了。事实上，程颐的义理《易》便是经学理学化的典型，甚至对宋明理学不无微词的清初大儒顾炎武（1613-1682）对程颐《易传》也称赞备至："昔之说《易》者，无虑数千百家，如仆之孤陋，而

---

[25]《程氏遗书》卷十五，《二程集》，第 164 页。

所见及写录宋人之书亦有十数家,有明之人之书不与焉,然未见有过于《程传》者。"[26]

当然,若要讲"经学理学化",那么,朱子的经学研究应当最具代表性。朱子尽其一生,几乎遍注群经,特别是其《四书集注》开创了一套"四书学"的新经典,而且朱子几乎是花费了毕生的精力致力于完成并不断修改自己的四书研究,由二程提倡的四书研究到了朱子手上才最终定型和完成,并成为宋元明清时代的经学新典范。

三、新经典与"四书学"的系统重建

由上所述,宋儒所谓的义理之学其实是对传统解经方式的一种思想突破,不过,义理仍须以经典文本作为基础。因此,如何重建经典便与重建经学诠释典范构成了密切关联。新儒学运动从汉唐经学那里着手思想突破之际,便开始意识到儒家传统经典需要作出重新的安排,以便为复兴儒学奠定文本的基础。就结果言,从"五经"之外,另建一套"四书"系统,这是宋代道学开创之初便已成为一项重要的思想工作,其始作俑者无疑是道学奠基者二程,及至南宋朱子才完成了集大成的事业,成功地建构起一套"四书五经"的新经典系统,其中"四书"系统的重建尤为关键。

《大学》和《中庸》原本是《礼记》这部经典中的篇目,从中抽出而成为新经典,必须做一番重新改定的工作,但其本身已是

---

[26]《顾亭林诗文集》,北京:中华书局,1983年,第42页。

"经部"当中的经典这一事实则不容置疑。问题是,《孟子》一书在历史上向来归属于"子部",它是什么时候完成了由"子"升"经"的过程,此即所谓"《孟子》升格运动",[27] 则经历了一番曲折的过程,而此过程又折射出宋代新儒学的一种思想取向。

《孟子》早在汉文帝时,就被列为"传记博士"之一,东汉时赵岐也为之作注。不过,长期以来孟子只被视作一般的儒家学者,而其书也一直厕身子部。揭开所谓"孟子升格运动"序幕的,当属韩愈。韩愈在《原道》中说的"轲之死,圣人之学不传"这句话在某种意义上可谓是启动了孟子升格的按钮,《孟子》也由是进入新儒家的视野。但迟至9世纪唐文宗朝,"十二经"中仍未见《孟子》踪影。入宋以后,经孙复、石介、二程、张载特别是王安石的大力推崇,《孟子》终于在徽宗宣和年间(1119-1125)首次被刻成石经,列入"十三经"。至于孟子从祀"孔庙"并被封为"亚圣",则迟至元至顺元年(1330)才得以实现。

同样,《大学》与《中庸》从《礼记》中独立出来而成为经典,也经历了漫长的过程。北宋司马光就注意到《大学》的重要性,撰写了《大学广义》。几乎同时,二程也先后对《大学》章节和文字进行了删改和厘定,完成了改本工作。程颢认为《大学》乃"孔氏遗书",[28] 须由此进学。程颐也认为"入德之门,无如《大学》",[29] 并且强调儒家的修身实践"当学《大学》之序。《大学》,圣人之完

---

27 周予同:《周予同经学史论·群经概论》,上海:上海人民出版社,2010年,第190页。
28《程氏遗书》卷二上,《二程集》,第18页。
29《程氏遗书》卷二十二上,《二程集》,第277页。

书也"。[30]

在继承二程思想的基础上，朱子为《大学》结构重建了一套经传系统，认为全书由经一章和传十章所组成，指出："经一章，盖孔子之言，而曾子述之。其传十章，则曾子之意而门人记之也。"[31]其中，由于"格物"一章缺乏对应的《传》文，故朱子另撰了一篇128字的"格物补传"作为补充。经过朱子重建的《大学》以"章句"形式出现。其经传体系纲举目张，其中"明明德""新民"和"止于至善"是为学之纲领，而从格物、致知、正心、诚意到修身、齐家、治国、平天下的八条目则构成了进学之工夫次第，合称为"三纲领八条目"，构成了《大学》一书的总纲。

至于《中庸》，《汉书·艺文志》《隋书·经籍志》都有单篇著录的注解书，但其真正受到儒门的重视则始于唐代李翱，他的"灭情复性"说便有取于《中庸》的性情立场，清初朱彝尊《经义考》引宋末黄震之说《中庸》至唐李翱始为之说"，[32]当为信史。不过，从理学史的角度看，《中庸》哲学化的进程当始于宋代范仲淹、胡瑗、二程、张载、司马光、吕大临和张九成等人，特别是二程对《中庸》都撰有相关著作，对朱子的四书学建构产生了重要影响。

按照《宋史·道学传》的说法，二程"表章《大学》《中庸》二篇，与《语》《孟》并行"，[33]但这并不意味着二程时"四书学"已经形成。但不可否认，二程为"四书学"的形成奠定了重要的思想

---

30 《程氏遗书》卷二十四，《二程集》，第311页。
31 朱熹：《大学章句序》，《四书章句集注》，北京：中华书局，1983年，第4页。
32 朱彝尊：《经义考》，台北："中央研究院"中国文哲研究所，1999年，第141页。
33 脱脱等编：《宋史》卷四二七《道学传》，北京：中华书局，1985年，第12710页。

基础。朱子就指出:"河南程夫子之教人,必先使之用力乎《大学》《论语》《中庸》《孟子》之书,然后及乎'六经'。"³⁴ 显然,二程已经注意到"四书"的重要性,并强调在为学次序上"四书"相对于"六经"的优先性。当然,二程虽然重视《学》《庸》《语》《孟》,却没有发明"四书"这一概念,而"四书学"的真正确立则应以朱子《四书章句集注》为标志。

《四书集注》固然汲取了很多前儒的研究成果,但其撰述和修订也经历了一个漫长的过程。大致而言,朱子先汇聚诸家之说,分别编订各书之《集解》或《集说》;³⁵ 进而以二程解释为主,兼采宋儒各家诸说,形成《要义》《精义》或《集义》;在此基础上,进一步改订,以自己的义理解释为主,撰成《章句》《集注》,最后付梓刊行。从年代上说,从高宗绍兴二十九年(1159)、三十年(1160)初成《论语集解》《孟子集解》;乾道年间(1166-1171)撰成《大学》《中庸》两部的《章句》及《集说》;淳熙年间(1175-1176)完成《四书章句集注》的修订;光宗绍熙三年(1192),《四书章句集注》付印于江西南康,史称"南康本";庆元五年(1199)经修订而付梓于建阳,成为《四书章句集注》的最终定本。³⁶ 可见,《四书集注》的成书几乎花去了朱子毕生的精力,甚至在去世前一个月,朱子仍在不断修改《大学章句》。

单从书名上看,《四书章句集注》似乎仍然延续了汉唐经学的

---

34 朱熹:《晦庵先生朱文公文集》卷八十二《书临漳所刊四子后》,《朱子全书》第24册,上海:上海古籍出版社,2010年,第3895页。
35 束景南:《朱熹年谱长编》,上海:华东师范大学出版社,2001年,第248、297页。
36 参见周春健:《宋元明清四书学编年》"代序:《四书》的结集与定名",台北:万卷楼图书股份有限公司,2012年,第6-8页。

章句训诂的传统，但事实上，其内容结构已全然不同：第一注明字音和字义，第二释文句或概念之大意，第三引述前人（以二程等道学家的各种解释为主）的各种注释，第四以"愚按"或"按"的方式，提出自己的独到见解。根据这种别具新意的结构安排，可以说朱子四书学在形式上打破了以往经学的章句注疏体而开创了一种"新章句"体，在思想上则将道学理论融化于经典诠释之中，实现了义理与经典的内在统一，从而使《四书集注》既在一定程度上保持了经学的著述体例，又在学术内容上表现出建构道学话语及其哲学体系的思想特征，使得《四书集注》成为经学理学化的典范之作。

归结而言，《四书集注》在整体上表现出三个方面的特点：第一，朱子注重文字训诂的经学规范，但保持了相当的克制，竭力避免繁琐的文字考据之类的工作；第二，朱子的"四书"注释突出文本的思想性和义理性，有时为了解释其中的一个概念，甚至不惜打破注疏的格套（如疏不破注），使用道学概念进行深化的哲学解读；第三，朱子的"四书学"诠释具有非常重要的自觉意识——即自觉继承二程以来的洛学传统，故不惜用大量篇幅，引述二程一系的道学解释，兼采张载、范祖禹、吕希哲、吕大临等九家之说，构成了一套严密的道学义理系统。总之可以说，朱子"四书学"建构了道学意义上的"经典世界"。

《四书集注》的出版标志着"四书学"体系的最终完成，随着《四书集注》被列入学官，并于元代皇庆二年（1313）恢复科举之际，被制定为科举考试的文本典范，于是，"四书"在元明清知识界产生了覆盖性的深刻影响，其重要性甚至逐渐超越"五经"。从此之后直至19世纪末,"四书"成为中国知识人的必读书籍,奠定了中国近世社会的知识、思想和文化的基调,而且对东亚世界也产生了广泛影响。

四、"以理释礼"与"家礼学"的建构

在新儒家重建经典的过程中,"礼学"重建也是其重要议题。然而相较其他经典,礼学经典有一重要特点,正如《礼记》所云"礼,时为大",意谓具体的礼仪制度应当与时俱进而不能一成不变,应随着时代的变化而做到变通损益,这一损益思想正是孔子礼学的重要精神。

历来以为周代以来流传下来的《仪礼》《周礼》和《礼记》体现为士人社会以及国家朝廷的礼制。汉代以降,经学意义上的礼学研究虽然日益精深,但儒家传统礼学却出现了与一般社会日益脱节的现象,尤其是随着宋代新儒学的兴起,新儒家更是意识到作为家庭伦理的礼仪规范的缺失,故须根据损益原则来重新制定一套适用于一般家庭、打通士庶两层的礼仪规范,以改变历来只重视士人以及王公贵族的礼制设定的偏向。这是宋代新儒学面临的一项新课题,其结果便出现了有些学者所主张的所谓"礼下庶人"的礼学新动向。

然而,"礼下庶人"并不是一个严格意义上的说法,只是用来描述宋以后儒家礼学思想加速了社会化和世俗化的进程。不用说,所谓"礼下庶人",原是针对"礼不下庶人"而言的,然而历来对该语的解释存在歧义。

"礼不下庶人"出自《礼记·曲礼上》，郑玄注"为其遽于事，且不能备物"，[37]意即由于庶人忙于生计，且由于经济原因而不能满足行礼的繁复要求。孔颖达《正义》沿袭郑说，并敷陈道："谓庶人贫，无物为礼；又分地是务，不服燕饮，故此礼不下与庶人行也。"[38]孔疏将"礼"解释为"燕饮"之礼，并强调由于庶人家贫而又忙于农事，无法备齐礼仪活动所需的器物，故"燕饮"之礼就不要求庶民参与。可见，孔颖达将"礼不下庶人"的"礼"作了很大程度的限定，也许他已经意识到，不是所有的"礼"都与庶民无关。另一方面，孔颖达又引述张逸（生卒不详）的解释作为补充："非是都不行礼也，但以其遽务不能备之，故不著于经文三百、威仪三千耳。**其有事，则假士礼行之。**"[39]这是说，庶民阶层并没有被完全排除在礼制之外，在某些情况下，庶民可以借用士礼的相关规定来完成行礼的需要。很显然，孔疏的解释已经发生了微妙的松动。

不过，从整体上看，郑注和孔疏在"礼不下与庶人行"的问题上，其见解基本一致，后世儒者也大多坚持这一观点。根据这个解释可以推论：商周以来的"仪礼"或"周礼"所涉及的"礼仪三百，威仪三千"[40]的礼仪制度以及《礼记》中的一些生活礼仪与庶民阶层基本没有任何关联；更重要的是，孔子强调的"人而不仁如礼何"（《论语·八佾》）、"道德仁义，非礼不成"（《礼记·曲

---

37 郑玄注、孔颖达疏：《礼记正义》卷二《曲礼上》，上海：上海古籍出版社，2008年，第101页。
38 同上书，第103页。
39 同上。
40 郑玄注、孔颖达疏：《礼记正义》卷六十《中庸》，第2032页。

礼上》)以及"立于礼"(《论语·泰伯》)、"齐之以礼"(《论语·为政》)等一系列观点主张也与庶民社会没有必然关联。不得不说,这里面存在重要的误读乃至误解。

事实上,"礼不下庶人"也许是商周时代的古礼沿袭下来的一种习惯,但是,到了孔子的时代,对此的理解已有了一些转变,例如在《孔子家语》中,孔子与其弟子就曾经有过讨论:

> 冉有问于孔子曰:"先王制法,使刑不上于大夫,礼不下于庶人,然则大夫犯罪,不可以加刑,庶人之行事,不可以治于礼乎?"孔子曰:"不然。凡治君子以礼御其心,所以属之以廉耻之节也……所谓礼不下庶人者,以庶人遽其事而不能充礼,**故不责之以备礼也**。"[41]

《孔子家语》的真伪虽历来有争议,不过现在根据出土文献的考证,基本可以相信这是西汉时期儒家学者的一部集体作品,其中不少内容的确反映了先秦儒学的思想。

根据上述孔子的解释,孔子首先反对"庶人之行事,不可以治于礼"的说法,至于"所谓礼不下庶人者",孔子的理解是:"以庶人遽其事而不能充礼",这应当就是上引郑玄注释的出典所在;但是,郑注和孔疏都忽视了孔子的下面一句话"故不责之以备礼也",这句话才是对"礼不下庶人"的重要解释。其意是说,对于庶人不以"礼"求全责备,而应略作变通,原因就在"以庶人遽其事而不

---

[41] 王肃编:《孔子家语·五刑解》,郑州:中州古籍出版社,1991年,第24页。

能充礼"的缘故。要之，礼不下庶人绝不意味着将庶人排斥在礼仪的要求之外，只不过相对于士人而言，对于庶人的礼仪要求应有所"减杀"（又作"降杀"）而已。

《孔子家语》的这段记录是否真实反映了孔子的礼学思想，或许有待他考，不过孟子有关"丧礼"的一个见解，应当源自孔子，而且有助于我们了解孔孟对"礼不下庶人"的看法，孟子说："诸侯之礼，吾未之学也；虽然，吾尝闻之矣。三年之丧，齐疏之服，飦粥之食，**自天子达于庶人，三代共之**。"（《孟子·滕文公上》）孟子强调"三年之丧"等礼制规定乃是"三代共之"的共法，值得注意。根据此说，至少在"丧礼"层面，礼不下庶人之说就不能理解为"礼不下与庶人行"，这也从一个侧面说明孔子反对将"礼不下庶人"解释成"庶人之行事，不可以治于礼"的说法是有依据的，因为"三年之丧"也正是孔子的主张，这就不必赘述了。

现在我们有必要从经学层面，对"礼不下庶人"作一番训诂学的考察。质言之，"下"对"上"言，本义是指"下达"或"下降"等意，此外，"上下"又有"尊卑"之意，"下"指减少或减杀。依此，"礼不下庶人"的整体意思，就可理解为：礼对庶人而言，可以有相应的减杀。朱子有一个说法可以加深这方面的理解，他指出：

> "礼，时为大。"使圣贤用礼，必不一切从古之礼。疑只是以古礼**减杀**，从今世俗之礼，令稍有防范之节文，不至太简而已。[42]

42《朱子语类》卷八十四，第2185页。

这段话讲的是圣贤制礼必根据世俗之宜作出相应的改变——即"减杀"的道理，表明的是"礼，时为大"的一般原则。

朱子更有具体的论述，他以衣冠之礼为例，指出应当根据不同阶层、不同场合而有不同的规定："天子之制当如何，卿大夫之制当如何，士当如何，庶人当如何，这是许多衣冠都定了，更须理会衣服差等。……齐斩用粗布，期功以下又各为**降杀**。……如此便得大纲正。"[43]据此，在冠礼层面，对庶人而言，也存在"礼不下庶人"——即必须有所"降杀"的可能性。至于南宋末年金华理学家邵囦（？-1276）的解释："夫不下庶人，犹曰不以庶人为下而使之废礼。"[44]这是对礼不下庶人的全新诠释，然而，其说不合经学训诂规范，此处不赘。

清代礼学家孙希旦（1736-1784）注意到朱子的"减杀"一词，并参酌孔疏引述的张逸"假士礼行之"之说，对礼不下庶人进行了既保守又略有新意的解释：

> 庶人非无礼也……而曰"礼不下庶人"者，不为庶人制礼也。制礼则士以上，《士冠》《士昏》《士相见》是也。庶人有事，**假士礼以行之**，而**有所降杀**焉。盖以其质野则于节文或有所不能习，卑贱则于仪物或有所不能备也。[45]

其解释的保守性，体现在孙希旦仍坚持"不为庶人制礼也"一句，

---

[43]《朱子语类》卷八十四，第2186页。
[44] 卫湜：《礼记集说》卷七《礼记解》，《影印文渊阁四库全书》第117册，第157页。
[45] 孙希旦：《礼记集解》卷四《曲礼上》，北京：中华书局，1989年，第81-82页。

以为这是"礼不下庶人"的本意；至于其解释略具新意，则是指其用"降杀"一词，承认礼制对庶人而言必须做出相应的减少，以此来解释礼不下庶人的涵义。不过，孙的理由是庶人"质野则于节文或有所不能习"以及"卑贱则于仪物或有所不能备"，这又回到了郑玄的立场。

由上所述，"礼不下庶人"的"礼"有特定的指向，并不意指整体的礼制，"下"是根据差等原则而应作相应"减杀"之意，而不意味着弃庶人于礼制之外。但是礼学的发展历史表明，自汉唐以来，有关礼制问题的思考往往停留在知识的层面，而缺乏将目光投向社会基层、一般家庭的礼制重建，则是毋庸置疑的事实。因此，围绕国家（王朝）和家族（宗族）这两个中心，将理学思想具体落实在礼仪制度层面，以重现儒家的家庭伦理，是新儒家的又一项重要议题。

这项议题的展开肇始于宋代道学开创之初，如张载、二程都有关于礼制方面的专著或专论，然而从理论与知识两个方面同时着手重建礼学，则非朱子莫属。朱子首先在理论上对何谓"礼"进行了明确的定义："礼者，天理之节文，人事之仪则也。"[46]并提出了"礼即理也"的命题：

> **礼即理也**，但仅谓之理，则疑若未有行迹之可言；制而为礼，则有品节文章之可见矣。人事如五者（引者按，即五伦），

---

[46]《四书章句集注》，第51页。

固皆可见其大概之所宜，然到礼上方见其威仪法则之详也。[47]

这是说，理不免抽象，其本身并无迹象可言，故须以礼的具体性始能将理呈现出来；但另一方面，礼的制定又须以理的精神为依据，礼作为一种行为法则必定根源于理才有可能。朱子的这一观念非常重要，成为其礼学思想的根基，而以理释礼的重要性表现为：一方面，礼经过一番抽象化，获得理的保证，另一方面，理又借助于礼而获得具体性。

须指出，尽管从语言形式看，"礼即理也"将礼与理加以直接的同一，不免导致礼的天理抽象化，如清儒便指责宋儒将礼从实际生活中抽离出来，坠入抽象玄谈之窠臼，其因在此。但从文本脉络来看，"礼即理也"强调礼与理相即不离的关系，而非观念抽象的同一关系。换言之，理的具体性表现为礼，礼的法则性表现为理。就此而言，可以说朱子"礼即理也"的命题具有重要的理论意义，赋予传统礼学以理学的依据，通过理学观念而为礼学奠定了理论基础，而绝非后人所指责的那样，礼即理便意味着以理代礼，遂使礼学发生空洞化的后果。

"礼即理也"的命题容易导致的另一误读是：由于"理"具有永恒性，因而作为理之体现的"礼"也就可能被视作是固定不易的东西。这种误读使礼丧失"以时为大"的时代性，容易导致唯古礼为是的复古主义。这种唯古为是的态度，显然与孔子的斟酌时宜、

---

[47]《晦庵先生朱文公文集》卷六十《答曾择之》第一书，《朱子全书》第23册，第2893页。朱子此说源自程颐"视听言动，非理不为，即是礼，礼即是理也。"（《程氏遗书》卷十五，《二程集》，第144页）

损益礼制的礼学精神是相违背的。对于孔子的损益原则，朱子有一个重要的解释："所因之礼，是天做底，万世不可易。所损益之礼，是人做底，故随时更变。"[48] 所谓"是天做底"的"所因之礼"，其意盖谓礼学思想具有代代相因的基本精神，这一精神是可以不断传承的。

但是，作为制度之礼却必须因应时代的要求而作出相应的改变，这一点同样重要。故朱子又说：

> **使有圣王复兴，为近日礼，怕必不能悉如古制**。今且要得大纲是，若其小处亦难尽用。[49]

由此可知，朱子不是复古主义者，更不是从天理抽象化一条道走到黑的本本主义者，而是一位充满现实意识的理性主义者。这一点在其礼学思想上表现得尤其明显。"礼即理也"只有置入这一视域来加以审视，才能对此获得真正的善解。

作为天理之"仪节"的具体表现，宋代新儒学自开创之初起，就有不少学者纷纷关注世俗之礼的重新创作。其中的典范之作无疑是《朱子家礼》。作为一部打通士庶阶层、普遍适用于家庭伦理的"家礼"新经典，标志儒家礼仪由思想落实为生活、由经典转化为常识，推动了儒家礼仪文化向社会基层、普通人群的深入拓展。

本来，"家礼"作为家族礼仪的一项内容并非在近世中国才现

---

[48]《朱子语类》卷二十四，第595页。
[49]《朱子语类》卷八十四，第2185页。

世，早在《仪礼》和《礼记》的经典中就已有部分内容涉及家族礼仪，故朱子在《仪礼经传通解》中将《仪礼》十七篇划分为六大类：家礼、乡礼、邦国礼、王朝礼、丧礼和祭礼。但是从文献分类学的角度看，"家礼"作为一种书目而出现则相当晚，最早是以"书仪"的名称传世，例如在敦煌文书中残存大量以唐代为主的"书仪"，在《隋书·经籍志》《旧唐书·经籍志》和《新唐书·经籍志》当中著录不少南北朝及唐朝的各种民间仪注的"书仪"，《四库全书》设为"书仪"一类便沿袭了这一传统。

朱子《家礼》主要涉及四个方面的内容：冠婚丧祭。其范本乃是《仪礼》《礼记》等古礼，其中，朱子对"祭礼"尤为重视，曾大量搜集家族"祭礼"的古今文献，于淳熙元年（1174）编纂《古今家祭礼》一书，[50] 后又不断增订，至收录二十家礼书。这是朱子编撰《家礼》的重要前提工作。《古今家祭礼》今已亡佚，但据马端临《文献通考》和陈振孙《直斋书录解题》的记录，其文献框架则大致可以复原，可以确知朱子所录的二十家祭礼之书名，[51] 其中所存的只有两部：唐《开元礼》和北宋《政和五礼新仪》，其余一些历史上的重要礼书如晋荀勖《祠制》、唐贾顗《家祭礼》、北宋《开宝通礼》以及宋代以降的程颐《祭礼》、范祖禹《家祭礼》等大多亡佚。[52]

由上可见，早在唐宋时，有关家庭祭祀的礼仪问题就已广受

---

50 《晦庵先生朱文公文集》卷八十一《跋古今家祭礼》，《朱子全书》第 24 册，第 3825-3826 页。
51 "朱熹《二十家古今祭礼》二十卷"。见《宋史》卷二四〇《艺文志·仪注》，第 5132 页。
52 [日] 吾妻重二著，吴震编译：《朱熹〈家礼〉实证研究》，上海：华东师范大学出版社，2012 年，第 133 页。

重视，而朱子《家礼》也是在参酌大量古今礼书的基础上创作的一部经典。并且，当时与朱子齐名的重要学者，如张栻和吕祖谦，也分别有"家礼学"的撰述。[53] 这就足以表明，"家礼"创作是新儒家自觉承担的一份思想工作，"家礼"不仅是一种新经典，甚至可以说，由此而形成的"家礼学"已然构成宋代新儒学运动的重要一环。

最后须指出的是，在《朱子家礼》卷末所附周复《跋文》中，周复阐明了一个重要观点："《仪礼》存乎古，《家礼》通于今；《仪礼》备其详，《家礼》举其要。"在我们看来，"通今""举要"二语是对朱子《家礼》之思想特色的最为贴切的概括，这也是朱子礼学志在通经致用，主张须酌宜损益之思想的生动体现。而在当今礼学研究复兴的当下，朱子的这一"通今""举要"之礼学思想精神值得我们认真汲取。

五、结语：新儒学"经典世界"的确立

宋代新儒学是应对各种思想因素而兴起的一场思想运动。从思想的内在资源看，宋代新儒学通过批判汲取汉唐经学，在完善新经学的诠释体系之同时，建构起宋代新儒学的"经典世界"。中唐以来经学研究新风气的形成及其扩散，直至庆历以降的疑经改经思潮的推波助澜，终于为宋代道学（狭义新儒学）的形成提供了重要的思想契机。在此过程中，传统经学的诠释典范必须发生新的转移，

---

53 张栻撰有《三家婚丧祭礼》五卷以及《三家礼范》（均佚）。吕祖谦撰有《祭仪》一篇，现存于《吕太史别集》。

由文字训诂转向义理阐发，再由义理之学重建经典系统，成为新儒家念兹在兹的迫切课题，最终以朱子《四书集注》为典范，标志着新儒学"经典世界"的确立。

由经学的新诠释扩展至礼学重建的领域，伴随"礼即理也"的命题提出，礼学传统的重建开始受到宋代知识界的广泛关注。特别是宋代新儒家开始关注如何将礼学思想化为制度生活的具体问题，开启了一场全面的礼学文献整理以及家礼新经典的重建运动，以构建家族礼仪为核心的"家礼学"逐渐成为近世中国乃至东亚世界的新经典。

总之，宋代新儒学是对汉唐经学的一场"思想突破"，在此过程中，出现了一股重建儒家"新经典"的运动，经典诠释也出现了理学化的转向，其典型标志便是"四书学"的形成，而其典范之作便是朱子的《四书章句集注》；与此同时，在"礼即理也"的观念引领下，开始了一场将思想落实于生活的礼学重建运动，出现了建构家族礼仪为核心内容的"家礼学"现象，在哲学、经学、文化等各个层面，推动了儒学的全面复兴。

《仪礼》重要仪节中的几席位向

叶国良(山东大学)

一、前言

　　华夏民族,相信人有永存之神魂,故有祭祀祖先之礼。《仪礼》十七篇中,或论及人与神魂之关系,或仅涉及人事,而无关神魂。其无关神魂者,有《士相见礼》《乡饮酒礼》《乡射礼》《燕礼》《大射仪》五篇。此五篇之内容,虽与神魂无涉,而相关人物有君、臣、宾、主、男、女、贵、贱之别,故其行礼之时,亦有几、席、位向之分。易言之,以其关涉人事之身份、地位,故需要仔细分别。因而就《仪礼》全书论,仅关涉人事之礼及与神魂有关之礼,宜分别讨论。

　　清儒凌廷堪《礼经释例》[1]一书,分析礼例,颇为精实,而其卷二论几、席、位向,人、神杂述,又不分室中抑是堂上,因而头绪纷乱,滋生错误,故其所括之礼例未可完全据信。此意既明,本文姑以凌书为鉴,先述堂上及室中神魂位向,其次述堂上及室中尊卑

---

1 凌廷堪:《礼经释例》,彭林点校,台北:"中央研究院"中国文哲研究所,古籍整理丛刊6,2002年。

位向，又其次述房中及北堂妇女位向，再其次述堂上君臣位向，又其次述堂上宾主位向，最后述设席其他所处之位向，庶几目张纲举，清晰可辨。唯《仪礼》各篇均未有论及君臣在室中之位向者，故凌氏括例亦未及之。实则先秦文献非无相关数据可以论述，以本文内容与之有别，自当别文处理，故不赘。

凡述《仪礼》仪节者，必涉及其宫室结构，但因相关名目颇为繁杂，亦难以详述，故下文仅略述大要，而以彰显本文乃为指正凌氏《礼经释例》而作为主要宗旨。[2] 须先声明者，本文之于宫室，采纳郑玄之说，大夫、士仅有东房、西室，诸侯、天子则有左、右房。[3]

众所皆知，古代宫室，前有堂、序，后有房、室、北堂。主人以东阶（阼阶）为出入之所，以西阶（宾阶）为宾客出入之所，由是而东阶一带为主人主要活动区域，西阶一带为宾客主要活动区域，凡堂上活动均可以此为主要区分。若有君臣之别，依君臣之礼行之。

"室"在堂之西侧，户开于室东，牖在其西，乃主人主要起居寝卧之所。堂东有"房"，户开于房西，乃有司或妇女预备、储存或行礼之处。诸侯以上另有"西房"。房后有北堂，乃妇女活动之处。室与房，其功能与堂上不同；堂上之礼例，不可径行移至室中与房中，反之亦然。

宫室之外，《仪礼》所见，犹有庠、序等学习空间，其结构与一般建筑不同，而《乡饮酒礼》《乡射礼》《大射仪》等或可行于其处。若行礼过程中，无关几、席，本文自无庸提及，如堂下所行射

---

2 以上详参：《尔雅·释宫》。
3 另参见张惠言：《仪礼图》卷三一三至三一八，《皇清经解续编》本；陈绪波：《仪礼宫室考》，上海：上海古籍出版社，2017年。

仪是也。

上文既述宫室大要，下文则略述几、席陈设，供读者参考。《仪礼》所见，凡神席，不论位向，若有几，皆为"右几"；凡人席，亦不论位向，若有几，均为"左几"；唯天子"左、右几"，郑注云："优至尊也。"[4] 行礼时，如昏礼，既纳采、问名，主人以醴礼使者，设几。若仅为一般行礼，则有设席而不设几者，亦有均不设者。如冠礼筵于庙门，或冠日布蒲筵二（一筵于东序，稍北，东面，为冠子；二筵于户西，南面，为醴冠者），或昏礼于奥设对席[5]，合卺而饮，或丧礼大敛奠为尸、神分离之始，仅有席而不设几，另如卜葬日，亦仅设席，不设几，或如本文第七节所述《士虞礼》及《特牲馈食礼》《少牢馈食礼》奠祭间布席献祝等，亦仅有席而不设几。至于筮葬日，由于先由冢人营之，盖地点在野外，经不言有席，盖无有，与卜葬日有席不同。

或问："席有端否？"应之曰："有。然行礼有时可以由便。"《礼经释例》卷二出一礼例云：

凡宾升席自西方，主人升席自北方。

此谓宾之席端在东，主人之席端在南。按：凌氏此一礼例固是，但仅能指"常礼"而言，不包括"由便"之情况。如《乡饮酒礼》云："宾升席自西方。"郑注："升必中席。"此言常礼。又，

---

4 郑注云："几，玉几也。左、右者，优至尊也。"
5 参见俞樾：《士昏礼对席图》卷一三五四，《皇清经解续编》本。

《乡射礼》"大夫升席",郑注:"大夫升席由东方。"与《乡饮酒礼》异,凌氏因谓:"是宾升席自西方,遵(即大夫)升席自东方也。"是其自谓前举礼例须加"但书"也。凌氏又谓:"此据《曲礼》而言,皆因文释之,非谓礼之通例如此也。"[6] 盖凌氏对郑注、贾疏所言心存疑虑,故又于卷二礼例最末条重提此"因《曲礼》而致误"之说,其实《曲礼》不误。[7] 考乡射之礼,宾与众宾之席在西,皆南面,东上,唯遵(大夫)因于一人举觯后乃入,"席于尊东",异于宾与众宾,故郑注谓"大夫升席由东方",与宾升席自西方异,盖待遵之礼,异于宾与众宾。至于降席,《乡射礼》无介,经云:"主人降席自南方。"郑注:"礼杀,由便。"《乡饮酒礼》主人席西向,介席东向,经有主人降席自南方及介降席自南方之文,故《乡饮酒礼·记》谓:"主人、介,凡升席,自北方;降自南方。"郑注:"席南上,升由下,降由上,由便。"是郑玄以行礼中有"由便"者,然则升、降席非必如上文凌氏所言"凡宾升席自西方,主人升席自北方"也。盖席虽有端,行礼升、降时并非绝对不可变更,有时可以"礼杀,由便",而不影响其礼意;藉知凌氏括例之不甚周全矣。

二、堂上及室中神魂位向

凌氏于《礼经释例》卷二历述经文所见"为神布席于堂上与室中"之位向云:

---

[6] 凌廷勘:《礼经释例》卷二:"凡设席,南乡、北乡,于神则西上,于人则东上;东乡、西乡,于神则南上,于人则北上"条。
[7] 详参拙文:《〈仪礼〉寝、庙的室中君臣位向》(待刊)。

《士昏礼》纳采及亲迎，皆云"主人筵于户西，西上，右几"。……《聘礼》行聘之时，"几筵既设"，注："有几筵者，以其庙受，宜依神也。宾至庙门，司官乃于依前设之。神尊，不豫事也。席西上。"此皆为神布席于堂上，南向以西为上者也。

《特牲馈食礼》："祝筵几于室中，东面。"……《少牢馈食礼》："司官筵于奥（室之西南角），祝设几于筵上，右之。"……此皆为神布席于室中，东向以南为上者也。

按：《士昏礼》纳采及亲迎时，主人布席于堂上，席"西上""右几"，与此礼之席"南向"，为同一事而不同角度之描述。盖《仪礼》中凡神席均"右几"，昏礼"筵于户西"者，为庙中祖先神魂将至堂上观礼也（图一）。其礼意与上举《聘礼》同。《特牲馈食礼》及《少牢馈食礼》均言"祝设几于筵上，右之"，与此礼之席"东向，以南为上者"，亦为同一事而不同角度之描述。盖《仪礼》凡神席"东面"（向），亦均"右几"也。以上引述，凌说无误，但有举证有不应漏列而缺漏者（详下文例四）。

《仪礼》所见几、席之位向，前贤间有论及者，而无括例者。凌氏则于该书卷二之末特括一例云：

凡设席，南乡、北乡，于神则西上，于人则东上；东乡、西乡，于神则南上，于人则北上。

此一礼例，盖凌氏企图以简约之语言概括之，而竟生错误，徒乱人意。盖不论堂上或室中，神魂之位除周文王太庙及诸侯庙举行祫祭，见诸《礼记》等礼书外，虽有东向者，并无西向者。至于堂上行礼之凡人，则东乡（向）、西乡（向）时并非皆为北上，其证甚多，详下。凌氏括例，兼及人神之位向，又不分堂上抑室中，遂有不合者，乃治丝益棼，参下文自知之。

  凌书既论几、席、位向，则凡涉及几、席者，皆应加强佐证，可惜凌氏之论礼例，往往仅举数例说之，普遍性及涵盖性不足。如《聘礼》，国君既命使者，图事，将行，经云："宾（即使者）朝服释币于祢。有司筵、几于室中。祝先入，主人从入，主人在右，再拜，祝告，又再拜。释币制，玄纁束，奠于几下，出。"是知若使者将出聘，须先至庙以奉使将行之事禀告先祖。其事有几、席之设。及使者反命，经云："释币于门，乃至于祢，筵、几于室。荐脯醢，觞酒陈。席于阼，荐脯醢，三献。一人举爵，献从者，行酬，乃出。上介至，亦如之。"郑注于"觞酒陈"下云："主人酌，进奠，一献也。言陈者，将复有次也。先荐后酌，祭礼也，行释币，反释奠，略出谨入也。"郑又于"席于阼"下注云："为酢主人也。酢主人者，祝取爵酌，不酢于室，异于祭。"藉知使后庙见及堂上庆功及谢从者之礼。再如《觐礼》，经云："天子赐舍。曰：'伯父，女顺命于王所，赐伯父舍。'"郑注："此使者致馆辞。"是诸侯有馆。经云："侯氏裨冕，释币于祢。"郑注云："祢谓行主、迁主矣。而云祢，亲之也。释币者，告将觐也。其释币，如聘大夫将受命，释币于祢之礼。既，则祝藏其币，归乃埋之于祧，西阶之东。"此礼既有释币祭奠之仪，则有几、席无疑。又如《士虞礼》，葬日日中以前返家设奠虞祭，经云："素几、苇席在西序下。"郑注："有几，始鬼神也。"经又云："祝盥，升，取苴，降，洗之，升，入，设于几东席上。"盖丧礼至此，始布席而有几。虞礼在丧宅（当时改称庙）之奥举行，至三年丧期届满，乃改在庙中举行。至于虞祭，自主人与祝阴厌飨神，之后虞礼均有（右）几。盖自饭尸、飨尸，与主人、主妇及宾长献酢，以及阳厌皆然（图二、图三、图四）。另如舅、姑已殁，新妇"三月庙见"之礼，其处所在庙之室中，经云："席于庙奥，东面，右几；席于北方，南面。"是舅席在奥，东向，右几；姑席在北墉下，南向，无几。张尔岐《仪礼郑注句读》云："席于奥者，舅席也；席于北方者，姑席也。舅姑别席异面，象生时妇见之礼。"[8]（图五）凌氏未论及此礼，乃是漏列。此例与前此各例不同者，在姑有席无几，礼下舅一等。其几、席位向，可补凌氏论述之疏漏矣。

三、堂上及室中尊卑位向

《仪礼》所见之礼，举行处所各异。《丧服篇》未有论及几、席者，姑摒除不论。吉礼于庙中举行。丧礼于寝宫（丧期中亦称庙）及墓地举行。至于嘉礼如冠礼、昏礼、公食大夫礼等于庙中举行。宾礼如觐礼、聘礼在天子或友邦之庙中举行。公食大夫礼虽属嘉礼，在庙举行。以上均与神魂之事密切关涉。而士相见礼乃宾礼，燕礼为嘉礼，在寝宫举行。其余乡饮酒、乡射、大射礼等嘉礼，则在州长宅或庠、序举行，且均与神魂无涉，故此五篇，单论几、席之位向即可。

---

[8] 张尔岐：《仪礼郑注句读》，影印本，高雄：学海出版社股份有限公司，2011年。

士之昏礼，妇至，既沃盥，经云："媵布席于奥，夫入于室，即席，妇尊西南面。"此时夫在奥，而妇在北墉下，南面，乃室中次位也。之后，为妇布对席，乃食，藉知夫妇在奥东西相对共牢而食。卒，经云："乃彻于房中，如设于室，尊否。"郑注："彻室中之馔，设于房中，为媵、御馂之。彻尊不设，有外尊也。"媵、御既馂余，其礼如何？经云："烛出。媵馂主人之余，御馂妇余，赞酌外尊酳之。"

翌日，质明，妇见舅、姑，经云："席于阼，舅即席；席于房外，南面，姑即席。妇执笲，枣栗，自门入，升自西阶，进拜，奠于席。舅坐，抚之，兴，答拜，妇还，又拜。降阶，受笲，腵修，升，进，北面，拜，奠于席，姑坐，举以兴，拜，授人。"是舅、姑于阼阶上初见新妇，舅西面，在主人位，姑南面者，次主人；妇升自西阶，则乃客也。此堂上舅、姑与妇尊卑位也。

之后，妇馈舅、姑于室，经云："妇盥，馈，特豚，合升，侧载，无鱼腊，无稷，并南上。"郑注云："侧载者，右胖载之舅俎，左胖载之姑俎，异尊卑。并南上者，舅姑共席于奥，其馔各以南为上。"则此时舅、姑位在奥（室之西南角），东向，姑在舅北。妇馈舅、姑既毕，席于北墉下。"妇彻，设席前如初，西上。妇馂，舅辞，易酱。妇馂姑之馔。"按：舅尊于姑，故知凌氏于上节谓"东向、西向，……于人则北上"为不然（图六）。盖此礼舅、姑共席，且均东向，而舅在南、姑在北，乃南上也，并不若凌氏所言。凌氏之说，不合者既非仅一二处，则其所归纳之礼例有不足据信者。

其后，经云："妇彻于房中，媵、御馂，姑酳之，虽无娣，媵先。于是与始饭之错。"又其后，舅、姑有共飨妇以一献之礼，舅有飧送者以一献之礼，姑有飧妇人送者之礼，飧异邦送者之礼，而堉飧妇送者，丈夫、妇人如舅、姑飧礼。均酬以束锦。而其礼之细节经文未载。

四、房中及北堂妇女位向

礼亦有在房中或北堂举行者，《特牲馈食礼》云主妇（士妻）亚献尸后适房，"南面"，准备受尸酢，祭酒，啐酒，其后，入室，卒爵。郑注云："于尊者前成礼，明受惠也。"然则主妇于房中受尸酢，而卒爵于室。主妇献祝及佐食均如初。宾三献时，经云："致爵于主妇，席于房中，南面。"是知祭祀过程中每有设席者，唯未必有几耳（图七）。

又如《有司彻》载主妇（大夫妻）受尸酢，经云："主妇入于房，司宫设席于房中，南面。主妇立于西席。"是主妇将在房中受酢，南面，与《特牲馈食礼》相类。

又，若不宾尸，主妇亚献后，经云："主妇洗于房中，酌致于主人，主人拜受，主妇户西面拜送爵。""主妇荐韭菹醢，坐设于席前，菹在北方。"郑注于"司宫设席"下注云："拜受乃设席，变于士也。"贾疏云："《特牲礼》，未致爵，已设席，故云异于士。"此郑注、贾疏特标举士礼与大夫礼之异者。下文略分析之。

前文云，大夫妻受尸酢前入房，"南面"坐，至此谓"不宾尸者宾长三献"则云："酌，致爵于主妇。主妇北堂，司宫设席，东面。"则"南面"已改为"东面"矣。郑注谓"东面者，变于士妻"者，前举《特牲馈食礼》载士礼云："主妇于房中，南面。"又云：

"主妇适房，南面。"皆与大夫妻此时之东面位向不同。

按郑注谓北堂之活动云："北堂，中房以北。东面者，变于士妻。宾、尸不变者，宾、尸礼异矣。内子东面，则宗妇南面、西上，内宾自若，东面、南上。"又经云："主妇席北，东面，拜受爵，宾西面答拜。"郑注："席北东面者，北为下。"其位向与《特牲馈食礼·记》所言有异，盖士礼与大夫礼之别也（图八）。

五、堂上君臣位向

君南面，臣北面，礼之常也。然《论语·子罕篇》曰：

> 子曰："麻冕，礼也。今也纯，俭，吾从众。拜下，礼也；今拜乎上，泰也。虽违众，吾从下。"

孔子时，臣子多先拟拜于堂下，君辞之，乃升堂，于堂上成拜，《仪礼》所见多如此。当时盖唯孔子以为"泰"而坚持拜乎下。朱注云："臣与君行礼，当拜于堂下。君辞之，乃升，成拜。泰，骄慢也。"其说指出当时于堂上成拜已成正式拜礼。

《士相见礼》有言曰：

> 凡燕见于君，必辩君之南面。若不得，则正方，不疑君。君在堂，升见，无方阶。辩君所在。

郑注云："君南面，则臣见正北面，君或时不然，当正东面若正西面,不得疑君所处邪乡之。此特见图事,非宾主之燕也。"经又云:"君在堂,升见无方阶。"无方阶者,郑无注,盖谓应拾级而上,或聚足而上也。郑注又云:"君近东,则升东阶,君近西,则升西阶。"然则若非特定场合,仅君臣平日谋事,则君之位向得稍自在矣。以上论堂上仅有少数臣子之情况。

若堂上有众多臣子,其位向又当如何?兹以《燕礼》所见明之。经云:"小臣设公席于阼阶上,西乡。设加席,公升,即位于席,西乡。"之后小臣纳卿、大夫、士、祝、史等,公立于阼阶之东南,南乡尔卿及大夫,皆少进。射人遂请宾,公曰:"命某人为宾。"宾礼辞,又命之,宾许诺。宾出,立于门外,东面。郑注云:"当更以宾礼入。"此时众臣皆在廷,独宾在门外。之后,宾升自西阶,宰夫为主人。主人献宾,宾酢主人,主人献公,主人自酢公,主人遂酬宾。又之后,二人媵爵于公,公举媵爵酬宾,遂旅酬。其后主人献卿于西阶上,司宫卷重席,设于宾左(堂上东方),东上。射人乃升卿,"卿皆升就席。若有诸公,则先卿献之,如献卿之礼。席于阼阶西,北面,东上,无加席。"此时宾西无大夫,及主人辩献大夫,遂荐之,继宾以西,东上。卒射,射人乃堂上升大夫,大夫皆升就席。按:堂上卿位本在宾左,东上。诸公位在阼阶西,北面,东上。宾位在大夫东,大夫位则继宾以西,东上。又之后,经云:"席工于西阶上,少东。"工升自西阶,北面,东上,坐。遂歌,奏笙。《记》云:"若与四方之宾燕,则公迎之于大门内,揖让升,宾为苟敬,席于阼阶之西,北面。"阼阶西,北面者,近君也。然则君臣堂上位,不论南乡、北乡,均以东为上,以其最近君故也。

《仪礼》重要仪节中的几席位向

据上所述，堂上众臣，不论位向，均以东为上。而西乡者，唯君一人，经既谓其在阵阶上，则近南，不近北（图九）。

又，《大射仪》载堂上众臣位向云："小臣设公席于阵阶上，西乡。司宫设宾席于户西，南面，有加席。卿席宾东，东上。小卿宾西，东上。[9]大夫继而东上。若有东面者，则北上。席工于西阶之东，东上。诸公阵阶西，北面，东上。"（图十）据此，众臣位向除大夫外，均合上述，唯大夫"若有东面者，则北上"，此似合于凌氏"东乡、西乡……于人则北上"之说，然经云"若有东面者，则北上"，则是此时东面者，乃大夫中地位最低者，云"北上者"，令东面大夫勿分散坐而已。然则《仪礼》所见堂上君臣位向，若欲括例，一言可毕，曰"近君"而已。

六、堂上宾主位向

若堂上行礼者为宾主，众人位向又当如何？本节姑以《乡饮酒礼》为例，述主人与宾客之席次、位向。

郑玄《三礼目录》云："诸侯之乡大夫大比，献贤者能者于其君，以礼宾之，与之饮酒，于五礼属嘉礼。"《礼记·乡饮酒义》记当时乡饮酒礼仪节及所使用词汇，与《仪礼》稍异，兹取而并论之。

此经之首云："乡饮酒之礼，主人就先生而谋宾介。"经云："乃席宾、主人、介。众宾之席皆不属焉。"所谓"不属"，谓众宾

---

[9] 小卿者，郑注云："小卿，命于其君者也。席于宾西，射礼辨贵贱也。"

皆"独坐"也。郑注云:"宾席,牖前南面;主人席,阼阶上西面;介席,西阶上东面。"于主人、宾、介之位向说之甚明。经又云:"主人升,宾升,主人阼阶上,当楣,北面再拜;宾西阶上,当楣,北面答拜。"是主人与宾为敌体也。主人遂与宾献、酢、酬,既,主人献介,介酢主人,主人遂献众宾。之后,一人举觯,工升,笙奏,间歌三终,合乐。司正安宾,司正表位,宾酬主人,主人酬介,介酬众宾,二人举觯,遂彻俎,燕坐,宾出。经云:"其间若有遵者,诸公、大夫,则既一人举觯,乃入。席于宾东,公三重,大夫再重。……大夫则如介礼。"所谓"一人举觯,乃入"者,谓入席之时机。经于遵者,不言面向,盖南面或西面也。《乡饮酒礼·记》云:"若有诸公,则大夫于主人之北,西面;主人之赞者,西面,北上,不与。"贾疏云:"若无诸公,则大夫南面西上,统于尊也。"[10] 至于主人之赞者,郑注云:"赞,佐也。谓主人之属,佐助主人礼事。彻鼎、沃盥、设荐俎者。西面,北上,统于堂也。与,及也。不及,谓不献酒。"据上述,则此礼,宾与众宾之位在堂西之北,介位在堂西之南,若有大夫,则位在宾东南面、西上,主人与遵者位在堂东,西面,主人之赞者位在堂北,西面。《乡饮酒礼》载宾、主堂上位向明白若此(图十一)。乡饮酒礼,赞者堂上之位既在最北(另详下文),则凌氏所言"东乡、西乡……于人则北上"为非是矣。

《乡饮酒义》云:"宾主,象天地也,介、僎,象阴阳也。三

---

[10] 贾疏云:"若无诸公,则大夫南面西上,统于尊也。"盖大夫于旅酬后乃入,其礼及礼意同于《大射礼》。

宾，象三光也。让之三也，象月之三日而成魄也。四面之坐，象四时也。"按：《经典释文》云："僎音遵。"即《乡饮酒礼》之赞者。该篇混杂阴阳五行之说，多牵引附会，本不足信。唯"天地严凝之气"一章有云：

  主人者尊宾，故坐宾于西北；坐介于西南以辅宾；……主人者，接人以仁，以德厚者也，坐于东南；而坐僎于东北，辅主人也。

该篇于四面之坐，尚保留古义，非如明、清两朝时误以为"四面之坐"乃四面各斜向中央坐。[11]可惜"僎坐于东北"五字究指何向？南面欤？抑西面欤？《乡饮酒义》非无模糊之处。不如《乡饮酒礼·记》明言"主人之赞者，西面，北上"之无疑义，足以证明位向在最北者非尊位也。

又，于祭祀之末，尸出俟于庙门之外，主人等可议侑及谢尸。既定，席设于堂上户西与西序者、东序者，除设主人席外，《有司彻》载："司宫筵于户西，南面；又筵于西序，东面。"郑注分别曰："为尸席也"，"为侑席也"。盖主人、尸、侑三人皆于堂上布席。经又言主人出迎尸与侑于庙门外，行授几之礼云：

---

[11] 清儒万斯大《万斯大集》中《学礼质疑》卷二"乡饮酒礼席次"条云："《乡饮酒义》前章云：'坐宾于西北，而坐介于西南，主人坐于东南，而坐僎于东北，言其方也。'后章云：'宾必南乡，介必东乡，主人坐于东方者，言其乡也。'后人行礼，信其前而遗其后，遂定为侧坐相向，垂为令典。"万氏揭露明清人误读《乡饮酒礼》及《乡饮酒义》之弊，厥功其伟。《万斯大集》，杭州：浙江古籍出版社，2016年排印本。然在此文之前，有郭晓瑞、孟梓良二人合作《清代山西方志碑刻中的乡饮酒礼探析》一文，于第四届礼学国际学术研讨会宣读，悉依所附清代乡饮酒礼宾主斜向坐次图报导，而不知清初万斯大氏已指出明清人之谬矣。

> 主人降，受宰几。尸、侑降，主人辞，尸对。宰授几，主人受。二手横执几，揖尸。主人升，尸、侑升，复位。主人西面，左手执几，缩之以右袂，推拂几三。二手横执几，进授尸于筵前。尸进，二手受于手闲。主人退，尸还几，缩之，右手执外廉，北面奠于筵上，左之。南缩，不坐。

据上文所述，此时主人、尸、侑升堂后，复阼阶、宾阶上位。主人遂西面将几交与尸，最终尸面北将几置于席左，南向，即所谓"几其南"也。郑注曰："左之者，异于鬼神，生人阳长左，鬼神阴长右。不坐，奠之者，几轻。"（图十二）

七、设席他处之位向

上文所论者外，《仪礼》言几、席之可注意者，尚有《士虞礼·记》终虞之傧尸用几、席。按《记》载傧尸之礼之准备云："奠两甒于庙门之外，稍南，水尊在酒西，勺北枋。洗在尊东南，水在洗东，篚在西。"郑注云："（水）在门之左，又少南。"此处《记》文陈述洗与水之位置不甚清楚，依照《仪礼》陈设水、洗位置之惯例，当在"阼阶之南"，但此时行礼在庙门外，则洗与水宜设在庙门左边稍南之处，故郑注云："在门之左，又稍南。"《记》又云："尸出，执几从，席从。"郑注："祝入，亦告利成。入，前尸，尸乃出。几、席，素几、苇席也。以几、席从，执事也。"则执几、席者，乃执事，非衰经奉篚哭从尸之从者。盖傧尸乃为谢尸也。《记》又云："尸出门右，南面。"此时尸暂停动作，郑注云：

"俟设席也。""席设于尊西北,东面,几在南。宾出,复位。"此言尸将入席也。席既设于尊西北,东面,则尸若就席,其面向犹如尸在奥之时,唯此时席在庙门(寝宫之门)外耳。《记》又云:"主人出,即位于门东,稍南,妇人出,即位于主人之北,皆西面,哭不止。"郑注:"妇人出者,重饯尸。"盖主妇亦须行礼之所不应缺席者。《记》又云:"尸即席,坐。唯主人不哭,洗废爵,酌献尸,尸拜受,主人拜送,哭,复位,荐脯醢,设俎于荐东,朐在南。"尸遂受食饮,卒,《记》云:"主人及兄弟踊,妇人亦如之。"此处述及众人在门外之位,即庙门哭临之位也,故郑注云:"将入临之位,《士丧礼》:宾继兄弟,北上。门东,北面,西上。门西,北面,东上。西方,东面,北上。"其后,主妇亚献,宾三献,卒,均踊如初。卒,佐食取俎,实于筐。尸稷,从者奉筐,哭从之,犹尸始至之时然。祝前,哭者皆从,及大门内,踊如初。郑注云:"男女从尸,男由左,女由右。及,至也。从尸,不出大门者,由庙门外,无事尸之礼也。"《记》续云:"尸出门,哭者止。宾出,主人送,拜稽颡,主妇亦拜宾。丈夫说绖带于庙门外。……妇人说首绖,不说带。"据上述,士虞礼,终虞设几、席饯尸于庙门外,且其席东向,几在右,犹如在室中之奥之面向(图十三)。应注意者,此礼乃《仪礼》中除士冠礼筮于庙门、士丧礼卜葬日于庙门(寝宫之门)外,唯一设席于庙门外之礼。

另,《士虞礼》《特牲馈食礼》《少牢馈食礼》《有司彻》奠祭中有布席谢祝及佐食、宾长之礼,唯无几耳。《士虞礼》,主人既献尸,经云:"筵祝,南面。主人献祝。"郑注云:"祝接神尊也。筵用萑席。"是祝亦用席,然用萑席,与尸用苇席不同耳。按:贾疏云："上文尸用苇席，其祝席，经记虽不言，以尸用在丧，故不用苇。今祝宜与平常同，故用萑也。"此礼可特予注意者，乃主人献祝时，特为"筵祝，南面"，其为主人谢祝可知。可惜经简，未言其详，令人不明主人献祝究于何处？故宜特予探讨。盖经言主人入室后，"祝从，在左，西面"，则为祝布席，似当在主人之左后。唯郑玄于《少牢馈食礼》注有言："室中狭迫。"室中既狭迫，他处皆不便，唯有北墉下为宜。经云："主人献祝，祝拜，坐受爵，主人答拜。"郑注云："献祝，因反西面位。"然则主人献祝时，主人北面，祝南面。既献之后，主人因反西面位，则是《士虞礼》祭奠之间，有为祝布席献酒之事。据后文，阳厌开始之前，祝自行将萑席彻入于房，并自执其俎出，赞遂阖牖户。盖《仪礼》经文描述之细致有如此者，非概略括例可以涵盖也。

须注意者，《士虞礼》阴、阳厌均有几、席，饭尸前则经言"从者错筐于尸左席上，立于其北"，而饭尸、献尸之时，仍有右几，盖犹有阳厌尚未举行，神魂仍在室中故也。

再者，祭祀祖先时，主人于献尸后，亦献祝，此亦见于《特牲馈食礼》。经云："筵祝，南面，主人酌献祝。"与《士虞礼》异者，此礼尸用"萑席"而非"苇席"，盖吉礼也。而祝之无几，则与《士虞礼》相同。又，《少牢馈食礼》主人既献尸，尸酢主人，既，经云："主人献祝，设席，南面。"以受主人之献。以上均主人设席谢祝之事（图十四）。

席又有设于祭末以谢佐食与宾长者，《少牢馈食礼》，经云："祝命佐食彻胙俎，降设于堂下阼阶南。"郑注："彻胙俎，不出门，将俟尸也。"之后，"司宫设对席，乃四人馂。上佐食盥升，下佐食对之，宾长二人备。"张尔岐《仪礼郑注句读》云："设对席者，对尸席而设西向之席。"其言简洁正确。考虑郑玄"室中狭迫"之说，盖唯有北墉下为宜也（图十五）。

上述《士虞礼》《特牲馈食礼》《少牢馈食礼》《有司彻》各篇，于祭中或祭末有谢祝与佐食、宾长之礼，仪节略同，而均有席无几，足见古人安排仪节有贵贱隆杀之层次矣。

又席亦用于卜筮。《士冠礼》筮于庙门，筮于庙门者，郑注云："庙谓祢庙。不于堂者，嫌蓍之灵由庙神。"谓筮日者，乃问筮神，非问祖先之神魂也。行礼时，"主人即位于门东，西面。有司如主人服，即位于西方，东面，北上。筮与席所卦者具馔于西塾，布席于门中、闑西、閾外，西面。"其位向如此者，经云："筮人右还，即席坐，西面，卦者在左。"如此，筮人西面坐，而主人立于门东，西面，可以自筮人身后观察其全部动作矣。士冠筮日之礼，经未见几，盖无有。

另，《士丧礼》有筮宅及卜葬日之礼。"宅"者，即后世所谓"阴宅"也，筮宅在野外，未见用席，与卜日不同。卜葬日，问龟神，故亦在庙门外（即殡宫）。经云："卜人先奠龟于西塾上，南首，有席，楚焞置于燋，在龟东。族长及宗人立于门西，东面，南上。占者三人，在其南，北上。主人即位于门东，西面。卜人抱龟燋，先奠龟，西首，燋在北。"既受命，卜人许诺，"还即席，西面坐。"其礼及席之位向，与冠礼筮于庙门相同，而众人皆得监督之。此礼亦无几。

八、结论

古礼失传者甚多，非今人所能一一复原。本文专论《仪礼》重要仪节所见几、席、位向问题，因检讨凌廷勘《礼经释例》卷二所拟礼例之成说，指出其所括礼例，或不周延，或有所阙漏，不可完全信据。[12] 盖为神魂设席，仅有堂上南向及室中东向两种，凌氏杂论人、神，反增困扰，况有误括者乎！若命笔者为之，将应之曰："室中位，以奥为上；堂上位，君臣以近君为上；宾主位，以近主人为上；其余空间之位向，各有其礼意，无计一言以蔽之。"

附图

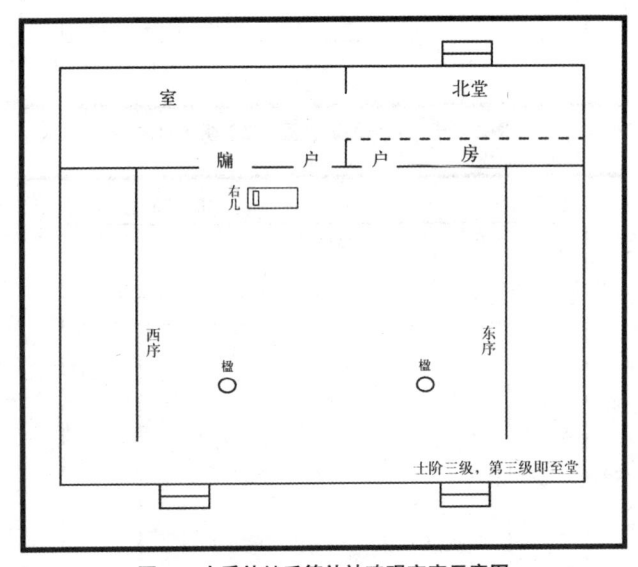

[图：士昏礼纳采等礼神魂观宾客示意图，标注有"室"、"北堂"、"牖"、"户"、"房"、"右几"、"西序"、"东序"、"楹"、"士阶三级，第三级即至堂"]

图一　士昏礼纳采等礼神魂观宾客示意图

---

12 本文之前，有陈绪波氏在第四届礼学国际学术研讨会发表《〈仪礼〉中与"席"相关的几个问题》一文，对凌氏之说虽有"补遗"，但未指出凌氏有所误漏。

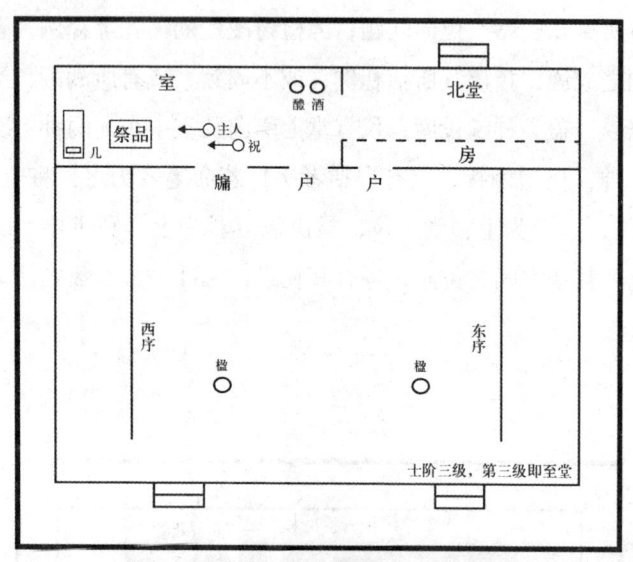

图二 士虞礼局部示意图（二）阴厌飨神

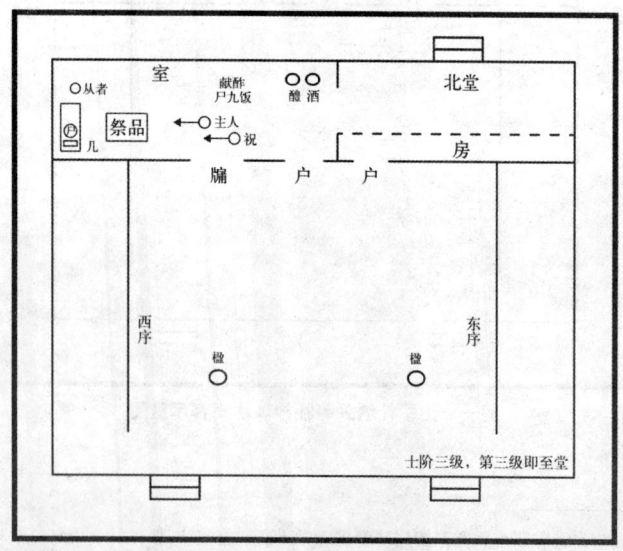

图三 士虞礼局部示意图（三）尸九饭，与主人、主妇及宾长献酢

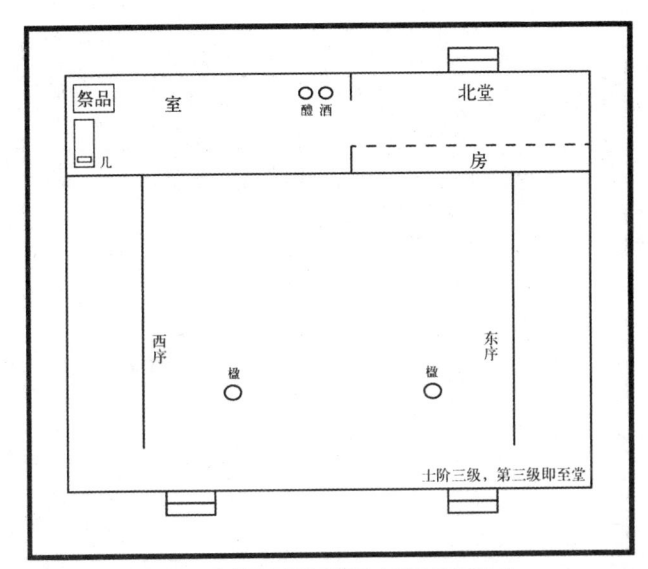

图四 士虞礼局部示意图（四）阳厌飨神

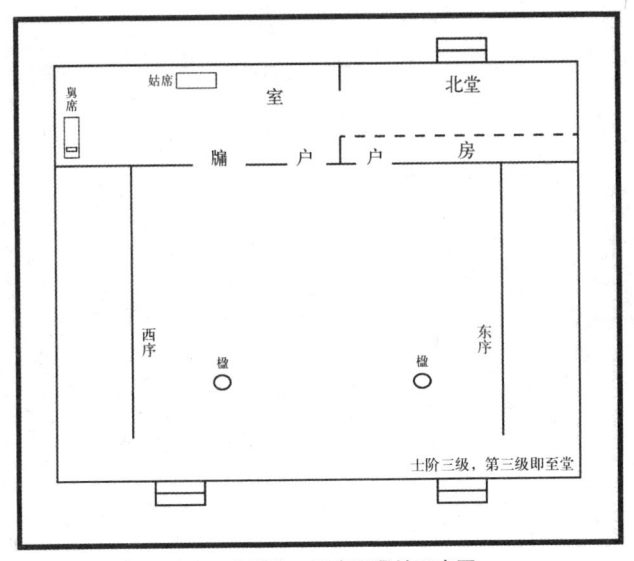

图五 士昏礼三月庙见舅姑示意图

《仪礼》重要仪节中的几席位向

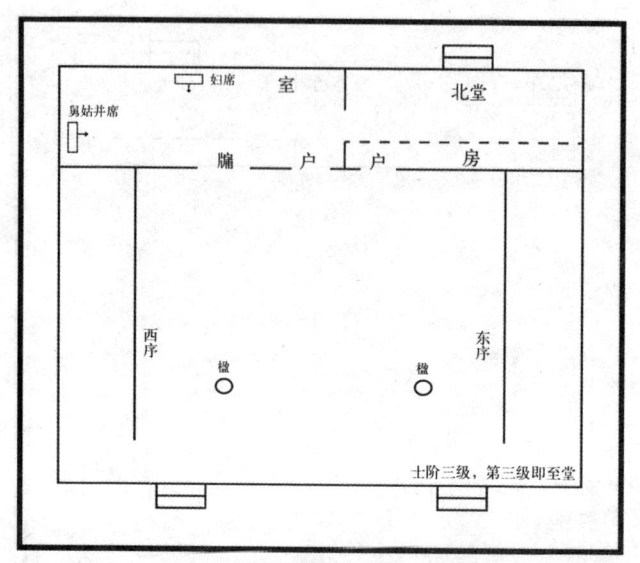

图六　昏礼妇馈舅姑局部示意图

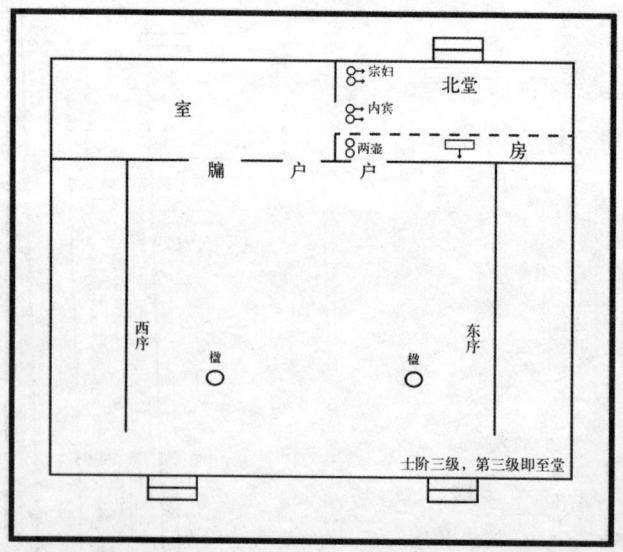

图七　特牲馈食礼士妻及宗妇房中及北堂位向局部示意图

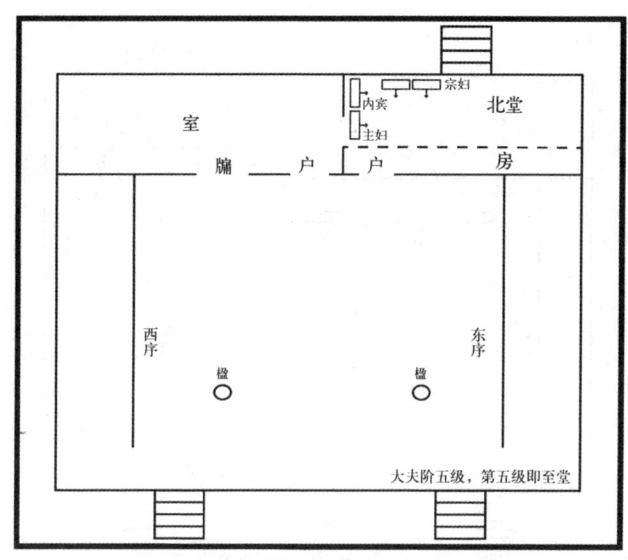

图八 有司彻大夫妻及宗妇房中及北堂位向局部示意图

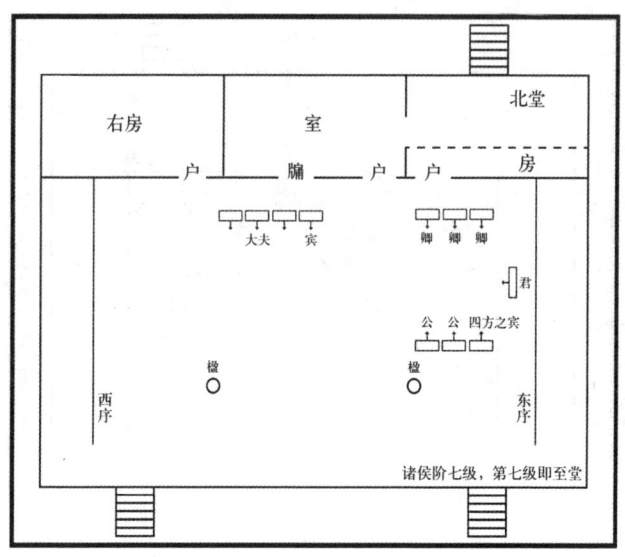

图九 燕礼堂上君臣位向局部示意图

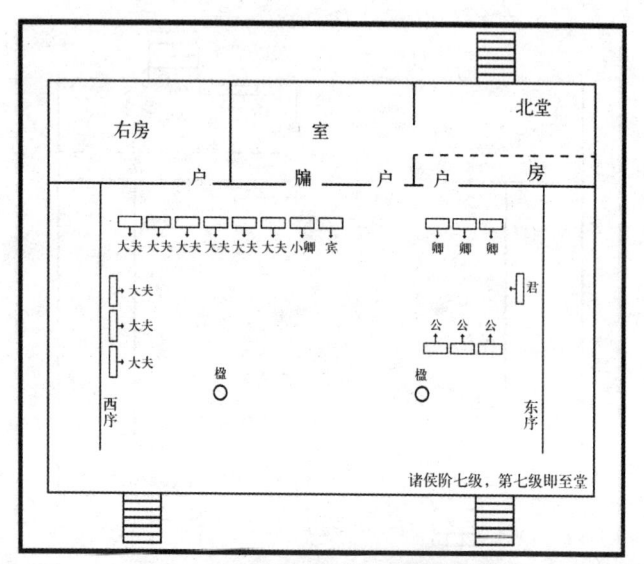

图十　大射仪堂上君臣位向局部示意图

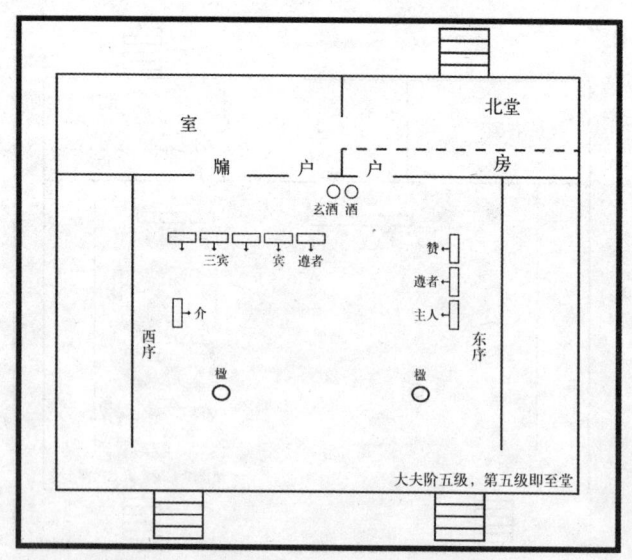

图十一　乡饮酒礼堂上宾主位向局部示意图

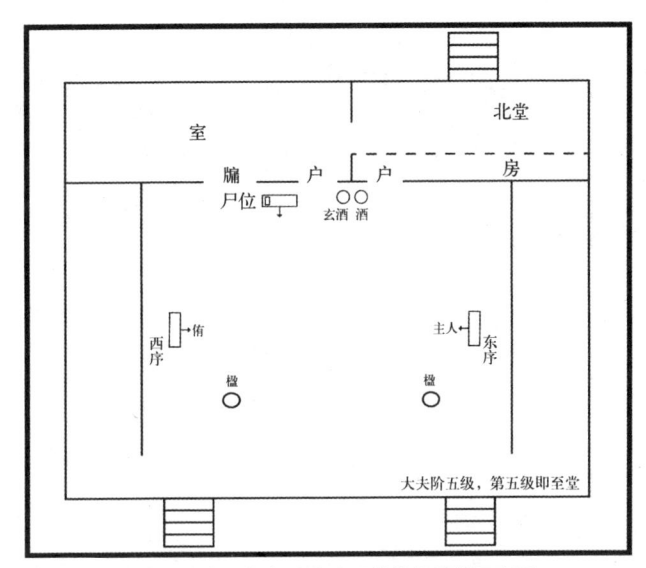

图十二 有司彻祭末堂上尸侑位向局部示意图

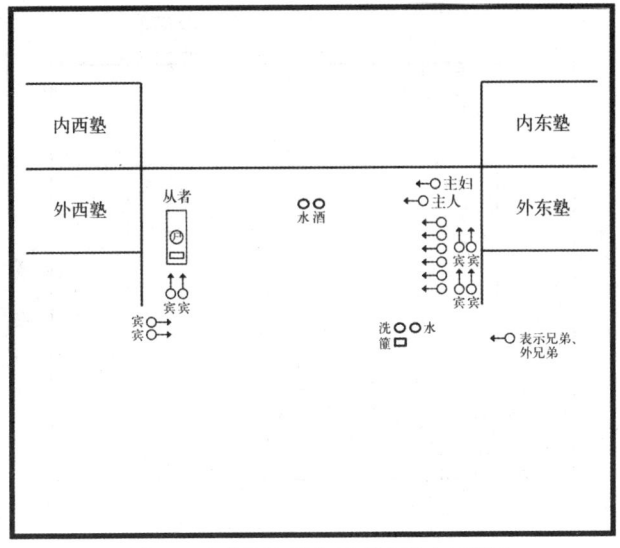

图十三 士虞礼终虞后庙门饯尸位向示意图

《仪礼》重要仪节中的几席位向

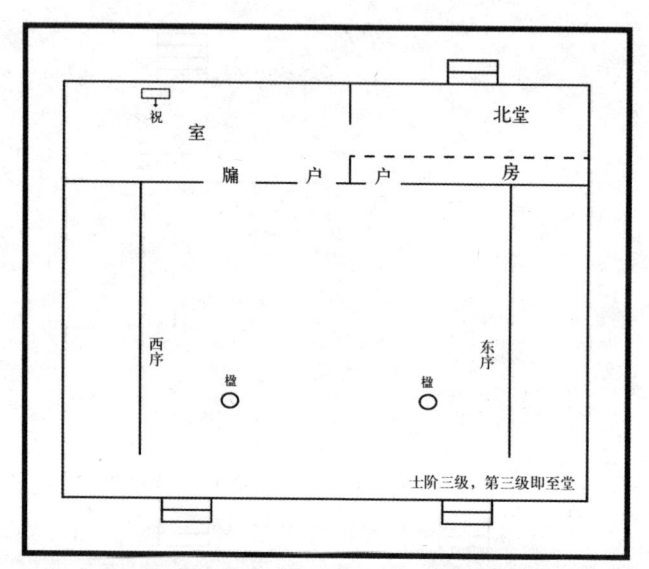

图十四 特牲馈食礼主人设席谢祝位向局部示意图

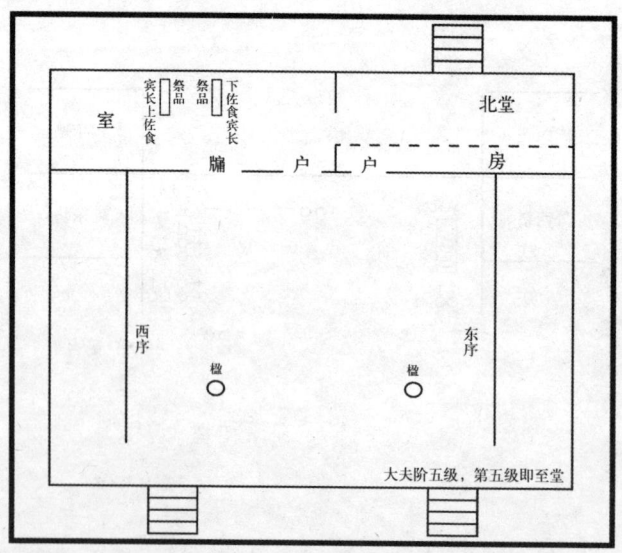

图十五 少牢馈食礼祭末主人设对席谢佐食及宾长位向局部示意图

"礼崩乐坏"新论

——兼论中国礼乐传统的连续性

杨 华（武汉大学）

礼，是中国文明的核心内涵，包括典章制度、行为规范和思想观念等层面。历代文献都提到，周公"制礼作乐"，创制了中国文明轨范，然而到孔子时代则出现了严重的"礼崩乐坏"。似乎从此之后，中国就大道浸没，陷入了"无礼"的状态。如果确是这样，如何理解此后历代的礼乐建设？深言之，中国有没有一以贯之的礼乐传统？这是富于学术价值的理论问题，又具有现实意义。不能不予以澄清。

一、春秋战国之际的"礼崩乐坏"

检索历代文献，古人使用"礼坏乐崩""礼坏乐废""礼坏乐缺"等词更为频繁，使用"礼崩乐坏"的反而不多。为了更符合今人用语习惯，本文仍旧使用"礼崩乐坏"一词。

文献上"礼坏乐崩"，大都指春秋战国之际。类似说法，不绝于书：

> 周衰，**礼废乐坏**，大小相逾。管仲之家，兼备三归。循法守

正者见侮于世，奢溢僭差者谓之显荣。(《史记·礼书》)

周室陵迟，**礼崩乐坏**，诸侯恣行，竞悦所习。桑间、濮上，郑、卫、宋、赵之声，弥以放远，滔湮心耳，乃忘和平，乱政伤民，致疾损寿。重遭暴秦，遂以阙忘。(《风俗通义·声音》)

夫子运偶陵迟，**礼乐崩坏**，名教将绝，特感圣心，因弟子有请问之道，师儒有教诲之义，故假曾子之言以为对扬之体，乃非曾子实有问也。(《孝经》邢昺疏)

所谓"礼崩乐坏"的具体内容，概括起来主要有两个方面：

第一，传统礼制被僭越。由于社会结构发生变化，上下阶层的等级秩序被打破，原来为上层社会所独享的礼乐文化转移到某些新贵中去。"管仲之家，兼备三归"、季氏"八佾舞于庭"，按照商周旧礼，根本无法享有礼乐的低级贵族，普遍僭越用礼。这引起贵族文化维护者的强烈抨击。孔子讥谓："是可忍也，孰不可忍也！"[1] 比较集中的文献有：

天下有道，则礼乐征伐自天子出；天下无道，则礼乐征伐自诸侯出。自诸侯出，盖十世希不失矣；自大夫出，五世希不失矣；陪臣执国命，三世希不失矣。天下有道，则政不在大夫。天下有道，则庶人不议。(《论语·季氏》)

诸侯之宫县，而祭以白牡，击玉磬，朱干设锡，冕而舞《大武》，乘大路，**诸侯之僭礼也**。台门而旅树，反坫，绣黼丹朱中

---

[1]《论语·八佾》。

衣，**大夫之僭礼也**。故天子微，**诸侯僭**，大夫强，诸侯胁。于此相贵以等，相觌以货，相赂以利，而天下之礼乱矣。诸侯不敢祖天子，大夫不敢祖诸侯。而公庙之设于私家，**非礼也，由三桓始也**。(《礼记·郊特牲》。郑注："言此皆天子之礼也。言此皆诸侯之礼也。言僭所由。言仲孙、叔孙、季孙氏皆立桓公庙，鲁以周公之故，立文王庙，三家见而僭焉。")

盏、斝及尸君，非礼也，是谓僭君。(《礼记·礼运》。郑注："僭礼之君也。盏、斝，先王之爵也，唯鲁与王者之后得用之耳，其余诸侯用时王之器而已。")

天子龙𫷷而椁帱，诸侯𫷷而设帱，为榆沈，故设拨。三臣者废𫷷而设拨，窃礼之不中者也。(《礼记·檀弓下》)

第二，前代礼制被废除。东周时期，天下分裂割据，社会混乱，"诸侯失制，号令自己，其名不一"[2]，"官失而百职乱，战国并争，各有变易"[3]。这种情况下，商周以来实行的诸多旧礼，到春秋战国时期不再流行了。这就是后代常说的"周衰，礼多亡失"[4]。旧礼亡失，社会上出现大量"非礼"现象，例如：

大夫而飨君，**非礼也**。大夫强而君杀之，义也，由三桓始也。天子无客礼，莫敢为主焉。君适其臣，升自阼阶，不敢有其室也。觐礼，天子不下堂而见诸侯。下堂而见诸侯，天子之失礼

---

[2] 杜佑：《通典》卷三一《职官十三·历代王侯封爵》，中华书局，1988年，第853页。
[3] 《通典》卷十九《职官一·历代官制·总序》，第467页。
[4] 《通典》卷七七《礼三十七·军礼二》，第2100页。

也，由夷王以下。(《礼记·郊特牲》)

子上之母死而不丧，门人问诸子思曰："昔者子之先君子丧出母乎？"曰："然。""子之不使白也丧之，何也？"子思曰："昔者吾先君子无所失道，道隆则从而隆，道污则从而污。伋则安能？为伋也妻者，是为白也母。不为伋也妻者，是不为白也母。"故孔氏之不丧出母，**自子思始也**。(《礼记·檀弓上》。郑注："记礼所由废，非之。")

帷殡，非古也。**自敬姜之哭穆伯始也**。(《礼记·檀弓下》。郑注："礼，'朝夕哭，不帷'。")

这是一个变动不定、除旧布新的时代，旧礼制遭到破坏，或被僭越，或被损益，出现了大量前代未见的"违礼"行为。"三礼"文献常见所谓"由……始"、"始于……"的记载，都说明新的行为方式正在诞生，例如：

庭燎之百，由齐桓公始也。大夫之奏《肆夏》也，**由赵文子始**也。(《礼记·郊特牲》。郑注："僭天子也。庭燎之差，公盖五十，侯伯子男皆三十。")

世柳之母死，相者由左。世柳死，其徒由右相。由右相，世柳之徒为之也。(《礼记·杂记下》。郑注："**亦记失礼所由始也**。")

狄仪有同母异父之昆弟死，问于子夏，子夏曰："**我未之前闻也**。鲁人则为之齐衰。"狄仪行齐衰。今之齐衰，狄仪之问也。(《礼记·檀弓上》)

鲁庄公及宋人战于乘丘，县贲父御，卜国为右，马惊，败绩，公坠，佐车授绥，公曰："末之，卜也。"县贲父曰："他日不败绩，而今败绩，是无勇也。"遂死之。圉人浴马，有流矢在白肉，公曰："非其罪也。"遂诔之。士之有诔，自此始也。(《礼记·檀弓上》。郑注："**记礼失所由来也**。周虽以士为爵，犹无谥也。殷大夫以上为爵。")

丧慈母**自鲁昭公始**也。(《礼记·曾子问》)

夫人之不命于天子，**自鲁昭公始也**。(《礼记·杂记》下。郑注："亦记鲁失礼所由也。周之制，同姓，百世昏姻不通。吴，大伯之后，鲁同姓，昭公取于吴，谓之吴孟子，不告于天子。自此后取者遂不告于天子，天子亦不命之。")

管仲死，桓公使为之服。官于大夫者之为之服也，**自管仲始**也，有君命焉尔也。(《礼记·杂记》下。郑注："**亦记失礼所由也**，善桓公不忘贤者之举。官，犹仕也。此仕于大夫，更升于公，与违大夫之诸侯同尔，礼不反服。")

玄冠紫緌，**自鲁桓公始也**。(《礼记·玉藻》。郑注："盖僭宋王者之后服也。")

凿巾以饭，公羊贾为之也。(《礼记·杂记下》。郑注："**记士失礼所由始也**。士亲饭，必发其巾，大夫以上，宾为饭焉，则有凿巾。")

类似例子不胜枚举。孔子遭逢此时，他以"从周"之志，追怀商周礼乐文明，终生努力，孜孜于"复礼""正乐""正名"，成为泽被万世的文化伟人。

关于先秦时期礼崩乐坏的具体时间和具体内容，后人有多种描述，最为代表性的概括，是顾炎武的《论周末风俗》：

> 春秋时犹尊礼重信，而七国时则绝不言礼与信矣；春秋时犹宗周王，而七国则绝不言王矣；春秋时犹严祭祀，重聘享，而七国则无其事矣；春秋时犹论宗姓氏族，而七国则无一言及之矣；春秋时犹宴会赋诗，而七国则不闻矣；春秋时犹赴告策书，而七国则无有矣。邦无定交，士无定主。此皆变于一百三十三年之间。……不待始皇之并天下，而文武之道尽矣。⁵

顾炎武将此种变化集中归于春秋战国之际的133年间，指从《左传》终篇（鲁哀公之亡），到六国以次称王、苏秦为纵长（周显王三十五年），即公元前468年至公元前334年⁶。顾炎武的说法相当具体。实际上，礼崩乐坏的时间很难做出具体的划定，历代文献的说法也相当模糊。

第一种，归于周幽王、厉王时期，即西周末年。例如，《礼记·礼运》："我观周道，幽、厉伤之。"《汉书·儒林传》："周道既衰，坏于幽、厉。"董仲舒的《天人三策》中说道："夫周道衰于幽、厉，非道亡也，幽、厉不繇也。"⁷《通典》也说："洎乎幽、厉衰微，秦焚六籍，图写纷杂，记注混淆。"⁸

第二种，笼统地称之"周衰"。例如，《史记·礼书》："周衰，礼废乐坏。"《礼记·王制》"天子诸侯，祭因国之在其地而无主后者"，孔疏："《春秋》之时，周衰礼废。"《汉书·五行志下》："周

---

5 顾炎武：《日知录》卷十三《周末风俗》，黄汝成《集释》，秦克诚点校，岳麓书院，1994年，第467-468页。
6 顾氏所谓133年的时间断限可能稍有错误，兹不讨论。
7 《汉书》卷五六《董仲舒传》。
8 《通典》卷五七《礼十七·沿革十七·嘉礼二》，第1601页。

衰，天子不班朔，鲁历不正，置闰不得其月，月大小不得其度。"《汉书·艺文志》："安上治民，莫善于礼；移风易俗，莫善于乐。二者相与并行。周衰俱坏，乐尤微眇。"

第三种，鲁哀公和孔子之世。例如，《论语·微子》何晏《集解》引孔传："鲁哀公时，礼坏乐崩，乐人皆去。"将其定为鲁哀公（公元前521年–公元前468年）。皮锡瑞说："东迁以后，礼坏乐崩。"[9] 司马谈对司马迁的临终嘱托中提到："幽、厉之后，王道缺，礼乐衰，孔子修旧起废，论诗书，作《春秋》，则学者至今则之。"[10] 司马迁继承了这种说法，把礼乐之废，与幽、厉之衰结合起来。

> 夫周室衰而《关雎》作，幽、厉微而礼乐坏，诸侯恣行，政由强国。故孔子悯王路废而邪道兴，于是论次《诗》《书》，修起礼乐。[11]
>
> 古者《诗》三千余篇，及至孔子，去其重，取可施于礼义，上采契、后稷，中述殷、周之盛，至幽、厉之缺，始于衽席，故曰"《关雎》之乱以为《风》始，《鹿鸣》为《小雅》始，《文王》为《大雅》始，《清庙》为《颂》始"。三百五篇孔子皆弦歌之，以求合《韶》《武》雅颂之音。礼乐自此可得而述，以备王道，成六艺。[12]

---

9 皮锡瑞：《经学通论》，吴仰湘点校，中华书局，2017年，第243页。
10《汉书》卷六二《司马迁传》。
11《史记》卷一三〇《太史公自序》。
12《史记》卷四七《孔子世家》。

这也是历代最常见的说法。因为它将幽厉之衰、东周之乱、礼崩乐坏，与孔子的复礼正乐完整地结合起来，形成时间和文化上的历史逻辑。总之，在历代的礼学家看来，由于西周末年王道衰微，东周陷于礼崩乐坏的境地，到孔子之时达到高峰，孔子生而以振衰起弊为历史使命，重修礼乐，于是王道"自此可得而述"。历代经史文献采取的基本都是这种说法，"礼崩乐坏"或"礼坏乐崩"遂成为一个固定话语，被反复引用。

二、历代多有"礼崩乐坏"

然而，在中国历史上，除了上述特指的春秋战国之际外，还有很多时期也被认为出现了礼崩乐坏，相关说法主要见于史部和集部文献。其中以下几个阶段最为显明。

1. 秦朝

秦朝焚书坑儒，设挟书令，"有敢偶语《诗》《书》者弃市"。且以法家治国，"若欲有学，以吏为师"。所以，历来认为秦朝反对礼乐，禁绝礼乐，是礼崩乐坏的集中时期。《通典》非常明确地说"秦灭礼学"。[13]

东汉光武帝建武三十二年（56年）封禅泰山，其石刻文曰："秦相李斯燔《诗》《书》，乐崩礼坏。"[14] 认为以李斯为代表的法家，是礼崩乐坏的制造者。类似说法还有：

---

13 《通典》卷五七《礼十七·沿革十七·嘉礼二》，第1602页。
14 《后汉书》卷九七《祭祀志上》。

及其衰也,诸侯逾越法度,恶礼制之害己,去其篇籍。**遭秦灭学**,遂以乱亡。(《汉书》)[15]

自哲人萎而微言绝,七十子散而大义乖,战国纵横,真伪莫辨,诸子之言,纷然淆乱。圣人之至德丧矣,先王之要道亡矣,陵夷踳驳,以至于秦。秦政奋豺狼之心,划先代之迹,焚《诗》《书》,坑儒士,以刀笔吏为师,制挟书之令。学者逃难,窜伏山林,或失本经,口以传说。(《隋书》)[16]

宋代人沿用了这一话语,在张载和洪迈的文字中有明确说法:

自**周衰礼坏,秦暴学灭**,天下不知鬼神之诚,继孝之厚,致丧祭失节,报享失虔,狃尚浮屠可耻之为,杂信流俗无稽之论。(张载《始定时荐告庙文》)[17]

秦为无道,削仲尼之迹,绝周公之轨,**礼坏乐崩**,王道不通,张诽谤之网,以为汉驱除。(洪迈《秦隋之恶》)[18]

由于秦朝的破坏,儒家礼制到汉代前期都没有得到恢复。虽然有故秦博士叔孙通将旧礼传承于西汉朝堂,但民间社会对礼仪的了解相当有限;加之黄老流行,尚俭去繁,礼制缺失应当是全社会的整体状况。所以,到汉武帝时才会有"今礼坏乐崩,朕甚悯焉"的

---

15 《汉书》卷二二《礼乐志》。
16 《隋书》卷三二《经籍志一》。
17 张载:《张载集·文集佚存·始定时荐告庙文》。
18 洪迈:《容斋随笔》卷五《秦隋之恶》。

感叹，这种感叹应当是非常真切的。[19]

2. 两汉之际

经过西汉末年的大动乱，文化破坏严重，到光武帝统一天下时，已是"文书散亡，旧典不具"的残局[20]。所以，东汉重新统一后的章和元年（87年）春天，汉章帝诏书中说："汉遭莽弊，**礼坏乐崩**，因循故事，多非经典。"[21] "汉遭莽弊"，在范晔《后汉书·曹褒传》中又作"汉遭秦余"。"秦余"或是"莽弊"，似乎表明了两种可能性，即东汉统治者认为自己的政统是继自秦朝，还是继自西汉。

3. 东汉末年桓、灵时期

东汉后期，宦官外戚干预朝政，政治黑暗，导致黄巾起义，社会动乱。史籍中常常把东汉末年的桓、灵时期比喻为西周末年的幽、厉时期，如南朝谢灵运《拟魏太子邺中集诗·王粲》谓："幽厉昔崩乱，桓灵今板荡。"二者都是礼崩乐坏的集中阶段。王夫之《读通鉴论》评论道：

> 桓、灵激之矣，奄竖激之矣，死亡接踵而激犹未甚，桓、灵、奄竖不能掩其名也……圣王不作，**礼崩乐坏**，政暴法烦，祇以增风俗之浮荡而已矣。[22]

---

19 《汉书》卷六《武帝本纪》、《汉书》卷三六《刘歆传》。
20 《后汉书》卷九七《祭祀志上》。
21 袁宏：《后汉纪·孝章后帝纪》下。
22 王夫之：《读通鉴论》卷十《三国》，中华书局，1975年，第275页。

西晋末年郭璞说:"往者汉季凌迟,……尊卑礼坏,大伦遂乱。"[23]指汉末人际关系混乱,尊卑礼制受到冲击。西晋时期的刘弘回忆说:"昔刘景升以礼坏乐崩,命杜夔为天子合乐,乐成,欲庭作之。"[24] 如同东周时期礼崩乐坏而乐师四散、雅声不再一样[25],东汉末年的社会动荡也使得雅乐失传,刘表(字景升)命令当时硕果仅存的乐师杜夔来调试雅乐。

4. 魏晋南北朝"五胡乱华"时期

魏晋南北朝时,"五胡乱华",天下丧乱,政权更迭频繁,礼崩乐坏在所难免。南朝萧梁普通六年(520年),徐勉上《修五礼表》,大致概括了此前千年的礼乐变化,其中说到两晋南北朝的礼制变化:

> 至乎晋初,爰定新礼,荀顗制之于前,挚虞删之于末,既而中原丧乱,**罕有所遗**。江左草创,因循而已,厘革之风,是则未暇。[26]

动乱时期,南方和北方礼制都遭到破坏。南方礼制草创,中原陷于北胡,其礼制也熏染朔漠之风,《旧唐书》谓:

> 自永嘉之后,咸、洛为墟,**礼坏乐崩**,典章殆尽。江左掇

---

[23]《抱朴子·外篇·交际》。
[24]《晋书》卷六六《刘弘传》。
[25]《论语·微子》:"大师挚适齐,亚饭干适楚,三饭缭适蔡,四饭缺适秦,鼓方叔入于河,播鼗武入于汉,少师阳、击磬襄入于海。"
[26]《梁书》卷二五《徐勉传》。

其遗散,尚有治世之音。而元魏、宇文,代雄朔漠,地不传于清乐,人各习其旧风。27

北魏永平三年(510年),太常卿刘芳上书说:

> 晋氏失政,中原纷荡。刘石以一时奸雄,跋扈魏赵,苻姚以部帅强豪,趑趄关辅。于是**礼坏乐驩**,废而莫理。大魏应期启运,奄有万方,虽日不暇给,常以礼乐为先。28

可见,身逢其世、身处其中者也深知那是一个礼崩乐坏、礼义堕废的时代。东魏讨伐南朝陈梁,军司杜弼起草了著名的《移梁檄文》,其中攻击梁朝"政散民流,**礼崩乐坏**"29。

这一时期出现了很多礼学大师,礼学研究和礼仪实践并非完全中断30。但是,儒家经义整体上受到玄学和佛学冲击,礼学也在所难免。当时人就曾批评玄学对礼学的负面影响,例如,"崇儒抑俗"的范宁说:"王(弼)、何(晏)蔑弃典文,不遵礼度,游辞浮说,波荡后生,饰华言以翳实,骋繁文以惑世。缙绅之徒,翻然改辙,洙泗之风,缅焉将坠。遂令仁义幽沦,儒雅蒙尘,**礼坏乐崩**,中原倾覆。"31

经过魏晋南北朝四百年的动荡,到隋朝统一时,礼制之坏废相

---

27 《旧唐书》卷二八《音乐志一》。
28 《魏书》卷一〇九《乐志》。
29 《资治通鉴》卷一六〇《梁纪十六》太清元年十月。
30 拙作《庆氏礼学述论》,《人文论丛》2017年第1期。
31 《晋书》卷七五《范宁传》、《资治通鉴》卷101《晋纪二十三·孝宗穆皇帝下》升平五年。

当严重,开皇二年(583年),颜之推上疏请求重建雅乐时,便说"礼崩乐坏,其来自久"[32]。

5. 唐末五代

唐末五代,中国再度陷入分裂和动荡。朝代更迭频繁,文化遭到破坏,礼乐废弛,连朝廷上朝奏事的制度都出现了混乱,"自唐末丧乱,朝廷之礼坏,天子未尝视朝,而入阁之制亦废。"[33]欧阳修认为五代的时代风貌,就是"干戈兴,学校废,而礼义衰,风俗隳坏"[34]。他对五代时期的礼乐败坏,有强烈感叹:

> 寒食野祭而焚纸钱,居丧改元而用乐,杀马延及任圜,则**礼乐刑政几何其不坏**矣!至于赛雷山传箭而扑马,则中国几何其不夷狄矣。可谓乱世也欤![35]

> 夫礼者,所以别嫌而明微也。甚矣,五代之际,君君臣臣、父父子子之道乖,而宗庙、朝廷、人鬼皆失其序,斯可谓乱世者欤!自古未之有也。[36]

与欧阳修同时代的司马光,对五代的看法完全相同:"凌夷至于五代,天下荡然,**莫知礼仪为何物矣**!"[37]

---

[32]《隋书》卷十四《音乐志(中)》。
[33]《新五代史》卷五四《李琪传》。
[34]《新五代史》卷三四《一行传》。
[35]《新五代史》卷十二《周本纪·世宗》。
[36]《新五代史》卷十六《唐五代废帝家人传》。
[37] 司马光:《谨习疏》,曾枣庄、刘琳主编:《全宋文》卷一一八一,上海辞书出版社,2006年,第270页。

6. 明清之际

明清之际的变化，不仅涉及民族矛盾，还涉及文化变革，士大夫多所感叹。例如顾炎武就曾说：

> 今之学者生于草野之中，**当礼坏乐崩之后**，于古人之遗文一切不为之讨究，而曰礼吾知其敬而已，丧吾知其哀而已，以空学而议朝章，以清谈而干王政，是尚不足以窥汉儒之里，而何以升孔子之堂哉？[38]

顾氏认为，清初学者正处于礼坏乐崩之后，不能以空学清谈为务，而应当精研古礼，由汉学而得孔儒真义。顾氏稍后的张永铨，看到清人热衷于祭拜释氏佛祖、道教诸天，而文庙萧条，对孔子的春秋丁祭相当淡漠，于是建议：

> 今日吾邑文庙之祭器大半遗亡，乐器则无一存者，**礼坏乐崩**，圣人在天之灵，亦必不享。宜亟请于当事，补其阙失，仿郡学之制而复之，延乐师以训乐舞生，将见礼明乐备，于圣天子右文之治不无少裨。[39]

礼乐之器遗失，祭礼不兴，这是清代基层社会文庙礼崩乐坏的真实表现。

---

[38] 顾炎武：《日知录》卷六《檀弓》，黄汝成《集释》，秦克成点校，岳麓书院，1994年，第211页。

[39] 张永铨：《陪拜文庙议》，《皇朝经世文编》卷五五《礼政二·大典上》，岳麓书社，2004年，第110页。

以上讨论表明，历史上很多时期都出现过所谓"礼崩乐坏"问题，尤其是王朝末年、动乱时期，无可避免地造成礼乐坏废、道德陷溺，时人或后朝的士大夫常常发出"礼崩乐坏"的感喟和抱怨。

三、"礼崩乐坏"之说不限于华夏—汉族

春秋时期，秦国和楚国尚在"华夏"之外，其礼乐文明的程度显然低于中原。楚人多次自称"蛮夷"。周夷王时，楚国国君熊渠说："我蛮夷也，不与中国之号谥。"[40] 然而，实际上楚人礼乐制度相当发达，春秋晚期楚国已有成型的《祭典》，有系统的冠、婚、丧、祭、军、朝聘、宴飨诸礼[41]。"秦人无礼"的旧说，也被考古发掘所否定。秦人有系统的畤坛郊天系统，有完整的宗庙系统，朝聘、会盟、婚姻、丧葬、祭祀等都依礼而行[42]。正如韩愈《原道》所说，《春秋》笔法在处理华夷关系时，其原则是"诸侯用夷礼则夷之，进于中国，则中国之"。华夷之辨的根本依据，是礼乐的有无，而不是血缘、地缘和族群的差异。正如唐代皇甫湜《东晋正闰论》所说："所以为中国者，礼义也；所谓夷狄者，无礼义也。"[43]

今天所谓少数民族，即当时的胡人政权，也讲"礼崩乐坏"。十六国之一北燕，是胡化的汉人政权，其文成帝冯跋也是胡化的汉人。《晋书》记载，冯跋曾下诏书曰：

---

40 《史记》卷四十《楚世家》。
41 参拙著《楚国礼仪制度研究》（修订版），湖北教育出版社，2017年。
42 参马志亮：《秦礼初步研究》，西北大学出版社，2021年。
43 《全唐文》卷六八六。

> 自顷丧难，**礼崩乐坏**，闾阎绝讽诵之音，后生无庠序之教，子衿之叹复兴于今，岂所以穆章风化，崇阐斯文！[44]

北魏是鲜卑拓跋政权，其御史中尉王显在奏书提到：

> 自金行失御，群伪竞兴，**礼坏乐崩，彝伦攸斁**。大魏应期，奄有四海。高祖孝文皇帝以睿圣统天，克复旧典。[45]

本是"北狄"的鲜卑拓跋氏认为，五胡乱华导致礼崩乐坏、伦常败乱，认为只有自己的族群统一北方，继承了华夏典章制度，并以礼乐正统自居。与其他华夏正史一样，《魏书》设有《礼志》，其文开篇就说：

> **自永嘉扰攘，神州芜秽，礼坏乐崩，人神歼殄**。太祖南定燕赵，日不暇给，仍世征伐，务恢疆宇。虽马上治之，未遑制作，至于经国轨仪，互举其大，但事多粗略，且兼阙遗。高祖稽古，率由旧则，斟酌前王，择其令典，朝章国范，焕乎复振。早年厌世，睿虑未从，不尔刘、马之迹，夫何足数？世宗优游在上，致意玄门，儒业文风，顾有未洽，坠礼沦声，因之而往。肃宗已降，魏道衰赢，太和之风，仍世凋落，以至于海内倾圮，纲纪泯然。呜呼！鲁秉周礼，国以克固，齐臣撤器，降人折谋。治身不

---

[44]《晋书》卷一二五《载记第二十五·冯跋》。
[45]《魏书》卷十九上《广平王洛侯传》、《北史》卷十七《广平王洛侯传》。

得以造次忘，治国庸可而须臾忽也。初自皇始，迄于武定，朝廷典礼之迹，故总而录之。[46]

鲜卑拓跋部族不仅批评中原礼坏乐崩，而且指出，北魏太祖、高祖、世宗、肃宗历代都曾制礼作乐，朝廷典制，史迹可循。

如前所述，胡汉杂糅的东魏政权中，军司杜弼受命作《移梁檄文》，攻击南方汉人萧梁政权"政散民流，礼崩乐坏"，其中一个主要口实是"梁主"（梁武帝萧衍）"废立失所"，即指责其梁武帝与昭明太子萧统产生嫌隙，废嫡立幼，改立萧纲为太子[47]。嫡长子制是儒家礼制的根本，《移梁檄文》说明鲜卑政权的汉化程度之高，对华夏礼制的认同之深。

永安二年（529年），北魏杨元慎讥讽东晋六朝南方政权不知礼乐，而北方政权才是礼乐正脉：

> **礼乐所不沾**，宪章弗能革，虽复秦余汉罪，杂以华音，复闽楚难言，不可改变。虽立君臣，上慢下暴。是以刘劭杀父于前，休龙淫母于后，见逆人伦，禽兽不异。加以山阴请婿卖夫，朋淫于家，不顾讥笑。卿沐其遗风，**未沾礼化**，所谓阳翟之民不知瘿之为鬼。我魏膺箓受图，定鼎嵩洛，五山为镇，四海为家。移风易俗之典，与五帝而并迹；**礼乐宪章之盛**，凌百王而独高。[48]

46《魏书》卷一〇八《礼一》。
47《资治通鉴》卷一六〇《梁纪十六》，太清元年十二月。
48 范祥雍：《洛阳伽蓝记校注》，古典文学出版社，1958年，第117—119页。

钱锺书先生《管锥编》中，对于礼义为上，华、夷互相转化的现象详有梳理，兹不赘引[49]。

契丹辽朝也有礼仪，《辽史》有《礼志》四卷、《乐志》一卷、《仪卫志》四卷。其《礼志》谓："太祖克晋，稍用汉礼。……国史院有金陈大任《辽礼仪志》，皆其国俗之故，又有《辽朝杂礼》，汉仪为多。"[50]《辽史》也感叹："《咸》《韶》《夏》《武》之乐，声亡书逸，河间作记，史迁因以为书，寥乎希哉！"[51] 契丹辽朝在学习和杂糅汉人的舆服制度基础上，建立了自己的仪卫制度。黄帝以降的舆服之制，多有中断，《辽史·仪卫志》对之也多有批评：

> 自黄帝而降，舆服之制，其来远矣。禹乘四载作小车，商人得桑根之瑞为大辂，周人加金玉，象饰益备。秦取六国仪物，而分别其用，先王之制，置而弗御。至汉中叶，锐意稽古，然礼文之事，名存实亡，盖得十一于千百焉。唐之车辂因周、隋遗法，损益可知。而祭服皆青，朝服皆绛，常服用宇文制，以紫、绯、绿、碧分品秩。五代颇以常服代朝服。辽国自太宗入晋之后，皇帝与南班汉官用汉服；太后与北班契丹臣僚用国服，其汉服即五代晋之遗制也。[52]

秦朝不用先王舆服之制，汉代礼文名存实亡，唐代多用周隋旧法，

---

49 参钱锺书《管锥编》第4册《全后魏文卷二一》，中华书局，1986年，第1486-1490页。
50《辽史》卷四九《礼志一》，第833页。
51《辽史》卷五四《乐志》。
52《辽史》卷五五《仪卫志》。

五代朝服与常服不分,这些批评类似于站在礼乐正统对礼崩乐坏的批评。

《金史》也有《礼志》十一卷、《乐志》二卷、《仪卫志》二卷、《舆服志》三卷。《金史·礼志》批评金宣宗完颜珣时期,内外受困,疆宇日蹙,于是礼制亡失严重:

> 图籍散逸既莫可寻,而其宰相韩企先等之所论列,礼官张暐与其子行简所私著自公纪,亦亡其传。故书之存,仅《集礼》若干卷,其藏史馆者又残缺弗完……[53]

《元史》有《礼乐志》五卷、《祭祀志》六卷、《舆服志》三卷。元世祖至元八年,命刘秉忠、许衡始制朝仪开始,礼制才渐齐备,但其中"多用本俗"。对于宋代靖康之乱后的礼乐破坏,元人也不无叹息:

> 前圣之制,至周大备。周公相成王,制礼作乐,而教化大行,邈乎不可及矣。秦废先代典礼,汉因秦制,起朝仪,作宗庙乐。魏、晋而后,五胡云扰,秦、汉之制亦复不存矣。唐初袭用隋礼,太常多肄者,教坊俗乐而已。至宋,承五季之衰,因唐礼,作太常因革礼,而所制大晟乐,号为古雅。**及乎靖康之变,礼文乐器,扫荡无遗**矣。[54]

---

53 《金史》卷二八《礼志一》。
54 《元史》卷六七《礼乐志一》。

元朝的五礼，大都遵行蒙古习俗，惟祭祀稽古遵儒，郊庙之仪，礼官特别详慎，基本未废旧礼。但是元世祖以来，皇帝大多难于亲自郊天。"至大间，大臣议立北郊而中辍，遂废不讲。然武宗亲享于庙者三，英宗亲享五。晋王在帝位四年矣，未尝一庙见。文宗以后，乃复亲享"[55]。《元史》的这段记载，也暗含着对皇帝郊天不勤的批评。

总之，即使非华夏—汉族的少数民族士大夫，也经常感叹礼崩乐坏，抱怨前代或者自己所处的当下礼乐废弛，伦常败坏。

四、礼制重建与中华礼乐传统的连续性

以上梳理说明，"礼崩乐坏"固然是儒家学说中的一个基本话语，特别指向春秋战国之际，但是，它也是历代统治者和士大夫不断感叹和抱怨的常见话语。那么，他们为什么要发出如此感叹和抱怨呢？

我们认为，这种感叹和报怨所反映的文化心理，正是对中国礼乐传统的认同和对礼乐文脉连续性的维护，反映了统治者和士大夫想要振衰起弊、重建礼乐的决心和努力。

制礼作乐，是儒家关于文化统一和文化重建的基本话语。《礼记·乐记》谓："王者功成作乐，治定制礼。"[56] 据说，周公相辅武王，"六年，朝诸侯于明堂，制礼作乐，颁度量，而天下大服。七

55《元史》卷七二《祭祀志一》。
56《论语·季氏》邢昺疏和《孟子·公孙丑下》孙奭疏又作："王者功成制礼，治定作乐"。

年，致政于成王"。[57] 制礼作乐的功效，《乐记》有论：

> 圣人作乐以应天，制礼以配地。礼乐明备，天地官矣，天尊地卑，君臣定矣，卑高已陈，贵贱位矣，动静有常，小大殊矣。

通过制礼作乐，天地、君臣、贵贱、尊卑、大小这些社会秩序都得到确立，才可以"行政"。"天子学乐辨风，制礼以行政；诸侯学礼辨官政以行事，以尊事天子"[58]，对于统治者来说，制礼作乐是建立朝代后非完成不可的文化建设。

西汉初年，针对秦朝的文化破坏，一俟社会安定，便开始了修正礼乐，纠正风俗。《汉书·礼乐志》记载，西汉初年"拨乱反正，日不暇给"。到汉文帝时，贾谊以为当时风俗败坏，"废礼义，捐廉耻"，甚至弑杀父兄，盗攘庙器，他强烈呼吁"定制度，兴礼乐"，以实现"诸侯轨道，百姓素朴，狱讼衰息"的社会效果[59]。可是此时距离汉代建国仅二十余年，还来不及重建礼乐。直到汉武帝时，还在感叹礼崩乐坏，于是他在元朔五年（公元前124年）六月下诏，将礼乐重建定为首务：

> 盖闻导民以礼，风之以乐，今礼坏乐崩，朕甚悯焉。故详延天下方闻之士，咸荐诸朝。其令礼官劝学，讲议洽闻，**举遗兴礼，以为天下先**。太常其议予博士弟子，崇乡党之化，以厉贤

---

57 《礼记·明堂位》。
58 《大戴礼记·小辨》。
59 《汉书》卷二二《礼乐志》。

材焉。[60]

这一番努力，与独尊儒术、更始革新的历史洪流合为一体，才造就了西汉中后期的儒学复兴，造就了政治和社会上的"昭宣中兴"。从刘邦建国，到武帝兴礼，经历了一百多年。

东汉初年，光武帝重建礼乐，大小礼制皆征询张纯意见。建国约半个世纪之后，汉章帝也发起了一场举遗兴礼的运动。元和三年（86年），他下诏让大臣们进献礼制："汉遭秦余，礼坏乐崩，且因循故事，未可观省，有知其说者，各尽所能。"庆氏礼学的传承人曹褒受命制定礼制：

> 褒既受命，乃次序礼事，依准旧典，杂以《五经》谶记之文，撰次天子至于庶人冠婚吉凶终始制度，以为百五十篇，写以二尺四寸简。其年十二月奏上。帝以众论难一，故但纳之，不复令有司平奏。会帝崩，和帝即位，褒乃为作章句，帝遂以《新礼》二篇冠。[61]

这部《新礼》虽然由于皇帝崩薨而未及施行，但东汉前期挽救礼崩乐坏局面、重建礼乐制度的文化措施无疑起到正面作用。"三代以下风俗之美者，无过于东京"[62]。历代学者多称东汉风俗醇美，恐怕与东汉前期几代君主制定礼乐、提倡礼义不无关系。

60《汉书》卷六《武帝本纪》、《汉书》卷八八《儒林传序》。
61《后汉书》卷三五《曹褒传》。
62 顾炎武：《日知录》卷十三《两汉风俗》，黄汝成《日知录集校》，第469–470页。

类似礼制重建的现象，在历史上不断重演。即使在动乱年代，也不例外。南朝齐梁时期便设有修礼局，屡修屡废，天监元年（502年），梁武帝下诏云："礼坏乐缺，故国异家殊，实宜以时修定，以为永准。"尚书仆射沈约等人建议，各地举荐专家，修撰五礼，若有疑者，依汉代石渠阁、白虎观会议办法，由皇帝称制临决[63]。当然，由于岁月动荡和国祚短促，这些努力并不一定真正实施。而一旦结束战争，走向和平，便重启礼制重建工作。例如，隋文帝统一天下后，极力重建丧服制度。他鉴于"礼坏乐崩，由来渐矣。……近代乱离，唯务兵革，其于典礼，时所未遑"的现状，规定对于父存而母丧的丧服为"依礼十三而祥，中月而禫"（当时实行的是"十一月而练"），解决了丧服制度的混乱。

历代统治者在建国前期，都让礼学家们"考论同异，博采古今，以成一代之典"[64]。北魏道武帝[65]、北魏宣武帝[66]、北宋哲宗[67]、北宋徽宗[68]、元武宗[69]、明朝太祖[70]等时期，或君或臣，制定礼典时都曾有过如此努力。

如果说，历代统治者抱怨礼崩乐坏，要在本朝制作一个垂范后世的制度体系，是出于皇权统治的需要，那么，士大夫们对于礼崩乐坏的批评，则是出于担当道义、传承文脉的历史使命。例如，在

---

[63]《梁书》卷二五《徐勉传》。
[64]《魏书》卷一〇九《乐志一》。
[65]《魏书》卷三五《崔浩传》。
[66]《魏书》卷一〇九《乐志一》。
[67]《宋史》卷一九九《刑法志一》。
[68]《宋朝事实》卷三《诏书》。
[69]《元史》卷二〇三《宦者列传·李邦宁》。
[70]《明史》卷五一《礼志五》。

欧阳修、司马光等儒家精英看来，五代时期是礼崩乐坏的衰世。欧阳修本身做过礼部侍郎，他对已有的官修《五代史》甚不满意，决意重修《五代史》，就是要用春秋笔法对唐末五代的礼崩乐坏加以贬斥。在这部私修史书中，他专设《一行》《唐废帝家人》《义儿》等传，以表彰乱世中的忠臣义士；同时，对于一生事四姓、历十君还恬称"长乐老"的冯道大加挞伐："予读冯道《长乐老叙》，见其自述以为荣，其可谓无廉耻者矣。"[71] 司马光在《资治通鉴》中也对冯道大为不齿，批评他转事多君，"朝为仇敌，暮为君臣"，易面变辞而毫无愧怍[72]。清代马福安《读曲礼》一文呼吁，士大夫要勇担推广礼教的责任："吾见礼教之兴，不必俟读法悬书，而后浃于民心也，是在有风俗人心之责者加之意而已。"[73]

如上所言，历代统治者和礼学家都致力于制作的"一代之典"，他们都博采古今，考论异同，应当是"万世永准"，然而，为什么会频繁出现礼崩乐坏，而又需要屡次重建呢？这必须从礼的本质和要素加以分析。广义的礼，包括礼器、礼典、礼仪、礼俗、礼法、礼学、礼义等层面。它们基本可以分为两部分：一是礼义，即与农业社会、宗法制度相适应的等级秩序、价值观念，属于形而上的部分，它们最稳定而少变化；二是由之衍生出的典章制度、行为规范，属于形而下的部分，它们则可能随着用礼者和行礼者的变化而变化。一种典章制度、行为规范，若行之日久，加之社会动乱、

71《新五代史》卷五四《冯道传》。
72《资治通鉴》卷二九一"显德元年"谓："(冯)道之为相，历五朝八姓，若逆旅之视过客，朝为仇敌，暮为君臣，易面变辞，曾无愧怍。大节如此，虽有小善，庸足称乎！"
73《皇朝经世文续编》卷六一《礼政一·礼论》。

民族融合等因素，必然产生淆乱、废弛，这就是礼崩乐坏。在中国的历史长河中，发生过多次这种形而下的礼崩乐坏。于是，一旦改朝换代，用礼和行礼的主体发生变化，便要重建与自己相适应的礼。这就是所谓"三代不同礼而王，五伯不同法而霸""五帝不相复礼，三代不同法"[74]。例如，战国时期，士人崛起，各国竞相变法，毁礼而立法，看似两种意识形态的斗争，实际上，法家之法也是另外一种礼。一个新兴的阶层——士，用一种另礼（法）取代了前一种礼。

历代屡次发生礼崩乐坏，却又屡次得以重建，其根本原因就在于，形而上的礼义部分并没有发生根本变化。即使在五代、明末这样人心陷溺、价值混乱的时代，礼所体现的等级秩序和主流价值观念仍然得到大多数中国人的认同。这就是孔子所说的"其或继周者，百世可知也"[75]，也是历代礼制重建的思想基础和社会基础。在这个意义上说，中华礼乐传统具有从未中断的连续性。

无可否认，礼乐文脉会出现障蔽、抑制和淆乱的现象，历史上多次发生。对此，王夫之在其名著《宋论》中有精彩论述：

> 光武之兴道艺也，雅乐仪文，得之公孙述也。拓跋氏之饰文教也，传经定制，得之河西也。四战之地，不足以留文治，则偏方晏处者存焉。蒙古决裂天维，而两浙、三吴，文章盛于晚季；刘、宋、章、陶藉之以开一代之治，非姚枢、许衡之得有传人也。繇此言之，士生礼崩乐圯之世，而处僻远之乡，珍重遗文以

---

[74]《史记》卷六八《商君列传》，《汉书》卷六《武帝本纪》。
[75]《论语·为政》。

须求旧之代，不于其身，必于其徒，非有爽也。[76]

关于礼乐传承的机制，除了朝廷制礼乐和草根日常践行之外，根据王夫之的论述，士大夫的作用至关重要。他举光武帝从边远的公孙述转求雅乐仪文、拓跋氏从边远的河西转求文教经传之例，说明身处礼崩乐坏之时，士大夫应当避居僻乡，珍重遗文，保存文种，以备将来。这大概也是孔子所谓"人能弘道"。

综上，本文的讨论说明，"礼崩乐坏"固然是儒家学说中的一个基本话语，特别指向春秋战国之际，但是，它也是历代统治者和士大夫不断感叹和抱怨的常见话语。历史上很多时期都出现过所谓"礼崩乐坏"问题，尤其是王朝末年、动乱时期，无可避免地造成礼乐坏废、道德陷溺，时人或后朝的士大夫常常发出"礼崩乐坏"的感喟和抱怨。不仅华夏—汉族如此，少数民族士大夫，也经常感叹礼崩乐坏，抱怨前代或者自己所处的当下礼乐废弛，伦常败坏。这些感叹和报怨所反映的文化心理，正是对中国礼乐传统的认同和对礼乐文脉连续性的维护，反映了统治者和士大夫想要振衰起弊、重建礼乐的决心和努力。礼的内涵，分为形而下和形而上两个层次，前者因时因人而或有变化，于是出现所谓"礼崩乐坏"，但后者即礼义却相对稳定，这正是中华礼乐传统得以连续和传承的文化基础。

---

[76] 王夫之：《宋论》卷二《太宗六》。

从儒家的"违礼"到法家的"违法"：阐释《论语》"其父攘羊"的语言、礼制与历史意义

周启荣（美国伊利诺州立大学）

一、导言：千年聚讼、圣人含冤的"其父攘羊而子证之"

《论语·子路》："叶公语孔子曰：'吾党有直躬者，其父攘羊，而子证之。'孔子曰：'吾党之直者异于是。父为子隐，子为父隐，直在其中矣。'"

《论语》这一段有关孔子与叶公的对话成为当代儒家的批评者与支持者的一个阐释滩头堡，关乎儒家思想与现代，尤其是法律观念是否相容的一个重要理论战场。1997年范忠信在三个期刊分别发表了三篇有关儒家"亲亲相隐"的论文。[1] 之后多个学者相继发文讨论。从2002年到2004年之间《论语》这段话在哲学界引起了

---

[1] 范忠信：《"亲亲尊尊"与亲属相犯：中西刑法的暗合》，《法学研究》1997年第3期；《中西法律传统中的"亲亲相为隐"》，《中国社会科学》1997年，第3期；《容忍制的本质与利弊：中外共同选择的意义》，《比较法研究》1997年第2期。

一场论战，吸引了近二十位学者参与辩论。² 郭齐勇于2004年编纂一些重要论文出版，但争论不但没有终止，而且吸引更多的学者参与讨论。十多年来相关文章不下一二百篇，论文集数部。各方争论的重点集中在儒家家庭伦理与法律之间的冲突以及孔子"父子互隐"的处理方法是否合乎现代法律观念的问题。

批评儒家的学者如刘清平认为孔子将亲情置于法律之上，批评孔子"将血缘亲情视为人们的一切行为都必须遵循的最高原理"，认为儒家伦理是"徇情枉法与任人唯亲"的腐败现象的根本原因。³ 也有学者如黄裕生从基督教的立场批评学者为了解释孔子"父子互隐"的合理性而提出的亲情自然论是"毫无根据的"，因为"没有亲情是'自然的'的或天生的，一切亲情都是在各种条件下自己产生出来的"。⁴

为孔子辩护的学者的各种辩解主要集中在解释父子相隐是家庭伦理的常态，为亲人隐瞒过错就是孔子所谓"直道"，是基于父

---

2 参加该场论战的虽然也有法学与历史的学者，但主要参与者为哲学界的学者。重要的论文已经收入郭齐勇主编：《儒家伦理争鸣集——以"亲亲互隐"为中心》，湖北教育出版社，2004年。郭齐勇：《也谈"子为父隐"与孟子论舜》，郭齐勇主编：《儒家伦理争鸣集——以"亲亲互隐"为中心》，湖北教育出版社，2004年。

3 刘清平：《美德还是腐败？——析〈孟子〉中有关舜的两个案例》，原文发表于《哲学研究》2002年第2期。《再论孔孟儒学与腐败问题——兼与郭齐勇先生商榷》，收入郭齐勇主编：《儒家伦理争鸣集——以"亲亲互隐"为中心》，湖北教育出版社，2004年，第888-889、918-929页。刘清平对于儒家伦理思想政体的观点见于氏著《论孔孟儒学的血亲团体性特征》，收入郭齐勇主编：《儒家伦理争鸣集——以"亲亲互隐"为中心》，湖北教育出版社，2004年，第853-887页。

4 黄裕生：《普遍伦理学的出发点：自由个体还是关系角色？》收入郭齐勇主编：《儒家伦理争鸣集——以"亲亲互隐"为中心》，湖北教育出版社，2004年，第962页。

子亲情,就是儒家普遍伦理价值"亲亲"的体现。[5]他们指出"亲亲互隐"不但不是中国所独有,其他文化也容许在诉讼中拒绝指控亲属。[6]郭齐勇在所编纂论战文集的序里说,该文集在2004年出版"标志着这场争鸣的结束。因为论战各方及其主要参与者要说的话基本上都已说完"。[7]然而,这个争论并没有终止,学者继续发文热烈讨论。廖铭春、法学家俞荣根、哲学学者梁涛等继续对"亲亲互隐"里的字义与法律公义等问题进行讨论。[8]

所有这些论辩的论文著述其实不出五组问题:1."隐"的涵义是什么?"亲亲互隐"的"隐"是不是隐瞒事实?2."亲亲相隐"是不是中国所独有?3.法律与亲情的冲突。4.法律与道德原则——诚信——的矛盾。5.孔子的"直道"应该如何理解,是不是枉法徇

---

[5] 郭齐勇:《也谈"子为父隐"与孟子论舜》;郭齐勇、龚建平:《"德治"语境中的"亲亲相隐"》,郭齐勇主编:《儒家伦理争鸣集——以"亲亲互隐"为中心》,湖北教育出版社,2004年,第13、48-49页。当然,先秦儒家内部也有不同的意见。梁涛认为简帛《五行》篇属于子思一派,主张"隐"有条件,就是只隐"小恶"但大恶则不隐:"不简,不行;不匿,不察于道。有大罪而大诛之,简也;有小罪而赦之,匿也。有大罪而弗大诛也,不〔行〕也;有小罪而弗赦也,不察于道也。简之为言犹练也,大而显者也;匿之为言也犹匿匿也,小而隐者也。简,义之方也;匿,仁之方也。(第38-41简)。参见梁涛《"亲亲相隐"与"隐而任之"》,《中国哲学》2012年第10期。

[6] 郭齐勇、龚建平:《"德治"语境中的"亲亲相隐"》,郭齐勇主编:《儒家伦理争鸣集——以"亲亲互隐"为中心》,湖北教育出版社,2004年,第46-49页。

[7] 郭齐勇主编:《儒家伦理争鸣集——以"亲亲互隐"为中心》,湖北教育出版社,2004年,第11页。

[8] 廖名春:《〈论语〉父子相隐章新证》,郭齐勇、张志强:《亲亲相隐的在讨论——与廖名春、梁涛二先生商榷》,《现代儒学》第一辑,复旦大学上海儒学院编,三联书店2016年版;俞荣根、蒋海松:《亲属权利的法律之痛——兼论"亲亲相隐"的现代转化》《现代法学》2009年第3期;梁涛:《超越立场,回归学理——再谈"亲亲相隐"及相关问题》,《学术月刊》2013年第8期;张志强:《线性思维、化约主义与高台"说教"——评梁涛等学者对"亲亲相隐"等相关文本的误读》《学术月刊》2014年第2期;顾家宁:《学理与义理:在谈"亲亲相隐"之争》《中国社会科学报》2014年第632期。

情?然而学者千言万语,针锋相对,但是有一个关键性的问题,学者却没有人觉得需要提出来讨论和研究:那就是"攘羊"是什么意思?学者一致认为"攘羊"就是偷窃他人拥有的羊的"违法"行为。但是这是极大的误解。由于学者错误地解释"攘"为"偷窃",因此才会被孔子父子相隐的回答所困惑,从而千方百计去为孔子解脱。努力去解释孔子为什么不谴责违法的"偷盗"行为,反而主张父子为对方隐瞒事实或者对"攘羊"的事默然不语。

其实,学者的解读错误主要有三个原因,两个是学术性的,一个是思想性的。第一个原因是历史语言学的。[9]学者没有从历史语言学的视角来帮助判别"攘"在《论语·子路》的语境涵义。想当然地将"攘"的涵义锁定为"偷窃"但没有考虑"攘"一字在春秋战国时期的其他用法。第二个原因是社会史的。学者没有考虑春秋战国时期的社会制度史、礼制史。没有注意"羊"是统治贵族祭祀动物的一种,它具有特殊的礼制与阶级意义。第三个原因是阐释语境的错置,那就是所有学者都将"攘羊"的问题作为只是一个"法律"问题来处理而没有考虑另一个视角,就是礼制。近代"法律"意识主宰的研究视角,被绝大多数学者有意识或无意识地接受并用以讨论《论语·子路》里的父子相隐的问题。这个"法律"视角之所以成为绝大部分学者的分析立脚点与他们对儒家思想与民主法治是否相容,儒家是不是只讲道德、亲情而不重视法律的争论是有密切关系的。

---

[9] 学者一般都会先讨论关键字的涵义,如"隐""直"。引用出土先秦文献来提出训诂证据的,可参见梁涛:《"亲亲相隐"与"隐而任之"》,《中国哲学》第10期,2012年。

本文分三部分来重建并解读"攘羊"的语境涵义，论证"攘羊"只是一种"违礼"而不是"违法"的行为。孔子认为当"攘羊"的"违礼"行为与父子亲情发生冲突时，由于父子之亲的人伦原则大于另一个道德原则——诚实，因为要遵守更大的道德原则而暂时牺牲了另一个较小的原则的做法是合乎情理的"直"的道德原则，也就是儒家道德理论"权"的问题。第一部分先从历史语言学的分析角度列举"攘"字在先秦文献中的各种涵义。指出"攘"的一个比较少用但是具有特殊礼制意义的涵义。第二部分从社会制度，礼制的层面讨论羊作为一种祭祀动物与东周时期统治贵族阶级的祭祀制度的关系。第三部分分析《论语》的故事如何从一个儒家"违礼"的问题被韩非重构为一个"违法"的问题。

二、历史语言学与先秦文献中"攘"字的各种涵义

"攘"字在春秋战国时期的文献中有四个常用的涵义：1.举臂，2.抛弃，3.强行占领土地，或夺取牲畜，4.由于"攘"指强行夺取牲畜，衍生为宰杀祭祀牲畜的"违礼"行为。[10]

1."攘臂"，举臂

《诗经·甫田》：曾孙来止、以其妇子、馌彼南亩、田畯至喜。**攘其左右**、尝其旨否。禾易长亩、终善且有。曾孙不怒、农夫克敏。

---

10 "攘"作抗拒，抵抗的用法要到汉代文献才出现。《春秋繁露》："桓公救中国，攘夷狄，卒服楚。"

《道德经》：上礼为之而莫之应，则**攘臂**而扔之。

《道德经》：**攘无臂**；扔无敌；执无兵。

《庄子·在宥》：今世殊死者相枕也，桁杨者相推也，刑戮者相望也，而儒、墨乃始离跂**攘臂**乎桎梏之间。

《孟子·滕文公下》：冯妇**攘臂**下车。众皆悦之，其为士者笑之。

《韩非子·外储说右上》：子路怫然怒，**攘肱**而入。

《管子·弟子职》：凡拚之道，实水于盘，**攘臂**袂及肘。

2. 抛弃

《诗经·皇矣》：作之屏之、其菑其翳。修之平之、其灌其栵。启之辟之、其柽其椐。**攘之剔之**、其檿其柘。帝迁明德、串夷载路。天立厥配、受命既固。

《庄子·胠箧》：**攘弃**仁义，而天下之德始玄同矣。

3. 强行夺取、争夺

《诗经·荡》：文王曰咨、咨女殷商。而秉义类、强御多怼。流言以对、**寇攘**式内。侯作侯祝、靡届靡究。

《尚书·康诰》："凡民自得罪：**寇攘**奸宄，杀越人于货，暋不畏死，罔弗憝。"

《尚书·吕刑》：王曰："若古有训，蚩尤惟始作乱，延及于平民，罔不寇贼，鸱义，奸宄，**夺攘**，矫虔。

《尚书·费誓》无敢**寇攘**，逾垣墙，窃马牛，诱臣妾，汝则有常刑！

《庄子·渔父》：诸侯暴乱，擅相**攘伐**。

《周礼·秋官·司寇》禁杀戮：掌司斩杀戮者、凡伤人见血而不以告者、**攘狱**者、遏讼者，以告而诛之。

《孟子·尽心下》：孟子曰："今有人日**攘其邻之鸡**者，或告之曰：'是非君子之道。'"

《管子·八观》：里域横通，则**攘夺**窃盗者不止。

《管子·重令》：众寡同力，则战可以必胜，而守可以必固，非以并兼**攘夺**也。

《管子》西征，**攘白狄之地**，遂至于西河。

《管子·立政九败解》：人君唯毋听兼爱之说，则视天下之民如其民，视国如吾国，如是，则无并兼**攘夺**之心。

《墨子·非攻》：今有一人，入人园圃，窃其桃李，众闻则非之，上为政者得则罚之。此何也？以亏人自利也。至**攘人犬豕鸡豚**者，其不义又甚入人园圃窃桃李。是何故也？以亏人愈多，其不仁兹甚，罪益厚。至入人栏厩，取人马牛者，其不仁义又甚**攘人犬豕鸡豚**。此何故也？

以上的例子充分显示"攘"在先秦文献中最常用的涵义不是偷窃，而是公开的强行夺取，所以"寇攘"与"攘夺"都在"攘"字加上"寇"与"夺"来现显示动作的暴力与非法性质。"窃"与"攘"是不同的违法行为。"窃"一般指偷盗而"攘"特指用强力或暴力的方法公开地夺取他人的牲畜或土地。所以《墨子·非攻》里对于同属违法的夺取私有财产的行为分别用"窃桃李"和"攘人犬豕鸡豚"来表述。

4."攘"特指非礼的宰杀牺牷的行为。

"攘"不但有强行夺取的意思，还可以特指"违礼"地宰杀牲口。这个用法虽然比公然"攘夺"少见，但在《尚书》里已经出现。

《尚书·微子》：今殷民乃**攘窃神祇之牺牷牲**用以容，将食无灾。

微子启指出商末殷人统治阶层各种违法、违礼的现象。其中包括宰杀只有祭祀后始能享用的牲口。对商周统治贵族而言，牲畜如牛、羊、豕的宰杀是祭祀礼制的重要礼物，而不是日常烹煮的食物。殷人为了满足口腹之欲，未经祭祀的牲畜便宰杀享用。违反了祭祀之礼。需要特别指出的是"攘窃神祇之牺牷"并非从他人手中夺取祭祀的动物。"窃"指非礼的占用，而不是"偷"的同义词。这些"牺牷"都是殷人贵族自己畜养的，所以"攘"在这句中没有强取他人财物的意思。《尚书》这里的"攘"完全是礼制意义上的"挪用"，是从祖先、神祇口中"夺取"了祭祀牺牲的非礼行为。这是一种"违礼"的行为而不是一种"违法"，夺取属于他人牲口的行为。

非祭祀而屠宰牲畜也是周人统治贵族一种违礼的行为。《墨子·非攻》篇里几次提到侵略者在非祭祀的情况下宰杀了从他国夺取的牲畜也用"攘"字来表述。

《墨子·非攻下》：今王公大人天下之诸侯则不然，将必皆差论其爪牙之士，皆列其舟车之卒伍，于此为坚甲利兵，以往攻伐无罪之国。入其国家边境，芟刈其禾稼，斩其树木，堕其城郭，以湮其沟池，**攘杀其牲牷**，燔溃其祖庙，劲杀其万民，覆其老弱，迁其重器，卒进而柱乎斗，曰："死命为上，多杀次之，身伤者为下，又况失列北桡乎哉，罪死无赦。"以譚其众。夫无兼国覆军，贼虐万民，以乱圣人之绪。意将以为利天乎？夫取天之人，以攻天之邑，此刺杀天民，剥振神之位，倾覆社稷，**攘杀其牺牲**，则此上不中天之利矣。

除了《墨子·非攻》里提到的"**攘杀其牲牷**，燔溃其祖庙"与"剥振神之位，倾覆社稷，**攘杀其牺牲**"外，《墨子·天志下》也有："焚烧其祖庙，**攘杀其牺牷**"的控诉。墨子提倡兼爱、非攻，反对当时各诸侯国互相攻伐，痛斥侵略战争带来祸害的侵略行为。《墨子·非攻》篇里数次提到的"攘杀其牺牲"指的就是攻占他国，强行夺取和宰杀用来祭祀的牛羊牲口的暴力"违礼"行为。在《墨子》这些文字里，"攘"都是用来指抢夺牲畜，而同时与宰杀"牺牷""祭祀"和"社稷"相提并论的。由于从他人手中夺取（攘）的牛羊最终的目的是宰杀。"攘"牺牷必然导致"杀"牺牷的后续行为，所以"攘"的行为如果用在动物，可以兼指违反礼制地宰杀动物的行为，所以，当"攘"用作违礼的使用祭祀动物经常与"杀"并举，如上引《墨子·非攻》篇两次都是"攘""杀"并举的。

对于先秦时期的统治贵族来说，动物尤其是牛羊的宰杀都与祭祀有关。不但生人非礼的宰杀与食用未经祭祀的牲畜属于违礼的行为，甚至如果鬼夺用不是献祭给祂的牺牲也属于违礼的行为，此种现象也用"攘"字来表述。"攘"与祭祀牲畜的密切关系在秦国的文献中也有反映。《睡虎地秦简》458："鬼恒襄（攘）人之畜，是暴鬼。以弓矢（弋）之，则止矣。"不单只是人可以违礼"攘"取牲畜，暴鬼也会"攘"人献祭的牲畜。这与"非其鬼而祭之"的行为同样是非礼的。其逻辑是：不论是祭祀的人或者是接受祭祀牺牲的神、鬼，只要是杀牲献祭的做法违反了礼制都可以用"攘"来表述非礼的行为。

以上列举的先秦文献中的"攘"字分别具有4个意涵：举臂、抛弃、强夺与违礼宰杀牺牲。其中以强夺为最常用。有两点需要特别指出：第一，攘没有偷窃的意涵。第二，东汉以后注解《论语》这一段由于不明白"攘"在先秦时期的意涵，并受到《韩非子·五蠹》的改写版本的影响（见下面第五节），将"攘"解读为"窃"。学者为了要替孔子开脱，捏造了当时没有的用法。东汉高诱《淮南子》注解释"攘"字："凡六畜自来而取之曰攘也。"高诱的解释不知从何而来！遍观先秦文献中"攘"字找不到这个用法。三国时何晏《论语集解》引周生烈的解释："有因而盗曰攘。"[11] "有因而盗"也是特意替孔子开脱的解释。盗窃当然有因！虽然这个解释有点不同，但基本上是将"攘"解读为"偷窃"。下面第五段解释为什么"攘"原来指"违礼"的宰杀牺牲的意涵变成了"违法"的偷窃他人的行为。

三、"攘羊"的礼制意涵

在先秦文献里，"攘"既然有几个相关但不同的涵义，《论

---

11 刘宝楠：《论语正义》。

语·子路》里"攘羊"一词应该如何理解便需要对周代祭祀中羊的特殊意义加以分析。祭祀是商周统治贵族的礼制核心，关乎权力、地位、资源的分配与秩序的维系。祭祀人的地位、参与和享用祭肉、祭祀用的牺牷、祭祀的时间地点都有严格的规定。用于祭祀的动物主要是牛、羊、豕、犬、鸡。虽然只有天子、诸侯可以用牛，但是羊在各种祭祀中却用得比较多的，对封建贵族来说，羊比牛更重要。天子、诸侯祭社稷、衅新庙、盟誓，甚至断争讼都用需要用羊享神。

《诗小·雅·甫田》：以我齐明，与我牺羊，以社以方。

《礼记·王制》：天子社稷皆太牢，诸侯社稷皆少牢。

《墨子·明鬼下》：此二子者，讼三年而狱不断。……乃使之人共一羊，盟齐之神社。二子许诺。于是出洫洫，□而漉其血。

《大戴礼记·诸侯衅庙》：成庙衅之以羊，君玄服立于寝门内，南向。祝、宗人、宰夫、雍人皆玄服。

《礼记·杂记下》：成庙则衅之。其礼：祝、宗人、宰夫、雍人，皆爵弁纯衣。雍人拭羊，宗人视之，宰夫北面于碑南，东上。雍人举羊，升屋自中，中屋南面，刲羊，血流于前，乃降。

东周时期不同等级贵族的祭祀特权由使用不同的动物来体现。所以对于宰杀动物都有礼制的规定。牺牷也有贵贱之分。动物的等级与贵族的等级相对应。只有天子、诸侯可以用牛，大夫只可以用羊以下的牺牷祭祀。

《大戴礼记·曾子天圆》：圣人立五礼以为民望，制五衰以别亲疏；和五声以导民气，合五味之调以察民情；正五色之位，成五谷之名，序五牲之先后贵贱。诸侯之祭，牲牛，曰太牢；大夫之祭，牲羊，曰少牢；士之祭，牲特豕，曰馈食；无禄者稷馈，稷馈者无尸，无尸者厌也；宗庙曰刍豢，山川曰牺牷，割列禳瘞，是有五牲。[12]

《白虎通·德论·五祀》：祭五祀，天子、诸侯以牛，卿、大夫以羊，因四时祭牲也。

《白虎通·德论·社稷》：以三牲何？重功故也。《尚书》曰："乃社于新邑，羊一、牛一、豕一。"《王制》曰："天子社稷皆大牢，诸侯社稷皆少牢。"宗庙俱大牢，社稷独少牢何？宗庙大牢，所以广孝道也。社稷为报功，诸侯一国，所报者少故也。

诸侯、大夫、士等级不同，祭祀用的动物亦有分别。诸侯太牢之祭祀用牛，大夫少牢用羊，士牲特用豕，各有差别。如果大夫祭祀用牛，士祭祀用羊，便是跨越了自己所在的爵位，用了上级的牺牲，违反贵族等级制度的规定，构成了僭越的行为。所以《礼记·礼器》说：

> 匹士大牢而祭，谓之攘。

---

[12]《礼记·曲礼下》："天子以牺牛，诸侯以肥牛，大夫以索牛，士以羊豕。支子不祭，祭必告于宗子"与《大戴礼记·曾子天圆》篇所记不同等级贵族用牺牲有异。大夫以牛祭祀，而士可以杀羊祭祀。这就是"礼崩乐坏"，封建制度破坏，士、大夫、诸侯分别僭越的具体例子，同时也折射了战国时候大夫与士地位与权力相对上升的现象。

"大牢"的祭祀牺牲包括牛、羊、豕。如果士宰杀牛、羊来祭祀,便属于用了诸侯之礼的僭越行为。《礼记·礼器》称这种行非礼的行为为"攘"。

"攘"除了有僭越地宰杀祭祀动物的涵义之外,还有另一个违礼的涵义,就是"无故"宰杀牛、羊。祭祀动物是敬拜神、鬼,与之交通时候奉献的礼物,因此作为祭祀动物,牛、羊的宰杀是受到礼制的规定的,不能随意宰杀。《礼记》多处指出封建贵族平时没有祭祀典礼的时候不会杀牺牷。大夫虽然在祭祀时可以杀羊,但平时食用不杀羊。

  《礼记·王制》:诸侯无故不杀牛,大夫无故不杀羊,士无故不杀犬豕。
  《礼记·玉藻》:君无故不杀牛,大夫无故不杀羊,士无故不杀犬豕。君子远庖厨,凡有血气之类,弗身践也。

"无故"就是不是为了祭祀而杀羊,是非礼的行为。上面《墨子》提到的"攘杀"他国的牺牷,也属于无故而杀牛、羊的违礼例子。不是为了祭祀而杀牺牷就是《墨子·非攻》中说的"攘杀",或简略的"攘",是违反贵族阶级行为规范的违礼行为。

汉代《列女传》有一则故事可以进一步证明《论语》中"攘羊"一词的涵义是指违礼的杀羊。《列女传·晋阳叔姬》:

  叔姬者,羊舌子之妻也,叔向、叔鱼之母也,一姓杨氏。叔向名肸,叔鱼名鲋。羊舌子好正,不容于晋,去而之三室之邑。

三室之邑人相与**攘羊**而遗之，羊舌子不受。叔姬曰："夫子居晋不容，去之三室之邑，又不容于三室之邑，是于夫子不容也，不如受之。"羊舌子受之，曰："为胹与鲋亨之。"叔姬曰："不可。南方有鸟名曰乾吉，食其子，不择肉，子常不遂。今胹与鲋，童子也。随大夫而化者，不可食以不义之肉，不若埋之，以明不与。"于是乃盛以瓮，埋垆阴。后二年，**攘羊**之事发，都吏至，羊舌子曰："吾受之，不敢食也。"发而视之，则其骨存焉。都吏曰："君子哉，羊舌子！不与攘羊之事矣。"君子谓叔姬为能防害远疑。《诗》曰："无曰不显，莫予云觏。"此之谓也。

羊舌氏是晋国公族之一，羊舌子是大夫。在晋受到排挤，去了一个小城，应该是另一个大夫的城邑。"三室之邑人相与**攘羊而遗之，羊舌子不受。**""攘羊"如果理解为三室之邑人"偷窃"他人的羊来送给羊舌子，是讲不通的。如果邑人自己没有羊，为了送羊肉给羊舌子而偷窃他人的羊，这种违法的行为他们是不会让羊舌子知道的。因为大夫无故而杀羊是贵族的违礼行为，所以羊舌子和叔姬知道送给他们的羊肉是没有经过祭祀的饩羊。由于羊不是随便可以宰杀的，所以"攘"应该解释为邑人没有举行祭祀而特意宰杀了羊送给他作食物。正因为不是为了祭祀而宰杀羊，所以是"攘羊"，属于违反当时礼制的行为。羊舌子不敢接受"违礼"的、"不义"的羊肉。"攘羊"是违礼的行为，所以两年后有"攘羊事发"，"都吏"追查，发现羊舌子没有吃"非礼"的羊肉，没有参与攘羊的"违礼"活动。所以感叹称道羊舌子为守礼的"君子"。

上面列举了"攘"在先秦文献中的4个意涵：举臂、抛弃、强夺、非礼杀牺牲。第4个涵义指"违礼"的宰杀和食用祭祀的动物。因此，违礼的"攘"又有僭越的"攘"与非礼食用的"攘"之分。了解"攘"的礼制爵位意义与羊的礼制意义之后，现在可以重新解读《论语·子路》篇叶公与孔子的对话。

四、《论语》"其父攘羊"的礼制解读与历史语境

众所周知，孔子极重视贵族遵守礼制，祭祀尤为重要。"正确"对待祭祀用的牲畜都是君子守礼的重要态度。所以他十分重视牺牷在祭祀中的作用。《论语·八佾》："子贡欲去告朔之饩羊。子曰：'赐也！尔爱其羊，我爱其礼。'"子贡为了节省开支，提议取消宰杀祭祀的饩羊。但孔子认为牺羊是告朔的一个重要环节，比节省开支的意义更重大。汉代的王充也批评子贡说：

> 《论衡·非韩》：子贡去告朔之饩羊，孔子曰："赐也！尔爱其羊，我爱其礼。"子贡恶费羊，孔子重废礼也。故以旧防为无益而去之，必有水灾；以旧礼为无补而去之，必有乱患。儒者之在世，礼义之旧防也，有之无益，无之有损。

王充指出"告朔"用羊到了春秋末已经废弛，所以说孔子重视的是"旧礼"。这则与子贡的对话最能反映孔子对于祭祀一贯的重视与祭祀中宰杀羊的礼制意义。

上面从历史语言的角度分析论证了"攘羊"有违礼宰杀羊的意涵。但是解读文本如果能够确定文本产生的场景，解读的结果可以

得到更有力的支持。《论语》中孔子与叶公的对话有两个阐释的背景：一个是当时两人谈话的内容，另一个是大家所熟知的：春秋末各国为了富国强兵而采取的种种新政，所谓变法的历史场景。第二个背景是学者都知道的，可以从略。第一个阐释背景却只能作合理的推测。叶公究竟在什么的谈话场景里提到楚国的直躬证父？

除了"攘羊"那段对话之外，在《论语》里还有两次提到了叶公。

> 《论语·述而》：叶公问孔子于子路，子路不对。子曰："女奚不曰，其为人也，发愤忘食，乐以忘忧，不知老之将至云尔。"
>
> 《论语·子路》：叶公问政。子曰："近者说，远者来。"

孔子的大名显然令叶公好奇，渴望一睹风采，没有见到孔子之前他已经迫不及待的问子路有关孔子的为人。见到孔子之后，叶公便问孔子如何为政。孔子说："近者说，远者来。"[13] 这就是孔子一贯主张如何增加国家人口，吸引他国人民迁移入住的策略：

> 《论语·季氏》：丘也闻有国有家者，不患寡而患不均，不患贫而患不安。盖均无贫，和无寡，安无倾。夫如是，故远人不服，则修文德以来之。既来之，则安之。

---

[13] 司马迁《史记·孔子世家》是先见孔子，后问子路。有关孔子从蔡过叶而叶公与孔子相见的对话，司马迁也是根据《论语》。

根据这一则对话，可以推定他们谈论的话题应该主要环绕孔子提倡的"为政以德"(《论语·学而》)、齐民以礼及忠信、仁、孝等核心思想。叶公与孔子有关"攘羊"的对话应该是他与孔子讨论如何治理人民而引发的一个问题。孔子说：

> 《论语·为政》：道之以政，齐之以刑，民免而无耻；道之以德，齐之以礼，有耻且格。
>
> 《论语·颜渊》：子贡问政。子曰："足食。足兵。民信之矣。"子贡曰："必不得已而去，于斯三者何先？"曰："去兵。"子贡曰："必不得已而去，于斯二者何先？"曰："去食。自古皆有死，民无信不立。"

从理论上说，德政、礼乐、忠信、仁、孝都是孔子政治伦理思想的核心价值，叶公与他谈话的时候应该都会提到。孔子对于礼，尤其是祭祀在治国方面的作用在任何有关"为政"的讨论里都应该会被提到。那么，他与叶公见面，讨论如何治国的问题时候，如果提到礼，提到告朔，提到用羊是理所当然的，是不需要解释的；相反，如果没有提到这些核心观念才需要解释。此处的分析与推论对于重建叶公与孔子谈话的场景是有帮助的。

> 《论语·子路》：叶公语孔子曰："吾党有直躬者，其父攘羊，而子证之。"孔子曰："吾党之直者异于是。父为子隐，子为父隐，直在其中矣。"

从儒家的"违礼"到法家的"违法"：阐释《论语》"其父攘羊"的语言、礼制与历史意义在叶公与孔子谈论治理人民的对话中，为什么叶公会提起直躬证父的事呢?《论语》里记载两人的谈话极为简单，说叶公"语孔子"，就是告知孔子楚国有一个叫直躬的人指证了父亲违礼的事件而出了名。是不是叶公感到这是一个"孝"与"直"冲突的问题，自己十分困惑，想请教孔子如何处理。清代宋翔凤比较了《韩非子》与《吕氏春秋》的版本，因为在《韩非子》的版本里，直躬告发了父亲而被令尹以不孝处死；而在《吕氏春秋》的版本里，直躬没有被杀，却以"直"扬名于楚。宋氏试图调和两个版本的矛盾，推论说："盖其始楚王不诛而躬以直闻于楚。叶公闻孔子语，故当其为令尹而诛之。"[14] 所以根据宋翔凤的推论，叶公是为了请教孔子而提到"攘羊"的事。宋氏的观点是合理的。但必须指出，宋翔凤像所有的学者一样，把"攘羊"解读为"窃羊"，所以他没有注意并讨论《论语》与《韩非子》和《吕氏春秋》故事版本的差异及其重大的历史意义。(见下面第五节)

孔子博学多识，熟悉礼制，所以叶公与他讨论"为政"的时候提出楚国直躬的问题是最适合不过了。叶公是楚大夫，楚国的统治贵族的礼制基本上与周制和鲁国的相似，国君、大夫、士的祭祀牺牷都有级别的限制。

《国语·楚语》：其《祭典》有之曰："国君有牛享，大夫有羊馈，士有豚犬之奠，庶人有鱼炙之荐，笾豆、脯醢则上下共之。"

---

[14] 刘宝楠《论语正义》卷十六。

因此，叶公与孔子的对话是以鲁楚两国共同的祭祀礼制与大夫阶级经验为背景。叶公请教孔子的是一个"违礼"问题，而不是一个"违法"的问题。根据这个分析，"攘"就是非礼，违礼的宰杀或食用与等级不对称的牲口。但是上面的分析指出"攘"的违礼行为有两种情况：直躬究竟是违反了"攘"的哪一种涵义：僭越还是非祭祀杀羊？这个问题虽然不可能得到有证据支持的答案，但无妨作合理的推论，因为这样会有助于了解孔子"直道"的涵义。

《论语》里叶公没有清楚地说明直躬父亲的阶级身份。不过只有两个可能的情况：1. 直躬父亲是大夫。他在没有祭祀的情况下宰杀了羊，违反了大夫的礼制。2. 直躬父亲只是个士，不是大夫却宰杀了羊来祭祀。前者是大夫阶层内的违礼行为而后者是跨越阶级的僭越行为。但是，叶公与孔子所了解的共同语境应该是第一种情况。理由有两个：第一，由于叶公与孔子都是大夫，叶公举的例子照理也是他熟悉的大夫阶层的事。所以有理由相信直躬的父亲也是大夫。第二，对孔子来说，僭越的过错要比大夫非礼杀羊为大。孔子提倡礼乐，对于守礼要求非常严格。他回答颜渊问什么是"仁"的回答是："非礼勿视，非礼勿听，非礼勿言，非礼勿动。"（《论语·颜渊》）。他对于诸侯的僭越是十分不满的。《论语·八佾》："子曰：'禘自既灌而往者，吾不欲观之矣。'"基于这个考虑，如果直躬父亲是个士而"攘羊"，便属于僭越。孔子对于僭越的处理有可能不一定是"父为子隐，子为父隐"了。因为孔子并不是原则性地以血缘亲情置于重大的礼法之下。他曾经称赞过晋国大夫叔向以"治国制刑，不隐于亲"的原则处理亲属"违礼"和"违法"的行为。

《春秋左传》昭公十四年：仲尼曰：叔向，古之遗直也，治国制刑，不隐于亲，三数叔鱼之恶，不为末减，曰，义也夫，可谓直矣，平丘之会，数其贿也，以宽卫国，晋不为暴，归鲁季孙，称其诈也，以宽鲁国，晋不为虐，邢侯之狱，言其贪也，以正刑书，晋不为颇，三言而除，三恶加三利，杀亲益荣，犹义也夫。

据此，可以断定直躬的父亲是大夫，"攘羊"是一种"违礼"但不属于严重的违礼过犯，不牵涉僭越或破坏阶级秩序的问题，更不是违反带有刑罚的"违法"行为。所以，对孔子来说，作为大夫的父亲做了一件违反大夫礼制的事而儿子知道了，虽然是一种过失，也只是一个小过错，没有僭越，更不是杀人偷盗，可以原谅。父子应该互隐讳。那"隐"是什么行为呢？

有关"隐"字，学者也有热烈的争论。廖名春根据王弘治的研究提出"隐"字应作"檃栝"解。"檃栝"有纠正的意涵。父子互隐就是互相纠正错误。但郭齐勇指出"檃"与"隐"两字属于不同部首，一从阜，一从木，各有字源。认为父子互"隐"的解释应该主要是不张扬与几谏。[15] 姑不论文字上的论证是否妥当，在义理上，如果解释"隐"为"几谏"其实也有"纠正"的意涵在内。正如郭齐勇所说，"父为子隐，子为父隐"的正确解读应该是按郑玄的解释。郑玄是礼学专家，清代古礼训诂学大盛被称为"汉学"的主要原因就是因为郑玄是东汉的古礼学权威。清刘宝楠《论语正义》引

---

15 参见廖名春：《〈论语〉"父子互隐"章新证》，《湖南大学学报（社会科学版）》2013年第27卷第2期。参见郭齐勇、张志强：《亲亲相隐的在讨论——与廖名春、梁涛二先生商榷》，《现代儒学》第一辑，复旦大学上海儒学院编，三联书店，2016年版。

《礼记·檀弓》郑玄注"事亲有隐无犯"云：

> 隐，谓不称扬其过失也。无犯，不犯颜而谏，谕父母于道，不致有过误。若不幸而亲陷不义，亦当为讳匿。《公羊·文十五年》："齐人来归子叔姬。闵之也。父母之于子，虽有罪，犹若其不欲服罪。"然何休注引此文说之云："所以崇父子之亲。"是也。《盐铁论·周秦》篇："父母之于子，虽有罪犹匿之，岂不欲服罪。子为父隐，父为子隐，未闻父子之相坐也。"[16]

这种违礼的行为发生在父子之间，互为讳匿不张扬，便是合乎亲情、人情的要求。如果是这样理解，《论语》"亲亲相隐"原来是指在礼制上、祭祀礼仪上与道德行为上为家人讳匿，而不是在违反偷盗杀人的"法律"时为亲属隐瞒。但是如果不是"违礼"而是违反"法律"的行为，亲亲相隐是不是就一定不合理，必须反对与批评呢？对儒家来说，显然不是的。"亲亲相隐"之所以自从出现在《论语》之后两千年来在经学、礼学与刑法史上一直都受到极大的关注与法家推出"连坐"的"法律"原则有密切的关系。所以《盐铁论·周秦》篇提出"子为父隐，父为子隐，未闻父子之相坐也"的批评。原来是"违礼"的问题随着集权封建制按着法家的治国逻辑，扩大"法律"的应用范围而转变为一个抵抗滥用"法律"权威的儒家理论武器。下面开始分析《论语》"父子相隐"的重大思想史背景。

---

[16] 刘宝楠《论语正义》卷十六。

五、从儒家"违礼"到法家"违法":韩非对直躬证父意义的重构

学者对于《论语》这一段"其父攘羊而子证之"的解读之所以自东汉以来释经家不得其解的主要原因是韩非对"其父攘羊"故事的重构,将"攘"改为"窃",于是把一个原来是"违礼"的"攘羊"变成"违法"的"窃羊"行为。遂使后世儒者殚精竭虑的想为孔子开脱。要分析这个过程,需要追溯这个故事不同版本的历史"谱系"。

韩非学于荀子,熟谙孔子的言论,对于当时的显学儒家极为重视。他以儒家思想为最大假想竞争对手。[17] 法家富国强兵的政论思想与儒家的仁政思想如同冰炭。韩非主张利用"公法"来压制与利用民众的私欲、私利,借以伸张君主的权力,达到国富兵强的目的。《韩非子·有度》:"故当今之时,能去私曲就公法者,民安而国治;能去私行行公法者,则兵强而敌弱。"他对于儒家所推崇的德、孝等思想自然视为"私行""私曲",有碍所谓"公法"的推行,无益尊君集权的目的。就是在战国时期政治思想斗争的背景下,我们可以看到韩非如何挪用《论语》"其父攘羊"作为攻击儒家重视亲情、孝的伦理价值的一个证据,一个证明"公""私"相悖的理论工具。在下面一段话里,韩非主要想说服人君放弃礼待儒者与侠客。因为这两种人对于集权与统一言论是最大的障碍。"其

---

[17]《论语》中叶公问政的话也出现在《韩非子·难三》:"叶公子高问政于仲尼,仲尼曰:'政在悦近而来远。'"

父窃羊"的实例就是韩非用来凸出与放大"亲情"与"公法"的矛盾,强调推崇孝道便不能打造强大能战的军队。

《韩非子·五蠹》:儒以文乱法,侠以武犯禁,而人主兼礼之,此所以乱也。夫离法者罪,而诸先生以文学取;犯禁者诛,而群侠以私剑养。故法之所非,君之所取;吏之所诛,上之所养也。法趣上下四相反也,而无所定,虽有十黄帝不能治也。故行仁义者非所誉,誉之则害功;文学者非所用,用之则乱法。楚之有直躬,其父窃羊而谒之吏,令尹曰:"杀之。"以为直于君而曲于父,报而罪之。以是观之,夫君之直臣,父之暴子也。鲁人从君战,三战三北,仲尼问其故,对曰:"吾有老父,身死莫之养也。"仲尼以为孝,举而上之。以是观之,夫父之孝子,君之背臣也。故令尹诛而楚奸不上闻,仲尼赏而鲁民易降北。

韩非这篇里直躬的故事明显是脱胎于《论语》的。[18] 所以与《论语·子路》篇很相似但有两处很大的改动,且添加了重要的细节。首先,改叶公的"吾党"为"楚",而"攘"改为"窃"。最重要的是后者。后来的学者解读《论语》"攘羊"的故事都是无一例外地受了韩非版本的影响,直接将"攘"理解为"偷窃",将一个原来是"违礼"的行为变为"违法"的行为。韩非除了改动了两处之外,添加了细节如"令尹曰:'杀之。'以为直于君而曲于父,

---

18 "直躬证父"的故事也见于《庄子·盗跖》:"直躬证父,尾生溺死,信之患也。"但只有四个字。庄子后于孔子。庄子对于儒家的主张很不以为然。他对儒家的言论也是十分熟悉的,不排除其故事来源也是从《论语》或其他儒家文献而来。

报而罪之。"同时删除了孔子"父子相隐"的话。韩非引用《论语》的故事，目的是要批评儒家提倡的孝的伦理价值与"为政以德"的政治主张。添加的细节是要凸出重孝道的令尹杀了直躬，致使"楚奸不上闻"。尊崇孝道的结果是将国君的"公法"置于"私曲"的孝之下。"违法"的"窃羊"行为没有得到"依法"处理，屈"公"而伸"私"。这是违反法家致力于抬高国君权威，将"公法"权威与标准置于社会"公义"（community justice）与私家亲情（kinship）之上。法家把社会上种种权威简单划分为"公、私"的二分模式，主张伸"公"屈"私"。"公""私"如果发生矛盾，"公法"必定压倒"社会公义"、亲情，只有"公法"代表"大义"而由国君界定的"大义"可以并必须"灭亲"。韩非将原来是一个"礼义"，一个贵族社会内部的行为规范，祭祀动物的礼制转化为一个违反"法律"，与"君"的政治权威冲突的问题。他说的"以为直于君而曲于父"的"君"已经不是《论语》里的大部分封建领主的"君"而是战国的主流政治体制——集权封建制——的国君！

六、结论

《论语·子路》"其父攘羊"其实可视为儒家遇到道德原则与亲情冲突（违礼）时，在普通情况之下对家属以外的人如何交代的一个典型处理方法。韩非书中把"攘羊"改为"窃羊"表面上是法家挪用了《论语》的故事。然而这个把"违礼"的行为改为"违法"的罪行的改写可视为战国时期社会、政治、文化发生巨变的过程的一个缩影。韩非透过改编，重构了"其父攘羊"的政治意义。他的做法其实深刻地折射了战国时期"领地封建制"向"集权国封建制"过渡的巨大历史趋势——那就是各诸侯国为了增加政府的资源与国家的军事力量，纷纷透过严苛的法律（刑罚），扩大其对人民生活范围的管理：从经济生产、居住方式、军事劳役参与、调解纠纷、婚姻、家庭各方面都颁发明文"律令"，确立合乎"公法"的行为标准。只有通过强制性、带有惩罚后果与物质利益的奖励方法的法规，才能动员百姓努力达成政府的政策目标。原来只属于礼俗范围，如婚姻、立后继承的社会与亲属关系，都纷纷纳入"公法"的管理范围之内。"公法"的权威必须进入血亲共同体之内，让每个个体都成为"奉公守法"的百姓，直接效忠于国君。秦律不但容许并鼓励亲属互相告奸；由于秦有连坐法，为免受亲属犯罪牵连，"先告"者可以免罪。

韩非改编《论语》的"其父攘羊"给后世的儒者制造了很多麻烦。秦以后的文献如《吕氏春秋》直接承用韩非"窃羊"的版本，但又添改了一些细节。

《吕氏春秋·当务》：楚有直躬者，其父窃羊而谒之上，上执而将诛之。直躬者请代之。将诛矣，告吏曰："父窃羊而谒之，不亦信乎？父诛而代之，不亦孝乎？信且孝而诛之，国将有不诛者乎？"荆王闻之，乃不诛也。孔子闻之曰："异哉直躬之为信也，一父而载取名焉。"故直躬之信，不若无信。

《韩非子》的版本里直躬是以不孝被杀的，而《吕氏春秋》却改变了结局，加添了直躬代父受罚的孝行，以示既忠且孝，愿意以自身受罚来解决忠孝的冲突。[19]但《吕氏春秋·当务》的编者不能赞成直躬证父的做法，仍然按照孔子在《论语》中的"父子相隐"原则，批评"直躬之信，不若无信"。

韩非以后出现有关"攘羊"故事的不同版本不自觉地接受了法家"违法"的阐释架构，制造了一个两难境地，困惑了后世的儒者，令解读《论语》与研究孔子思想增加了不必要的障碍。还有最坏的一个后果，就是给攻击儒家者以"实例"诬蔑孔子"徇情枉法"。

然而，"攘羊"由"违礼"重构为"违法"的过犯却产生了另一个意想不到的后果。汉代的儒家反过来，利用孔子"父子相隐"的原则来对抗法家一直推动的"法律无界"原则，使中国法制史上，儒家得以用"亲亲互隐"的原则形成抗拒"法律权威至高无上"的理论武器。

汉昭帝（前94-前74年）始元六年（前81年）贤良文学与丞相、御史大夫桑弘羊等举行有关盐、铁、酒等专卖政策的大辩论。《盐铁论》的编者桓宽为儒生，习《春秋公羊》；桑弘羊则代表法家的立场。会议中文学对于秦朝滥用刑法，将法律的责任从个人伸延至亲属、邻居的"首匿相坐之法"痛加斥驳。

> 《盐铁论·周秦》：文学曰："古者，周其礼而明其教，礼周教明，不从者然后等之以刑，刑罚中，民不怨。故舜施四罪而天下咸服，诛不仁也。轻重各服其诛，刑必加而无赦，赦惟疑

---

[19] 清代的宋翔凤把《韩非子》与《吕氏春秋》两个不同的版本视为同一事件的前后阶段，试图解释两个版本的差异。见上。

者。若此,则世安得不轨之人而罪之?今杀人者生,剽攻窃盗者富。故良民内解怠,辍耕而陨心。……今废其德教,而责之以礼义,是虐民也。《春秋传》曰:'子有罪,执其父。臣有罪,执其君,听失之大者也。'今以子诛父,以弟诛兄,亲戚相坐,什伍相连,若引根本之及华叶,伤小指之累四体也。如此,则以有罪反诛无罪,无罪者寡矣。……自首匿相坐之法立,骨肉之恩废,而刑罪多矣。父母之于子,虽有罪犹匿之,其不欲服罪尔。闻子为父隐,父为子隐,未闻父子之相坐也。闻兄弟缓追以免贼,未闻兄弟之相坐也。闻恶恶止其人,疾始而诛首恶,未闻什伍而相坐也。老子曰:'上无欲而民朴,上无事而民自富。'君君臣臣,父父子子。比地何伍,而执政何责也?"

文学反对秦国施行的"首匿相坐之法"的理由是"闻子为父隐,父为子隐,未闻父子之相坐也"。这就是引用孔子在《论语》对于"攘羊"的处理原则。在法律权威无限扩张的秦国与汉初,所有社会、家庭的问题都被纳入"法律"管辖之内,"违礼"变为"违法"的行为。"首匿相坐之法"更使"骨肉之恩废,而刑罪多矣"。就在"法律"被法家宣扬为代表社会公义的氛围下,儒家提出"恶止其人""亲亲相隐"的原则,来反对及批评这种"泛法律主义"的治国模式与社会理论。[20] 儒家首先提出以家庭伦理为前提

---

[20] 有关法律诉讼中,亲属可以不必指证的现象,在世界各国也非常普遍。学者在这方面的研究已经很多。参看范忠信:《"亲亲尊尊"与亲属相犯:中西刑法的暗合》,《法学研究》1997年第3期;《中西法律传统中的"亲亲相为隐"》,《中国社会科学》1997年第3期;《容忍制的本质与利弊:中外共同选择的意义》,《比较法研究》1997年第2期。

的"私隐权",在中国法律思想史,以至世界法律思想史上都具有巨大的贡献。

  学者对所有关键字都进行了大量的研究与讨论,唯独对"攘"字的意涵轻易放过,遂使韩非改"攘"为"窃",将违礼的小过犯重构为"违法"的行为。本文从历史语言学、社会礼制学以及思想史的角度来重构解读《论语》"其父攘羊"的礼制与历史意涵。希望可以驱散法家制造的迷雾,使到聚讼千年的"冤案"得以了结。即使不能正本清源,最少也能够引起学者的注意,从历史礼制与思想史的角度来重新探讨这个"亲亲相隐"在先秦以至当代的道德与法律之间应该做如何平衡的问题。

人神之际：古代中国五帝祭祀的变迁

汤勤福（上海师范大学）

在古代中国，国家祭祀中一直有祭天、祭宗庙、祭先代帝王等礼仪仪式，这些敬天祭祖的仪式维系着一家一姓政权之合法性与权威性，是显示等级制度合理性的必要手段，也被当成维护国家政权、保护国人利益的佑国护民的重要象征。在古代中国众多的国家祭祀中，五帝祭祀无疑是一项十分突出的祭祀仪式，这一祭祀的演化过程包含了郊祀、祭宗庙、明堂、祭先代帝王，也与雩祀、迎气礼感生帝、方所祭祀密切相关，其流变极为复杂，体现出古代中国祭祀演化的某些重要特点，因此值得仔细梳理与深入研究。

五帝是中国最早的王朝夏建立者的先祖，在历代有不同说法，但本文不拟考订五帝何指[1]，而是从中国礼制史上五帝祭祀对象这一"整体"出发来研究问题，以期思考五帝祭祀的演变究竟蕴含着什么深层的意义。

---

[1] 关于五帝具体研究情况，可参见付希亮《中国五帝研究综述》一文，载《渭南师范学院学报》2017年第5期。

一、春秋之前：方所祭祀中的五帝

夏朝无任何文献资料保存至今，早在春秋时期，孔子便有三代之礼不足徵之叹，因此要从文献中探研其祭祀之情况自然是缘木求鱼。考古学虽然给我们提供了一些古人祭祀（夏王朝乃至更早）的实物证据，自然可以确认存在着祭天、祭祖乃至祭先代圣王（或部落酋长）的祭礼，但很难确证其祭祀参与对象、参与方式、祭仪过程、具体仪式等，因此无法判断其祭祀情况究竟如何[2]。自然，我们可以信心满满地声称从后世的某些记载中能得出这些推测，然而这些推测肯定与当时情况有很大差异，只能是"疑似"存在过的史实。比如说，夏之后的商周似乎给我们提供了解决问题的一丝可能，因为殷商有甲骨文、两周有金文，载录种种祭天、祭祖、祭神灵之礼仪[3]，遗憾的是，这些所能认定的最多是商周情况，而不能确证是夏乃至先夏时期的情况。就我们论文主旨研讨的五帝来说，商周资料是无法确认夏乃至先夏时期有无五帝祭祀、祭仪究竟如何。不过，众多考古发现及研究表明，夏乃至先夏时期已经存在祖先崇拜这种祭祀，同时存在着祭天（至上神）及祭其他诸种之神。祖先崇拜、至上神崇拜和多神崇拜，与中华先民的生活密切相关，既是凝聚先民族群的重要手段，也是后世祭祖、祭神之源，是中华礼仪

---

[2] 比如在红山文化遗址发现的女神像及其他人像碎片、龙形与斧形玉器等器物中，可以看到祭天、祭祖仪式的存在，但无法具体判断他们的仪式如何进行。

[3] 常玉芝《商代周祭制度》指出：商人除祭祀自然神外，"有先公、先王、先妣等宗主神，还有'上帝'这个至上神"。北京：中国社会科学出版社，1987年，第1页。晁福林《夏商西周的社会变迁》一书中载有种种祭祀。北京：北京师范大学出版社，1996年，第405-409页。

形成之初的极其重要的组成部分。

商周保存下来的金甲文使我们可以探讨当时的祭祀情况[4]，但是，有无五帝祭祀呢？许子滨先生在阐述商周禘祭时曾归纳其大势："今所知者，禘礼历殷周至春秋而不衰，其因革损益之痕迹，亦可据甲骨金文所载，略窥一二。殷商之时，禘祭是殷王一年中任何一个季节都可以举行的一种祭典，其祭祀之对象非常广泛，除先公先王等人鬼外，还包括了上天以外的其他神祇，其祭祀之方式分特祭与合祭两种。西周甲文曾出现过郊祭之禘。西周金文，甚少记载举行禘祭之事……从铭文所见，西周时期，禘祭是周王以至诸侯贵族不限时节的祭礼，其祭祀之对象仅限于祖考，且皆行于祖庙。其祭祀之方式也有合祭、特祭之分，然合祭者仅及上三代。"[5]如果这一说法正确的话，那么殷周不存在后世意义上的五帝祭祀。

然而我们认为，尽管殷周不存在后世意义上的五帝祭祀，但至少从春秋时期开始出现了祭祀"先王"这一仪式，因为这是有文献史料根据的。《左传》襄公十一年秋之盟书载："或间兹命，司慎、司盟，名山、名川，群神、群祀，先王、先公，七姓十二国之祖，明神殛之，俾失其民，队命亡氏，踣其国家。"[6]这里的先王、先公区分得非常明显，先王是周王朝已逝之圣王，先公当是本诸侯国之先祖。襄公十一年即公元前561年，离平王东迁（公元前771年）

---

[4] 宋镇豪主编的《商代史》，其中有多卷对商代礼制与礼俗进行细致、深入的研讨，值得参考。北京：中国社会科学出版社，2010年。

[5] 许子滨：《〈春秋〉〈左传〉禘祭考辨》，氏著《〈春秋〉〈左传〉礼制研究》，上海：上海古籍出版社，2012年，第192-193页。

[6] 杨伯峻：《春秋左传注》（修订本），襄公十一年，北京：中华书局，1981年，第989-990页。

约210年,换句话说,至少东周时期存在先王祭祀,甚至还可以推测东周这一祭祀是继承西周而来的。

不过,即使东周乃至西周存在先王祭祀,但不等于说当时已经有了五帝祭祀体系。因为从传世文献看,五帝作为上古圣王的一个"整体",在先秦时并非一开始就在同一时间受到祭祀的。传世文献中,五帝中最早被祭祀者当是大皞、黄帝。《左传》载鲁僖公二十一年(公元前639年):"秋,诸侯会宋公于盂……任、宿、须句、颛臾,风姓也,实司大皞与有济之祀,以服事诸夏。"[7] "司大皞与有济之祀"一语明确说明祭祀大皞。祭祀对象有严格标准,《国语·鲁语上》载臧文仲祭海鸟,展禽认为"祀,国之大节也,而节,政之所成也,故慎制祀以为国典。今无故而加典,非政之宜也……圣王之制祀也,法施于民则祀之,以死勤事则祀之,以劳定国则祀之,能御大灾则祀之,能捍大患则祀之",除此之外均不能祀,如"黄帝能成命百物,以明民共财……故有虞氏禘黄帝而祖颛顼"[8]。显然,上古之人认为有功有德的先辈才可受到祭祀[9],除此都不当祭,因此需要"慎制祀以为国典"。臧文仲与晋文公同时代,晋文公在位时间是公元前636-628年。从这两例,大致可以看出春秋时期祭祀大皞及黄帝的情况。需要强调指出的是,上述无论是大皞还是黄帝,都是"人",并非是"神"。

司马迁《史记》载"秦灵公作吴阳上畤,祭黄帝"[10]。有人据此

---

7 杨伯峻:《春秋左传注》(修订本),僖公二十一年,第427-428页。
8 徐元诰:《国语集解·鲁语上》,北京:中华书局,2002年,第154-159页。
9 当时有"三不朽"之说。
10 司马迁:《史记》卷二八《封禅书》,北京:中华书局,1959年,第1364页。

认为黄帝之祀始于秦地，显然这是错误的。灵公继位是公元前424年，比上述展禽提到黄帝受祭要晚2个世纪。况且，黄帝一直活动在中原地区，被视为华夏之祖，而秦灵公时之秦国，被中原诸国看作西鄙小邦，贬之为西戎。当然，灵公作上畤祀黄帝，是将自己融入华夏系统之手段，从民族融合角度来思考自然也是值得肯定的。同时可以看出，华夏族之文化已经传播到"西鄙小邦"，既是中原华夏族文化的扩散，也反映出"西鄙小邦"认同华夏文化的历史趋势。

为什么黄帝受人祭祀？究其原因应当是《国语》所记黄帝"能成命百物，以明民共财"之功绩。黄帝确实是中国历史上一位伟人。史载以黄帝为五帝之始[11]，且被认为是有史以来第一位可以清楚纪年的圣王[12]。据称，黄帝姓公孙，名轩辕，为少典之子，"生而神灵，弱而能言，幼而徇齐，长而敦敏，成而聪明"[13]，其出身高贵，为人聪慧，年长游历颇广，逐荤鬻、败炎帝、作都邑、置师设官，使"万国和"，又封禅获鼎、迎日推策、顺天遂地、教植五谷，其功至伟[14]。加之"黄帝考定星历，建立五行，起消息，正闰余"[15]，"与炎帝之后战于阪泉，遂王天下。始垂衣裳，有轩冕之服，故天

---

11 司马迁《史记·五帝本纪》首记黄帝。刘涛认为《周礼》中的五帝是统称，《〈周礼〉中所见天神祭祀考论》第一章第二节，吉林大学2014年博士论文。

12 司马迁称："余读谍记，黄帝以来皆有年数。稽其历谱谍终始五德之传，古文咸不同，乖异。夫子之弗论次其年月，岂虚哉！于是以《五帝系谍》、《尚书》集世纪黄帝以来讫共和为《世表》。"《史记》卷一三《三代世表》，第488页。司马迁之语可以《左传》"自颛顼以来，不能纪远，乃纪于近"一语证之。

13 司马迁：《史记》卷一《五帝本纪》，第1页。

14 同上书，第6页。

15 司马迁：《史记》卷二六《历书》，第1256页。

下号曰轩辕氏"[16],其作舟车[17]、撰医书[18]、作乐律[19]、制历法[20]、造棺椁[21]、完善八卦[22]、创星官之书[23],几乎古代重要发明都归功于黄帝。同时,他有"二十五子,其得姓者十四人"[24],上古颛顼、高辛、尧等圣君都是黄帝后裔。尽管这些说法或来自传说,不能尽信,但古人把黄帝视为上古有丰功伟绩之圣王确凿无疑,这些传奇色彩使黄帝至少在春秋中后期已经被祭祀,并在历史的发展过程中,其影响从中原地区不断向四周扩大,上述地处西鄙的秦灵公建立上畤便是明证。同时从黄帝受祭可以看出,上古人们在选择祭祀对象时首先考虑其德行与功绩,五帝祭祀的形成正是这一原因导致的。

必须强调指出:上述黄帝祭祀与后世根据五行理论而来的方所

---

[16] 班固:《汉书》卷二一下《律历志下》,北京:中华书局,1962年,第1012页。
[17] 班固云:"昔在黄帝,作舟车以济不通,旁行天下,方制万里,画壄分州,得百里之国万区。"班固:《汉书》卷二八上《地理志上》,第1523页。
[18] 史称淳于意"传黄帝、扁鹊之脉书"。司马迁:《史记》卷一○五《扁鹊仓公传》,第2794页。
[19] 班固称"五声之本,生于黄钟之律……律以统气类物,一曰黄钟,二曰太族,三曰姑洗,四曰蕤宾,五曰夷则,六曰亡射。吕以旅阳宣气,一曰林钟,二曰南吕,三曰应钟,四曰大吕,五曰夹钟,六曰中吕。有三统之义焉。其传曰,黄帝之所作也。黄帝使泠纶,自大夏之西,昆仑之阴,取竹之解谷生,其窍厚均者,断两节间而吹之,以为黄钟之宫"云云。班固:《汉书》卷二一上《律历志上》,第958—959页。
[20] 元凤三年,太史令张寿王上书言:"历者天地之大纪,上帝所为。传黄帝《调律历》,汉元年以来用之。今阴阳不调,宜更历之过也。"班固:《汉书》卷二一上《律历志上》,第978页。
[21] 史称"棺椁之造,自黄帝始。"范晔:《后汉书》卷三九《刘赵淳于江刘周赵传》,北京:中华书局,1965年,第1314页。
[22]《汉书》载:"自伏戏(羲)画八卦,由数起,至黄帝、尧、舜而大备。三代稽古,法度章焉。"班固:《汉书》卷二一上《律历志上》,第955页。
[23] 范晔称:"轩辕始受《河图斗苞授》,规日月星辰之象,故星官之书自黄帝始。"《后汉书》卷一○○《天文志上》,北京:第3214页。
[24] 司马迁:《史记》卷一《五帝本纪》,第9页。

祭祀中的黄帝不可同日而语。所谓方所祭祀，是将上古五位先王与东南西北中五个地理位置结合起来，认为他们是主导或说保佑一方之"先代圣王"[25]，乃至将他们视为"神"来加以祭祀。其实，一般意义上的方所祭祀则远远早于依五行理论而来的方所祭祀，如甲骨文中就有四方祭祀，所祭对象是四方神灵，这是商代多神崇拜的特点之一，现已获得众多专家的证实[26]。但更需进一步指出的是，甲骨文与《尚书》、《诗》等传世文献中的方所祭祀并没有出现黄帝祭祀[27]。五方祭祀中黄帝祭祀是出现在战国五行观念诞生之后[28]。战国时期成书的《月令》中出现的五方帝分别是大皞、炎帝、少皞、颛顼和黄帝，赋予五种颜色，显然《月令》已初步具有"五行"的观念[29]，而此前并无上述五位先代帝王姓名的说法。实际上，至少从

---

25 殷商祭祀时，也祈祷有血缘关系的祖先保佑自己，但这些受祭祖先不是"神灵"，而是"人鬼"，更不存在后世的方所祭祀意味。况且后世方所祭祀的五帝，不要求与自身王朝有直接血缘关系。

26 胡厚宣：《释殷代求年于四方和四方风的祭祀》，《复旦学报》1956 年第 1 期；赵晓明、宋芸、乔永刚、宋秀英：《甲骨文中的四方》，《山西农业大学学报》（社会科学版）2008 年第 4 期；杨华：《上古中国的四方神崇拜和方位巫术》，《南京师范大学文学院学报》2011 年第 1 期；蔡哲茂：《甲骨文四方风名再探》，《甲骨文与殷商史》，上海：上海古籍出版社，2013 年；许恰：《〈诗·大田〉等篇所见"四方祭祀"考辩》，《重庆三峡学院学报》2013 年第 6 期。

27 沈建华认为甲骨文已有五行观念，参见氏著《从甲骨文圭字看殷代仪礼中的五行观念起源》，《文物》1993 年第 5 期。

28 即使说五行学说有个形成过程，但应当时间上可略向前推移一些时间，当不会前移到夏商西周时期，因为在甲骨文、金文资料中未发现明确的后世那样的五行资料。即使在成书于战国时期的《月令》中，所载也仅是"四立日迎郊"之礼，"中央土"无迎祀之礼，这说明《月令》受到五行影响，虽有方位五色，但五行之说仍不甚完备，从中可以看出它沿袭商周的四方祭祀观念的影子。商周的四方祭祀不带"色"，而后世五行祭祀中的五帝则有方位之色，这是有很大不同的，亦可看出五行观念发展的过程。

29 参见拙作《〈月令〉祛疑》，《学术月刊》2016 年第 3 期。

传世典籍中可以看出,青、赤、白、黑四帝的祭祀出现很晚,战国时期关东六国也未见遍祭五方帝的记载。《史记》载:

> 二年,东击项籍而还入关,问:"故秦时上帝祠何帝也?"对曰:"四帝,有白、青、黄、赤帝之祠。"高祖曰:"吾闻天有五帝,而有四,何也?"莫知其说。于是高祖曰:"吾知之矣,乃待我而具五也。"乃立黑帝祠,命曰北畤。有司进祠,上不亲往。[30]

显然,曾一统天下的秦国花了数百年也只祭四帝[31],而众人还"莫知其说",直到楚汉相争时才由高祖立黑帝祠凑满五帝,且"上不亲往",正说明五方祭祀虽有其说,然实行程度与范围究竟如何,还确实需要客观分析与判断。同时也可以看出,在相当长的一段时间内,黄帝仅是五帝之一,并未显出比其他诸帝更为重要的迹象。更值得强调的是,当时方所祭祀中的黄帝等五帝相当长一段时间内都是"人",是各有功德之先代圣王,去世后升为人格"神",虽具有主导或保佑一方的功能,但还没有上升到"至上神"的神圣地位[32]。

有学者指出"'五帝'的指称有很多,如'五天帝'、'五人帝'、'五色帝'、'五方帝'等"[33],即将五天帝等名称视为同一事

---

30 司马迁:《史记》卷二八《封禅书》,第1378页。
31 据《史记·封禅书》称"唯雍四畤",第1376页。四畤具体为:文公(公元前765-716年在位)祭赤帝、德公(公元前677-676年在位)祭白帝、宣公(公元前675-651年在位)祭青帝、灵公(公元前424-415年在位)祭黄帝后,前后长达六七百年。
32 按照后世尤其是郑玄的说法,五帝出自"天"。然至少汉武帝时,还认为黄帝是人,只是"仙化"而去。参见《史记》卷一二《武帝本纪》,第467-468页。
33 陈中浙、刘钊:《儒家"六天"说辨析》,《孔子研究》2002年第3期。

物，这不甚准确。实际上，五帝在不同场合下有不同的表述概念：从人神角度说，分为五天帝、五人帝；从方所、颜色角度说是五方帝、五色帝；从五行角度说是五行帝、五精帝[34]。至于作者认为五天帝是郑玄之见，五人帝由王肃提出，五色帝是五时迎气之说，认为五方之色配帝是依《郊特牲》孔颖达疏"冬至圆丘用苍璧，夏正郊天用四圭有邸。其五时迎气，东方用青圭，南方用赤璋，西方用白琥，北方用玄璜，其中央无文，先师以为亦用黄琮，熊氏以为亦用赤璋"[35]为据而来，"它们真正相对应的时间可能是汉后唐前的魏晋时期"，即作者认为五帝是依孔疏才有方色，认为可能产生于魏晋时期，这一结论明显有误。因为五色与五方迎气之说密切相关，如上所述，早在《礼记·月令》中已经出现，五方所祭之玉，称仓玉（春）、赤玉（夏）、白玉（秋）、黄玉（季夏）、玄玉（冬），其色与青圭、赤璋、白琥、玄璜颜色相同；《大宗伯》说得更为明确："以玉作六器，以礼天地四方：以苍璧礼天，以黄琮礼地，以青圭礼东方，以赤璋礼南方，白琥礼西方，以玄璜礼北方"，除"天"

---

34 五精在先秦为中医之名，指心、肺、肝、脾、肾之精气，后又演化为五星之精。汉儒取谶纬之说，认为五精帝实为五行精气之神，从五德始终立说，则历朝感应五行相生相克而兴衰，故有感应帝之说，即《隋书》卷七《礼仪志二》所谓"自古帝王之兴，皆禀五精之气"（第139页）。杜佑《通典》卷四二《礼二》云："五帝则各象其方气之德。"（北京：中华书局，1988年，第1164页）故在南郊祭天中往往与星座放在一起祭祀。五精星之名可参见司马迁《史记》卷二七《天官书》之《索隐》云："《诗含神雾》云五精星坐，其东苍帝坐，神名灵威仰，精为青龙之类是也。《正义》黄帝坐一星，在太微宫中，含枢纽之神。四星夹黄帝坐：苍帝东方灵威仰之神；赤帝南方赤熛怒之神；白帝西方白昭矩之神；黑帝北方叶光纪之神。五帝并设，神灵集谋者也。"（第1300页）"四星夹黄帝坐"，显然抬高了黄帝地位。

35 郑玄注、孔颖达疏、龚抗云整理：《礼记正义》卷二五《郊特牲》，北京：北京大学出版社，1999年，第894页。

之外，是四方加上黄帝（地），显然孔疏方色之说是依《大宗伯》而来，可见上述认为五方之色配帝形成于魏晋时期的观点是明显错误的。更为重要的是，五帝虽可用五天帝、五人帝、五色帝、五方帝等来替代，然在不同朝代，五天帝、五人帝是分开使用的，不可视为同一事物。如唐代就存在这种情况，武德初实行四孟祭祀，其中"孟夏之月，雩祀昊天上帝于圆丘，景帝配，牲用苍犊二。五方上帝、五人帝、五官并从祀，用方色犊十"[36]，显然将五方帝与五人帝严加区分的，并不是"同指"一物，此处的五方上帝是感生帝，是来自五德始终说之"神"，而五人帝是"人"，即先代圣王，这与殷人祭先祖应当毫无二致。

先秦时将黄帝视为"人"而非"神"，此非笔者臆说，《大戴礼记》有《五帝德》篇，载孔子学生宰我问孔子道："昔者予闻诸荣伊令，黄帝三百年。请问黄帝者人邪？抑非人邪？何以至于三百年乎？"孔子明确回答说，黄帝是少典之子，"生而神灵，弱而能言，幼而慧齐，长而敦敏，成而聪明"，因其功绩突出、德行高尚，故"生而民得其利百年，死而民畏其神百年，亡而民用其教百年，故曰三百年"。[37] 此处"神"字是用《易·系辞》"利用出入，民咸用之谓之神"[38] 的意思，显然，孔子并未将黄帝视为"神"，而是视其为活生生之先代圣王。孔子之观点在战国时期广为流传，《五帝德》便是重要证据。实际上到西汉时，还有儒家学者视黄帝为"人"，

---

36 刘昫：《旧唐书》卷二一《礼仪志一》，北京：中华书局，1975年，第820页。
37 王聘珍：《大戴礼记解诂》卷七《五帝德》，北京：中华书局，1983年，第117–119页。
38 王弼注、孔颖达疏、卢光明、李申整理：《周易正义》卷七上《系辞上》，北京：北京大学出版社，1999年，第339页。

汉武帝时董仲舒著《春秋繁露》，其中有云："黄帝之先谥，四帝之后谥何也？曰：帝号必存五，帝代首天之色，号至五而反，周人之王，轩辕直首天黄号，故曰黄帝云。帝号尊而谥卑，故四帝后谥也。"[39]这里虽强调黄帝功绩至伟，然确实将其视为人帝。司马迁作《五帝本纪》，也把黄帝视为上古圣王，并未视为"神"。

二、秦至两晋：人、神变化中的五帝

秦统一时间短暂，明确记载祭某位圣王的资料甚少，如秦始皇三十七年巡游中"行至云梦，望祀虞舜于九疑山……上会稽，祭大禹"[40]，然而传世典籍中却没有明确记载秦王朝祭祀黄帝的资料。但实际上，战国时期秦雍四帝（白、青、黄、赤）即含有对黄帝的祭祀，秦雍四帝是方所之帝，是"人帝"。这里必须强调的是：秦雍四帝并非起于同时，且处于不同地点，大致以四方对应四色，"体现了'诸侯方祀'"[41]，因此，这种祭祀是根据不同节气而祭的分祭，而非放在一起的五帝合祭。同时，战国秦雍四帝是完全平等的诸帝祭祀，将四帝视为具有保佑一方之"功能"的含义，从这个意义上来说，东汉之后的五郊迎气中的五帝祭祀便与此有极大关系。

汉代之后变化就极大了。汉高祖二年入关，即增补以黑帝，

---

39 苏舆撰、钟哲点校：《春秋繁露义疏·三代改制质文二十三》，北京：中华书局，1992年，第200页。

40 司马迁：《史记》卷六《秦始皇本纪》，第260页。

41 杨英：《祈望和谐——周秦两汉王朝祭礼的演进及其规律》，北京：商务印书馆，2009年，第249页。

"命曰北畤"[42]。如此，形成与《月令》记载相似的依五行、五德、符运相对应的雍五帝系统[43]，其祭祀对象等级也无两样。实际上，刘邦祭黄帝要早于立祠祭黑帝。刘邦起兵于沛时，"祠黄帝，祭蚩尤于沛庭，而衅鼓旗。帜皆赤，由所杀蛇白帝子，杀者赤帝子，故上赤"。[44]这段史料带有传奇色彩，记录了刘邦起兵之初祠祭黄帝、祭蚩尤，衅鼓染旗，最终成就汉之天下。众所周知，汉高祖一统天下，崇尚黄、老思想，此后，吕后及数代皇帝均对黄、老思想极为崇拜，就国家祭祀体系而言，并未改变刘邦定下的"雍五畤"的祭祀内容，五畤仍分祀于方位，并没有突出黄帝之祀。史书记载，文帝十五年，"赵人新垣平以望气见上，言长安东北有神，气成五采。于是作渭阳五帝庙"，十六年"四月，上郊祀五帝于渭阳五帝庙……谋议巡狩、封禅事。又于长门道北立五帝坛"。[45]这些史料有两点亟须注意：一是无论渭阳五帝庙还是五帝坛，都是五帝合在一处祭祀，这是中国历史上五帝合在一起祭祀最早最为明确的记载；二是黄帝仅是其中受祭者之一，与其他四帝没有等级差别。

武帝立，次年（元光二年）"上初至雍，郊见五畤。后常三岁一郊"[46]，祭祀十分正常[47]，也未突出黄帝之祭。元鼎四年（公元前

---

42 司马迁：《史记》卷二八《封禅书》，第1378页。
43 杨英：《祈望和谐——周秦两汉王朝祭礼的演进及其规律》，第310页。
44 司马迁：《史记》卷八《高祖本纪》，第350页。
45 司马光：《资治通鉴》卷一五，文帝十五年、文帝十六年，北京：中华书局，1956年，第501页。
46 司马迁：《史记》卷一二《孝武本纪》，第452页。下有对五畤注曰："案：五畤者鄜畤、密畤、吴阳畤、北畤。先是文公作鄜畤，祭白帝；秦宣公作密畤，祭青帝；秦灵公作吴阳上畤、下畤，祭赤帝、黄帝；汉高祖作北畤，祭黑帝：是五畤也。"第453页。
47 三岁一郊为常祀。

113）又遇郊祀之岁，有人建议立泰一而上亲郊之，武帝疑而未定，齐人公孙卿迎合武帝好大喜功、佞仙求寿心理，讲了一段黄帝得宝鼎于宛朐，上有鼎书云"汉兴复当黄帝之时。汉之圣者在高祖之孙且曾孙也"，强调"宝鼎出而与神通，封禅。封禅七十二王，唯黄帝得上泰山封"，说得武帝心潮澎湃："嗟乎！吾诚得如黄帝，吾视去妻子如脱躧耳"，"乃拜卿为郎，东使候神于太室。"[48] 自此开始，黄帝之祭虽未分祭，然其分量显然超过其他四帝："上遂郊雍，至陇西，西登空桐，幸甘泉。令祠官宽舒等具泰一祠坛，坛放薄忌泰一坛，坛三垓。五帝坛环居其下，各如其方，黄帝西南，除八通鬼道。"[49] 此记载值得注意的有三点：一是称泰一之祀列五帝配飨，即五帝开始于一处"配祀"；二是四帝仅说"各如其方"，而特别指出黄帝位于西南[50]；三是五帝不仅在各地有祠所进行分祭，在泰一坛上也有了祭祀之处，但不是后世郊天之坛上的配飨；四是五帝祭祀与术数开始结合。这是五帝祭祀的重大变化[51]。元封元年十月，武帝"北巡朔方，勒兵十余万，还祭黄帝冢桥山"[52]。这又是一大变化。自秦祭黄帝于吴阳上畤（今陕西省陇县西南），而此次则是于桥山（今陕西省黄陵县城北）祭黄帝冢[53]，显然突出了黄帝在五帝

---

48 司马迁：《史记》卷一二《孝武本纪》，第467-468页。
49 同上书，第469页。
50 其实黄帝位于西南也是"如其方"，无须叙述。这里特意指出，应该是有深意的。
51 据《汉书》卷二五《郊祀志下》："（元鼎）五年十一月癸未始立泰一祠于甘泉，二岁一郊，与雍更祠，亦以高祖配，不岁事天，皆未应古制。"显然，武帝立泰一坛五帝陪祀与各地雍祠是更替进行的。第1264页。
52 司马迁：《史记》卷一二《孝武本纪》，第472-473页。
53 《史记》卷一二《孝武本纪》载："上曰：'吾闻黄帝不死，今有冢，何也？'或对曰：'黄帝已仙上天，群臣葬其衣冠。'"显然，武帝祭黄帝冢与黄帝不死而上仙有关。第473页。

中的地位。宣帝时，"又立五龙山仙人祠及黄帝、天神、帝原水，凡四祠于肤施"[54]，尽管增加了肤施黄帝祠，但泰一五帝之享、各地五帝之祠同样存在，同时可看出，其他四帝并未增立祠，黄帝地位进一步提高。到成帝建始二年（公元前31），五帝祭祀起了重大变化。丞相匡衡、御史大夫张谭以"雍鄜、密、上、下畤，本秦侯各以其意所立"[55]为由，仅保留郊祀时五帝配飨，其余五畤及陈宝祠及其他杂祠一切奏罢，其中包括武帝时的"薄忌泰一、三一、黄帝"[56]之祭。然而，由于出现了所谓的灾异，大臣们认为这是变动祭祀导致的，于是又恢复了雍五畤[57]。元帝时，王莽执掌大权，其欲取代汉王朝，便伪托自己是黄帝之后[58]，平帝元始五年，王莽以"五帝兆居在雍五畤，不合于古"为由，奏请将五畤迁入京城：

> 分群神以类相从为五部，兆天墬之别神：中央帝黄灵后土畤及日庙、北辰、北斗、填星、中宿中宫于长安城之未墬兆；东方帝太昊青灵勾芒畤及雷公、风伯庙、岁星、东宿东宫于东郊兆；南方炎帝赤灵祝融畤及荧惑星、南宿南宫于南郊兆；西方帝少皞

---

54 班固：《汉书》卷二五下《郊祀志下》，第1250页。
55 同上书，第1257页。
56 同上。
57 据《汉书》卷二五下《郊祀志下》载，成帝南郊时，"大风坏甘泉竹宫，折拔畤中树木十围以上百余"，南郊之次年，"匡衡坐事免官爵。众庶多言不当变动祭祀"，故恢复祀祭。按照武帝时定下的郊、雍更替祭祀之规矩，那么最多废祀了一次。北京：中华书局，1962年，第1258页。
58《汉书》卷九八《元后传》载："孝元皇后，王莽之姑也。莽自谓黄帝之后，其《自本》曰：黄帝姓姚氏，八世生虞舜。舜起妫汭，以妫为姓。至周武王封舜后妫满于陈，是为胡公，十三世生完。完字敬仲，犇齐，齐桓公以为卿，姓田氏。十一世，田和有齐国，二世称王，至王建为秦所灭。项羽起，封建孙安为济北王。"

白灵蓐收時及太白星、西宿西宫于西郊兆；北方帝颛顼黑灵玄冥時及月庙、雨师庙、辰星、北宿北宫于北郊兆。

所称"奏可，于是长安旁诸庙兆畤甚盛矣"。[59] 这段记载需要注意的是，五方帝祭祀不但与"色"结合，而且出现了黄灵、青灵、赤灵、白灵和黑灵的说法，五帝祭祀与术数结合更趋紧密，这是前代所没有的事[60]。同时，"长安旁诸庙兆畤甚盛"一语透露出王莽所祀五方帝是分祭而非合祭，同样也不是郊天坛上的陪祀。实际上，这还可以从王莽创制的元始仪来证实：

> 《(三辅)黄图》载元始仪最悉，曰："元始四年，宰衡莽奏曰：'帝王之义，莫大承天；承天之序，莫重于郊祀。祭天于南，就阳位；祠地于北，主阴义。圆丘象天，方泽则地。圆方因体，南北从位。燔燎升气，瘗埋就类。牲欲茧栗，味尚清玄。器成匏勺，贵诚因质。天地神所统，故类乎上帝，禋于六宗，望秩山川，班于群神……天子亲郊天地。先祖配天，先妣配地，阴阳之别。以日冬至祀天，夏至祀后土，君不省方而使有司。六宗，日、月、星、山、川、海，星则北辰，川即河，山岱宗，三光众明山阜百川众流渟污皋泽，以类相属，各数秩望相序。'于是定郊祀，祀长安南北郊，罢甘泉、河东祀。"[61]

---

59 班固：《汉书》卷二五下《郊祀志下》，第 1267–1268 页。
60 班固：《汉书》卷二五下《郊祀志下》载平帝元始五年王莽奏章，提及五色"灵"，虽然不能确定是王莽首创，但至少可以看出五帝祭祀中术数因素更趋浓厚的情况。
61 范晔：《后汉书》卷九七《祭祀志上》，第 3158 页。

这里没有方所五帝身影，只见"禋于六宗"的记载。禋于六宗出于《尚书·虞书·舜典》，然自汉以来对六宗解释不一，俞正燮称有"古文说二，今文说二，郑古文说又一，今所传孔古文说又一"[62]，王莽改制依靠刘歆，故大致可判定此"六宗"当非刘向的"六神说"。王莽建新、改号始建国，黄帝祭祀又有新变化，王莽自称：

> 伏念皇初祖考黄帝，皇始祖考虞帝，以宗祀于明堂，宜序于祖宗之亲庙。其立祖庙五，亲庙四，后夫人皆配食。郊祀黄帝以配天，黄后以配地。以新都侯东弟为大禖，岁时以祀。家之所尚，种祀天下。姚、妫、陈、田、王氏凡五姓者，皆黄、虞苗裔，予之同族也。[63]

王莽妄称黄帝为始祖，立专庙祭祀，郊祀以黄帝配天。王莽所祭黄帝实承续先秦庙制而来，大致可归入国家祭祀中的宗庙祭祀，然它与秦汉时期雍祀、泰一坛中的五帝陪祀完全不同。因为陪祀五帝中的黄帝是方所之帝（中央帝），并非以"先祖"身份受祀，而王

---

[62] 俞正燮：《癸巳类稿》卷一《虞六宗义》，沈阳：辽宁教育出版社，2001年，第6页。按照俞正燮所记，大致有伏胜、马融"天、地、春、夏、秋、冬"说，欧阳、大小夏侯"天地四方"说，孔光、刘歆"乾坤六子（水、火、雷、风、山、泽）"说，刘向"六神（五帝、太一）"说，贾逵"天宗三（日、月、星）地宗三（河、海、岱）"说，郑玄"星、辰、司中、司命、风师、雨师"说，刘劭"太极冲和之气"说，张迪"六帝（太昊、炎帝、黄帝、少昊、颛顼、帝喾）"说，王肃"四时、寒暑、日、月、星、水旱"说，张髦"祖考三昭三穆"说，司马彪"天宗、地宗及四方之宗"说，高闾"六祀（社稷及五祀）"说，孝文帝"皇天大帝与五帝"说等。

[63] 班固：《汉书》卷九九中《王莽传中》，第4106页。九庙具体情况可见《汉书》卷一〇〇《王莽传下》。

莽所祭黄帝则视为祖先之"人帝"。王莽自称为黄帝之后来抬高自己身价,其实并非孤例,如"蜀王,黄帝后世也"[64]便是明显一例。然而作为宗庙祖先的黄帝祭祀仅昙花一现,随着王莽新朝倒台,它自然退出历史舞台。

东汉郊天是五帝之祀中十分重大的变化。史称光武帝"立郊兆于城南",据李贤注引《续汉书》:"制郊兆于洛阳城南七里,为坛,八陛,中又为重坛,天地位皆在坛上。其外坛上为五帝位,青帝位在甲寅,赤帝位在丙巳,黄帝位在丁未,白帝位在庚申,黑帝位在壬亥。其外为壝,重营皆紫,以象紫宫。"[65]显然,这里明确在郊天坛上设置方所五帝配飨之位,与王莽元始仪所置南郊坛"禋于六宗"完全不同。明帝时方所五帝之祀进入明堂配飨:"永平二年正月辛未,初祀五帝于明堂,光武帝配。五帝坐位堂上,各处其方。黄帝在未,皆如南郊之位。光武帝位在青帝之南少退,西面。牲各一犊,奏乐如南郊。"[66]可见,汉明帝时黄帝等五帝不但配飨郊祀,还进入了明堂之祀,这种祭祀方式常被后世王朝所沿袭。然而需要声明的是:东汉光武、明帝之祀方所五帝,仍是"人帝"而非"天帝",后世所沿袭者则有所不同。

方所五帝之祀理论上在东汉末年有了最为关键的变化,其标志是郑玄注经引入五精帝之说:"太微宫有五帝星座","五帝所行,

---

64 司马迁:《史记》卷一三《三代世表》,第506页。其实,南北朝时期少数民族政权自认是黄帝之后者亦常有之。
65 范晔:《后汉书》卷一上《光武帝纪上》,第27页。
66 范晔:《后汉书》卷九八《祭祀志中》,第3181页。

同道异位，皆循斗枢机衡之分，遵七政之纪，九星之法"[67]，"东宫苍帝，其精为苍龙。南宫赤帝，其精为朱鸟。西宫白帝，其精白虎。北宫黑帝，其精玄武"，"春起青受制，其名灵威仰。夏起赤受制，其名赤熛怒。秋起白受制，其名白招拒。冬起黑受制，其名汁光纪。季夏六月火受制，其名含枢纽"，"镇，黄帝含枢纽之精，其体琁玑，中宿之分也"[68]，可见五帝含"精"为天神（故称五精帝），加以昊天上帝，便是"六天"（六天说），即上帝与五帝均为天神。不过，与其他四星相比，郑玄更突出黄帝的重要性："含枢纽之精，其体琁玑中宿之分也"。显然，郑玄吸收了谶纬神学之思想资料，将其与传统礼制中方所五帝祭祀紧密结合，将五帝由"人帝"转变为"天神"，同时保存了方所内容。其实，郑玄注《礼记》未采纳其师马融观点，而是取《春秋纬》太微宫五帝星座、其精为神之说，其中也确实能看出他受到董仲舒"三统说"影响的痕迹。董仲舒三统说的核心在于黑、白、赤是王朝更替顺序，一个王朝只能秉一统，三统相替而行。故秦有尚黑之说。然三统说实由战国阴阳五行家"五德始终说"演化而来，五德始终说强调五行循环相胜，夏、殷、周更相替代便是依据五德循环而兴衰的。孔颖达曾说："《书》传曰：'天子存二王之后，与己三，所以通天三统，立三正。'郑《驳异义》云：'言所存二王之后者，命使郊天，以天子礼祭其始祖受命之王，自行其正朔服色，此之谓通天三统。'是言

---

67 《春秋运斗枢》，安居香山等辑：《纬书集成》，石家庄：河北人民出版社，1994年，第713、710页。
68 同上书，第662页。

王者立二王后之义也。"⁶⁹ 郑玄虽讲的是立二王后,然言意之下政权交替实由"天"意,即政权的合法性来源于天命,这为后世感生五帝的出现埋下了伏笔。需要补充的是,郑玄的理论实际上是混合了天帝与人帝,既是对经今文学的一种批判,又是对它的一种继承。说其是批判,是因为郑玄否定了方所五帝仅是人帝的观点,将五帝上升到"天神"(五精帝)的高度;说其是继承,他又肯定了方所五帝所具有的方位、色帝观点,并赞同五德始终、三统相继的历史观念。

西晋立国,始定五天帝配飨。《太平御览》引《晋起居注》称武帝泰始元年十二月议郊祀与明堂配飨,五经博士孔晁议曰:"王者郊天,以其祖配周公;以后稷配天于南郊;以文王配五精上帝于明堂。经典无配地文,魏以先妃配,不合礼制。周配祭不及武王,礼制有断。今晋郊天,宜以宣皇帝配;明堂,宜以文皇帝配。"⁷⁰ 此处五精上帝即五精帝,为天帝,即明堂配飨五天帝。

然郑玄的观点受到武帝之舅王肃的批判。王肃不同意郑玄将太微宫五帝(即青帝、赤帝、白帝、黑帝和黄帝等五精帝)都称为"天帝"的观点,他采纳《家语》解释,认为太皞、炎帝、黄帝、少皞、颛顼为五帝,是上古确然存在的圣王,即"五人帝"。也就是说,王肃坚持传统儒家的观点,反对谶纬神学观点。有学者指出:"郑玄'六天'说与王肃等的'一天'说都认可昊天为天之体,分歧在于对五帝的态度上。郑玄以五帝属天,故可称五帝为'五天

---

69 毛亨传、郑玄笺、孔颖达疏:《毛诗正义》,第1555页。
70 李昉:《太平御览》卷五二七《晋起居注》,石家庄:河北教育出版社,1994年,第6册,第182页。

帝'或'五天神'，而王肃等则以五帝属人，故五帝就成了五人帝或五人神。"[71] 这一分析是正确的。值得进一步指出的是，郑、王观点不一，其实质是视五帝为神还是人的问题，因此采纳六天说还是一天说是泾渭分明之两途，它涉及国家祭祀中最为重要的郊祀大礼，故成为后世礼家们争论的焦点之一。事实上，郑玄的六天说确实在理论上存在着问题，王肃一天说相对较为平实。然而郑玄将方所五帝也称为"天帝"，提升了它们的地位，这与封建专制政权的"君权神授""五德始终"相对应，因此更能获取古代学者们的认同，这也就是后世多采郑玄说而废弃王肃说的真正原因。

泰始二年，"群臣又议：'五帝，即天也，五气时异，故殊其号。虽名有五，其实一神。明堂南郊，宜除五帝之坐，五郊改五精之号，皆同称昊天上帝。'"[72] 武帝从之。这里"群臣"之议，实际就是武帝之舅王肃的"一天说"。《晋书》所载更为清楚："泰始二年又除明堂南郊五帝座，同称昊天上帝，一位而已。又省先后配地之祀。"[73] 也就是说，泰始二年将五帝视同为天帝，故南郊、明堂只祭天帝（昊天上帝）一位。"是年十一月，有司又议奏：'古者丘郊不异，宜并圆丘方泽于南北郊，更修治坛兆。其二至之祀，合于二郊。'帝又从之，一如宣帝所用王肃议也"[74]。然此事并未结束，因为早在司马昭任晋王时，"命荀𫖮因魏代前事，撰为新礼……成百六十五篇，奏之。太康初，尚书仆射朱整奏付尚书郎挚虞讨论

---

71 陈赟：《郑玄"六天"说与禘礼的类型及其天道论依据》，《陕西师范大学学报》2016年第2期。
72 沈约：《宋书》卷一六《礼志三》，北京：中华书局，1974年，第423页。
73 房玄龄：《晋书》卷二七《五行志上》，北京：中华书局，1974年，第813页。
74 沈约：《宋书》卷一六《礼志三》，北京：中华书局，1974年，第423页。

之",虞表增损之后,"以元康元年上之。所陈惟明堂五帝、二社六宗及吉凶王公制度,凡十五篇。有诏可其议"。[75] 那么挚虞所定五帝祭礼如何?有无变化?据《晋书》载:"后虞与傅咸缵续其事,竟未成功。中原覆没,虞之《决疑注》,是其遗事也。逮于江左,仆射刁协、太常荀崧补缉旧文,光禄大夫蔡谟又踵修其事云。"[76] 也就是说,挚虞在荀顗新礼基础上修订之礼,也是个半成品,故挚虞与傅咸又重新修订,可惜没有完成。那么挚虞所修订之新礼在五帝配飨上是什么观点?史称:

> 挚虞议以为:"汉魏故事,明堂祀五帝之神。新礼,五帝即上帝,即天帝也。明堂除五帝之位,惟祭上帝……昔在上古,生为明王,没则配五行,故太昊配木,神农配火,少昊配金,颛顼配水,黄帝配土。此五帝者,配天之神,同兆之于四郊,报之于明堂。祀天,大裘而冕,祀五帝亦如之。或以为五精之帝,佐天育物者也。前代相因,莫之或废,晋初始从异议。《庚午诏书》,明堂及南郊除五帝之位,惟祀天神,新礼奉而用之。前太医令韩杨上书,宜如旧祀五帝。太康十年,诏已施用。宜定新礼,明堂及郊祀五帝如旧仪。"诏从之。[77]

这是挚虞在晋怀帝时上的奏议,史称"时怀帝亲郊。自元康以来,

---

75 房玄龄:《晋书》卷一九《礼志上》,北京:中华书局,1974年,第581-582页。
76 同上书,第582页。
77 房玄龄:《晋书》卷一九《礼志上》,第587页。

不亲郊祀，礼仪弛废。虞考正旧典，法物粲然。"[78] 上述挚虞之议中，所称汉魏祭明堂五帝之神即五帝为"五天帝"之意，这里的"新礼"是挚虞修订的荀顗的新礼，认为五帝是天帝，故泰始二年改祭昊天上帝一位，五帝成为五人帝，即视为前代圣王。挚虞认为"昔在上古，生为明王，没则配五行……前代相因，莫之或废，晋初始从异议"。挚虞说的"晋初始从异议"即晋初从王肃之议，视五帝为五人帝。"前太医令韩杨上书，宜如旧祀五帝。太康十年，诏已施用"，即该年改回配飨五帝旧制，又回到五天帝轨道上。那么后面"宜定新礼，明堂及郊祀五帝如旧"中的"新礼"是什么新礼？当然不是荀顗之"新礼"，也不是太康十年改回"旧祀"的"新礼"，更非《庚午诏书》实行的"新礼"，应当是要求改变《庚午诏书》不配飨五帝、等待怀帝批准之"新礼"，因此称"明堂及郊祀五帝如旧"。从五帝性质来看：荀顗所定五帝实为五天帝，泰始二年改为五人帝，太康十年恢复五天帝，怀帝庚午又改回五人帝，永嘉末挚虞要求改回五天帝，坚持自己元康元年（291）奏上之《新礼》的观点。总之，泰始二年（266）到太康十年（289）共23年罢五帝配飨，太康十年至庚午（永嘉四年、310）共21年实行五帝配飨，怀帝永嘉共六年，因此废五帝配飨当甚短暂。愍帝即位到西晋灭亡仅三年，又恢复五帝配飨。显然，西晋一代，五帝配飨与废罢的时间大致相当。

太康十年诏实际还涉及明堂配飨晋王朝先帝问题，《晋书》记载：

---

[78] 房玄龄：《晋书》卷五一《挚虞传》，第1426页。《晋书》及《资治通鉴》均未载怀帝郊祀，故不详郊祀是何年。

（太康）十年十月，又诏曰："《孝经》'郊祀后稷以配天，宗祀文王于明堂以配上帝'。而《周官》云'祀天旅上帝'，又曰'祀地旅四望'。望非地，则明堂上帝不得为天也。往者众议除明堂五帝位，考之礼文不正……宣帝以神武创业，既已配天，复以先帝配天，于义亦所不安。其复明堂及南郊五帝位。"[79]

这里"往者众议除明堂五帝位，考之礼文不正"，其中至少包括韩杨（当然可能也包括挚虞）之看法，然韩杨等人议究竟在什么时间、有哪些观点，史载不详。但可以确认的是，晋武帝于太康十年十月（离武帝去世仅半年[80]）恢复了原来南郊、明堂配飨五帝之仪（即承认五帝是天帝），郊祭配飨五帝与宣帝，明堂配飨五帝，取消了文帝司马昭配飨[81]。

晋室东迁，郊祀大礼自需制订。《宋书》称晋元帝太兴元年（318）"始更立郊兆。其制度皆太常贺循依据汉、晋之旧也"[82]，《晋书》更明确声称"其制度皆太常贺循所定，多依汉及晋初之仪"[83]。这里的"晋初之仪"当是武帝时采纳王肃的祭祀规定，即视五帝为前代圣王，废罢配飨，故史称"三月辛卯，帝亲郊祀，飨配之礼一依武帝始郊故事。是时尚未立北坛，地祇众神共在天郊"[84]。明帝欲

---

79 房玄龄：《晋书》卷一九《礼志上》，第584页。
80 沈约《宋书》卷三三《五行志四》称晋武帝"太熙初，还复五帝位"，当误。第951页。
81 西晋初年宣帝、文帝分别配享郊祀、明堂，是承曹魏明帝太和元年"郊祀武帝以配天，宗祀文帝于明堂以配上帝"而来，显然曹魏并非废明堂五帝配享。房玄龄：《晋书》卷一九《礼志上》，第582页。
82 沈约：《宋书》卷一六《礼志三》，第424页。
83 房玄龄：《晋书》卷一九《礼志上》，第584页。《宋书》修撰早于《晋书》。
84 房玄龄：《晋书》卷一九《礼志上》，第584页。

建北郊,然未成而薨。成帝咸和八年"追述前旨,于覆舟山南立之"[85],始定郊天以五帝配飨。至太元十二年(387)五月,孝武帝诏令议郊祀、明堂配飨之礼,西晋初关于五帝为五天帝、还是五人帝又被提出,祠部郎徐邈认为,"检以圣典,爰及中兴,备加研极,以定南北二郊,诚非异学所可轻改也。谓仍旧为安",他强调"明堂所配之神,积疑莫辨……若上帝者是五帝,经文何不言祀天旅五帝,祀地旅四望乎?人帝之与天帝,虽天人之通谓,然五方不可言上帝,诸侯不可言大君也。书无全证,而义容彼此,故泰始、太康二纪之间,兴废迭用矣"[86],侍中车胤之议同徐邈。这里可看出,徐邈强调东晋"中兴"已经对郊祀、明堂之礼"备加研极","五方不可言上帝",因此"谓仍旧为安",即不改变元帝视五帝为五人帝的观点。就现存史料来看,大致东晋一代以五帝为五人帝。实际上,东晋未建明堂,史称"江左以后,未遑修建"[87],那么五人帝仅在郊祀中配飨而已。沈约称"元帝绍命中兴,依汉氏故事,宜享明堂宗祀之礼。江左不立明堂,故阙焉"[88],便是明证。

归纳而言,两晋时期祭祀的五帝是五天帝(五精帝)还是五人帝是有较大反复的,西晋大致两者时间相当,而东晋则以五人帝为主。

三、南北朝至隋:五天帝制的完全确立

南北朝时,南朝刘宋、萧齐两朝对礼典似不甚措意,故《隋

---

85 房玄龄:《晋书》卷一九《礼志上》,第584页。
86 沈约:《宋书》卷一六《礼志三》,第452—453页。
87 房玄龄:《晋书》卷一九《礼志上》,第587页。
88 沈约:《宋书》卷一六《礼志三》,第424页。

书·礼仪志》述南北朝修礼典大势从萧梁始讲:"梁武始命群儒,裁成大典。吉礼则明山宾,凶礼则严植之,军礼则陆琏,宾礼则贺玚,嘉礼则司马褧。帝又命沈约、周舍、徐勉、何佟之等,咸在参详。陈武克平建业,多准梁旧,仍诏尚书左丞江德藻、员外散骑常侍沈洙、博士沈文阿、中书舍人刘师知等,或因行事,随时取舍。"[89] 于北朝,《隋书》称:"后齐则左仆射阳休之、度支尚书元修伯、鸿胪卿王晞、国子博士熊安生,在周则苏绰、卢辩、宇文敬,并习于仪礼者也,平章国典,以为时用。高祖命牛弘、辛彦之等采梁及北齐《仪注》,以为五礼云。"[90] 这当然是讲礼典修撰,但并不能说刘宋、萧齐在五帝祭祀毫不涉及,恰恰相反,两朝均有相关资料保存下来,稍加辨析就可得出结论。

刘宋建国,武帝于永初元年遣"皇太子拜告南北郊。永初二年正月上辛,上亲郊祀"[91],孝武帝大明五年"明堂肇建,祠五帝"[92],此后,刘宋郊祀、明堂大致依礼进行,史称"明堂配帝,间岁昭荐"[93],应该说郊祀、明堂之祀不废。然由于史料匮乏,刘宋初到孝武帝前的30余年中五帝以什么身份配祀尚无明确记载。至孝武帝孝建二年议乐,左仆射王宏奏章提及明堂五帝之事:"《孝经》称'严父莫大于配天',故云'郊祀后稷以配天,宗祀文王于明堂,以配上帝'。既天为议,则上帝犹天益明也。不欲使二天文同,故变上帝尔。《周礼》祀天之言再见,故郑注以前天神为五帝,后冬至

---

[89] 魏徵:《隋书》卷六《礼仪志一》,北京:中华书局,1973年,第107页。
[90] 魏徵:《隋书》卷六《礼仪志一》,第107页。
[91] 沈约:《宋书》卷一六《礼志三》,第426页。
[92] 同上书,第434页。
[93] 同上书,第431页。

所祭为昊天。"[94] 显然王宏是持郑玄五天帝说。孝武大明三年九月，尚书右丞徐爰议郊祀地理位置，主张"宜移郊正午，以定天位"，博士司马兴之、傅郁、太常丞陆澄并同爰议，"乃移郊兆于秣陵牛头山西，正在宫之午地"。[95] 徐爰之议虽未涉及五帝，然从后面史事中可看出当时南郊是有五帝配飨。大明五年始营建明堂，九月，有司提出南郊、明堂、庙祭用牲问题，祠部郎颜峻议："祀之为义，并五帝以为言。帝虽云五，牲牢之用，谓不应过郊祭庙祀。宜用二牛。"显然五帝在祭祀之例。大明"六年正月，南郊还，世祖亲奉明堂，祠祭五时之帝，以文皇帝配，是用郑玄议也"。[96] 所谓用郑玄议，即郑氏在注《月令》时明确认为："大飨，遍祭五帝"，包括昊天上帝为六天帝。可见孝武帝大明三年、六年两次南郊都以五天帝配飨。明帝泰始二年十一月有诏南郊，时任黄门侍郎的徐爰也参议其中[97]，现存资料虽未涉及有无五帝配飨，然从上述史料中可以推测是以五天帝配飨的。

萧齐代宋于宋顺帝昇明三年四月，然七月齐高帝便与大臣商讨郊祀之事。史称："建元元年七月，有司奏：'郊殷之礼，未详郊在何年？复以何祖配郊？殷复在何时？未郊得先殷与不？明堂亦应与郊同年而祭不？若应祭者，复有配与无配？不祀者，堂殿职僚毁置云何？'"其中右仆射王俭议郊祀配飨，认为"今大齐受命，建寅创历，郊庙用牲，一依晋、宋"，然诏明堂再详议，群臣不敢

---

94 沈约：《宋书》卷一九《乐志一》，第544-545页。
95 沈约：《宋书》卷一四《礼志一》，第346页。
96 沈约：《宋书》卷一六《礼志三》，第434页。李延寿《北史》卷六〇《宇文恺传》载大明五年营建明堂、设五帝位事，称出自《宋起居注》。北京：中华书局，1974年，第2146页。
97 沈约：《宋书》卷一六《礼志三》，第431页。

断，诏"依旧"[98]，即沿袭晋宋旧制未变。建元四年三月，武帝即位，"其秋，有司奏：'寻前代嗣位，或仍前郊年，或别更始，晋、宋以来，未有画一。今年正月已郊，未审明年应南北二郊祀明堂与不？'"此即改元是否进行郊祀，武帝诏令八座丞郎博士议，尚书令王俭认为："明年正月宜飨祀二郊，虔祭明堂，自兹厥后，依旧间岁。"诏"可"[99]。武帝永明二年又议郊祀、明堂，主要围绕着郊祀与明堂是否同日而祀问题，众说纷纭，然亦议及五帝配飨。在明堂祭祀时间上，兼太常丞蔡仲熊批评曹魏侍中郑小同所撰《郑志》误解郑玄之意，蔡氏提及郑玄注《月令》季秋"大飨，遍祭五帝"，即持郑玄五天帝说；尚书陆澄则称"挚虞《新礼》议明堂南郊闲三兆，禋天飨帝共日之证也"，但他强调"又上帝非天，昔人言之已详"[100]，陆澄显然认为明堂所祀"上帝"非天帝，五帝当为五人帝。陆氏所说"上帝非天"当非明堂所行之礼，因为至少有两条史料可以明确证明萧齐明堂配飨之五帝是五天帝。一是明帝建武二年旱，有司议雩祭依明堂。祠部郎何佟之据《周礼·司巫》《礼记·月令》及郑玄注，认为："雩，吁嗟求雨之祭也。雩帝，谓为坛南郊之旁，祭五精之帝，配以先帝也……今筑坛宜崇四尺，其广轮仍以四为度，径四丈，周员十二丈，而四阶也。设五帝之位，各依其方，如在明堂之仪。皇齐以世祖配五精于明堂，今亦宜配飨于雩坛矣。"[101] 此议获得明帝同意。"皇齐以世祖配五精于明堂"明确

---

98 萧子显：《南齐书》卷九《礼志上》，北京：中华书局，1972年，第118、120、121页。
99 萧子显：《南齐书》卷九《礼志上》，第121、122页。
100 同上书，第125页。
101 同上书，第127–128页。

指出萧齐将五帝视为五精帝,即五天帝。另一条是反证材料出于《梁书》,梁武帝召何胤为特进、右光禄大夫,遣领军司马王果宣旨谕意,何胤与王果有一段对话:

> 胤因谓果曰:"吾昔于齐朝欲陈两三条事,一者欲正郊丘,二者欲更铸九鼎,三者欲树双阙……圜丘国郊,旧典不同。南郊祠五帝灵威仰之类,圜丘祠天皇大帝、北极大星是也。往代合之郊丘,先儒之巨失。今梁德告始,不宜遂因前谬。卿宜诣阙陈之。"果曰:"仆之鄙劣,岂敢轻议国典,此当敬俟孙生耳。"[102]

可见,何胤在萧齐时曾反对南郊祠灵威仰之类五天帝,然未果,何氏强调是当时之失,故至此旧事重提,然被王果婉言拒绝。可见萧齐与梁初明堂均配飨五天帝[103]。但五帝之配飨在梁武帝时有一些变化,据《隋书·礼志》载:天监七年,武帝依博士陆玮、明山宾等人所议,定天地之祭为一献之礼;十一年,据八座奏,"五帝之义,不应居坎。良由齐代圜丘,小而且峻,边无安神之所。今丘形既大,易可取安。请五帝座悉于坛上,外壝二十八宿及雨师等座,悉停为坎",即停二十八宿等配飨,五帝则祭于坛上;"十七年,帝以威仰、魄宝俱是天帝,于坛则尊,于下则卑。且南郊所祭天皇,其五帝别有明堂之祀,不烦重设。又郊祀二十八宿而无十二辰,于义阙然。于是南郊始除五帝祀,加十二辰座,与二十八宿各于其方而

---

[102] 姚思廉:《梁书》卷五一《何胤传》,北京:中华书局,1973年,第736–737页。
[103]《隋书》卷六八《宇文恺传》称:"梁武即位之后,移宋时太极殿以为明堂"。第1593页。

为坛"。[104] 显然，天监十七年南郊罢五天帝配飨，然明堂五天帝配飨则照旧。此终梁世未变。

如上所述，陈朝初建，承梁之旧，"或因行事，随时取舍"，然从此中亦可知陈朝随事取舍，是有一些变化的。那么在郊祀与明堂配飨五帝方面有什么变化呢？据《隋书》记载，陈朝郊祀亦沿袭梁制，为南北二郊，永定二年南郊，"以皇考德皇帝配，除十二辰座，加五帝位，其余准梁之旧"[105]，大致是恢复了梁天监十七年罢废的五天帝配飨之制，同时依许亨之奏，恢复三献仪式。宣帝时以南北二郊卑下，更议增广，然久而不决，直至太建十一年，尚书祠部郎王元规提出郊坛具体尺寸，朝臣会议后获，"诏遂依用"；而"后主嗣立，无意典礼之事，加旧儒硕学，渐以凋丧，至于朝亡，竟无改作"。[106]

《隋书》总结南北朝郊丘之制时称区分出这两种不同的观点："一云：祭天之数，终岁有九，祭地之数，一岁有二，圆丘、方泽，三年一行。若圆丘、方泽之年，祭天有九，祭地有二。若天不通圆丘之祭，终岁有八。地不通方泽之祭，终岁有一。此则郑学之所宗也。一云：唯有昊天，无五精之帝。而一天岁二祭，坛位唯一。圆丘之祭，即是南郊，南郊之祭，即是圆丘。日南至，于其上以祭天，春又一祭，以祈农事，谓之二祭，无别天也。五时迎气，皆是祭五行之人帝太皞之属，非祭天也。天称皇天，亦称上帝，亦直称帝。五行人帝亦得称上帝，但不得称天。故五时迎气及文、武配祭

---

104 魏徵：《隋书》卷六《礼仪志一》，第 111 页。
105 同上。
106 同上书，第 113 页。

明堂，皆祭人帝，非祭天也。此则王学之所宗也。梁、陈以降，以迄于隋，议者各宗所师，故郊丘互有变易。"[107] 尽管在学术层面有宗郑宗王之别，然从上述自刘宋到陈朝郊祀、明堂实际配飨来看，除梁武帝时短暂罢废五天帝配飨，应该说南方四朝绝大多数时间都配飨五天帝，虽有学者宗奉王学，然五人帝未获行用。

北朝至隋郊祀大致也沿袭汉晋旧制，采纳南北郊之制。北魏道武帝天兴二年正月行南郊，"五精帝在坛内，壝内四帝，各于其方，一帝在未……其后，冬至祭上帝于圜丘，夏至祭地于方泽，用牲币之属，与二郊同"。[108] 显然北魏建国之初便行用南郊以五天帝配飨的制度。明元帝"泰常三年，为五精帝兆于四郊，远近依五行数。各为方坛四陛，埒壝三重，通四门。以太皞等及诸佐随配。侑祭黄帝，常以立秋前十八日。余四帝，各以四立之日"。[109] 这也是以五天帝配飨。不过需要指出的是，北魏南郊以方坛，与汉晋南朝之制不同，因为汉制南郊以圆丘，北郊祭地才用方泽，这或许是北魏的"民族特色"吧。北魏明堂之制实施很晚，至孝文帝太和十年九月"诏起明堂"，然实未营建，到十五年四月"己卯，经始明堂，改营太庙"，同年十月，"明堂、太庙成"[110]。此为平城之明堂。孝文帝迁都洛阳后未重建明堂，故袁翻曾称："迁都之始，日不遑给，先朝规度，每事循古。"[111] 到宣武帝延昌三年"十有二月庚寅，诏立

---

107 魏徵：《隋书》卷六《礼仪志一》，第107-108页。
108 魏收：《魏书》卷一〇八之一《礼志一》，第2734-2735页。
109 同上书，第2737页。
110 魏收：《魏书》卷七下《高祖纪下》，第161、168页。
111 魏收：《魏书》卷六九《袁翻传》，第1538页。

明堂"¹¹²，此为营建洛阳明堂，然宣武帝时并未建成，直到孝明帝正光元年，"明堂、辟雍并未建就"，源子恭上书指出"世宗于是恢构……乃访遗文，修废典，建明堂，立学校，兴一代之茂矩，标千载之英规。永平之中，始创雉构，基趾草昧，迄无成功"，究其原因，"配兵人，或给一千，或与数百，进退节缩，曾无定准，欲望速了，理在难克……所给之夫，本自寡少，诸处竞借，动即千计。虽有缮作之名，终无就功之实"。¹¹³此议虽获孝明帝赞同，然直至孝昌二年才下诏营缮，当时"议者或言九室，或言五室，诏断从五室。后元叉执政，复改为九室，遭乱不成"。¹¹⁴可见，洛阳明堂并未修成。

北齐则与北魏不同，南郊以圆丘，史称"以孟夏龙见而雩，祭太微五精帝于夏郊之东。为圆坛，广四十五尺，高九尺，四面各一陛。为三壝外营，相去深浅，并燎坛，一如南郊。于其上祈谷实，以显宗文宣帝配。青帝在甲寅之地，赤帝在丙巳之地，黄帝在己未之地，白帝在庚申之地，黑帝在壬亥之地。面皆内向，藉以藁秸。配帝在青帝之南，小退，藉以莞席，牲以骍。其仪同南郊"，其郊祀由"皇帝初献，太尉亚献，光禄终献。司徒献五帝，司空献日月、五星、二十八宿，太常丞已下荐众星"¹¹⁵。北周"祭祀之式，多依《仪礼》……祀昊天上帝，祭皇地祇及五帝、日月、五星、十二辰、四望、五官，各以其方色毛"¹¹⁶，故秦蕙田认为"北周郊丘之祭

---

112 魏收：《魏书》卷八《世宗纪》，第215页。
113 魏收：《魏书》卷四一《源子恭传》，第933-934页。
114 魏徵：《隋书》卷六八《宇文恺传》，第1593页。
115 魏徵：《隋书》卷六《礼仪志一》，第127、114页。
116 同上书，第115、116页。

大率与齐同，而郊坛之制各异"[117]，即祭祀略同，而坛制有些不同。上述有关北齐北周的引文出于《隋书》，但《隋书》未明确北齐北周究竟何时实行郊祀以五精帝配飨，然从北齐北周两朝都来源于北魏看，大致可以判断北齐北周自有南郊便以五精帝配飨。隋朝南郊亦以五帝配飨，"其牲，上帝、配帝用苍犊二，五帝、日月用方色犊各一，五星已下用羊豕各九"。[118]

南北朝时的明堂之制，诸朝略有不同，如"陈制，明堂殿屋十二间。中央六间，依齐制，安六座。四方帝各依其方，黄帝居坤维，而配飨坐依梁法"[119]；北魏于平城营建明堂，据史载："高祖外示南讨，意在谋迁，斋于明堂左个。"[120] 此当为《周礼》所载之五室之制，非《大戴礼记》九室十二堂制。迁都后，袁翻曾建议"明堂五室，请同周制"[121]，当是依据平城五室制。"后齐采《周官·考工记》为五室，周采汉《三辅黄图》为九室，各存其制，而竟不立"。[122]

隋开皇初，牛弘"奏征学者，撰《仪礼》百卷。悉用东齐《仪注》以为准，亦微采王俭礼"[123]，即主要沿袭北齐之礼，稍采南朝之礼，不过隋礼并未传承下来。史称隋开皇、大业年间，诏议明堂之制，然亦众言纷纭，未能一致，"终隋代，祀五方上帝，止于明堂，恒以季秋在雩坛上而祀"[124]，但五帝配飨则无不同。此是北朝

---

117 秦蕙田：《五礼通考》卷八，文渊阁《四库全书》本，第292页。
118 魏徵：《隋书》卷六《礼仪志一》，第116页。
119 同上书，第121页。
120 魏收：《魏书》卷一九中《任城王传》第464页。
121 魏收：《魏书》卷六九《袁翻传》，第1538页。
122 魏徵：《隋书》卷六《礼仪志一》，第121页。
123 魏徵：《隋书》卷八《礼仪志三》，第156页。
124 魏徵：《隋书》卷六《礼仪志一》，第122页。

至隋的郊祀、明堂之制，所配飨均为五天帝。

需要注意的是，北周武帝保定元年正月"甲寅，祠感生帝於南郊"[125]，这是南郊中首次祭祀感生帝（亦称感帝）的明确时间，据称北周"南郊，以始祖献侯莫那配所感帝灵威仰于其上"。[126] 北齐也祭感生帝，《隋书》有记载，然时间不明[127]。《宋史》载："感生帝，即五帝之一也。帝王之兴，必感其一。北齐、隋、唐皆祀之，而隋、唐以祖考升配，宋因其制"[128] 一语，其中脱漏北周祭感生帝事，北周亦有祖宗配飨。

祭祀感生帝近承郑玄五精帝说，远接先秦感生说，与禘祭配飨之制相配合。郑玄五精帝说与"君权神授""五德始终"相对应，认为政权交替实由"天"意，即政权的合法性来源于天命，如此，它必然会带来"感生帝"之说。所谓感生帝，即皇帝的祖先感受五天帝之一的精气而降生，肇始王朝，实际深受五行相生相克、五德始终的影响，因此，每一王朝所祭祀的感生帝都是前一王朝感生帝的"克星"，如此也体现出后一王朝的正统地位。虽说北周北齐始有感生帝之说，但"感生说"并不始于北周北齐，早在先秦便有此说法。不但传世文献中有感生的记载，出土简牍同样有类似记载，如上海博物馆藏战国楚简中的《子羔》，记载了子羔与孔子的对答，述及禹、契、后稷的感生传说[129]。谶纬中也有帝王"感生"故事，

---

125 令狐德棻：《周书》卷五《武帝纪上》，北京：中华书局，1971年，第64页。
126 魏徵：《隋书》卷六《礼仪志一》，第116页。
127 魏徵：《隋书》卷六《礼仪志一》载"祀所感帝灵威仰于坛，以高祖神武皇帝配。礼用四圭有邸，币各如方色。"第115页。
128 脱脱：《宋史》卷一〇〇《礼志三》，北京：中华书局，1985年，第2461页。
129 马承源主编：《上海博物馆藏战国楚竹书》（二），上海：上海古籍出版社，2002年，第184-199页。

如《瑞应图》"大虹竟天，握登见之，意感生帝舜于姚墟"之类，此无需赘述。北周北齐始启感生帝之祭，为隋唐宋诸王朝继承，详参后述。

　　有关北魏五帝祭祀，还有数事需要指出。一是元会朝堂设座。孝文帝太和十五年八月诏曰："《礼》云自外至者，无主不立。先朝以来，以正月吉日，于朝廷设幕，中置松柏树，设五帝坐。此既无可祖配，揆之古典，实无所取，可去此祀。又探策之祭，既非礼典，可悉罢之。"[130]明堂、南郊设五帝座虽有之，然亦罢废[131]，朝堂元会设五帝座确实前无记载，此当为北魏自创之礼，只是不详何时开始。二是南郊用牲之色。太和中孝文帝曾称："圜丘之牲，色无常准，览推古事，乖互不一。周家用骍，解言是尚。晋代靡知所据"，"秘书令李彪曰：'观古用玄，似取天玄之义，臣谓宜用玄。至于五帝，各象其方色，亦有其义。'帝曰：'天何时不玄，地何时不黄，意欲从玄。'"[132] 三是五郊迎气[133]。宣武帝时，太常卿刘芳对当时所置五郊迎气提出意见，认为"所置坛祠远近之宜，考之典制，或未允衷"[134]。五郊迎气始见《月令》记载，但《月令》虽

---

130 魏收：《魏书》卷一〇八之一《礼志一》，第2748页。
131 郑玄依《春秋纬》，认为除昊天上帝外，"五行精气之神"亦为天帝，故有六天帝之说，郊祀设祭位。西晋武帝时，王肃批判六天说，以为"五帝"非天帝，其采纳《家语》解释，认为太皞、炎帝、黄帝、少皞、颛顼为五帝，即"五人帝"，武帝纳之，诏"明堂、南郊，宜除五帝之座，五郊改五精之号，同称昊天下帝"。
132 魏收：《魏书》卷一〇八之一《礼志一》，第2752页。
133 张鹤泉先生对东汉、两晋南北朝五郊迎气有极深入的研究，参见氏著《东汉五郊迎气祭祀考》，《人文杂志》2011年第3期；《两晋南朝迎气祭祀礼考》，《南京晓庄学院学报》2017年第2期；《北魏迎气祭祀礼试探》，《河北学刊》2017年第3期。
134 魏收：《魏书》卷五五《刘芳传》，第1223页。

提及五帝、五方、五色，然五方如何迎五气、里数多少、如何配飨等事均不明。其制至东汉始详，《后汉书》云："（董钧）博通古今，数言政事。永平初，为博士。时草创五郊祭祀，及宗庙礼乐，威仪章服，辄令钧参议，多见从用，当世称为通儒。"[135] 此处"五郊祭祀"下有注曰："《续汉志》曰：'永平中，以《礼仪谶》及《月令》有五郊迎气，因采元始中故事，兆五郊于洛阳四方，中兆在未，坛皆三尺。'"未是方位，在中央，对应黄色，东晋大儒贾逵云："中兆，黄帝之位，并南郊之季，故云兆五帝于四郊也。"[136] 东汉至东晋诸儒解释大致相同，其中王肃说得比较清楚：东郊八里因木数、西郊九里因金数、南郊七里因火数、北郊六里因水数，中郊在西南五里因土数，这便是五郊迎气，五、六、七、八、九又与《易》、五行相关，五郊迎气之五帝既有方所祭祀和顺时令色彩，更与谶纬密切相关，然其祭祀对象体现的是地方"保护神"的色彩，可归属五天帝，历代相同[137]。由上述数例可见，北魏礼制似与汉晋之制有差异，"晋代靡知所据"明确表现出孝文帝不愿遵用晋制。

　　归纳以上所述，南北朝至隋的五帝之祀发展趋势中，南朝循晋之旧，无所改易，实祭五天帝。北朝至隋，出现了祭感生帝一说，此混融了郑玄五精帝说和先秦感生说，即五天帝与五人帝，这与北朝重黄帝轩辕氏及三皇五帝之统密切相关，在郊祀、明堂、禘祭及迎气之仪中均有五帝身影。

135　范晔：《后汉书》卷七九下《董钧传》，第2577页。
136　同上。
137　东汉之后，大多数国家都有五郊迎气之祭祀，虽祭祀地点、祭祀仪式略有不同，但祭祀对象毫无二致。

四、唐代之后：确立人神分途的郊祀与明堂制度

唐代是中国传统礼制发展的极为重要的时期，也是礼典编纂最为鼎盛的时期。就礼学发展的本身而言，这也是历史的必然。因为从魏晋到唐是一个从军阀混战不已的"乱世"到大唐盛世的转变过程，从社会稳定角度而言，封建专制主义国家政权为巩固自己的统治，自然需要制订出一系列符合自身统治的制度，这当然也包括礼典。从礼学发展本身来看，"自晋至梁，继令条缵。鸿生巨儒，锐思绵蕝，江左学者，髣髴可观"[138]，虽出现了名噪一时的王肃礼学，但实际上王学随着晋王朝的倒台而风光不再，最终没能取代郑玄礼学，那么礼学的发展也自然要求出现一个超越郑学的理性要求。因此我们可以看到，自隋朝建立起大一统国家，这一发展趋势变得非常明显，史称："隋氏平陈，寰区一统，文帝命太常卿牛弘集南北仪注，定《五礼》一百三十篇。炀帝在广陵，亦聚学徒，修《江都集礼》。由是周、汉之制，仅有遗风。"[139] 遗憾的是，隋祚短暂而未能完成这一历史任务，这一历史责任就落在大唐肩上。

就礼制而言，随着唐王朝建立与统一，统治者对礼学思想上的掌控和礼典制作日趋迫切，在这一历史条件下，中国礼制史上的重大变革、发展时期来临了。从礼学思想上说，唐初由孔颖达领衔的礼学专家们衡评郑王、择优汰劣，自太宗开始，到高宗时期最终完成了《五经正义》这部巨著，大致结束了汉末到魏晋以来经学纷争的局面，开创了国家礼学一统天下的趋势，这在礼学发展史上占据

---

138 刘昫：《旧唐书》卷二一《礼仪志一》，北京：中华书局，1975年，第816页。
139 刘昫：《旧唐书》卷二一《礼仪志一》，第816页。

了突出的地位。从具体礼典编纂来说，唐代先后编纂而成的贞观、显庆和开元三部大礼典及其他各种官颁礼典，充分说明唐代礼学昌明的盛况。尽管三部大礼典在具体礼仪上有变化、有抵牾，甚至在郑学、王学中摇摆，但整体上说是沿着一个方向发展，是日趋完善的礼制体系。

就唐代五帝配飨问题而言，仍然围绕着郊祀、明堂五帝是用郑玄说还是王肃说而展开的[140]，学界对唐代五帝（五方帝、五人帝）问题已有很好的研究[141]，无需置喙。

参与奉敕编纂《五经正义》的孔颖达等一批学人，面对自汉代以来经学内部纷争、门户之见横陈的局面，他们摒弃南学、北学的偏见、广采博览、兼容百氏，既保存前说，又提出新见解，议论也相对较为公允，因而《五经正义》成为官方权威之说，成为科举考试的标准。《五经正义》对六天说与一天说有详细解说，载于《郊特牲》篇之首，孔颖达曰："郑氏以为天有六天，丘、郊各异，今具载郑义。兼以王氏难郑氏，谓天有六天，天为至极之尊，其体祇应是一。而郑氏以为六者，指其尊极清虚之体，其实是一；论其五时生育之功，其别有五：以五配一，故为六天。"[142] 郑玄之说既有经学依据，又有来自战国五行思想，再混合汉代谶纬家，乃至道

---

140 杨华认为《开元礼》许多条目是对依从郑学的《贞观礼》和推崇王学的《显庆礼》进行了择从才形成的。氏著《论〈开元礼〉对郑玄和王肃礼学的择从》，《中国史研究》2003 年第 1 期。
141 杨华：《论〈开元礼〉对郑玄和王肃礼学的择从》，《中国史研究》2003 年第 1 期；吴丽娱：《从经学的折衷到礼制的折——由〈开元礼〉对五方帝的处理所想到的》，《文史》2017 年第 4 期。
142 郑玄注、孔颖达疏：《礼记正义》卷二五《郊特牲》，第 892 页。

教学说，故郑氏将黄帝含枢纽等五帝与"天皇大帝"（即昊天上帝）合为六天，就当时客观的历史条件与人们认识水准来说，其说有历史的必然性，也有相当的受众基础，同时，将五帝称为"天帝"，更能显示出封建专制政权的权威性与合法性，自然也符合帝王的政治需要，因此郑氏之说广获流传。唐宋之间普遍认为郑玄"六天之说，后世莫能废焉"[143]，元人袁桷也引胡宠说："郑氏六天，本于谶纬，攻之者虽力，而卒莫敢废。"[144] 而王肃看重《易》学，从元气一元论的思想出发，认为五帝为五人帝，是黄帝之子孙，而非五天帝，力求破除谶纬之说。有学者认为王肃经学有义理化倾向[145]，我们认为是有相当道理的。郑王两者在哲学思想上的不同，最终导致他们在五帝认识上的差异。那么，唐代究竟采纳五人帝还是五天帝？究竟有什么变化？兹略作申述。

据《旧唐书·礼仪志一》载：唐武德初郊祀"五方上帝、日月、内官、中官、外官及众星，并皆从祀"，此五方上帝为五天帝无疑，这是沿袭隋代而来的。贞观时，明堂仍以高祖配五天帝，到永徽二年"又奉太宗配祀于明堂，有司遂以高祖配五天帝，太宗配五人帝"。显然，永徽以一代两帝同配明堂，分别配祀五天帝、五人帝的做法是一种"创新"之举，调和了郑王之说。然到显庆元

---

143 王溥：《唐会要》卷九上《杂郊议上》，北京：中华书局，1955年，第143页。此条内容被欧阳修采入《新唐书》卷一三《礼乐志三》中。
144 袁桷《进郊祀十议状》，陈得芝、邱树森、何兆吉：《元代奏议集录》（下），杭州：浙江古籍出版社，1998年，第24页。
145 朱伯崑认为："曹魏时期的经学大师王肃，乃古文经学派的集大成者。其《周易注》，继承了费氏易的传统，注重义理，以《易传》的观点解释经文，排斥今文学派和《易纬》解易的学风，不讲互体、卦气、变卦、纳甲等。"氏著《易学哲学史》第1册，北京：华夏出版社，1994年，第246页。

年六月,太尉长孙无忌与礼官声称:"历考前规,宗祀明堂,必配天帝,而伏羲五代,本配五郊,预入明堂,自缘从祀。今以太宗作配,理有未安。伏见永徽二年七月,诏建明堂,伏惟陛下天纵圣德,追奉太宗,已遵严配。时高祖先在明堂,礼司致惑,竟未迁祀,率意定仪,遂便著令。乃以太宗皇帝降配五人帝,虽复亦在明堂,不得对越天帝,深乖明诏之意,又与先典不同。"他们认为这种依据郑玄"以祖、宗合为一祭,又以文、武共在明堂,连袙配祀,良为谬矣",要求改为"奉祀高祖于圆丘,以配昊天上帝",太宗"祀于明堂,以配上帝",这又回复到五天帝一途。显庆二年七月,礼部尚书许敬宗与礼官又上奏,认为"祠令及新礼,并用郑玄六天之议,圆丘祀昊天上帝,南郊祭太微感帝,明堂祭太微五帝"的做法不对,要求"四郊迎气,存太微五帝之祀;南郊明堂,废纬书六天之义",即要求回复到五天帝和五人帝分祀的轨道,获得皇帝赞同而附于礼令。高宗乾封元年下诏"依郑玄义祭五天帝,其雩及明堂,并准敕祭祀"[146],即郊祀、明堂统一为配飨五天帝。但此举遭到奉常博士陆遵楷、张统师等人批评,乾封二年诏令又重申:"自今以后,祭圆丘、五方、明堂、感帝、神州等祠,高祖太武皇帝、太宗文皇帝崇配,仍总祭昊天上帝及五帝于明堂。"[147]高宗去世后,情况发生变化,垂拱元年,武则天听从凤阁舍人元万顷等人建议,"郊丘诸祠皆以三祖配"[148],即以高祖、太宗、高宗一同配祀。永昌元年九月,武则天敕:"天无二称,帝是通名。承前诸儒,

---

146 以上参见刘昫《旧唐书》卷二一《礼仪志一》,北京:中华书局,1975年,第820-826页。
147 王溥:《唐会要》卷九上《杂郊议上》,北京:中华书局,1955年,第149-150页。
148 刘昫:《旧唐书》卷二一《礼仪志一》,北京:中华书局,1975年,第830页。

互生同异，乃以五方之帝，亦谓为天。假有经传互文，终是名实未当，称号不别，尊卑相浑。自今郊祀之礼，惟昊天上帝称天，其余五帝皆称帝。"[149] 显然永昌元年将昊天称天，五帝称帝，即为五人帝，非五天帝了。圣历元年司礼博士间仕谓、班思简等奏："郑（玄）所谓告其帝者，即太昊等五人，告其神者，即重黎等五行官。虽并功施于民，列在祀典，无天子每月拜祭告朔之文……郑所谓告其时帝者，即太皞等五人帝，此又非也。何者？郑注惟言告其时帝，及其神配以文王、武王，不指言天帝、人帝。但天帝、人帝并配，五方时帝之言，包天人矣。既以文王、武王作配，则是并告天帝、人帝。诸侯受朔于天子，故但于祖庙告，而受行之。天子受朔于上天，治宜于明堂，告其时之天帝、人帝，而配以祖考也。"[150] 间、班之说，是从理论上强调了区分天帝、人帝。

玄宗开元期间是唐礼一大变革关键。开元十一年，玄宗罢三祖同配，回复高祖单独配祀，同时对武则天"郊祀之礼，惟昊天上帝称天，其余五帝皆称帝"的做法不赞同。在开元二十年编成的《大唐开元礼》中，郊祀、明堂都有五方帝配飨[151]，这五方帝是神，是天帝，不是人帝，因为该礼典中明确还有与五方帝不同的五帝（五人帝）。《大唐开元礼》卷一《序例上》中"季秋大享明堂，祀昊天上帝，以睿宗大圣真皇帝配坐。又以五方帝、五帝、五官从祀"一条，其下注曰："右按大唐前礼，祀五方帝、五帝、五官于明堂；

---

149 王溥：《唐会要》卷九上《杂郊议上》，北京：中华书局，1955年，第150页。
150 王溥：《唐会要》卷一二《飨明堂议》，第286–288页。
151 参见刘昫《旧唐书》卷二一《礼仪志一》。《大唐开元礼》也有明确的五人帝、五方帝的记载。

大唐后礼，祀昊天上帝于明堂。准《孝经》曰：'郊祀后稷以配天，宗祀文王于明堂以配上帝。'先儒以为天是感精之帝，即太微五帝，此即皆是星辰之例矣。谨按：上帝之号皆属昊天，郑康成所引皆云五帝。《周礼》曰：'王将大旅上帝，张毡。'案：设皇邸，祀五帝，张大次、小次。由此言之，上帝之与五帝自有差等，岂可混而为一乎。"[152]；在明堂祭祀中，也明确记载："天帝之馔升自午陛，配帝之馔升自卯陛，五方帝、五帝之馔各由其陛升。"[153] 这里五方帝、五帝是对称的，五方帝是天帝，五帝是人帝。配帝即唐代配祀之帝，他们配飨是有理论根据，即《孝经》中记载的"宗祀文王于明堂以配上帝"。有意思的是，这里出现的天帝、五方帝是"神"，配帝、五帝则是"人"。这一改变极具意义，影响深远，秦蕙田略有夸张地称："《唐书·礼乐志》称萧嵩等撰定《开元礼》，虽未能合古，而天神之位别矣。至二十年，萧嵩等定礼而祖宗之配定矣。岂不信哉！自汉以后千余年间，为注家所惑，郊丘天帝配位，乖舛互异，至不可究诘。即贞观定礼以后，而乾封之祀感帝，垂拱之三帝并祀，不旋踵而袭谬。至《开元礼》成而大典秩如矣。后世虽时有损益，然大纲率不外此，是古今五礼一大关键也。"[154] 值得注意的是，《大唐开元礼》卷十二到卷二十一分别皇帝或有司祭祭青帝、赤帝、黄帝、白帝和黑帝之礼，即将原来合祀的五帝，回归到郑玄之说出现之前的方所祭祀的人帝上去了。这一区分人、神祭祀方式影响直到元代。

---

152 萧嵩：《大唐开元礼》卷一《序例上》，北京：民族出版社，2000年，第14-15页。
153 萧嵩：《大唐开元礼》卷一〇《皇帝大享于明堂》，北京：民族出版社，2000年，第77页。
154 秦蕙田：《五礼通考》卷一〇《圜丘祀天》，文渊阁四库全书本，第317页。

玄宗后诸帝大致遵循《大唐开元礼》，郊祀五帝则为五方帝，即保佑一方的五天帝，明堂配飨五帝实为五人帝。如代宗初，归崇敬议祭五人帝不称臣云：

> 太昊五帝，人帝也，于国家即为前后之礼，无君臣之义。若于人帝而称臣，则于天帝复何称也？议者或云："五人帝列于《月令》，分配五时。"则五神、五音、五祀、五虫、五臭、皆备五数，以备其时之色数，非谓别有尊崇也。[155]

这里的太昊五帝便是五人帝。不过笔者仅发现一条资料似乎不能完美解释：德宗贞元元年诏中称："郊祀之义，本于至诚。制礼定名，合从事实，使名实相副，则尊卑有伦。五方配帝，上古哲王，道济烝人，礼著明祀。"[156] 此明确讲的是郊祀之礼。虽说郊祀确有五方帝与五帝配飨，但称之上古哲王的"五方配帝"，究竟是指五方帝还是指五位先代圣王之五帝，费人猜详。因为若是人帝，不当称"五方配帝"；若与开元礼一致的五方帝，那么就不能称为"人帝"，两者矛盾无法统一。此尚祈高明教之。

五代时王朝更替迅速，于礼制建设上确实乏善可陈，然从点滴资料上可以看出沿袭的痕迹。如后梁太祖曾下诏，要求"其近京灵庙，宜委河南尹，五帝坛、风师雨师、九宫贵神，委中书各差官祈之"。[157] 这里明确有五帝坛，显然是方所祭祀方式。又称：

---

155 刘昫：《旧唐书》卷一四九《归崇敬传》，北京：中华书局，1975年，第4016页。
156 刘昫：《旧唐书》卷二一《礼仪志一》，第844页。
157 薛居正：《旧五代史》卷七《太祖纪》，北京：中华书局，1976年，第108页。

"周广顺三年九月,南郊,礼仪使奏:'郊祀所用珪璧制度,准礼,祀上帝以苍璧,祀地祇以黄琮,祀五帝以珪璋琥璜琮,其玉各依本方正色,祀日月以珪璋,祀神州以两珪有邸。其用币,天以苍色,地以黄色,配帝以白色,日月五帝各从本方之色,皆长一丈八尺。'"[158],这里祭五帝"各依本方正色"也强调是方所祭祀形式。更为重要的是,后周编纂《大周通礼》,是依据唐代礼制而来,周显德五年六月:"命中书舍人窦俨参详太常雅乐。十一月,翰林学士窦俨上疏论礼乐刑政之源,其一曰:'请依《唐会要》所分门类,上自五帝,迄于圣朝,凡所施为,悉命编次,凡关礼乐,无有阙漏,名之曰《大周通礼》,俾礼院掌之。'"[159]依《唐会要》编次《大周通礼》礼乐内容,可见其沿袭唐代之礼。

宋代自然也沿袭唐代定下人、神分祀的体系,但又加以完善。例如,宋代除在昊天上帝外,五帝中区分出五人帝与五方帝,前者为以黄帝为核心的上古五帝,五方帝(灵威仰、赤熛怒、含枢纽、白招拒、叶光纪)则依方所来确定,被视为天帝[160],除配飨南北郊(分别祭昊天上帝、皇地祇)外,又各在国门之外有专坛祭祀,用于每年四立日、土黄日迎气祭祀。当然五方帝中必有感生帝,因为感生帝是"五帝之一也。帝王之兴,必感其一。北齐、隋、唐皆祀

---

158 薛居正:《旧五代史》卷一四三《礼志下》,北京:中华书局,1976年,第1910–1911页。
159 薛居正:《旧五代史》卷一四五《乐志下》,第1936页。
160 "《开元礼义罗》云:'帝有五坐,一在紫微宫,一在大角,一在太微宫,一在心,一在天市垣。'即帝坐者非直指天帝也。又得判司天监史序状:'天皇大帝一星在紫微勾陈中,其神曰耀魄宝,即天皇是星,五帝乃天帝也……窃惟《坛图》旧制,悉有明据,天神定位,难以跻升,望依《星经》,悉以旧礼为定。"脱脱:《宋史》卷九九《礼志二》,第2436页。

之，而隋、唐以祖考升配，宋因其制"。[161] 宋代感生帝是赤帝，故南郊之后又当单独祭赤帝。[162]

就圆丘（圜丘）祭祀而言，五方帝、五人帝自宋初就配飨了。景德四年翰林学士晁迥等言："按《开宝通礼》：圜丘，有司摄事，祀昊天、配帝、五方帝、日月、五星、中官、外官、众星总六百八十七位；雩祀、大享，昊天、配帝、五天帝、五人帝、五官总十七位"[163]云云，可见宋初情况。《政和五礼新仪》继承了这一传统，如卷二载："冬日至祀昊天上帝，设位于坛上，北方，南向。以太祖皇帝配，其位东方，西向。天皇大帝、五方帝、大明、夜明、北极九位在第一龛。北斗、天一、太一、帝座、五帝内座、五星、十二辰、河汉、内官等神位五十四座，在第二龛。"[164]这里明确有五方帝和五帝（五人帝）。正由于区分出五方帝与五人帝，而五方帝又可用于五郊迎气，因此在《政和五礼新仪》中有"皇帝祀五方帝仪"三卷和"祀五方帝仪（有司行事）"一卷，而五帝（五人帝）失去了迎气作用，礼典中就不再有专门的祭祀篇目了，它仅是南郊或五郊迎气时配飨从祀而已，故《宋史》称："冬至祀昊天上帝于圜丘，以五方帝、日、月、五星以下诸神从祀。又以四郊迎气及土王日专祀五方帝，以五人帝配，五官、三辰、七宿从

---

161 脱脱：《宋史》卷一〇〇《礼志三》，第2461页。
162 乾德元年曾在南郊为赤帝设座，二年从太常博士聂崇义奏罢，撤座从祀。
163 脱脱：《宋史》卷九九《礼志二》，第2437页。按：马端临《文献通考》卷七一《郊社考四》与《宋史》同。然李焘《续资治通鉴长编》与此略有不同，无五方帝，五天帝称五天，五人帝称五帝。卷七六，真宗大中祥符四年十二月甲寅，北京：中华书局，1992年，第1744-1745页。
164 郑居中：《政和五礼新仪》卷二《序例·神位》，文渊阁四库全书本，第138页。

祀。"165 应该说基本准确的。

辽朝礼制建设相对比较落后,至今也未保存礼典,相关典籍记载的资料也甚少,其具体祭祀五帝不明。金朝五礼制度相对完备,且大多沿袭宋制166,其南郊配飨中有五方帝167,《大金集礼》亦明确有五方帝记载168,然无明堂之祭。金朝虽无"五人帝"之称,却有五帝祭祀的记载。章宗泰和三年,朝臣称:"三皇、五帝、禹、汤、文、武皆垂世立教之君,唐、宋致祭皆御署,而今降祝板不署,恐于礼未尽。不若止从外路祭社稷及释奠文宣王例,不降祝板,而令学士院定撰祝文,颁各处为常制。"169 此奏获章宗诏准,五帝作为前代圣王祭祀列入祭典受祀。这一祭前代帝王之礼,至少在金中期就出现了,规定三年一祭。不过,五帝是分别在各地受祭:伏羲于陈州、神农于亳州、轩辕于坊州、少昊于兖州、颛顼于开州。辽金两朝不行五郊迎气之礼,故于国门外无祭坛。

据《元史·郊祀志》称:"元之五礼,皆以国俗行之,惟祭祀稍稽诸古。"170 确实,元朝礼制非常看重本民族之礼,对汉族礼制不甚重视,然在吉礼(以各种祭祀为主要内容)上却在一定程度上加以利用,用以宣示国家政权的合法性,以及表现出他们对祖宗的尊崇。

元朝兴起于漠北,原有与中原地区传统的礼制不同的拜天之

---

165 脱脱:《宋史》卷一〇〇《礼志三》,第2459-2460页。
166 参见拙作《宋金〈礼制〉比较研究》,《史学集刊》2018年第3期。
167 脱脱:《金史》卷二八《礼志一》,北京:中华书局,1975年,第698页。
168 张暐:《大金集礼》卷三八《沿祀杂录》,丛书集成新编本,第318页。
169 脱脱:《金史》卷三五《礼志八》,第819页。
170 宋濂:《元史》卷七二《祭祀志一》,第1779页。

礼,不过,元朝拜天帝后都参与,宗戚助祭,洒马湩,用来显示报本反始之意。宪宗二年八月,"以冕服拜天于日月山",又采纳孔元措建言,合祭昊天后土,以太祖、睿宗配飨。世祖至元十二年十二月,以受尊号,遣使豫告天地,按照唐、宋、金旧仪于国阳丽正门东南七里建立祭台,设昊天上帝、皇地祇位二,行一献礼。这便是元朝南郊仪式最初情况,显得十分简陋。至元三十一年,成宗即位,始于都城南七里建南郊坛,四月甲辰遣司徒兀都带率百官为大行皇帝请谥于南郊,此为告天请谥之始。大德六年春三月庚戌,合祭昊天上帝、皇地祇、五方帝于南郊,遣左丞相哈剌哈孙摄事,"为摄祀天地之始"[171]。显然,至少自成宗起,元朝南郊开始以五方帝配祀。武宗至大三年正月曾拟定北郊从祀及朝日夕月礼仪,然未果。该年十一月丙申,有事于南郊,以太祖配,五方帝日月星辰从祀。仁宗延祐元年四月,太常寺臣请立北郊,仁宗未准奏,北郊之议遂辍。至顺元年十月,文宗亲祀南郊昊天上帝,以太祖配。"世祖混一六合,至文宗凡七世,而南郊亲祀之礼始克举焉"[172],可见,元朝南郊祭天以有司摄事为主,至文宗时才进行亲祀。元末,顺帝也曾亲祀。

元朝南郊祀昊天上帝,"其从祀圜坛,第一等九位。青帝位寅,赤帝位巳,黄帝位未,白帝位申,黑帝位亥,主皆用柏,素质玄书"[173],其位置及币色与汉制传统南郊并无不同。值得指出的是,元朝南郊主要用于即位、受尊号、册后、册太子、为大行皇帝请谥

---

171 宋濂:《元史》卷七二《祭祀志一》,第1781页。
172 同上书,第1792页。
173 同上书,第1794页。

之类告祭，且大多是有司摄事，而于礼制规定的每年冬至南郊则不太多，故史称："南郊之礼，其始为告祭，继而有大祀，皆摄事也，故摄祀之仪特详。"[174] 至于北郊，元朝自"仁宗延祐五年，乃即二郊定立坛壝之制"[175]，此"二郊"便指元朝之南郊与北郊，然其北郊祭祀情况不详。

元朝对黄帝祭祀中还有一个现象值得关注，即三皇庙祭祀。三皇五帝庙，始设于天宝六载正月。玄宗制曰："三皇五帝，创物垂范。"故置三皇五帝庙进行祭祀。至七载五月，又诏："三皇以前帝王，宜于京城内共置一庙，仍与三皇五帝庙相近，以时致祭。天皇氏、地皇氏、人皇氏、有巢氏、燧人氏，其祭料及乐，请准三皇五帝庙，以春秋二时享祭。"[176] 并置官管理[177]。唐人三皇祭祀，是将他们作为前代圣王来祭祀的，并非天神，这与《大唐开元礼》将五帝作为人帝祭祀相同。不过，三皇庙虽为国家祭礼之一，但唐代三皇庙资料极其缺乏，故其祭典仪式、管理方式、行用范围只能阙疑待考。宋代有关三皇庙祭祀资料更为罕见，无论在《宋史》或其他史籍，以及礼典中均未载三皇庙祭祀，故宋代三皇庙当非国家礼典规定之祭祀对象。笔者仅查到一条相关资料，是晚宋隆州井研人（今四川井研）牟𪩘（1227-1311）撰的《三皇庙疏》，其中称"昔三皇天地同符，为民立命。《河图》《易》画，分阴而分阳；《药录》《灵

---

174 宋濂：《元史》卷七二《祭祀志一》，第1792页。
175 宋濂：《元史》卷七六《祭祀志五》，第1903页。
176 王溥：《唐会要》卷二二《前代帝王》，第430页。
177 欧阳修：《新唐书》卷四八《百官志三》称天宝六载于太常寺下置三皇五帝庙署。周绍良、赵超《唐代墓志汇编续集》咸通078载唐思礼长子为三皇五帝庙令，广明001载陈讽次子授三皇五帝庙丞。显然类同于县级职。

枢》，载生而载育。千万世实蒙垂祐，十三科各务精能。其在吾邦，盍彰显祀，日来月往，栋挠梁倾……用是惕然，谂于识者。捐赀多助，壮观一新"[178]云云，此庙当在井研，建立已久且已破败，其希望有识者捐赀助修，应是当地私立庙祀。文中所称"《药录》《灵枢》"是医书，即宋代将三皇当作医祖来祭祀。元初并无三皇庙祭祀之仪，据《元史》记载，成宗"元贞元年，初命郡县通祀三皇，如宣圣释奠礼。太皞伏羲氏以勾芒氏之神配，炎帝神农氏以祝融氏之神配，轩辕黄帝氏以风后氏、力牧氏之神配。黄帝臣俞跗以下十人，姓名载于医书者，从祀两庑。有司岁春秋二季行事，而以医师主之"[179]。据何梦桂大德三年撰写了《建德路新创三皇庙记》，称"三皇庙，国朝所以祀羲、农、黄帝为医家祖也……国都既有庙祀，州郡礼仪祀殆遍天下，此郡犹或缺焉，不可"[180]，距元贞元年仅数年时间，似地方上行用颇广。仁宗延祐"六年秋八月，议置三皇庙乐，不果行"[181]，顺帝至正十年九月"祭三皇，如祭孔子礼……乃敕工部具祭器，江浙行省造雅乐，太常定仪式，翰林撰乐章，至是用之"[182]。从这些史料大致可以判断元朝三皇庙祭祀起于成宗元贞元年，是作为医圣来祭祀的，并且在郡县一级通祀，顺帝至正十年亲祀，已配有乐章。与宋朝相同的是，元代三皇庙祭祀是作为医祖来祭祀的，不同的是元朝三皇庙遍于州县。元朝三皇庙与唐代并

---

178 牟𪩘：《三皇庙疏》，曾枣庄、刘琳主编：《全宋文》卷八二九六（356册），第25页。
179 宋濂：《元史》卷七六《祭祀志五》，第1902页。
180 何梦桂：《建德路新创三皇庙记》，曾枣庄、刘琳主编：《全宋文》卷八二九六（第358册），上海：上海辞书出版社；合肥：安徽教育出版社，2006年，第151页。
181 宋濂：《元史》卷六八《礼乐志二》，第1699页。
182 宋濂：《元史》卷四二《顺宗纪五》，第889页。

无直接的承袭关系，元朝派"医师主之"与唐代以三皇五帝令、丞管理不同，因此其主祭者或有不同。不过，元代在州县均设三皇祭祀，扩大了三皇影响，这是元代对三皇五帝祭祀上的一个突出的方面，也从一个侧面印证了《元史》所称"惟祭祀稍稽诸古"。

朱元璋早在争夺天下之时便以驱逐"异族"为号，以恢复汉制作为鼓动民众反抗蒙元统治的手段，因此"明太祖初定天下，他务未遑，首开礼、乐二局，广征耆儒，分曹究讨"，开始了"五礼"重建。至"洪武元年命中书省暨翰林院、太常司，定拟祀典。乃历叙沿革之由，酌定郊社宗庙议以进"。[183]明太祖之所以如此以礼制建设为急务，实是出自他对蒙元政权礼制的贬视、厌恶心理。在他看来，元政权"昧于先王之道，酣溺胡房之俗"[184]，所行用"实非华夏之仪，所以九十三年之治，华风沦没，彝道倾颓"[185]。因而太祖认为必须彻底抛弃元朝礼仪，重续先圣倡导的礼制，重建五礼制度，以恢复圣贤之道。太祖的这一礼制思想，基本奠定了明代礼制的基调。具体体现在五帝祭祀上，自明初就有了极大的更动。《明史·礼志》载洪武元年中书省臣李善长等人《郊祀议》[186]，这一奏议极为重要，故摘录稍多：

> 王者事天明，事地察，故冬至报天，夏至报地，所以顺阴阳之义也。祭天于南郊之圜丘，祭地于北郊之方泽，所以顺阴阳之

---

183 张廷玉：《明史》卷四七《礼志一》，北京：中华书局，1974年，第1223页。
184 《明太祖实录》卷三九，洪武二年二月丙寅，北京：线装书局，2005年，第783页。
185 朱元璋：《御制大诰》卷首《御制大诰序》，《续修四库全书》第862册，第243页。
186 《明太祖实录》卷三〇载"洪武元年二月壬寅朔，中书省臣李善长、傅瓛、翰林学士陶安等进《郊社宗庙议》"，奏议名称不同。北京：中华书局，2016年，第507页。

位也……自秦立四时,以祀白、青、黄、赤四帝。汉高祖复增北畤,兼祀黑帝。至武帝有雍五畤,及渭阳五帝、甘泉太乙之祠,而昊天上帝之祭则未尝举行。魏、晋以后,宗郑玄者,以为天有六名,岁凡九祭。宗王肃者,以为天体惟一,安得有六?一岁二祭,安得有九?虽因革不同,大抵多参二家之说……由汉历唐,千余年间,皆因之合祭。其亲祀北郊者,惟魏文帝、周武帝、隋高祖、唐玄宗四帝而已。宋元丰中,议罢合祭。绍圣、政和间,或分或合。高宗南渡以后,惟用合祭之礼。元成宗始合祭天地五方帝,已而立南郊,专祀天。泰定中,又合祭。文宗至顺以后,惟祀昊天上帝。今当遵古制,分祭天地于南北郊。冬至则祀昊天上帝于圜丘,以大明、夜明、星辰、太岁从祀。夏至则祀皇地祇于方丘,以五岳、五镇、四海、四渎从祀。[187]

李善长等人的郊祀奏议,实出于太祖要求,"卿等其酌古今之宜,务在适中,定议以闻"[188],其批郑是王出自太祖圣断。洪武元年十月,太祖下诏停祀五帝,南郊只祭昊天上帝,北郊仅祀皇地祇。也就是说,明初就抛弃五天帝说,将五帝恢复成上古圣王。在郊祀停五帝配飨同时,洪武元年三月,太祖下诏"以大牢祀三皇"[189]。洪武三年遣使访先代陵寝,礼官考其功德昭著者,有伏羲、神农、黄帝、少昊、颛顼等36位,"各制衮冕,函香币。遣秘书监丞陶谊等

---

[187] 张廷玉:《明史》卷四八《礼志二》,北京:中华书局,1974年,第1245-1246页。《明太祖实录》所载极详,可参考。
[188]《明太祖实录》卷三〇,洪武元年二月壬寅,第507页。
[189]《明太祖实录》卷三一,洪武元年三月癸酉,第536页。

往修祀礼,亲制祝文遣之。每陵以白金二十五两具祭物。陵寝发者掩之,坏者完之。庙敝者葺之。无庙者设坛以祭。仍令有司禁樵采。岁时祭祀,牲用太牢"[190],至洪武四年,所受祭前代圣王有所变动,最终定为 36 位。这一停一祭之间,体现出太祖对五帝性质的认识,即将他们视为先代圣王。实际上,太祖对此做得非常彻底,凡礼制中涉及五帝者,或罢去,或更革。如五郊迎气之礼被罢去,即五方帝不再受祭祀;在祭太社中也以其他方式来取代,洪武四年建太社坛,"取五方土以筑。直隶、河南进黄土,浙江、福建、广东、广西进赤土,江西、湖广、陕西进白土,山东进青土,北平进黑土"[191],虽有方所"五色",然不祭方所五帝。雩礼至少在商朝就出现了[192],目的是祈雨,禳灾求吉,是历代必不可少之礼。自古以来雩礼受到统治者们的高度重视,长盛不衰,如《大唐开元礼》等礼典将雩礼排在南北郊和祈谷之后,明堂礼之前,显然可见雩礼之重要性。然"明初,凡水旱灾伤及非常变异,或躬祷,或露告于宫中,或于奉天殿陛,或遣官祭告郊庙、陵寝及社稷、山川,无常仪",不祀五帝,直至嘉靖九年筑"雩坛于圜丘坛外泰元门之东,为制一成,岁旱则祷,奉太祖配"[193],毫无五帝身影。同样,带有五行色彩的感生帝也退出了历史舞台。太祖恢复五帝前代圣王的身份,影响

---

190 张廷玉:《明史》卷五〇《礼志四》,第 1291-1292 页。
191 张廷玉:《明史》卷四九《礼志三》,第 1268 页。《明史》中没有五郊迎气之礼。
192 陈絜《卜辞中的禜祭与柴地》指出卜辞中的"禜"是种求祐、求雨、求年成为主的祭祀。《中原文化研究》2018 年第 2 期。秦蕙田《五礼通考》卷二二称:雩礼虽然出现很早,但建立雩坛则在齐梁间,祭祀对象出现了五天帝、五人帝。文渊阁四库全书本,第 575 页。
193 张廷玉:《明史》卷四八《礼志二》第 1257 页。

极其深远，不但明代不再视五帝为天帝，就连清代也沿袭不变。

明代基本上没有大臣向皇帝要求祭祀五方帝，甚至视五郊迎气配帝之说为奇谈怪论，予以批判。于慎行批评郑玄六天说："《礼》曰：'以禋祀祀昊天上帝。'此天也，郑玄以为，天皇大帝者，耀魄宝也。《礼》曰：'兆五帝于四郊。'此五行精气之神也。郑玄以为：青帝灵威仰、赤帝赤熛怒、黄帝含枢纽、白帝白招拒、黑帝汁光纪者，五天也。由是有六天之说。纬书之凿，视道家图箓之文殆有甚矣……六天之说，即汉之五畤，使五行之吏进而并于有昊，说之最谬者矣。"[194] 陆容批评宋儒："宋朝最多名臣硕儒，而其制礼亦多难晓。如祭天于圜丘，而从以五方之帝，则凡本乎天者，无不在矣。又有所谓感生帝之祭，感生，谓如以火德王，则祀赤帝也。祭地于方泽，而从以岳镇海渎，则凡丽乎地者，无不在矣。"[195]

清郊祀配飨天神，于"顺治初，定云、雨、风、雷。既配飨圜丘，并建天神坛位先农坛南，专祀之"，"十七年，敕廷臣议合祭仪，奏言仿《明会典》"[196]，故未将五帝列入配飨。祭皇地祇也无五帝配。社稷坛之制仿明代，于"祭大社、大稷，奉后土句龙氏、后稷氏配。祭日，帝亲莅，坛上敷五色土，各如其方"[197]，也无五帝配飨，此沿袭明代之制。清朝有历代帝王之祭，"初，明祀历代帝王，元世祖入庙，辽、金诸帝不与焉"，康熙十七年"增祀商中宗、高宗，周成王、康王，汉文帝，宋仁宗，明孝宗。而辽、金、

---

194 于慎行：《谷山笔麈》卷七《经子》，北京：中华书局，1984年，第70-71页。
195 陆容：《菽园杂记》卷一〇，北京：中华书局，1985年，第118-119页。
196 赵尔巽：《清史稿》卷八三《礼志二》，北京：中华书局，1997年，第2513、2504页。
197 赵尔巽：《清史稿》卷八三《礼志二》，第2516页。

元太祖皆罢祀"，至六十一年又谕："帝王崇祀，代止一二君，或庙飨其臣子而不及其君父，是偏也。凡为天下主，除亡国暨无道被弑，悉当庙祀。有明国事，坏自万历、泰昌、天启三朝，神宗、光宗、熹宗不应崇祀，咎不在愍帝也"，基于此，朝臣议增143位帝王受祀[198]，也就是说，除了个别帝王外，都受到了祭祀，自然五帝也仅仅是其中五位"先朝皇帝"而已，比之前代圣王下降多矣。秦蕙田作《五礼通考》，搜罗宏富，他批评郑玄六天说，认为"其病总在谓天有六而天帝为二"[199]，又云"王氏郊丘之说甚是，至以五帝为人帝，以冢土为方丘，俱误"，又云："文衡赵汸《论周礼六天书》：'郑康成三禘、五帝、六天，纬书之说，岂特足下疑之，自王肃以来莫不疑之。而近代如陈、陆、叶诸公，其攻击亦不遗余力矣。'"[200] 这可代表当时一般学者的看法。尽管清代学者中确实也有赞同郑玄六天说者，然在当时政治与学术氛围之中，也只能湮没无闻。

五、结语

古代中国重视礼制，其祭祀对象有天神、地祇、人鬼三者，其中人鬼主要是王朝祖先、历史贤人功臣及其他人等。五帝原为三代上古圣王，祭祀之初是作为"人"受祭的，但在发展过程中，不断地被神化，尤其受到五行学说及谶纬影响，乃至变为五行之精、太微之神。其祭祀也从最初的单个祭祀到五位合享，而且进入国家祭

---

198 赵尔巽：《清史稿》卷八四《礼志三》，第2525—2527页。
199 秦蕙田：《五礼通考》卷一，文渊阁四库全书本，第140页。
200 秦蕙田：《五礼通考》卷五，文渊阁四库全书本，第226页。

典最高等级的郊祀、明堂礼中，长期获得配飨资格。当然，随着时代变迁，五帝在明初重大礼典中失去了配飨资格，又重新恢复"人"的资格而受祭祀。如果我们拓开一步来看，古代中国许多受祭的"神祇""人鬼"，无论是列于国家礼典中的合法祭祀，或是出于民众信仰的民间"淫祀"，大多都经历过人、神这样一条演化路径，这一现象值得我们深思。

在五帝从"人"到"神"再到"人"的演化过程中，我们可以看到：中国古代礼制中的国家祭祀确实有强大的"制造"能力，利用国家掌控的权力将人升格为神，用以宣示国家政权的合法性、封建等级制度的合理性，以此"教化"芸芸众生，企望建立一套合于自己统治要求的社会制度，这在当时也无可厚非。其实民间信仰也同样具备强大的塑造能力，也能将"人鬼"塑造成"神祇"。然而，针对这些传统礼仪或礼俗，我们如何来判断其当代价值与合理地改造与利用这些资源，则是需要我们认真思考与仔细辨析的。因为任何一项古代传承而来的制度或者礼仪，它只能是适合当时社会现实的一种制度，不可能万古不变地传承。中国古代礼制与古代中国农业文明有着极其紧密的联系，是"时代产物"，而不可能是万世准则，当我们进入现代化的工业文明新时代时，那么就必须对它们进行现代化转换，发掘和求取其合理的有现代价值的因素，以便为建立新的现代化体制提供借鉴。

从《儒行》到《儒效》：先秦儒学的发展与转折

刘　丰（中国社会科学院）

战国时期的儒学发展，是孔子儒学创立之后的一个重要发展、定型阶段。除了孟、荀的儒学之外，今存《礼记》与《大戴礼记》中的大多数篇章都是这一时期的儒家学者留下的材料。近年来随着大量战国竹简的发现和研究的展开，使我们对战国时期儒学的丰富性与复杂性有了更加深入的认识。

对于战国时期儒学的研究，可以从人物的考辨、学派的传承、概念的演变等多个方面展开，但除此之外，自孔子创立儒学，儒无论是作为一种身份和职业，还是作为一种内涵逐渐明晰的学派属性，在战国时期都有了很大的发展和变化，同时也获得了越来越一致的认可。因此，儒者对儒自身属性的理解和定位及其发展演化，也是研究战国时期儒学发展的一个很好的视角。陈来教授指出，以"儒"作为孔子所建立的学派之名，在《论语》里尚无其例。而到了战国时代，具体来说，到了墨子的时代，"儒"或"儒者"已经成为墨子及其学派用以指称孔子学派的定名了[1]。与此同时，儒家学

---

[1] 陈来：《"儒"的自我理解——荀子说儒的意义》，《北京大学学报》（哲学社会科学版），2007年第5期。

派内部也以"儒"自称,这说明儒学已经发展到了充分自觉的程度。其中《礼记·儒行》篇就是这方面的重要文献。而到了战国晚期,荀子作为先秦儒学发展的集大成者,除了对儒学的义理有了极大的推进与提升之外,从儒学自身的认识来看,荀子专门作《儒效》篇,对儒有很多批评与反思,并且还确立了他所认可的大儒的形象。从《礼记》的《儒行》篇到《荀子》的《儒效》篇,可以清晰地反映出战国中后期儒学发展的一条线索与转向,而且这条线索与转向对于战国时期的儒学研究是非常有意义的。

《儒行》在北宋初期曾经一度受到过极大的重视。章太炎先生晚年在提倡国学的时候,又将《儒行》和《孝经》《大学》《丧服》并称为"新四书",并将此"新四书"当作十三经之总持。但总体上来看,相对于荀子和《儒效》篇的研究来说,学界对《儒行》的研究并不充分。仅有的一些研究,或从文献学的角度关注《儒行》篇的作者和成书时代[2],或以《儒行》篇为依据来讨论儒者的精神品格[3]。其实,关于《儒行》的编著者以及时代还有进一步讨论的必要,把《儒行》篇放在战国以来儒学的分化和发展演化的脉络中,讨论从《儒行》到《儒效》之间儒学的发展与转向,更是一个值得研究的有意义的话题。本文将通过分析《儒行》篇的思想渊源,确立它在战国时期儒学发展过程中的位置与意义,进而通过《荀子·儒效》篇对《儒行》的批评,来探讨这种批评和变化所反映的意义。通过这些思想史的分析,展现战国时期儒学发展的一种脉络

---

2 如张厚如:《〈礼记·儒行〉成篇考论》,《古籍整理研究学刊》,2014年第6期。
3 如陈来:《儒服·儒行·儒辩》,《社会科学战线》,2008年第2期。

及其内在的转向,由此可以对战国时期儒学的发展有更加深入的认识和理解。

一

《儒行》篇除首尾必要的背景介绍之外,主体内容共有十七条。前十六条分别论述了儒者的十五个方面的表现:自立(两次)、容貌、备豫、近人、特立、刚毅、仕、忧思、宽裕、举贤援能、任举、特立独行、规为、交友和尊让。最后一条从总体上说明了儒之定义:"儒有不陨获于贫贱,不充诎于富贵,不慁君王,不累长上,不闵有司,故曰儒。"这里对儒之品格的总结,相当于孟子说的"富贵不能淫,贫贱不能移,威武不能屈"之大丈夫精神。《儒行》通篇塑造的是儒之高洁直行、不畏势利的高尚形象。

《儒行》篇最为突出的,是儒之"搏猛引重,不程勇力"的刚猛形象:

> 儒有委之以货财,淹之以乐好,见利不亏其义;劫之以众,沮之以兵,见死不更其守;鸷虫攫搏不程勇者,引重鼎不程其力;往者不悔,来者不豫;过言不再,流言不极,不断其威,不习其谋。其特立有如此者。

> 儒有可亲而不可劫也,可近而不可迫也,可杀而不可辱也。其居处不淫,其饮食不溽,其过失可微辨而不可面数也。其刚毅有如此者。

顾颉刚先生曾言:"吾国古代之士,皆武士也。士为低级之贵族,居于国中,有统驭平民之权利,亦有执干戈以卫社稷之义务。"[4] 这个看法已成为古代文史研究的定论。而儒则是古代之士在春秋后期的进一步发展,因而刚勇本来也是儒家所强调的士人应当必备的品行。《说文》:"儒,柔也。术士之称。"儒本义为柔,原与巫祝卜史同类,是精通礼仪的专家(术士)。但是孔子则极大地提升了儒的品格,使儒成为了有知识、懂历史的礼仪专家和有道德、有操守的士人君子,因此孔子对子夏说:"女为君子儒,无为小人儒。"(《论语·雍也》)孔子对儒的要求很高,其中就非包含勇。勇是孔子提出的诸多德目当中非常重要的一种。孔子说:

> 知者不惑,仁者不忧,勇者不惧。(《论语·子罕》)
> 君子道者三,我无能焉:仁者不忧,知者不惑,勇者不惧。(《论语·宪问》)

仁为全德,是孔子提出的最高的道德范畴和道德境界。孔子在讲到仁的时候,特别突出了勇,可见勇是孔子和儒家极为重视的一种道德品质。《中庸》说:"知、仁、勇,三者天下之达德也。"一方面这种看法出自孔子,同时也说明了勇在儒家诸多德行中的重要性和儒学中的重要地位。

孔子重视勇,孔子本人亦以勇武著称,但孔子同时也意识到,一味地突出勇,会助长好勇斗狠之气,也会带来消极的影响,因此

---

[4] 顾颉刚:《武士与文士之蜕化》,《史林杂识(初编)》,北京:中华书局,1963年,第85页。

同时又提出要用知、义、礼等其他方面来约束勇。孔子在讲到"六言六蔽"的时候提到"好勇不好学，其蔽也乱；好刚不好学，其蔽也狂"（《论语·阳货》），又说"君子有勇而无义为乱，小人有勇而无义为盗"（《论语·阳货》），"见义不为，无勇也"（《论语·为政》），"勇而无礼则乱"（《论语·泰伯》）。孔子"恶勇而无礼者，恶果敢而窒者"，子贡"恶不孙以为勇者"（《孔子·阳货》）。儒家强调士人君子彬彬有礼、正直大方，他们的行为举止也是进退有度、恭敬有礼，这样不但会受到他人的敬重，更不会受到无故的侮辱。

由以上简单的思想史的回顾可见，倡导刚勇之气其实正是孔子儒家的一种重要品质，也是早期儒学的重要内容。孔子的提倡不但对于提升儒的品质起了重要的作用，而且对于当时整个士人阶层的品质，也产生了极大的影响。如果从一般的意义上来看，《儒行》篇中所讲说的儒应具有的各种品质，大多都可以从《论语》以及孔子那里得到思想史的线索甚至印证，是儒家普遍所认可的。但进一步分析，从《儒行》对刚勇之德行的重视以及相关文献的比对和研究，很多学者还将《儒行》篇和孔子弟子以及孔子之后儒学的分化联系了起来，这样就可以将《儒行》篇置于先秦儒学发展脉络当中，这对于《儒行》篇的研究是非常有意义的。

孔子弟子当中，有若（事见《左传·哀公八年》）、冉有（事见《左传·哀公十一年》《史记·孔子世家》）、公良孺（事见《史记·孔子世家》）等人皆以勇武著称，但孔门诸弟子中最著名的其实是子路。据《史记》记载："子路性鄙，好勇力，志伉直，冠雄鸡，佩豭豚，陵暴孔子。孔子设礼稍诱子路，子路后儒服委质，因门人请为弟子。"(《仲尼弟子列传》)《孔子家语·七十二弟子解》又说他："为人果烈而刚直,性鄙而不达于变通。"子路的这一性格特征在《论语》中也有一些体现。但《韩非子》所说的"儒分为八"、《荀子·非十二子》所批评的儒家各派,以及《汉书·艺文志》所列的儒家各派著作,均未见有子路之儒或子路之儒的著作传世。这或许是因为子路系孔子早期弟子,且因参与到卫国蒯聩与辄的内斗中,于哀公十五年被杀(见《左传·哀公十五年》),比孔子去世还早一年。且子路在孔门四科中列"政事"一科,其特长也不在学问,因此并无子路之儒一系。后世学者研究《儒行》篇,也从未见有将《儒行》和子路联系起来的看法。相反,有一些学者将《儒行》与孔子弟子漆雕开联系了起来,认为《儒行》篇是漆雕氏之儒所作。蒙文通先生在1940年曾撰文《漆雕之儒考》,指出："《儒行》一篇,凡十七义,而合乎游侠之事,十有一焉。得不谓为漆雕氏儒之所传乎？"[5] 后来郭沫若也认为,《礼记·儒行》篇盛称儒者之刚毅特立,或许就是漆雕氏之儒的作品。[6] 这种看法在学术界影响较大,对此需要做一辨析。

据《韩非子·显学》篇的记载,孔子之后"儒分为八",儒家八派当中就有漆雕氏之儒。孔子弟子有漆雕开,《论语·公冶长》记载：

---

[5] 蒙文通：《漆雕之儒考》,收入《儒学五论》,桂林：广西师范大学出版社,2007年,第62页。
[6] 郭沫若：《儒家八派的批判》,收入《十批判书》,北京：科学出版社,1956年新一版,第144-146页。现在也有一些学者持此观点。如杨天宇教授也认为《儒行》篇是漆雕氏之儒的作品。参见《礼记译注·儒行》,上海：上海古籍出版社,1997年,第1021页。

子使漆雕开仕。对曰:"吾斯之未能信。"子说。

《论语》关于漆雕开的记载仅此一条。据此,只能说明漆雕开对仕途没有什么兴趣,这种态度得到了孔子的赞许。《史记·仲尼弟子列传》:"漆雕开字子开。孔子使开仕,对曰:'吾斯之未能也。'孔子悦。"《孔子家语》又记载:

漆雕开,蔡人,字子若,少孔子十一岁。习《尚书》,不乐仕。孔子曰:"子之齿可以仕矣,时将过。"子若报其书曰:"吾斯之未能信。"孔子悦焉。(《七十二弟子解》)

《史记》和《家语》有关漆雕开的记载,其实都沿袭了《论语》的相关记载,并稍作拓展。漆雕开的思想主张在《论语》中几乎没有什么反映,但《韩非子·显学》篇则说:"漆雕之议,不色挠,不目逃,行曲则违于臧获,行直则怒于诸侯,世主以为廉而礼之。"按陈奇猷先生的解释,"一人所建之义曰义,二人以上相与建之义曰议"[7]。据此,所谓"漆雕之议",即漆雕一派的看法、主张。这一派因有"不色挠,不目逃"的勇武气概,因此很多学者将《儒行》篇划在了漆雕氏之儒的名下。蒙文通先生说《儒行》十七条中有十一条合乎游侠之事,其实这种看法并不准确。《儒行》篇中只有前引的两条材料突出强调了儒之刚勇的一面,其他诸条都是对儒之立身行事包括容貌举止的规定,这些内容与我们通过上文的考索而

---

7 陈奇猷:《韩非子新校注》,上海:上海古籍出版社,2000年,第1131页。

得知的"漆雕之议"并没有什么相合之处。因此,说《儒行》出自漆雕氏之儒,并没有特别充足的依据,所以这种说法并不能成立。如果要在孔子后学中为《儒行》篇寻找坐标,还得另辟蹊径。

二

通过上文思想史的分析,我们认为,《儒行》篇为漆雕氏之儒所作的观点论据并不充足。但是,要深入研究《儒行》,还必须要将《儒行》篇放在孔子之后、战国时期儒学的发展脉络中来定位和理解,因此,确定《儒行》的著作时代和学派属性,依然是研究《儒行》的重要问题。郑玄说:"《儒行》之作,盖孔子自卫初反鲁之时也。"[8] 现代也还有学者承袭郑玄的看法,认为《儒行》篇是孔子所作,由孔子和鲁哀公对话时在场的史官所记,后经孔子弟子整理而成。[9] 这种看法其实和郑玄所说的《儒行》为孔子所作是一个意思。另外,章太炎先生认为,"《儒行》一篇,非孔子自著,由于弟子笔录。"[10] 从太炎先生的此话可以推见,他认为《儒行》篇是孔子弟子记录的孔子之言。这样看来,这几种观点其实并没有太大的分歧,出自孔子之手或由孔门弟子笔录,其实都是认为和孔子本人有密切的关系。

《儒行》篇是以"子曰"的形式出现的,但这些内容是否和孔子有关、有多大的关系,还需要深入分析。前代学者早已指出,古

---

8 孔颖达:《礼记正义》卷六十六《儒行》,上海:上海古籍出版社,2008年,第2235页。
9 参见王锷:《〈礼记〉成书考》,北京:中华书局,2007年,第45-52页。
10 章太炎:《章太炎全集·演讲集》(上),上海:上海人民出版社,2015年,第475页。

籍文献中所记录的孔子之言，其实可做不同的区分，其真实可靠程度也各有不同。《儒行》虽然记的是孔子之言，虽然也和孔子有一些关系，但其实更多义经过了后世学者的敷衍润色。按当代的学术标准来看，这一类型的作品其实已不能算在孔子名下了，而应当是战国时代的儒家学者根据一些孔子的言语加工润色而创作出来的。因此，《儒行》篇既不是孔子所作或孔子弟子记录孔子言行的实录，也非孔子弟子漆雕氏之儒的作品。如果我们从《儒行》篇的整体思想着眼，并结合战国时期儒家思想的不同分化，还是可以根据其思想主旨对其学派属性作出一个大致的划分。

《儒行》十七条中，开篇的两条讲到了儒者应有的容貌和举止：

> 儒有衣冠中，动作慎；其大让如慢，小让如伪；大则如威，小则如愧；其难进而易退也，粥粥若无能也。其容貌有如此者。
>
> 儒有居处齐难，其坐起恭敬，言必先信，行必中正，道涂不争险易之利，冬夏不争阴阳之和，爱其死以有待也，养其身以有为也。其备豫有如此者。

重视仪容举止，本是儒家礼学中的固有内容，直至汉代，礼容一派依然在礼学中占有重要的位置。从礼的角度来看，容礼虽然渊源有自，但从儒家的角度来看，其源头应当在孔子。从《论语·乡党》篇以及其他相关记载来看，孔子本人也是非常重视容礼的。孔子以礼教弟子，孔门众弟子对礼学的礼仪、礼义、礼制等各方面均有不同的建树，其中比较重视仪容的是子张。

曾子曾说："堂堂乎张也，难与并未仁矣。"（《论语·子张》）

"堂堂",《广雅》释为"容也",今人注解为"很盛大,很雄壮,很有威仪的样子"[11]。何晏《集解》引郑玄曰:"言子张容仪盛,而于仁道薄也。"[12]《论语》此章之前一章记子游对子张的评价:"吾友张也,为难能也,然而未仁。"何晏《集解》、皇侃《义疏》以及邢昺《注疏》等汉魏古注皆认为此处子张之"难能"是指容仪非他人所及。焦循《论语补疏》进一步指出:"此文但言难能,未言所以难能者何在,故下连载曾子之言堂堂。知堂堂为难能,即知难能指堂堂。此《论语》自相发明之例也。"[13] 又据《列子·仲尼》引孔子之言曰"师之庄贤于丘也",又曰"师能庄而不能同"。"庄"注为"犹矜庄"。清代有学者就引《论语》曾子曰堂堂"是即所谓庄也"。[14]

从这些内容可知,子张之重视容仪,在孔子弟子当中确实是比较独特而显著的。礼容是礼的重要内容之一,但如果过于强调礼容,对于礼的理解和把握就会有所偏颇。孔子对子张就有批评。孔子说"师也过",又说"师也辟"(《论语·先进》),《大戴礼记·五帝德》记孔子之言:"吾欲以容貌取人,于师邪改之。"均是针对子张的过分重视容仪而发的。[15]

总之,子张在孔子众弟子中是以重视容仪而著称的。《儒行》开篇所强调的"容貌"和"备豫",应和子张之儒有一定的关系。

---

11 杨逢彬:《论语新注新译》,北京:北京大学出版社,2016年,第370页。
12 黄怀信:《论语汇校集释》,上海:上海古籍出版社,2008年,第1689页。
13 参见黄怀信:《论语汇校集释》,第1687-1688页。
14 参见杨伯峻:《列子集释》,北京:中华书局,1979年,第123页。另刘宝楠《论语正义》也持此说。
15 参见刘丰:《"无体之礼":先秦礼学思想的发展与转向》,《东南大学学报》,2018年第2期。笔者在这篇文章中对子张重容仪以及孔子的批评,有比较详细的讨论。

这是我们判定《儒行》篇属子张之儒的第一个原因。

第二,《儒行》篇内容的特色是强调儒之刚猛勇武,这些内容是儒家所普遍承认的,但同时,如果我们在儒学内部进一步分析,这也和子张有一些思想关联。《论语》记载:

> 子张曰:"士见危致命,见得思义,祭思敬,丧思哀,其可已矣。"(《论语·子张》)

"致命",何晏《集解》引孔安国注"不爱其身",皇侃《义疏》、邢昺《注疏》也都是同样的看法。皇侃《论语义疏》对"士见危致命"一句作了详细的解释:"若见国有危难,必不爱其身,当以死救之,是见危致命也。"[16]这些汉魏古注是《论语》此句的确解。后来朱子《集注》将"致命"解释为"授命"[17],应是不符合《论语》原意的。《论语》还接着记子张之言:"执德不弘,信道不笃,焉能为有?焉能为无?"(《子张》)其实,《子张》篇记录的子张这两句话,不就是《儒行》当中儒者应当具有的刚勇之气的概括吗?因此,这也是我们将《儒行》篇划定为子张之儒的一个原因。

第三,《儒行》多次强调儒者应有忠信、笃行的品格,重礼、重义的行事作风,如"忠信以为甲胄,礼义以为干橹","不宝金玉,而忠信以为宝;不祈土地,立义以为土地","见利不亏其义","坐起恭敬,言必先信,行必中正",这些内容都是儒家所普遍认可

---

16 黄怀信:《论语汇校集释》,第1659页。
17 朱熹:《四书章句集注》,北京:中华书局,1983年,第188页。

的，未必是儒学内部哪一派别所独有。但是，从《论语》的记载我们还可以看到，子张对忠信笃敬等格外重视。《论语·卫灵公》：

> 子张问行。子曰："言忠信，行笃敬，虽蛮貊之邦行矣。言不忠信，行不笃敬，虽州里行乎哉？立则见其参于前也，在舆则见其倚于衡也。夫然后行。"子张书诸绅。

邢昺《注疏》曰："此一章言可常行之行也。"[18] 孔子认为，"言忠信，行笃敬"是一条普遍适用的行事规则。子张尤其重视孔子的这句话，将此"书诸绅"，皇侃《义疏》说："子张闻孔子之言可重，故书题于己衣之大带，欲日夜存录不忘也。"邢昺《注疏》也说："意其佩服无忽忘也。"[19] 可见子张对孔子这句话的格外重视。因此，说子张氏之儒把"言忠信，行笃敬"作为日后的学派宗旨之一也不为过[20]。

第四，子张重名，这也和《儒行》篇强调儒者的名节是相通的。其实，自孔子开始，重视声名就是儒家学者必备的品格之一。孔子说："君子疾没世而名不称焉。"（《论语·卫灵公》）这里的"名"即美名。孔子又说："四十、五十而无闻焉，斯亦不足畏也已。"（《论语·子罕》）这里的"闻"也是指声名。但是，进一步来看，孔子认为，声名只是外在的名望，真正的仁人君子应依靠内

---

18 黄怀信：《论语汇校集释》，第 1371 页。
19 同上书，第 1374 页。
20 郭店竹简有《忠信之道》篇，集中阐发了忠信的意义。王博教授认为此篇很有可能就是子张之儒的作品。参见王博：《中国儒学史·先秦卷》，北京：北京大学出版社，2011 年，第 173-176 页。这个观点很有启发意义。这个问题需另作专文探讨，这里不拟牵涉过多。

在的仁德来成就他的声名。孔子说:"君子去仁,恶乎成名?"(《论语·里仁》)其实,邢昺《论语注疏》在解释前引两章的时候,也都将其解释为"修德""积学成德"。只有真正的德行才能被世人所褒奖,获得生前身后的美名。例如,伯夷、叔齐作为古之贤人,其事迹一直流传后世,声名远扬,但孔子认为他们"求仁而得仁"(《论语·述而》),他们的声名依然是由于其仁德。因此,孔子重视君子的声名,但并不是鼓励人们去一味地追逐外在的虚名、空名,而是要以成就君子的仁德为最终目标。

孔门弟子中,子张比较重视声名。《论语》记载:

> 子张问:"士何如斯可谓之达矣?"子曰:"何哉,尔所谓达者?"子张对曰:"在邦必闻,在家必闻。"子曰:"是闻也,非达也。夫达也者,质直而好义,察言而观色,虑以下人。在邦必达,在家必达。夫闻也者,色取仁而行违,居之不疑。在邦必闻,在家必闻。"(《论语·颜渊》)

"达"即通达,与"穷"相对。但子张对"达"的理解就是"闻",即外在的声誉。何晏《集解》引郑玄注曰:"言士之所在,皆能有名誉。"[21]但是在孔子看来,"达"和"闻"之间有本质的区别,真正的"达"是有内在的德性的,如朱子所说:"闻与达相似而不同,乃诚伪之所以分,学者不可不审也。"[22]孔子的批评以及对

---

21 黄怀信:《论语汇校集释》,第1124页。
22 朱熹:《四书章句集注》,第138页。

"达"与"闻"的区分,子张也许都会采纳,但从这里的对话也可以看出,子张还是有注重外在声名的一面。

《大戴礼记·子张问入官》是集中讨论为官之道的一篇文献。因《论语》中有子张学干禄、子张问政的记载,因此这一篇应当也是子张后学根据《论语》的相关记载敷衍而成的。篇中反复强调,君子如果能做到"自行此六路者"或"除七路者",就可以做到"身安誉至而政从矣"。在此篇作者看来,追求政治上的美誉也是重要的政治目标之一。"故君子欲誉,则谨其所便;欲名,则谨于左右",严格防范便嬖近臣,是重要的为政措施,同样这也可以给君主带来美誉。

从这些资料来看,子张及其学派是重视声名的。《儒行》篇突出强调儒者的高尚名节,也和子张之儒有关。

最后,我们再来看《儒行》中有关于交友的一则:

> 儒有合志同方,营道同术,并立则乐,相下不厌,久不相见,闻流言不信。其行本方立义,同而进,不同而退,其交友有如此者。

儒家非常看重朋友关系,《论语》开篇就说"有朋自远方来,不亦乐乎",孟子更是将朋友看作"五伦"之一。朋友对于士人君子学业的增进、德性的养成,都有非常重要的作用。因此,《儒行》篇在论述儒者应有之品格时,也提到了交友这一方面。《儒行》提出儒者交友的原则是志同道合,这本是交友的基本准则,并无特殊之处,但《儒行》篇还提出儒者应当"慕贤而容众,毁方而瓦合",

并认为这是儒者应有的"宽裕"态度。其中"毁方而瓦合",据郑注:"去己之大圭角,下与众人小合也。必瓦合者,亦君子为道不远人。"孔疏:"方,谓物之方正,有圭角锋芒也。瓦合,谓瓦器破而相合也。言儒者身虽方正,毁屈己之方正,下同瓦细,如破去圭角,与瓦器相合也。"[23] 这是以圭角比喻君子,以瓦器比喻众人,说明君子在与人相处时的爱众、容众之意。这其实也是君子交友的一条重要准则。而这也正是子张对于交友的看法。

《论语·子张》篇记载了子张和子夏关于交友原则的不同看法。相对来说,子夏的交友原则比较严格,可能是受到孔子"无友不如己者"(《论语·学而》)的影响。而子张的交友观则比较宽容,主张"君子尊贤而容众,嘉善而矜不能"。《儒行》篇说的"慕贤而容众,毁方而瓦合",正与《论语》记载的子张的看法是一致的。

从以上几个方面来看,我们认为,《儒行》篇中所提出的儒者十七条,其内容虽然大多都是儒家普遍所认可的主张,但更加深入地分析,其中还是有一些和子张的思想更加接近和相通。即使学者比较看重的《儒行》篇重视儒者的勇武之气,也和子张有一些关系。《太平御览》引《庄子》,其中有孔子之言曰:"子路勇且多力,其次子贡为智,曾子为孝,颜回为仁,子张为武。"[24] 此话不见于今本《庄子》,其可信程度还是有一些疑问,但也可以作为参考。因此,我们可以判定,若从学派属性的整体角度来看,《儒行》篇应当属于子张氏之儒,是子张后学的作品。

---

23 孔颖达:《礼记正义》卷六十六《儒行》,第 2226、2227 页。
24 《太平御览》卷九一五,北京:中华书局,1960 年,第 4056 页。

三

战国时期，随着士人作为一个独立的阶层在社会的政治、外交、军事以及文化领域产生越来越重要的影响，士人的主体意识和独立意识也空前高涨。在这个方面儒家起了重要的推动和催化作用。孔子说："士志于道，而耻恶衣恶食者，未足与议也。"（《论语·里仁》）曾子说："士不可以不弘毅，任重而道远。仁以为己任，不亦重乎？死而后已，不亦远乎？"（《论语·泰伯》）《孟子》书中也与同样的记载：

> 王子垫问曰："士何事？"孟子曰："尚志。"曰："何谓尚志？"曰："仁义而已矣。"（《孟子·尽心上》）

儒家将士人定义为文化、价值的承担者，高扬了士人的主体意识和独立性，赋予了他们重要的历史使命。另一方面，由于战国时期各国生死存亡的竞争异常激烈，为了能够在严酷的竞争中生存，各国君主都采取了各种手段，其中招揽人才、礼贤下士也成为一时之风气，典型的有魏文侯尊子夏和鲁缪公尊子思，而战国中后期齐国稷下学宫"不治而议论"的自由氛围，更促成了士人独立意识的增强。儒家学者尤其认为，士人与君主应当是一种师友的关系，强调道高于势、从道不从君，在权力面前突出强调了士人的主体地位。孟子说：

> 以位，则子，君也，我，臣也，何敢与君友也？以德，则子

事我者也，奚可以与我友？（《孟子·万章下》）

古之贤王好善而忘势，古之贤士何独不然？乐其道而忘人之势，故王公不致敬尽礼，则不得亟见之。见且由不得亟，而况得而臣之乎？（《孟子·尽心上》）

孟子强调道高于势，君主应当以师友之礼待士人，在儒家内部是一种有代表性的看法。由于儒学在战国时期具有"显学"的地位，因而儒家的这种主张对于士人产生了极大的影响，成为促成士人弘扬主体性的重要因素。正是在这种时代氛围之下，《儒行》篇进而对儒者的行为还有这样的规定：

儒有上不臣天子，下不事诸侯，慎静而尚宽，强毅以与人，博学以知服，近文章，砥厉廉隅，虽分国，如锱铢，不臣不仕：其规为有如此者。

这里强调的是儒者应有蔑视权贵、不与世俗同流合污，追求高尚名节的气度。这种思想虽然和上引孔孟的思想都有相通相合之处，但其实在某些方面更为激进，因此也就有超越儒学的边界，背离儒学的倾向。

据《论语》的记载，孔子曾批评当时的隐者长沮、桀溺说："鸟兽不可与同群，吾非斯人之徒与而谁与？"（《论语·微子》）孔颖达就用长沮、桀溺来解释《儒行》篇的"下不事诸侯"一句。[25]

---

25 孔颖达：《礼记正义》卷六十六《儒行》，第2231页。

《论语》同篇还记载子路批评荷蓧杖人说:"不仕无义。长幼之节,不可废也,君臣之义,如之何其废之?欲洁其身,而乱大伦。君子之仕也,行其义也。"此后孟子也认为,当时一般人所说的"盛德之士,君不得而臣,父不得而子",并非君子之言,而是"齐东野人之语也"(《孟子·万章上》)。从孔子、子路和孟子的看法可以看出,在儒家看来,长沮、桀溺等隐者逃离君臣关系,这是不可取的,实际上也是完全不可能的。因为在他们看来,"内则父子,外则君臣","父子有亲,君臣有义",这是人伦秩序的根本,也是儒家的本质内核之一。如果否定了这一点,其实也就背离了儒学的本质。因此,《儒行》篇中所说的"儒有上不臣天子,下不事诸侯",就受到战国时期主流儒学的批评。

这里我们以战国时期著名的陈仲子为例。据《孟子·滕文公下》的记载,陈仲子就是这样一位"上不臣天子,下不事诸侯,慎静而尚宽,强毅以与人"的士人,但他的行为受到多方一致的批评。《战国策》记载赵威后之言曰:"於陵子仲尚存乎?是其为人也,上不臣于王,下不治其家,中不索交诸侯。此率民而出于无用者,何为至今不杀乎?"(《战国策·齐策四》)此"子仲"即陈仲子。赵威后说陈仲子"上不臣于王,下不治其家,中不索交诸侯",正是指他不图慕富贵、鄙视权力,从政治家的眼光来看,这样的人社会的影响力巨大,同时对社会的危害也极大。这是从社会政治的角度批评陈仲子以及他所带来的社会风气。

《淮南子·氾论训》又说:"季襄、陈仲子立节抗行,不入污君之朝,不食乱世之食,遂饿而死。"这里提到的陈仲子,与赵威后的评价一致,也与《孟子》书中的记载相通,正是一位典型的"上不臣天子，下不事诸侯"的士人。陈仲子是否为儒者，史籍中还有不同的记载。高诱注："齐人，孟子弟子，居於陵。"而赵岐《孟子注》则说："齐一介之士，穷不苟求者，是以绝粮而馁也。"焦循认为："以仲子为孟子弟子，未详所出，赵氏所不用也。"[26] 无论陈仲子是否为孟子弟子，从《孟子》书以及其他资料开看，他应当还是和儒家有一定的关系。

《淮南子》将季襄和陈仲子相提并论，说明至少在《淮南子》看来，战国时期的儒学内部有一派是主张重视名节，不与权力合作。这也正是《儒行》篇所说的"儒有上不臣天子，下不事诸侯"的行事作风。但是，这种作风不但政治家极为反感，在士人内部，也引起了很多的批评。

孟子虽然也以仲子为"巨擘"，但还是对陈仲子的行为提出批评。孟子认为："仲子恶能廉？充仲子之操，则蚓而后可者也。"（《孟子·滕文公下》）在孟子看来，陈仲子之所谓廉，其实已经背离了基本的人伦秩序，使人不成其为人了。孟子这里的用语虽然比较温和，但其实和他批评杨朱、墨翟"无父无君，是禽兽也"（见《孟子·滕文公下》）是一致的。因此，这是对陈仲子的非常严厉的一种批评。荀子则从另外的角度也对陈仲子做了激烈的批评。荀子指出：

> 夫富贵者则类傲之，夫贫贱者则求柔之，是非仁人之情也，是奸人将以盗名于晻世者也，险莫大焉。故曰：盗名不如盗货。田仲、史鳅不如盗也。（《荀子·不苟》）

---

[26] 焦循：《孟子正义》卷十三，北京：中华书局，1987年，第463、464页。

杨倞注:"田仲,齐人,处於陵,不食兄禄,辞富贵,为人灌园,号曰於陵仲子。"[27] 荀子的批评是否太苛刻,还可以继续讨论,这里不做详论。但荀子批评陈仲子和史䲡的原因是他们盗世欺名。而从思想的根源来看,就在于他们违背了人的真实性情。《荀子·非十二子》:

> 忍情性,綦谿利跂,苟以分异人为高,不足以合大众,明大分;然而其持之有故,其言之成理,足以欺惑愚众,陈仲、史䲡也。

荀子认为,陈仲子的行为是为博求盛名而故意矫揉造作,这是"小儒"(见《荀子·儒效》),而非真正的儒家精神。

从以上各家的批评可知,战国时期的名士陈仲子就是一位典型的"上不臣天子,下不事诸侯"的士人。无论他是否真的具有儒学背景,从儒家对陈仲子的批评来看,这种行事作风其实是儒家所不允许的。这也正说明,《儒行》篇中对儒者各方面的规定和肯定,有一些方面其实是和战国时期儒学的主流相背离的,因此受到了主流儒家的批评。荀子虽然是从外部特征批评子张之儒,认为他们"弟陀其冠,神禫其辞,禹行而舜趋"(《荀子·非十二子》),并没有揭示其思想主旨,其实,若从思想宗旨上来看,荀子正是从社会秩序的整体高度上批评子张氏之儒背离人伦,以至于走向了儒家的反面。这才是荀子激烈批评子张氏之儒的一个重要原因。

---

27 王先谦:《荀子集解》卷二《不苟》,北京:中华书局,1988年,第52页。

四

《儒行》篇通过正面倡导儒者应当具有威严独特的容仪、刚猛的品格、高尚的名声,来确定儒者的主体地位,表明儒作为一个学派,已经有了相当的自觉。另一方面,随着孔子之后儒学的发展,儒作为一个群体,其内部也有不同的分化。孟子和荀子针对《儒行》提出的儒之为儒的某些规定做了批评,一方面说明到了战国中期,儒学内部的派别分化已经相当复杂,另一方面也说明在儒学的分化中,已有某种发展趋势逐渐超出了主流儒家的设定,并朝着背离儒学的方向演化。在这种儒学分化与发展的时代背景下,真正对儒提出批评,通过对儒之为儒作出反思,并通过这样的批评与反思超越《儒行》,推动儒学的发展,是战国后期的荀子。

荀子对儒做了不同的划分,有"陋儒""散儒""腐儒""贱儒""俗儒",也有"沟犹瞀儒""诵数之儒"等,而且还对各种儒做了激烈的批评。他们有的只知道诵读《诗》《书》,有的不知法后王、隆礼义,有的沉默不言、不知用语言表达捍卫圣人之道,有的只重视外表仪容、甚至无廉耻而贪图饮食等。荀子对此做了逐一的批驳。

前文曾指出,礼容本是儒家礼学的一项重要内容,也是儒者的一个重要外在特征。孔子本人就很注重仪容,孔门弟子中子张一派相对来说更加重视容仪。《儒行》篇继承了孔子以来孔门的传统,将衣冠容仪作为儒者的重要品行之一。荀子则对此批评道:

> 吾语汝学者之嵬容:其冠绕,其缨禁缓,其容简连。填填

然、狄狄然、莫莫然、瞡瞡然、瞿瞿然、尽尽然、盱盱然。酒食声色之中，则瞒瞒然、瞑瞑然；礼节之中，则疾疾然、訾訾然；劳苦事业之中，则儢儢然、离离然，偷儒而罔，无廉耻而忍謑诟，是学者之嵬也。(《荀子·非十二子》)

弟陀其冠，衶禫其辞，禹行而舜趋，是子张氏之贱儒也。正其衣冠，齐其颜色，嗛然而终日不言，是子夏氏之贱儒也。偷儒惮事，无廉耻而耆饮食，必曰君子固不用力，是子游氏之贱儒也。彼君子则不然：佚而不惰，劳而不僈，宗原应变，曲得其宜，如是然后圣人也。(《荀子·非十二子》)

荀子对这些儒者诸种丑态的描述，不仅是对当时某些儒者容仪姿态猥琐不堪的批评，更是对他们品格低劣的愤激之辞。这显然是对过分重视容仪的子张一派的批评。这些批评与墨子的"非儒"比较接近。荀子认为，真正的儒者之仪容应当是这样的：

士君子之容：其冠进，其衣逢，其容良。俨然、壮然、祺然、蕼然、恢恢然、广广然、昭昭然、荡荡然，是父兄之容也。其冠进，其衣逢，其容悫。俭然、恀然、辅然、端然、訾然、洞然、缀缀然、瞀瞀然，是子弟之容也。(《荀子·非十二子》)

士君子的容仪庄严威武，从容平和。荀子当然不会反对这些舒展大方、恭敬诚实的容仪，而且这样平和中正的容仪正是内在仁德的体现。但是，荀子并不将这些内容作为儒者的本质和最高追求。荀子真正看重和认可的是大儒。荀子在《儒效》篇中对理想中的大

儒有非常详细的描述,具体来看,有以下几个方面:

第一、大儒法先王、隆礼义。这是荀子思想的主旨,也是荀子所认可的大儒的最高标准。

第二、大儒有崇高的道德品质。"人主用之,则势在本朝而宜;不用,则退编百姓而悫,必为顺下矣。虽穷困冻馁,必不以邪道为贪;无置锥之地,而明于持社稷之大义。""虽隐于穷阎漏屋,人莫不贵之,道诚存也。"

第三、大儒有卓越的政治才能。"彼大儒者,虽隐于穷阎漏屋,无置锥之地,而王公不能与之争名;在一大夫之位,则一君不能独畜,一国不能独容,成名况乎诸侯,莫不愿得以为臣。用百里之地,而千里之国莫能与之争胜,笞棰暴国,齐一天下,而莫能倾也。是大儒之征也。其言有类,其行有礼,其举事无悔,其持险应变曲当,与时迁徙,与世偃仰,千举万变,其道一也。是大儒之稽也。""势在人上,则王公之材也;在人下,则社稷之臣,国君之宝也。""大儒者,天子之三公也。"

第四、大儒有极其重要的政治意义。《儒效》篇说:

> 其为人上也,广大矣!志意定乎内,礼节修乎朝,法则度量正乎官,忠信爱利形乎下。行一不义,杀一无罪而得天下,不为也。此君子义信乎人矣,通于四海,则天下应之如讙。是何也?则贵名白而天下治也。故近者歌讴而乐之,远者竭蹶而趋之。四海之内若一家,通达之属莫不从服,夫是之谓人师。《诗》曰:"自西自东,自南自北,无思不服。"此之谓也。夫其为人下也如彼,其为人上也如此,何谓其无益于人之国也!

第五、大儒还有深远的垂示作用和教化意义。"仲尼将为司寇，沈犹氏不敢朝饮其羊，公慎氏出其妻，慎溃氏逾境而徙。鲁之粥牛马者不豫贾，必蚤正以待之也。居于阙党，阙党之子弟罔不分，有亲者取多，孝弟以化之也。儒者在本朝则美政，在下位则美俗。"

从以上几个方面来看，荀子说的大儒其实也正是荀子对儒学的理解。荀子以周公以及孔子和子弓为大儒的标准，也以继承孔子和子弓的思想自居，这说明，从对儒者的自我身份的认同方面来看，从《礼记·儒行》篇对儒之为儒的规定，到《荀子·儒效》篇对大儒的理解，战国时期儒学的发展已经出现了一种明显的转向。用陈来教授的话说，是从心性儒学、文化儒学转向了"政治儒学"。[28]

《儒行》篇中提出的儒之标准，除了优雅的仪容、勇武刚毅的品德之外，德性也是一个重要的方面，提出儒者应当"澡身而浴德"。《儒行》篇在这方面虽然没有提出什么独特的、有价值的理论，但也基本是沿袭了孔子的看法，极力强调儒者应当以仁为根本。篇中说：

> 温良者，仁之本也；敬慎者，仁之地也；宽裕者，仁之作也；孙接者，仁之能也；礼节者，仁之貌也；言谈者，仁之文也；歌乐者，仁之和也；分散者，仁之施也。儒皆兼此而有之，犹且不敢言仁也。

由此可见，在《儒行》篇看来，温良、敬慎、谦逊等德性都

---

[28] 参见陈来：《"儒"的自我理解——荀子说儒的意义》，《北京大学学报》（哲学社会科学版），2007年第5期。

是仁德的某一方面的外在体现,而真正的儒者则兼备各种美德,也就是实现了仁德的仁者。从整体上来看,《儒行》篇对儒之为儒的强调,偏重于德性(虽然它在这一方面并没有独特的贡献)。但是,荀子对"大儒"的弘扬与表彰,则显示出对儒之为儒的不同理解,从而也表明了儒学发展的一种变化和转向。

荀子激烈地批评子张氏之儒、子夏氏之儒和子游氏之儒,从表面看只是抓住了他们的一些外在方面做不遗余力的攻击,其实从思想内核看,还是荀子和子张、子游等孔门后学对儒学的发展有不同的理解。

荀子理想中的大儒是孔子和子弓。荀子多次将子弓和孔子并提,《荀子·非相》篇又有:"帝尧长,帝舜短;文王长,周公短;仲尼长,子弓短。"将孔子和子弓与尧和舜、文王和周公相提并论。杨倞注曰:"子弓,盖仲弓也,言子者,著其为师也。《汉书·儒林传》:'馯臂字子弓,江东人,受《易》者也。'然馯臂传《易》之外,更无所闻,荀卿论说,常与仲尼相配,必非馯臂也。"[29] 其实,《史记·仲尼弟子列传》的《索隐》和《正义》以及后来郭沫若等人提出的荀子称赞的子弓就是馯臂子弓的看法[30],杨注就已经否定了。在荀子看来可以和孔子可以相提并论的子弓,就是孔子弟子冉雍。

《论语》记载孔子对冉雍的评价:"雍也可使南面。"(《雍也》)"南面",何晏《集解》引包咸、皇侃《义疏》、邢昺《注疏》等古

---

29 王先谦:《荀子集解》卷三《非相》,第73页。
30 参见郭沫若:《儒家八派的批判》,《十批判书》,第148-149页。又李学勤先生也支持郭说。参见李学勤:《周易经传溯源》,长春:长春出版社,1992年,第99-101页。

注均认为是为诸侯。[31] 清代学者刘宝楠进一步说：

> 《盐铁论·殊路篇》："七十子皆诸侯卿相之才，可南面者数人。"亦兼天子、诸侯言之。……子弓即仲弓。夫子议礼考文作《春秋》，皆天子之事。其答颜子问为邦，兼有四代之制。盖圣贤之学，必极之治国平天下，其不嫌于自任者，正其学之分内事也。夫子极许仲弓，而云"可使南面"，其辞隐，其义显。包、郑均指诸侯，刘向则谓天子，说虽不同，要皆通也。近之儒者，谓"为卿大夫"，不兼天子、诸侯，证引虽博，未免浅测圣言。[32]

这里的论述非常详细。孔子称许仲弓可以"南面"，就是指天子、诸侯之事，也就是治国平天下。这是儒学的应有之义，并不存在难以理解之处。新近公布的上博简《仲弓》篇，其内容也是以仲弓向孔子请教为政之道为主，这也再次说明子弓思想的特点在于为政方面。而荀子在孔门弟子中独称仲弓，也正是从治国平天下的角度，将仲弓和孔子并提。这也说明荀子重视的是儒学中的治道方面。

《史记·仲尼弟子列传》记载"孔子传《易》于瞿，瞿传楚人馯臂子弘"，古今很多学者据此从儒家易学传承发展的角度考证，荀子的易学来自馯臂子弓，因此《荀子》书中屡次和仲尼并称的子弓就是馯臂。其实，一方面，荀子易学的传承脉络并不清晰明确，

---

31 参见黄怀信：《论语汇校集释》卷六《雍也》，第 464 页。
32 刘宝楠：《论语正义》卷七《雍也》，北京：中华书局，1990 年，第 209-210 页。

另一方面，同为唐代的学者，杨倞注《荀子》已经否定了司马贞《索隐》和张守节《正义》的看法。我们认为，与其从线索不太清晰明了的易学传承入手，不如直接从思想的大处着眼。荀子推崇的子弓，也就是仲弓。冉雍在《论语》中有明确的记载。他有治国平天下之德与治国平天下之才，这是符合早期儒家的本义的，也与荀子的思想主旨一致，这也正是他极力推崇子弓即仲弓，将他看作是真正的大儒的原因所在。

综上所述，本文得出的结论是：

第一、《礼记·儒行》篇和《荀子·儒效》篇都是战国时期儒学对自身的定位和理解的反映，将二者联系起来考察，可以更加清晰地看出战国儒学发展的脉络以及转向。

第二、确定《儒行》篇的时代和学派属性，有助于把《儒行》放在战国时期儒学的发展脉络中作深入的考察，但是本文不同意蒙文通等先生认为此篇出自漆雕氏之儒的看法。通过详细的思想史的梳理，我们认为《儒行》篇和子张氏之儒关系更为密切，应当是子张后学的作品。

第三、《儒行》篇对儒者各方面品行的刻画，虽然在整体上反映了儒学的特征，但也有一些内容其实已经溢出了主流儒学的范围，因而也受到儒家一致的批评。这也反映出战国儒学其实有不同的发展面向。

第四、荀子严厉地批评了俗儒、贱儒、小儒，同时提出了大儒理想，相对于《儒行》篇而言，《儒效》篇对儒者的定位与理解已经有了极大的提升与飞跃。这一方面说明荀子通过对儒者形象的规定进而对儒学有了更进一步的推进，同时在很大程度上也扭转了儒学发展的路径，即荀子更加重视儒学中的政治品性。这是荀子思想的重要特征，而且也深刻地影响到汉代儒学的发展。

《礼记》中的生活规范与政治秩序

朱　承（上海大学）

现实政治活动的目的之一是安排社会生活秩序，政权的拥有者、秩序的掌控者通过各项制度的设计来保证社会生活秩序符合其利益和期望，通过确定生活规范来保证政治秩序，又从维护既定秩序的角度来确立、调整与完善日常生活规范，由此实现日常生活规范与政权的秩序诉求相一致。美国政治学家拉斯韦尔曾指出："任何组织严密的生活方式都要按照自己设计的模式来塑造人的行为。"[1] 政治制度就是按照政治理想设计出来的组织模式，而这种模式只有在生活中表现出来并在生活中规范人的行为，才能真正实现其原初的政治理想。就规范人的行为以及安排与组织社会生活而言，日常生活与政治活动在本质上是相通的，在一定意义上都是在为人类个体以及群体的生存与发展做出各种安排与设计。上述观念，在中国思想传统中体现的尤为明显，如中国儒家所设想的"大同""小康"的理想政治模式，主要就是用理想的群体生活方式来呈现；孟子对于"王道""仁政"的期望，也常以百姓日常生活中

---

1 ［美］哈罗德·D·拉斯韦尔：《政治学》，杨昌裕译，商务印书馆，1992年，第19页。

的"养生送死之无憾"来作为一种诠释；老子的"小国寡民"的政治理想，即是通过"鸡犬之声相闻，老死不相往来"的生活场景来展现。"好的政治"一定会从民众"好的生活"中体现出来，而"好的生活"更能直观的反映和检验政治的良善与否、正当与否。毋庸赘言，政治活动与日常生活的关系密不可分，就中国古典的思想传统而言，政治理念从来不是抽象的观念，而是展现在丰富的生活之中，从日常生活及其规范的角度来反思政治或者从政治层面讨论日常生活，显得十分必要。

一、生活规范与礼仪制度

在儒家传统中，生活秩序与政治秩序往往难以区分，儒家政治观念与儒家生活方式是一体的，"儒有忠信为甲胄，礼义为干橹，戴仁而行，抱义而处"（《礼记·儒行》）。仁以及礼义、忠信的价值，既是政治观念，也是日常生活中必须持有的原则。在这个意义上，生活就是政治，政治就是生活，生活的泛政治化与政治对于生活的无孔不入往往是一体的。社会日常生活是共同体政治观念的具体落实，传统儒家通过确定生活规范来保证理想政治、理想社会的落实，而人们对儒家政治及伦理观念的认同也主要的体现在日常生活的规范和行动之中。李泽厚先生在20世纪80年代反思中国传统文化的思想浪潮中曾提出："真正的传统是已经积淀在人们的行为模式、思想方法、情感态度中的文化心理结构。儒家孔学的重要性在于它已不仅仅是一种学说、理论、思想，而是溶化浸透在人们生活和心理之中了，成了这一民族心理国民性格的重要因素。广大农民并不熟悉甚至不知道孔子,但孔子开创的那一套通由长期的宗法制度,从长幼尊卑的秩序到'天地君亲师'的牌位,早已浸透在他们遵循的生活方式、风俗习惯、观念意识、思想感情之中。"[2] 对于传统儒家而言,依据儒家信奉的价值体系而形成的生活方式才是儒家真正生命力之所在,也是中国传统政治体制得以延续几千年的重要基础。传统政治将儒家所尊奉的伦理观念转化为国家倡导的政治观念,在此观念主导下,相对稳定的社会生活秩序和政治等级秩序得以实现。因此,讨论依据儒家观念而逐渐形成的世俗生活之生活规范、生活方式,尤其是围绕"礼制"而形成的生活规范、生活方式对于理解中国传统政治秩序具有不可或缺性的意义。

儒家的生活规范、生活方式除了在日常生活方式中体现之外,就经典的角度而言,儒家生活规范在《礼记》中呈现的最为明显。《礼记》集中的阐述了儒家的礼治思路,表达了以"礼"来实现有效治理的观念,对后世历代制定具体礼仪生活规则起到了重要的作用。按照社会学家李安宅的观点,"礼"在中国古代社会具有"民风""民仪""制度""仪式"和"政令"等多重含义。[3] 如是,"礼"则既代表了风俗传统与生活规范,又代表了政治意志,统摄了日常生活与政治生活的双重意蕴,这就是"礼的政治化"。陈来先生曾指出:"所谓礼的政治化,就是指,'礼'由礼乐文明的体系愈来愈被理解为、强调为政治的合理性秩序,强调为伦理的原则和规范。"[4]《礼记》在"礼"转变为政治秩序、伦理规范的过程中起到了

---

[2] 李泽厚:《中国现代思想史论》,安徽文艺出版社,1999年,第859-860页。
[3] 李安宅:《〈仪礼〉与〈礼记〉之社会学的研究》,上海人民出版社,2005年,第3页。
[4] 陈来:《古代思想文化世界:春秋时代的宗教、伦理和社会思想》,生活·读书·新知三联书店,2004年,第253页。

重要作用，把生活之"礼"赋予了政治属性。就《礼记》而言，它集中展现了若干古典生活规范，而规范背后是对理想生活与理想政治的期待。《礼记》主张，可以通过生活规范约束社会成员的行为，从而实现政治稳定，生活规范能够为政治秩序提供现实的基础，而政治秩序的确立又能进一步强化生活规范。在《礼记》一书中，具体体现了政治与生活的互动关系，而这种互动关系，一方面，使得政治价值落实在人们衣食住行的世俗生活中，另一方面，也造成了日常生活变得因富含政治意味而失去了多样性与灵活性，即日常生活世界的僵化；人们按照既定的尊卑等级来进行利益分配，按照从上到下的一致性来安排生活，则可能导致政治事务上的专制和威权。

《礼记》的政治与生活之互动，很大程度体现在《礼记》中记述的具体规范。规范及对规范的遵循是"礼"的真正实现，是"礼之实"。在儒家的传统里，"仁"是"礼"的内在原则，"礼"是"仁"的外在表现。同样的，在"礼"的呈现上，也存在着一种"名实之分"。儒家之"礼"的重要表现形式有"名"与"实"或者"器"的不同维度，"礼之名"是"礼"的抽象性标志，表现为一些概括"礼"的抽象原则，如仁爱、孝慈、恭敬、忠信等；而"礼之实""礼之器"则是抽象性道德的具体化，包括物质载体与人的举手投足，指的是礼乐器具和人的日常行动。"礼"的"实"或"器"主要通过日常生活的具体事物与活动呈现，具有可视性，因而也是"礼"的日常而具体的实际体现，在一定意义上也是"礼之名"的完成。举例来说，如果说"孝"是一种"礼之名"，那么"冬温而夏凊，昏定而晨省"（《礼记·曲礼上》）就是一种"礼之器"或者

"礼之实",表达的是"礼"之原则的行动体现,是对"礼之名"的实践与完成。在《礼记》中,"仁爱""差等""辞让""孝悌"等等"礼之名",也是通过具体的制度性规定以及人们对这些规定的切实履行来得到实现的。《礼记》通过对日常生活中的起居、饮食、交通、服饰、称谓以及人际交往等做出具体规定,进行制度化、规范化的安排,由此实现生活秩序、社会秩序以及政治秩序的稳定,以期保证"礼之名"的落实,也实现了某种政治意义上的功用。马克斯·韦伯认为:"政治就是指争取分享权力或影响权力分配的努力。"[5] 如果我们同意韦伯的这种"政治"定义,那么我们将会看到,《礼记》中对于日常生活的规定性要求,大都是为了体现或者强化等级秩序及其带来的权力分配、嘉益分配,是为了保证儒家"礼之名"变成现实秩序的努力。作为一种规范,生活之"礼仪"成为了政治社会秩序的基石,实现了巩固权力、嘉益的分配秩序,起到了"政治"的效用。

如所周知,规范是为了节制人的欲望而制定的。人的欲望如果不受节制,每个人都努力实现自己的欲望,即使牺牲他人也在所不惜,这样的社会将丧失秩序,走向毫无节制的互相争夺,最终会导致所有人的毁灭。因而,社会生活中需要有规范来节制人们的欲望,按照儒家的观点,"礼"就充当了这种节制的角色,所谓"礼,不逾节"(《礼记·曲礼上》)也即是说,"礼"为人的行为的正当性、合理性提供规范保证。日常生活规范是社会秩序得以保障的基

---

5 [德] 马克斯·韦伯:《学术与政治》,冯克利译,生活·读书·新知三联书店,2005年,第55页。

石，同时也是社会规范的主要内容。"规范的作用不光是节制行为，而且赋予生活意义。人失去了规范，也失去了生活的成法，往往感到惶然无着，焦灼不安。处此状态下，就很容易做出平时视之为荒谬的、令人难以置信的行为"[6]。任何社会里，都会或隐或显有一套生活规范或者准则，来安排人的生活水平，这个规范或准则要么以经济财产为标准，要么以智慧能力为标准，要么以权力等级为标准，要么以年资性别为标准等等，这些规则保障了社会秩序的稳定和延续，因而被人们所珍视。换言之，一个社会里，人们可以质疑基于某种标准所指定的规则，譬如说在现代社会人们质疑以身份等级为标准来制定规范，但却不能否定"必须有规范"这件事本身，需要思考的是"以什么为标准"来制定规范。正是在这个意义上，"礼"作为一种规范，具有了正当性和必要性。

如前所述，《礼记》与《周礼》《仪礼》等礼仪经典一起，构成了中国传统礼仪规范的基础文献。虽然对《礼记》的出处或作者还存在一定的争议，但自秦汉以后，《礼记》一直被视为儒家的主要经典。从内容上而言，《礼记》是承载儒家社会生活规范的主要典籍之一，它所确定的生活规范、生活制度与儒家所期待的理想生活、理想政治密切相关。《礼记》的著作者记录了儒家的生活规范，同时又通过生活规范的记录与设计，将儒家的政治生活原则、伦理道德原则贯彻到日常生活中去，体现了"生活政治"的旨趣。

我们知道，《礼记》全书对日常生活的方方面面做了规定，从家庭生活开始一直到国家政治生活都有所安排，所谓"礼，始于谨

---

[6] 张德胜：《儒家伦理和社会秩序：社会学的诠释》，上海人民出版社，2008年，第11页。

夫妇，为宫室，辨外内"(《礼记·内则》)。《礼记》提到生活场景和交往关系涉及面非常之广泛，"六礼：冠、昏、丧、祭、乡、相见。七教：父子、兄弟、夫妇、君臣、长幼、朋友、宾客。八政：饮食、衣服、事为、异别、度、量、数、制"(《礼记·王制》)。可见，诸如六礼、七教、八政等，涉及日常生活的几乎全部场域，也贯穿了人的整个生命历程，人的一生中，应该"无所逃于'礼仪'之际"。就"礼"所约束的对象而言，既关涉平民也针对政治人物，"富贵而知好礼，则不骄不淫；贫贱而知好礼，则志不慑"(《礼记·曲礼上》)。无论身份贵贱、贫富，不管社会身份有多大差距，都应当尊重"礼仪"制度，接受"礼"的规范。从《礼记》所论述的生活规范中，我们可以大致看出，这些生活规范是针对所有人的，并且存在于所有人生活中的各种场景，因而具有政治意义上的公共性色彩，发挥了"生活政治"的效应。

二、庶民的生活规范

现代政治的突出特点是平民政治，君主与贵族的政治体制在全世界范围内渐趋式微，平民的广泛性政治参与以及对于政权的选举、监督等已经成为世界潮流。这一点，在古代中国几乎是无法想象的。在中国古代政治体系里，平民是君主、权贵们"牧"和"治"的对象，平民除非通过军功、察举、科举等各种选官制度进入国家政权体制和治理体系，否则不可能有任何实质性的政治参与。在传统中国社会里，平民没有具体政治事务参与的可能，但平民的日常活动依然具有政治性，具有从政治角度进行解读的可能。

平民日常生活的政治性主要体现在：国家政权的价值诉求渗透在日常活动中，平民的日常活动规范体现的是政权的价值诉求；而政权的价值诉求也将通过日常规范和礼仪落实在日常生活中。政权的价值诉求与日常礼仪对于这一诉求的回应，赋予了平民日常生活的政治性意味。中国古代的礼制，不仅仅是针对君主、贵族和官僚阶层的，也是针对平民阶层的。王国维在《殷周制度论》里曾指出："凡制度、典礼所及者，除宗法、丧服数大端外，上自天子、诸侯，下至大夫、士止，民无与焉，所谓'礼不下庶人'是也。若然，则周之政治但为天子、诸侯、卿、大夫、士设，而不为民设乎？曰：非也。凡有天子、诸侯、卿、大夫、士者，以为民也。有制度、典礼以治，天子、诸侯、卿、大夫、士，使有恩以相洽，有义以相分，而国家之基定，争夺之祸泯焉。民之所求者，莫先于此矣。"[7]从国家的治理角度来看，礼仪是针对所有人的，不会因为其政治身份和等级而免于礼仪的约束。《礼记》对庶民的日常生活规范做了详尽的规定，在各个篇章中都各有侧重地规定了人们在日常生活中应该遵守的规范和礼仪。

　　血缘纽带维系了家庭的存在与发展，也是人们日常生活形成的自然性基础，而血缘关系中最重要的是父子之情。在父子日常行为规范中，儒家尤其强调子对父的礼仪规范。《礼记》中对日常生活中人子之礼做了清楚的规定："凡为人子之礼，冬温而夏凊，昏定而晨省，在丑夷不争。夫为人子者，三赐不及车马。故州闾乡党

---

[7] 王国维：《殷周制度论》，谢维扬、房鑫亮主编：《王国维全集》第八卷，浙江教育出版社，2010年，第317页。

称其孝也,兄弟亲戚称其慈也,僚友称其弟也,执友称其仁也,交游称其信也。见父之执,不谓之进不敢进,不谓之退不敢退,不问不敢对。此孝子之行也。夫为人子者:出必告,反必面,所游必有常,所习必有业。恒言不称老。年长以倍则父事之,十年以长则兄事之,五年以长则肩随之。群居五人,则长者必异席。为人子者,居不主奥,坐不中席,行不中道,立不中门。食飨不为概,祭祀不为尸。听于无声,视于无形。不登高,不临深。不苟訾,不苟笑。"(《礼记·曲礼上》)可见,为人子者的日常行动都是有矩可依,从对父母的问候、面对父母时的进退到对于长辈、年高者的尊重,都要遵循具体的礼仪规则。在《礼记》看来,只有遵守了这些规矩,才可称为"孝子"。《礼记》通过对于"为人子者"的日常行为进行规定,来保证父亲、年高者的权威,使得父亲与长辈的权力在日常仪节中得到体现。"为人子者"也由于日常行动中处处受到"父权"的威严,而不至于"犯上作乱",这也就是儒家反复称道的"其为人也孝悌而好犯上者,鲜矣;不好犯上而好作乱者,未之有也"(《论语·学而》)。《论语》中通过有子之口,将孝悌的政治意义表达出来。在有子看来,孝悌的作用之发挥,有一个层次上的递进:首先是不"犯上",也就是家庭生活的长幼有序;接着是不"作乱",也就是公共生活的尊卑有等。孝悌的作用实现了从私人生活到公共生活的转变和演进,在一定意义上,这也是传统统治者热衷于推广孝之教化的原因之一,所谓"以孝劝忠""以孝行教",将私人情感所形成的道德观念变成公共生活的价值规范。由此可见,儒家的孝悌之礼,是试图把家庭生活的孝道与政治生活的忠诚关联起来,通过规范日常生活从而规范政治生活,具有"生活政治"的

《礼记》中的生活规范与政治秩序

意蕴。

按照同样的逻辑，父子之礼也可以推而广之到长幼之序。在长幼交往中的规范中，特别是"幼"对"长"的规范尤其为儒家所重视，在《礼记》中制定的很多生活规范都与"幼"对"长"的礼仪相关，并且以这些礼仪来体现"长幼有序"的原则，或者说以长幼之间的"礼之实"来落实长幼之间秩序的"礼之名"。《礼记·曲礼上》提出，在长幼之间的日常接触中应该遵守一系列生活细节的规范，如"幼子常视毋诳，童子不衣裘裳。立必正方。不倾听。长者与之提携，则两手奉长者之手。负剑辟咡诏之，则掩口而对。从于先生，不越路而与人言。遭先生于道，趋而进，正立拱手。先生与之言则对；不与之言则趋而退。从长者而上丘陵，则必乡长者所视。登城不指，城上不呼。将适舍，求毋固。将上堂，声必扬。户外有二屦，言闻则入，言不闻则不入。将入户，视必下。入户奉扃，视瞻毋回；户开亦开，户阖亦阖；有后入者，阖而勿遂。毋践屦，毋踖席，抠衣趋隅。必慎唯诺"(《礼记·曲礼上》)。从上述引文可知，长幼交往行动中，晚辈的言行、穿着、举止、进退等都必须表示对长者的谦卑，并以此表示对长者权威的尊重。从言语上来看，幼者的发言要依据长者、师者的情况而定，有丧失主动性之嫌；从行动上来看，幼者的行动要端正、谦卑、谨慎并且处处体现对于长者的尊崇，带有从属性的意味。由此可知，《礼记》对长幼之序的重视体现在各种细节上，不忽视任何琐细的场景，全方位的规定了晚辈对于长辈的尊崇，而不厌其烦的琐细仪节正是为了要遏制住晚辈对长辈任何可能会出现的不敬之处，保证长者的从形式上到实质上的权威地位。

对于交往对象的尊重，除了在父子、长幼之间体现外，还体现在宾主之间。在宾主交往活动中，应该按照如下规则来安排自己的行动，否则就是"失礼"。《礼记》上要求："凡与客入者，每门让于客。客至于寝门，则主人请入为席，然后出迎客。客固辞，主人肃客而入。主人入门而右，客入门而左。主人就东阶，客就西阶，客若降等，则就主人之阶。主人固辞，然后客复就西阶。主人与客让登，主人先登，客从之，拾级聚足，连步以上。上于东阶则先右足，上于西阶则先左足。帷薄之外不趋，堂上不趋，执玉不趋。堂上接武，堂下布武。室中不翔，并坐不横肱。授立不跪，授坐不立。"（《礼记·曲礼上》）上述一连串的在今天看来可能是"繁文缛节"的宾主交往仪节，甚至连先出左足还是右足都有所规定，同样表现出传统儒家对于日常行为、日常礼仪的重视。而这种重视，是以形式来决定内容，交往中的礼节虽是形式，但是其中绝不仅仅是所谓的"客套"，其中有实质性的意义蕴含。按照儒家的观点，主客交往的行为规范，体现的是对他人的"敬重之意"，所以不可等闲视之。

《礼记》还对平民日常生活的其他规范做了详尽的规定，最主要的有关于丧祭问题的相关规定，如《礼记·檀弓上》《礼记·檀弓下》等篇章中通过对丧、葬、祭之历史叙述来规范后人的行为，这种历史记述有点类似于英美法系中的不成文法，用判例、案例作为规范，对于后人具有范导性意义，后人会依照典范人物、典范案例来权衡在相类似处境下的行为；又如《祭法》《祭义》《祭统》《奔丧》《问丧》《服问》《丧服四制》等篇中，对丧祭中礼仪行为也做了多重的规定，用具体规则和仪式程序来确定人们在丧葬活动中的各种行为，以保证丧葬仪式所蕴含的政治行为之正当性，也就是用仪节的恰当性来保证政治的合理性。另外，如上章提到的《礼记·月令》中，强调按照自然的四时更替来安排人间的生产、生活的各种规范，也是希望用制度、规则的形式来规范人们的日常行为。诸如此类的规定，在《礼记》文本中非常丰富，不一一赘述。

类似父子之礼、长幼之序、宾主之谊的礼节体现了儒家的"交往理性"，即人际交往过程中所体现的理性精神。儒家的这种"交往理性"看似繁琐，但是却对维系人际交往的关系有重要作用，保证着尊卑等级等秩序的实现。一方面，对于交往对象、对于他者的情感要由交往过程的举手投足体现出来，"礼之名"要通过"礼之实"的行动来变成现实；另一方面，日常交往的行动体现着儒家重视的尊卑等级秩序，也就是说，日常的行动绝不仅仅是生活琐事，更象征着权力、尊卑等政治伦理秩序，有着更为深层的意蕴。马克斯·韦伯曾对儒家的交往礼节有过阐述，他认为，"受过传统习俗教育的人，会以恰如其分的礼貌虔敬地参加古老的仪式典礼。他会根据他所属的等级和'礼'的要求——一个儒教的基本概念——处理自己所有的行为，甚至包括身体的姿势与动作，做到彬彬有礼，风度翩翩"[8]。当然，生活在儒家传统中的人按照礼仪来安排日常的行动，绝不仅仅是未来如韦伯所言的"彬彬有礼、风度翩翩"的社交目的，而是要通过日常行动来践行儒家的尊卑等级等价值观念。日常交往中的行动事小，但这些行动背后所蕴含的政治伦理价值却是不容忽视的。比如，《礼记》中规定了日常行走的行为规范，

---

8 ［德］马克斯·韦伯：《儒教与道教》，洪天富译，江苏人民出版社，2005年，第126页。

"道路：男子由右，妇人由左，车从中央。父之齿随行，兄之齿雁行，朋友不相逾"(《礼记·王制》)。在这一简短的规定中，为儒家反复宣扬的夫妇有别、长幼有序、朋友有信等价值和原则都体现在其中。再如《礼记》对家庭妇女的日常行为规范的规定："在父母舅姑之所，有命之，应唯敬对。进退周旋慎齐，升降出入揖游，不敢哕噫、嚏咳、欠伸、跛倚、睇视，不敢唾洟；寒不敢袭，痒不敢搔；不有敬事，不敢袒裼，不涉不撅，亵衣衾不见里。父母唾洟不见，冠带垢，和灰请漱；衣裳垢，和灰请浣；衣裳绽裂，纫箴请补缀。"(《礼记·内则》) 在这段描述里，妇女对于父母公婆全面的服从和敬畏：要恭敬答话，要肃敬庄重，不能纵肆容体，不能打嗝、喷嚏、咳嗽、伸懒腰，不能单足站立，不能斜视，不能流口水、流鼻涕，不能当面加衣，不能挠痒；虽然自己不能流鼻涕、口水，但要给父母擦拭口水、鼻涕，以及要为父母公婆及时清洗和修补衣物。可见，从精神顺从到举止恭敬，再到衣食住行的侍奉，妇女在与长辈交往中要全面遵守各种行为规范。由此，晚辈女性在家庭中的地位一目了然，对于父母公婆的服从和服侍构成了晚辈女性日常生活的基本内容。儒家认为，国家秩序是家庭秩序的延续，而在家庭中，女性对于家庭秩序的稳固尤其重要，通过这些日常行止的约束性规定，儒家对妇女在家庭生活中的从属和服从地位予以了强化，言行上的服从就意味着权力、地位上的服从，由此来构建等级式的家庭秩序，进而放大到国家秩序层面。由此而建构的家庭生活秩序中，女性特别是晚辈女性的地位可见一斑，正是从日常的行止规定中，将晚辈女性的从属地位用规范的方式予以固定下来。

庶民的生活规范体现了日常生活中权利的分配，在这个分配序列中，父辈、长辈、男人占据着优势，而子辈、晚辈、女人处于从属的位置，体现了尊卑、长幼的等级秩序。虽然这种等级并非斗争性的，也不具有公共性，但在日常权利的分配过程中，以等级差序而带来的嘉益分配差序，构成了庶民日常生活秩序最重要的特质。这种非公共性的等级秩序随着主体交往空间的扩大，会扩散到社会交往中，伦理生活中的等级秩序逐渐成为社会生活秩序。因此，儒家通过对日常行为规范的确定化来实现身份等级的确定化，而等级秩序的稳定正是儒家的理想政治。儒家通过安排日常生活行为，确保了等级观念深入人心，进而保证理想社会秩序的实现和维持，这就是法国思想家弗朗索瓦·于连分析中国思想的特点时所说的："（圣人的行为）即使是日常生活里的平凡琐事，也无一不在向我们昭示'道'的隐藏的资源。"[9]平凡琐事具有超越日常生活的意义，进入了价值领域，往往会被解读出其他的蕴含，而这也是儒家"生活政治"的重要特征之一。

　　庶民是社会生活中的大多数人，更是社会生活秩序的主要体现者，也是政权政治治理良善与否的最终体现。换言之，政治治理十分有效，最终要体现在民众的生活之中。庶民在生活中要遵守的规范，能够在一定程度上体现着政权的意志，如政权强调尊卑界限，那么庶民生活就大致上会反映为人与人之间在权利利益上的差异性，并优先保障处于尊贵等级的利益；如果政权倡导自由平等，那么庶民生活就大致上会尊重每一个个体的权利利益，尽可能避免

---

[9]［法］弗朗索瓦·于连：《圣人无意——或哲学的他者》，闫素伟译，商务印书馆，2004年，第57页。

因为出身、身份的不同而带来的利益悬殊。在这个意义上,《礼记》中所表现出来的庶民在生活规范上的差异性要求,既体现了传统社会中庶民在家庭生活、公共生活中需要遵守的生活秩序,也反映了传统社会的身份等级差异对于普通人生活的巨大影响。

三、政治人物的生活规范

在儒家礼仪制度里,生活规范不只是指向庶民的,同时也针对政治人物,特别是处在权力金字塔等级中的政治人物。英国思想家沃拉斯在20世纪初叶出版的《政治中的人性》一书里,谈到普通民众对于君主的感情冲动时指出,君主的日常生活更能激发民众对于他的感情冲动,他说:"实际上,关于君主的散步和驾车出游等细节的日常公报更可能制造一种对他的品格的鲜明印象,因此,为了培养这种感情,叙述的就越发都是一些平凡的事。"[10] 政治人物的日常生活表现,尤其在公共场合、政治活动中的表现,体现了他们对于自己所推崇的价值、规范的态度,具有引领性和示范性意义。从这一点来看,政治人物的生活规范就显得特别重要。

在儒家传统中,政治人物或者社会精英群体的行为规范具有典范性,他们既是政治事务的主要推动者,同时他们的行为还可以成为一般民众效仿的模板,对于一般民众具有示范和引导作用。比如君主在日常生活态度上,要做到"毋不敬,俨若思,安定辞,安民哉"(《礼记·曲礼上》)。孔颖达疏曰:"此一节明人君立治之本,

---

10 [英]格雷厄姆·沃拉斯:《政治中的人性》,朱曾汶译,商务印书馆,1995年,第20页。

先当肃心、谨身、慎口之事。"[11] 可见，对于人君日常生活态度的规定具有政治意蕴，是"立治之本"，关乎治国安民，而非仅仅是君主个人的日常生活小节。在这个基调下，《礼记》中对于政治人物日常生活诸环节的规定性安排，都具有了政治的色彩。政治人物除了应该遵守与庶民一样的日常行为规范，更要遵守与其身份相称的特殊规范。在儒家传统中，对政治人物提出的日常生活规范更为严密和繁多，而且很多政治活动就在政治人物的日常行为规范中展开，政治人物的日常行为因其身份的特殊性而具有了特殊的政治意义，如舜的"不告而娶"、周武王的"不葬而兴师"，看似纯属家庭内部事务，但由于他们地位的特殊性，使得这类个人事件都上升为具有象征意义的政治事务。"不孝有三，无后为大，舜不告而娶，为无后也，君子以为犹告也。"(《孟子·离娄上》) 儒家的礼仪规定，娶妻须获得父母同意，而相传舜在娶妻时没有获得父母的同意，应该说违背了儒家的礼制，为了对这一行为作出合理性的解释，孟子认为舜娶妻时虽然没有来得及告知父母，但这一行为也是符合孝道的，因为为了"有后"这一价值原则得以实现，故而舜的行为也是合理的。"西伯卒，武王载木主，号为文王，东伐纣。伯夷、叔齐叩马而谏曰：'父死不葬，爰及干戈，可谓孝乎？以臣弑君，可谓仁乎？'左右欲兵之。太公曰：'此义人者。'扶而去之。"[12] 武王没有来得及安葬父亲，就兴兵伐纣，按照儒家礼仪，也是不妥当的，故而受到伯夷、叔齐的道德指责，但是后世儒家认

---

11 (汉)郑玄注、(唐)孔颖达正义、吕友仁整理：《礼记正义》上册，上海古籍出版社，2008年，第6页。

12 (汉)司马迁撰：《史记》第七册，中华书局，1959年，第2123页。

为，为了天下大义并完成父亲的未竟之业，武王的行为也是符合孝道的。从上述两则故事来看，不告而娶、不葬而兴师，本来都是私人性的家事，但是由于舜与周武王在政治地位上的特殊性，因而对于后人来说，也就具有了政治象征意义，值得从义理上予以发挥，并可以作为后人之参考准则。[13] 正因为政治人物的特殊身份和所具有的丰富象征性意义，按照《礼记》的记述，政治人物在日常生活中所需要遵守的规范非常之多，从日常称谓到衣食住行，政治人物都受到了诸多约束性礼仪规范。

在《礼记》中，对于政治人物的日常称谓就有诸多规定。称谓涉及"名"的问题，孔子说："名不正则言不顺，言不顺则事不成。"(《论语·子路》)称谓正当是"名正"的重要方面，对某人的恰当称谓将表征着要对其适用恰当的"礼"，尤其是对政治人物来说，恰当的"称谓"还意味着与之相应的权力和地位，也意味着政治活动的顺利开展，即孔子所谓的"事成"。《礼记》对政治人物的称谓做了详实的记述："凡自称：天子曰予一人，伯曰天子之力臣。诸侯之于天子曰某土之守臣某，其在边邑，曰某屏之臣某。其于敌以下曰寡人，小国之君曰孤，摈者亦曰孤。上大夫曰下臣，摈者曰寡君之老，下大夫自名，摈者曰寡大夫。世子自名，摈者曰寡君之

---

[13] 比如，王阳明曾就上述两事来发挥"良知"的重要性。王阳明在《答顾东桥书》上说："夫舜之不告而娶，岂舜之前已有不告而娶者为之准则，故舜得以考之何典，问诸何人，而为此邪？抑亦求诸其心一念之良知，权轻重之宜，不得已而为此邪？武之不葬而兴师，岂武之前已有不葬而兴师者为之准则，故武得以考之何典，问诸何人，而为此邪？抑示求诸其心一念之良知，权轻重之宜，不得已而为此邪？使舜之心而非诚于为无后，武之心而非诚于为救民，则其不告而娶与不葬而兴师，乃不忠不孝之大者。"吴光、钱明、董平、姚延福编校：《王阳明全集》上册，第56—57页。

适，公子曰臣孽。"(《礼记·玉藻》)"天子之妃曰后，诸侯曰夫人，大夫曰孺人，士曰妇人，庶人曰妻。公侯有夫人，有世妇，有妻，有妾。夫人自称于天子，曰老妇；自称于诸侯，曰寡小君；自称于其君，曰小童。自世妇以下，自称曰婢子。子于父母则自名也。"(《礼记·曲礼下》)《礼记》中关于人的称谓之规定非常繁多，以上仅略举两例，已经足以让现代人眼花缭乱了。对于称谓的规定，既是"正名"的需要，更是等级秩序的确定化。以上述天子自称"予一人"为例，当天子作为"予一人"出现的时候，这个称谓本身就包含着"政治"的意味，一方面，"予一人"意味着权力独尊、地位独崇，另一方面，"予一人"也意味着对于家国天下、对共同体负有直接的政治责任。[14]"予一人"这一称谓，直接地就将天子独尊的身份等级标示出来，在称谓的时候，就已经将"政治上的独尊"表达出来了。其他臣子、诸侯、后妃、夫人等等称谓，实际上都是用确定性称谓来标示政治人物，从形式上赋予其等级和身份，通俗的说就是贴上等级标签，使得政治人物在政治活动中互相明确身份和等级，保证社会秩序的稳定和政治活动的严谨，是人类政治智慧的表现：在称呼的时候已经将双方的身份以语言的形式呈现出来了。这一智慧看似简单，但其中包含着日常生活的交往理性。称谓以明确的形式（"正名"）在日常交往中不断显示着交往成员各自的身份，称谓对应着交往中的身份，明确称谓就是明确身份，身份的认同可以保障交往的顺利。在公共生活中以带有身份意味的称谓来明确自己以及交往对象的身份，可以通过语言、名称的确定来建

---

14 参见宁镇疆：《也论"余一人"问题》，《历史研究》，2018 年第 2 期，第 169-179 页。

构一套交往秩序,"以言行事",进而可以促进政治共同体的有效运行。

关于政治人物称谓的礼仪规定之外,《礼记》对于政治人物活动场所及建筑宫室、器皿等也做了明确的规定,比如说政治活动中的"明堂"制度。"明堂"原为周天子朝见诸侯之所在,是国家权力中心的活动场所,孔颖达认为:"所以朝诸侯于明堂者,欲显明诸侯之尊卑,故就尊严之处以朝之。"[15]也就是说,诸侯朝拜天子的时候,为了明确天子、诸侯之间的等级尊卑,因而建造了专门场所来使得这一等级秩序通过空间方位凸显出来。这一场所即使天子的日常活动场所,更是政治权力及其运用的核心所在。"明堂"不仅是一个空间所在,更是天子统治天下的空间象征。类似于"明堂"等具有政治意蕴的象征符号是儒家日常居住观念的核心之所在,风水、舒适度、方便度等都服务于这种象征等级秩序的符号。除了空间分布具有政治等级的色彩,在营造宫室、器皿的时间顺序上,同样也体现着价值意蕴和等级次序:"君子将营宫室:宗庙为先,厩库为次,居室为后。凡家造:祭器为先,牺赋为次,养器为后。无田禄者不设祭器;有田禄者,先为祭服。君子虽贫,不粥祭器;虽寒,不衣祭服;为宫室,不斩于丘木。"(《礼记·曲礼下》)政治人物在建筑生活空间时,首先要考虑的是具有血缘宗法意义的宗庙,其次才是日常生活空间;营造家用器具时,首先要考虑的是象征社会身份的祭器,接下来才是其他日用器具。几乎所有围绕日常营造的考量,都是以政治价值、伦理价值为中心,而实用性、耐用性等

---

[15]（汉）郑玄注、（唐）孔颖达正义、吕友仁整理:《礼记正义》下册,第1261页。

器具固有价值的考量退居其次，这也足见，"道器之辨"中"道"的优先性在"器"本身上就体现出来了，"礼之名"要在各种场合下体现在"礼之实"中，才能将礼治精神彻底地贯彻下来。

对于政治人物的日常行止，《礼记》更是做了多方面的规定，以期通过礼仪规范的明确来保证秩序的稳定，如："君赐车马，乘以拜赐；衣服，服以拜赐；君未有命，弗敢即乘服也。"(《礼记·玉藻》)再如："将适公所，宿齐戒，居外寝，沐浴，史进象笏，书思对命；既服，习容观玉声，乃出，揖私朝，辉如也，登车则有光矣。"(《礼记·玉藻》)又如："八十者一子不从政，九十者其家不从政，废疾非人不养者一人不从政。父母之丧，三年不从政。齐衰、大功之丧，三月不从政。将徙于诸侯，三月不从政。"(《礼记·王制》)更如："世子生，则君沐浴朝服，夫人亦如之，皆立于阼阶西乡，世妇抱子升自西阶，君名之，乃降。"(《礼记·内则》)以上，从交通工具、衣服、居处，一直到丧祭活动等，《礼记》都提出了详尽的要求，规定了政治人物的日常行止，以保证尊卑等级秩序以及礼仪的威严。这种秩序甚至要体现在饮食、汤药等日常琐事上，《礼记》提出，"羹食，自诸侯以下至于庶人无等。大夫无秩膳，大夫七十而有阁，天子之阁。左达五，右达五，公侯伯于房中五，大夫于阁三，士于坫一"(《礼记·内则》)。(《礼记·内则》)还提出，"君有疾，饮药，臣先尝之。亲有疾，饮药，子先尝之。医不三世，不服其药"(《礼记·曲礼下》)。饮食、汤药等琐事，也是等级秩序得以体现的事务。由是观之，在《礼记》的记述中，政治人物在日常生活中的各项事务，衣食住行，事无巨细，一切都关乎儒家价值的落实，都与尊卑等级联系在一起。在《礼记》

所规定的政治人物日常行为规范中，政治人物的私人生活与公共生活的边界是不清晰的。政治人物的身份具有公共性，按照现代观念，公众人物也应有其私人生活。然而，在儒家的礼乐文明中，我们很难发现政治人物的私人生活不与公共政治联系在一起，他们的一举一动都被赋予了政治的意涵，他们的一言一行都被框定在其身份的标示中，吃饭、穿衣、行路、住房乃至婚丧嫁娶，都在礼乐的规范之中，私人生活与公共生活的界限由此就变得模糊了。说远一点，这可能会带来两种后果，一种是政治人物完全公而忘私，把自己的一切都奉献给公共生活，从而放弃自己的私人权利与私人空间；一种是政治人物以私为公，借用公共资源来满足自己的私人生活，将公共权利作为自己的私人权利，将公共利益作为自己的私人利益。从这一点上来看，"生活政治"的积极意义与消极意义都有可能会展现。

在儒家的日常事务中，最能体现尊卑等级以及最具政治意义的事情是关于政治人物丧祭的规定。荀子认为："丧礼者，以生者饰死者也，大象其生以送其死。"(《荀子·礼论》)丧礼是人生的延续，人在现世的身份、地位、等级关乎到死后将会被待之以何种丧仪。由此，对于政治人物而言，丧礼不仅是家人对其的追思与哀悼，更是身份、地位、等级的有一个展示场。比如，《礼记》上规定："父为士，子为天子诸侯，则祭以天子诸侯，其尸服以士服。父为天子诸侯，子为士，祭以士，其尸服以士服。"(《礼记·丧服小记》)父与子的政治地位，决定了丧仪的等级，可见，丧仪的程度与个人的哀戚情感关联不大，而与现实的政治身份、地位关联较大。在《礼记》中，特别重视关乎政治人物丧祭的规范和礼仪，在这个领域的内容最为繁多。"凡治人之道，莫急于礼。礼有五经，莫重于祭。"(《礼记·祭统》)在血缘宗法社会中，祭祀是日常生活的大事，不仅关系到个人感情和凝聚家族的私人事务，对于政治人物的丧祭问题，更是关系到社会政治事务，是关涉身份等级、社会秩序的重大政治活动。[16]如前所引，对待亡人的丧祭礼仪，是与其生前的等级或者与其子的等级相关的，阎步克先生将礼治传统中的祭祀制度称为"等级祭祀制"，并认为"等级祭祀制"与"等级君主制"是密不可分的，他提出："等级君主制决定了神权的等级分配，由此形成了等级祭祀制。"[17]人去世以后，亲人希望通过一定的仪式表达哀思，这是人之常情，礼本乎人情，将人的丧亲之痛用一定的仪式表达出来，这是丧祭制度之所以产生的情感渊源。但随着丧祭礼仪为文明社会用来传达社会、政治信息的时候，丧祭就超越了原来的私人情感领域，而进入了公共生活领域。因而在礼治传统的中国，丧祭问题绝非仅仅是个人情感的私人问题，更是关系到社会政治和等级秩序的公共事件，因此必须放到公共生活领域内予以高度重视，由此私人"生活"变成了公共性的"事务"，对于政治人物来说，情况就更是如此。

另外，在规定政治人物的日常行为规范中，《礼记》特别采用历史叙事的方式来进行。所谓"历史叙事"，就是采用历史上发生的事情，特别是政治人物身上发生的事情来宣传儒家的价值观念，也就是诉诸"历史合理性"来建构价值、观点的合理性。换言

---

16 参见朱承：《儒家的如何是好》，广西师范大学出版社，2016 年，第 162-165 页。
17 阎步克：《服周之冕——〈周礼〉六冕礼制的兴衰变异》，中华书局，2009 年，第 105 页。

之，不用观念进行教化，而是用具体的历史事例作为模范来予以引导。如以王季与文王、文王与武王等父子之间的日常生活中孝行作为参照，教导后世人行父慈子孝之道，"文王之为世子，朝于王季，日三……文王有疾，武王不脱冠带而养"（《礼记·文王世子》）。因为历史人物的历史定位、历史评价具有确定性，所以他们的言行就具有了典范性意义。用代表性人物的日常行为为后世垂范，是儒家历史叙事的一个重要方式。如前所说，代表性的政治人物因为其地位特殊，具有典范性，可以成为后人参酌的标准，所谓"祖述尧舜，宪章文武"，指的就是这种用"历史叙事"的方式阐述某种价值的合理性。政治人物的日常行动载入史册，将会成为典章制度的来源，这也是儒家尤其重视政治人物的日常行动的原因之一。这样，在儒家的叙说中，儒家历史上政治人物遵循儒家价值而进行的伦理实践，由于历史人物本身具有崇高的地位，故而他们的伦理实践又成为观念和规范的来源，变成后世制定礼仪规范所依靠的重要历史依据。

《礼记》对于政治人物之称谓、衣食住行乃至丧祭礼仪的各种具体生活规定，既保证了政治人物日常生活的严肃性，更主要的目的还在于保持等级秩序的合法性。特定身份的人物或者阶段性占据特定职位的人物，应该在日常生活中遵守符合其政治或者社会身份等级的规范，不可逾越更不能践踏这些规范，否则就可能会出现"礼崩乐坏"的混乱局面，从而最终导致社会秩序从根本上被破坏。就《礼记》的意图而言，通过日常生活规范来规范政治人物的言行，从细小的日常行为处防微杜渐，可以促使政治人物恪守自己的等级、明确自己的职责，这样，整个社会的等级秩序就会得到自上而下的确立与维护，而乱臣贼子的"犯上作乱"行为就会得到震慑并因而最终消弭。而且，政治人物的言行将为后世之人效仿，具有历史意义，是超越时代的，绝非个体的私事、小事，因此更应该明确化、制度化、规范化。正因如此，《礼记》各篇章、各主题都涉及政治人物的行为规范，他们在社交、居住、交通、饮食、丧葬等方面都被赋予了特定的要求、特定的规矩，在漫长的生活历程中，他们将要不断学习、践履这些规范，并以此保证他们有权威的、有尊严的、有示范性意义的君子地位。当然，由于政治人物在生活中的规范涵盖了公私生活，这些规范将私人生活也赋予了政治性的意义，使得政治人物的私人生活也被予以公共性对待，势必造成政治人物在日常生活上的公私不分，这是值得注意的一种传统。

四、生活规范与等级秩序

作为生活规范的"礼"，具有崇高的权威性、合法性，也具有操作性、实践性，"夫礼，天之经也，地之义也，民之行也"（《左传·昭公二十五年》）。"天经地义"的"礼"在生活层面，一定要成为参与到现实生活中的规范，也就是要表现为"民"的行为规范。如此，作为天地秩序在人间之体现的"礼"，就成为所有人需要遵守的规范性要求，具有了现实性的约束力。在《礼记》中，日常生活制度与规范通过"礼"的形式规定下来，而这一规定在于用统一的规范来在全社会形成一致性的道德、风俗及习惯，进而培养符合政治统治所需要的共同体成员，如此，儒家所期望的政治秩序、社会风俗就能得到长久性的维持，儒家理想中的"美好生活"才能得以实现。

梁启超认为儒家政治中的"礼治主义"之核心特点就在于通过"礼"培养"健全之人民",而"健全之人民"的培养全赖日常生活规范的确立与延续,他说:"儒家深信非有健全之人民,则不能有健全之政治。故其言政治也,惟务养成多数人之政治道德、政治能力及政治习惯,谓此为其政治目的也可,谓此为其政治手段也可。然则挟持何具以养成之耶?则亦彼宗之老生常谭——仁义德礼等而已。就中尤以礼为主要之工具,故亦名之曰'礼治主义'……儒家之以礼导民,专使之在平日不知不觉间从细微地方养成良好习惯,自然成为一健全之人民也。"[18]梁启超的这一解释具有说服力,从人们的日常生活、行为习惯、风俗传统着手来培养人的政治道德、政治能力和政治习惯,是一切政治生活中最具基础性的工作,这也是本文所阐述的"生活政治"最为精义之处。生活规范是与人最贴近的制度性设计,也是维持日常生活良好运转的必要安排,因此,生活规范与生活习惯对于人们社会品格的塑造,进而对社会的塑造具有不可或缺的意义。这样,充当了个体生活规范的"礼","又可成为社会秩序化和政治上礼治的工具"[19],因而同时具有社会性和政治性的功能,将其公共性维度彻底展现,发挥了从私人约束到公共约束的作用,为良好社会的建立奠定制度和规范基础。

无论是对庶民还是政治人物日常生活的规范性要求,都体现了儒家的政治观念,而这一观念的核心就是维护既定的社会等级秩序。之所以儒家强调用规范来要求人们在日常生活中遵守一定的准

---

18 梁启超:《先秦政治思想史》,天津古籍出版社,2004年,第98页。
19 龚建平:《意义的生成与实现——〈礼记〉哲学思想》,商务印书馆,2005年,第85页。

则，主要就是要用稳定性、可持续性的制度来保证社会等级秩序的稳定和延续。社会等级的价值观念是中国传统社会无法否认的现实性存在，按照牟宗三的理解，中国的"贵贱"等级不具有生理学属性，而具有文化属性，也就是说，等级是人的创造物，是社会产物，是一定文明阶段的产物，他说："分位之等之价值观念为中国文化生命之特征……人无生而贵者。自其生物之性言，皆平等。此为生之原质。必套于文化系统中，而后见其贵贱。是以中国贵贱观念，自始即为一价值观念，非先天固定阶级之物质观念也。由文制而定贵贱。"[20] 社会等级观念是文化传统的产物，而文化传统则必由社会生活的具体事物来承载或者体现，所谓"由文制而定贵贱"，因此，社会生活中的身份、衣着、住宅、社交、仪式、丧葬等一切"文制"的方面，都在传递和呈现着等级贵贱的信息[21]。通过日常生活的衣食住行，礼仪制度便演变成为一种生活方式，贯穿到整个共同体的社会生活之中。在共同体内部，其成员无论……贵贱贫富，都要表示对礼仪的尊崇和服从，否则就会成为共同体的"异端"甚至"敌人"而遭受惩罚。这样，社会秩序、社会整合便经由礼制所规定的日常生活而得到了确立和实现。

在《礼记》所确定的日常生活的制度安排中，一切生活之事都赋予了等级制度的涵义，一切人情物理都被赋予了伦理秩序和身

---

20 牟宗三：《历史哲学》，吉林出版集团有限责任公司，2010年，第53页。
21 按照美国学者本尼迪克特的研究，类似的情况也发生在日本的封建社会时期，她认为，"日本的封建社会划分为复杂的阶层……每一户的家长必须在门口张贴有关阶层地位和世袭身份的标志。他的衣着、食物以及可以合法居住的房舍，都要依照世袭身份的规定。"[美]鲁思·本尼迪克特：《菊与刀》(增订版)，吕万和、熊达云、王智新译，商务印书馆，2012年，第56页。

份等级的意蕴,"礼"为人情的发挥做了秩序上的保证。《礼记·礼运》中提出:"故圣王修义之柄、礼之序,以治人情。故人情者,圣王之田也。修礼以耕之,陈义以种之,讲学以耨之,本仁以聚之,播乐以安之。"(《礼记·礼运》)按照这一说法,人情是"礼"之本,但这是原始、杂乱的,须要进行条理化,否则每个人都会各行其是,其结果可能是"一切人反对一切人"的争斗,因此有必要用"礼义"进行"耕种",如同农业生产一样,将原本杂乱无序的自然生长变成按照人的意图而进行的有序化、条理化的生产,将人的目的性贯彻到自在自为的"自然人情"中,使之变成具有公共性认同的规范,以此来建构一种合目的性的社会秩序。《礼记》还进一步提出:"何谓人情?喜怒哀惧爱恶欲七者,弗学而能。何谓人义?父慈、子孝、兄良、弟弟、夫义、妇听、长惠、幼顺、君仁、臣忠十者,谓之人义。"(《礼记·礼运》)可见,"礼"所规定的等级秩序,是要体现在日常生活的人情、人义中,而《礼记》所认为的"人情""人义"几乎囊括了日常生活的基本在世情绪和基本社会关系,日用伦常是"礼"发挥作用的最佳场所。人情是天然之情绪,人义是生活之德性,无论先天、后天的情绪和德性,都是抽象的原则,在《礼记》中,这些生活中的抽象原则均需要具体生活规范来落实与保障,否则"人情""人义"都将付诸阙如,所以圣人要"修礼"来治人情、人义,正如上文所说的以"耕种"来使得"自然生长"变得有序。"礼"作为一种生活制度,就是要安顿人的在世情绪、理顺人的社会关系,从而实现良好的人之存在与社会运行。对此,清人凌廷堪曾指出:"三代盛王之时,上以礼为教也,下以礼为学也。君子学士冠之礼,自三加以至于受礼,而父子之亲油然矣。学聘觐之礼,自受玉以至于亲劳,而君臣之义秩然矣。学士昏之礼,自亲迎以至于彻馔成礼,而夫妇之别判然矣。学乡以至于饮酒之礼,自始献以至于无算爵,而长幼之序井然矣。学士相见之礼,自初见执贽既见还贽,而朋友之信昭然矣。盖至于天下无一人不囿于礼,无一事不依于礼,循循焉日以复其性于礼而不自知也。"[22] 按照凌廷堪的理解,人们的日常生活礼仪天然地蕴含了父子之亲、君臣之义、夫妇之别、长幼之序、朋友之信等伦理原则,内在的情感就自然的附着在外在的礼仪之中,以至于内在情感与外在仪式融为一体,在此基础上,日常礼仪又进一步内化为人性而成为人性的一部分。蕴含了"礼"之原则的人性在生活中展现出来,又必将强化父子之亲等伦理原则,"礼"在顺导人情上发挥了重要的作用。因此,"礼"与"情"形成了对社会日常生活稳定有序发展有益的良性循环。"礼"与"情"的良性循环,一方面保证了"情"的天然合理性,使得"情"不至于因为人为的设限而遭到压制;另一方面也实现了"礼"的人为引导性,使得"情"不至于由于缺少规范而杂乱滋长,最终导致社会的失序。情礼合一,使得儒家的礼治原则既具有了人性基础,为礼治的可能性提供了前提;同时也使得礼治原则具有了生长空间,为礼治的必要性奠定了基础。简言之,"情"是"礼"的人性基础,"礼"是"情"有效发挥的保证;"礼"建基于"情",而"情"又必须以"礼"作为引导和报证。由此,作为等级规范的"礼"有人性与人情上的坚实基础。

从一般意义上来说,规范之所以能发挥效用,除了它能明确告

22（清）凌廷堪:《复礼上》,《校礼堂文集》卷四,中华书局,1998年,第28页。

知人们哪些该做、哪些不该做之外，还必将附带违反规范所必须遭受的惩罚。"惩罚"与"规范"是如影随形的，正因为"惩罚"的存在，"规范"才能切实发挥保障秩序的作用。为了确保儒家希望的社会等级秩序，《礼记》中还特别强调违背生活规范、破坏等级秩序所带来的严重后果，也就是"惩罚"。破坏日常生活规范的不仅会在日常生活中为人施以道德压力，还将要受到社会政治意义上的惩罚。如《礼记》中提到："山川神祇，有不举者，为不敬；不敬者，君削以地。宗庙，有不顺者为不孝；不孝者，君绌以爵。变礼易乐者，为不从；不从者，君流。革制度衣服者，为畔；畔者，君讨。"（《礼记·王制》）不敬之罪，要遭受剥夺财产的惩罚；不顺不孝之罪，要褫夺爵位；改革礼乐为不从，不从之罪，要限制人身自由；改变制度衣冠为叛逆，叛逆为大罪，要被征讨乃至失去生命，这些都是因不遵守礼仪规范、等级规范所带来的惩罚。"析言破律，乱名改作，执左道以乱政，杀。作淫声、异服、奇技、奇器以疑众，杀。行伪而坚，言伪而辩，学非而博，顺非而泽，以疑众，杀。假于鬼神、时日、卜筮以疑众，杀。此四诛者，不以听。凡执禁以齐众，不赦过。"（《礼记·王制》）"四诛"之罪，一是曲解法律、擅改法度、执邪乱政；二是制作靡靡之音，更改衣冠，制造奇技淫巧；三是言行虚伪，追求歪理邪说并以之教化民众；四是假借鬼神名义来装神弄鬼，并迷惑民众。从《礼记》中的严厉措辞来看，破坏规范的后果十分严重。对生活、生产中破坏规范的行为，不仅会承受道德的批判，更会遭到严厉的惩戒，这一严厉的惩戒甚至包括对生命权利的剥夺。换言之，在礼乐制度中，不仅仅意味着"歌诗习礼"，还意味着"刀光血影"。礼乐之所以能够发挥维护等级秩序的作用，除了因为本于人情、建立次序、宣扬文明之外，还因为其背后有着"惩罚"手段和措施作为保障。这种惩罚，既可能是政权意义的暴力惩罚，也有可能是习俗意义上的社会惩罚。按照民俗学家乌丙安的理解，那种对破坏礼俗、习俗行为的惩戒属于"民俗制裁"。"民俗制裁"是"社会制裁"中的一种，当遵守礼俗受到褒奖的示范作用失效时，应该发挥礼俗的惩罚性作用，要对破坏礼俗的行为予以惩罚并以儆效尤，因为"习俗本身除了一般性要遵守的规范外，还有许多强有力的约束和制裁的手段"[23]。这意味着，当"礼"被蓄意破坏时，社会共同体应当采取措施惩罚破坏者来维护"礼"的威严，并达到社会控制的目的，以保证社会秩序达到社会共同体所能认可和接受的稳定度。

破坏日常生活规范就是对"礼"的破坏，也就是对既有社会等级秩序的破坏，而破坏"礼"、毁坏等级秩序会带来人亡、家丧、国破的严重后果，"故唯圣人为知礼之不可以已也，故坏国、丧家、亡人，必先去其礼"（《礼记·礼运》）。正是基于此种认识，孔子提出了"八佾舞于庭，是可忍，孰不可忍也"（《论语·八佾》），并以此对破坏礼治秩序的做法提出了极为严厉的批评。等级秩序是古代中国社会最核心的特征，就现实而言，无论这一秩序是因为权力还是因为血缘宗法、财富、职业、种族等而产生，等级都是长期存在且相对稳定的，也就是虽然等级标准可能在变化，但差异性等级是一直存在着的，"礼"正是通过对于日常生活规范的确立来保证等级秩序的持续稳定性。当然，这种秩序在中国古代社会里，往往并

---

23 乌丙安：《民俗学原理》，辽宁教育出版社，2001年，第134页。

不是对抗性的，而是建设性的，其价值目标在于"等级和谐"[24]。通过日常生活规范的确定来保证社会秩序的稳定与和谐，同时形成一个各个阶层、各种身份的和谐群体，在这个群体中，他们因各得其位而能够各安其分、各得其所，而这正是中国古代礼乐制度的出发点和归宿。

在儒家发展历史上，《礼记》所代表的规范性政治观念曾被信念性的政治观念所冲击。儒家的心性传统过分强调个人的心性修养对于社会生活、政治事务的影响，宋明以来，这种心性至上的传统更是发挥到各个层面，政治层面亦不能外。以心性传统最为突出的王阳明学派为例，阳明学所强调的心性伦理，在政治哲学上主要呈现为一种信念的政治，把社会现实中的"治世"问题化约意志和情感意义上的"治心"问题，主张人只要发挥其良知（即内在的德性），那么人群共同体（政治共同体）就会去恶向善，天下国家的治平就可以实现，所谓"心尽而家以齐，国以治，天下以平"[25]。又所谓"世之君子惟务致其良知，则自能公是非，同好恶，视人犹己，视国犹家，而以天地万物为一体，求天下无治，不可得矣"[26]。阳明心学的政治哲学，在教化上表现为自觉以觉人、度己以度他，把德性伦理和心性伦理的社会和政治效应放大，在根本上来说一种信念的政治，即对伦理政治有信念意义上的确信，而对伦理政治缺乏制度上的保证。这种信念政治观，从道德本心上对良好政治发出

---

24 刘丰：《先秦礼学思想与社会的整合》，中国人民大学出版社，2003年，第304页。
25 （明）王阳明：《重修山阴县学记》，吴光、钱明、董平、姚延福编校：《王阳明全集》上册，上海古籍出版社，2011年，第286-287页。
26 （明）王阳明：《传习录》中，吴光、钱明、董平、姚延福编校：《王阳明全集》上册，第90页。

诉求，符合上根之人的追求。信念政治的作用很难落实，虽然阳明学尤其是阳明后学对愚夫愚妇的生活逐渐重视，强调日用即道，但信念与心性在实际运用中对人的约束力实在有限，往往会流于空谈而缺乏有效的约束机制[27]。

对于整个社会而言，德性自律远不能应对社会生活和人之欲望的复杂局面，李泽厚先生提出："想以道德说教解决思想问题来替代政法体制上的进步与改革，不符合唯物史观的基本原理。"[28] 就中国的社会传统来说，李泽厚的这个观念应该说是很有针对性的，有着强烈的现实意义。无论是伦理政治还是法律政治，仅仅依靠信念都将无从得到保证，更无从落实，信念只能为人们勾画出理想的蓝图，而蓝图的实现离开了制度、规范的约束，将很快因为缺乏"规训和惩罚"而丧失力度，进而沦为没有约束力的个体心性修养之事，而与现实的社会生活、政治活动无关，更不会自然形成良好的社会秩序。亚里士多德在《政治学》一书中曾提到，"法律（和礼俗）就是某种秩序；普遍良好的秩序基于普遍遵守法律（和礼俗）的习惯"[29]。社会秩序的维持基于人们遵守社会既成的礼法，人们可以养成遵守礼法的信念，但仅凭信念而缺乏制度支撑，良好的社会生活将只能存在于信念之中。

从生活与政治、生活与制度的关系出发来看，《礼记》中所记载的古典时代的生活规范、日常制度，既体现了实现良好社会秩序

---

27 参见朱承：《信念与教化——阳明后学的政治哲学》，上海人民出版社，2018年，第240-241页。
28 李泽厚：《中国现代思想史论》，第863页。
29 [古希腊] 亚里士多德：《政治学》，吴寿彭译，第353-354页。

的礼俗，也反映了《礼记》"生活即政治"（生活政治）的政治哲学范式，其理想是以制度性的礼乐规范来保证社会秩序的稳定。在《礼记》中，生活与政治是一体的，换句话说，政治信仰、政治价值蕴含在日常生活之中，而日常生活的安排也向政治权力、社会等级靠拢。特别需要说明的是，政治信仰、政治价值在生活中的体现，不能简单的理解为在生活场景中植入政治色彩。"生活政治"不是形式上的政治活动介入生活，而是政治价值通过生活方式、日常行为规范表现出来，与人们的日常生活价值融为一体，生活方式是政治理念的具象化。生活价值与政治理念的一体化，是保证社会稳定、维护统治秩序的良策。当然，在特定的历史场景下，生活的政治化会走向极端，政治因素完全侵入日常生活，使得日常生活变成政治运动，平民生活、政治人物的日常生活都被当作权力博弈、权力崇拜的工具，平民生活完全被政治所裹挟、充斥着政治的色彩，导致公共生活与私人生活边界的模糊，这也就是生活的"泛政治化"。"泛政治化"会导致一个国家走向政治狂热，消解日常生活本身的意义，使得日常生活为政治价值、理念所淹没，让每一个个体都将政治活动作为日常生活的第一要义，并进而出现形式各异的政治极端主义。

　　就《礼记》而言，生活与政治一体化的政治哲学具体展现为规范主义政治观，即期望用制度来规范生活，进而规范政治事务，而这一制度类似法规，可能是成文法也可能是有法规效力的不成文的习惯与传统。按照《牛津法律大词典》的看法："人类社会早期发展阶段，调整人们相互关系的习惯、宗教教条、禁忌以及具有强制力的道德信条等行为规范之间，并没有多少区别。因此，作为特定的社会共同体日常生活中的行为准则，法律和道德有着共同的起源。随着社会的进步，习惯与信条朝着不同的方向发展，信条用以区分善与恶，正确与错误，习惯则演变为具有强制力的规则。"[30] 在中国古代社会，"礼"在日常生活领域中为人们所遵从，既而这种遵从既是对道德的遵从，也是对法律的遵从，"礼"既是生活秩序的体现，也是法律制度的体现。人们对于《礼记》中所指定的日常生活规范的适应与尊崇，表现了儒家文化中的"规训性"特点，正如马克斯·韦伯所说："儒教所要求的对世俗及其秩序与习俗的适应，归根结底，只不过是为受过教育的世人确立政治准则和社会礼仪的一部大法典。"[31] 生活礼仪既是社会性的，同时具有政治、法律的效力，而这也是"生活政治"的一个重要特点。日常生活的伦理规范和教条对于人们具有强制性的约束力，代表着政权对人们日常行动的要求。日常生活规范与政权对于共同体成员的强制性要求是一致的，换句话，生活与政治是合拍的互动关系，共同体成员的日常生活和政权意志不是相互抵触的，而是具有相互认同的关系，梁启超谓之"儒家确信非养成全国人之合理的习惯，则无政治可言"[32]。质言之，没有礼乐，即没有政治；没有对于人们日常生活的全方位规约，政治理念与价值将无从实现。

在《礼记》中所呈现的生活与政治互动的"生活政治"范式中，日常生活因被赋予了政治价值而成为具有方向、目标的有序生活，同时也使得政治价值不是游离于生活之外的空谈。如前所

---

30 [英] 戴维·M·沃克：《牛津法律大词典》，光明日报出版社，1988年，第521页。
31 [德] 马克斯·韦伯：《儒教与道教》，第126页。
32 梁启超：《先秦政治思想史》，第99页。

述，《礼记》中体现的这种儒家政治哲学范式，其积极意义在于政权拥有者所主导的政治价值能够有效地体现在共同体成员的日常生活中，使得社会生活有序化、制度化、规范化，共同体成员在日常生活中会依照成规明确自身的权利和义务。而其消极意义则在于制度和规范削弱了生活的多样性、丰富性甚至自由度，并且这种制度或规范所赖以存在的生活条件发生了变化，而制度或规范不发生变化，就会变成僵化的教条，从而成为破坏社会活力、阻碍社会进步的因素。就传统中国社会的"礼"而言，由于其过分强调等级秩序，日常生活承载了太多的政治价值，在一定程度上损害了社会成员的个性和活力。到了生活条件发生巨大变化的近代中国，传统礼治所倡导的等级秩序就会成为社会进步的阻力，逐渐丧失其对社会的控制力和适应力，"礼"在一定意义上变成了某种"教条"，进而在新文化运动中成了众矢之的的"吃人礼教"。当然，近代以来特别是新文化运动以来，对于"礼"的极端化否定与批判，导致了对社会生活中风俗传统连续性的破坏，影响了人们对良好传统的敬畏、合理秩序的尊崇，也带来了一定的社会问题。

五、小结

在中国儒家传统中，政治理念不仅仅不是抽象的观念，也不仅仅是在庙堂之上、行政活动中得以落实，而是更广泛地展现在具体而生动的日常生活之中，礼仪制度就是这种展现在具体生活中的现实性规范。通过"生活政治"的作用路径，礼仪和风俗制度所反映的政治理念全面落实到政治人物以及广大平民的日常生活中，从而实现政治理念所期望的治理效果；更是将政权所主导的政治与伦理观念切实地具体化到每一个共同体成员的生活中，从而建构和巩固依据各种标准而形成的"差异性"等级秩序。在《礼记》中，儒家理想政治秩序主要落实在日常生活规范之中，无论是庶民还是政治人物的日常生活规范，都全面体现了儒家的等级秩序与规范政治。从庶民的角度看，以礼仪为中心的生活规范，要求庶民通过遵守生活规范来安守等级秩序，在日常生活中体现政治价值；从政治人物的角度看，以礼仪为中心的生活规范，有助于建构利于统治者的等级规范并巩固之，同时也将政治人物的私人生活公共化。这种"生活政治"的政治哲学范式，主要体现在生活规范的制定与遵守上，也就是把价值观念通过礼仪的方式变成具体可操作的规范，要求人们在日常生活中去遵守并践行。概括来说，生活规范主要体现为政治人物与普通民众在衣食住行等方面的行为准则，是对人们日常生活的细微而具体的要求，从称谓、穿衣、吃饭、交通、居住、丧祭、墓葬等多个方面要求人们遵守礼仪，以保证儒家的政治和伦理价值观念能得到全面落实，在生活中实现等级秩序的价值理念。《礼记》所展现的"生活政治"是儒家规范性政治的主要表现，也是传统中国社会的一种重要的社会治理方式。儒家政治不仅体现在以伦理价值原则作为社会生活的指导，更通过具体的规范制度来保证价值观念的落实。也就是通过礼仪、风俗的确立来推行价值观念，从而使价值观念从理念层面拓展到行动层面，以此规范人们的言行，实现价值理想中的社会秩序。民众也因为有了明确的言行规范，从而明确言行的边界，约束私人性的过分欲望，并按照礼仪制度的要求参与到公共生活中去，从而构建儒家理想中的优良生活。

禘、祫再考

陈 徽（同济大学）

　　学者关于禘、祫的争论，可谓由来已久。郑玄曰："儒家之说禘、祫也，通俗不同。或云岁祫终禘，或云三年一祫、五年一禘。"又云："学者竞传其闻，是用讻讻争论，从数百年来矣。"[1] 则所谓禘、祫之争，汉时已久而不决。郑君据《春秋》经、传所记鲁国祭事，考索演绎，作《鲁礼禘祫志》[2]，冀以窥察王室禘、祫之大端。虽然，争议仍未得平，且后儒异论愈显纷纷。对此，孙诒让尝有详辨。其列举唐以前论禘、祫异于郑说者，计有二十一种[3]，而"宋以后异说尤繁"。[4] 清儒多擅考订，其覆核《经》《传》，往往以郑说为上。如皮锡瑞曰："郑考《春秋》所书与《公羊》五年再殷祭，定为三年祫、五年禘，其精密实胜诸家。"[5] 尽管如此，疑郑、辟郑之

1　皮锡瑞：《鲁礼禘祫义疏证》，《皮锡瑞全集》第四册，北京：中华书局，2015年，第544-545页。
2　按：诸经《正义》及诸史《志》《传》多引作此名。皮锡瑞疏证此文，名之曰《鲁礼禘祫义》。
3　孙诒让：《周礼正义》卷三十三，北京：中华书局，2013年，第1340-1344页。
4　孙诒让：《周礼正义》卷三十三，第1344页。
5　皮锡瑞笺注、王锦民校笺：《〈王制笺〉校笺》，北京：华夏出版社，2005年，第116-117页。按：引文标点有改动。后文例此，不复言。

声亦未曾止歇。逮至今日，究竟如何理解禘、祫，学者仍存其惑。在此，本文亦稍进其辨，以俟端正。

一、禘礼考

关于禘礼，首先需要澄清的是：其仅为宗庙之祭，抑或可统谓天神、地祇及人鬼之祭？在此问题上，王肃与郑玄的观点之争堪为代表。《礼记·祭法》曰："有虞氏禘黄帝而郊喾，祖颛顼而宗尧。夏后氏亦禘黄帝而郊鲧，祖颛顼而宗禹。殷人禘喾而郊冥，祖契而宗汤。周人禘喾而郊稷，祖文王而宗武王。"郑《注》："禘、郊、祖、宗，谓祭祀以配食也。此禘谓祭昊天于圜丘也。祭上帝于南郊曰郊，祭五帝、五神于明堂，曰祖、宗。祖、宗通言尔。"[6] 又，其注《礼记·丧服小记》"王者禘其祖之所自出，以其祖配之"时，曰："禘，大祭也。始祖感天神灵而生，祭天则以祖配之。自外至

---

[6]《礼记正义》卷第四十六，北京：北京大学出版社，1999年标点本，第1292页。按：《祭法》此文当引自《国语》。《鲁语上》有禘、郊、祖、宗、报五祭之说，其曰："故有虞氏禘黄帝而祖颛顼，郊尧而宗舜；夏后氏禘黄帝而祖颛顼，郊鲧而宗禹；商人禘喾（引按："喾"，原作"舜"。韦昭云：'"舜"当为"喾"字之误也。'说是）而祖契，郊冥而宗汤；周人禘喾而郊稷，祖文王而宗武王。幕，能帅颛顼者也，有虞氏报焉；杼，能帅禹者也，夏后氏报焉；上甲微，能帅契者也，商人报焉；高圉、大王，能帅稷者也，周人报焉。凡禘、郊、祖、宗、报，此五者国之典祀也。"韦《注》："贾侍中云：'有虞氏，舜后，在夏、殷为二王后，故有郊、禘、宗、祖之礼也。'昭谓：此上四者，谓祭天以配食也。祭昊天于圜丘曰禘，祭五帝于明堂曰祖、宗，祭上帝于南郊曰郊。有虞氏出自黄帝，颛顼之后，故禘黄帝而祖颛顼；舜受禅于尧，故郊尧。《礼·祭法》：'有虞氏郊喾而宗尧。'与此异者，舜在时则宗尧，舜崩而子孙宗舜，故郊尧也。虞、夏俱黄帝、颛顼之后，故禘祖之礼同。虞以上尚德，夏以下亲亲，故郊鲧也。"亦是以禘、郊、祖、宗为祭天。韦昭注、明洁辑评：《国语》，上海：上海古籍出版社，2008年，第75-76页。

者，无主不止[7]。"[8]《丧服小记》此文在《大传》中重现，郑《注》于彼篇益申其说曰："凡大祭曰禘。自，由也。大祭其先祖所由生，谓郊祀天也。王者之先祖，皆感大微五帝之精以生，苍则灵威仰，赤则赤熛怒，黄则含枢纽，白则白招拒，黑则汁光纪，皆用正岁之正月郊祭之，盖特尊也焉。《孝经》曰'郊祀后稷以配天'，配灵威仰；'宗祀文王于明堂，以配上帝'，泛配五帝也。"[9] 又，在《鲁礼禘祫志》中，康成曰："《王制》记先王之法度、宗庙之祭，春曰礿，夏曰禘，秋曰尝，冬曰烝。……周公制礼，祭不欲数，乃改先王夏祭名礼为礿（引按："礿"同"禴"），禘又为大祭。"[10] 则禘又指宗庙之礼。可见，在郑玄看来，作为大祭之禘，其既可谓祭天之礼，亦可指宗庙之祀。而在祭天之礼中，又存在着圜丘之禘（按：以祀昊天）、郊禘（按：以祀感生帝。就周人而言，此帝即苍帝灵威仰）与明堂之禘（按：以泛祀五帝）之别。

郑玄之说遭到了王肃的断然否定，且被斥为"乱礼之名实"。王氏认为：禘礼无关于祭天，而仅谓宗庙之祭。其驳郑说曰："《祭法》说禘，无圜丘之名，《周官》圜丘不名为禘，是禘非圜丘之祭也。玄以《祭法》禘黄帝及喾为配圜丘之祀，《大传》'禘其祖之所自出'，玄又施之于郊祭后稷，是乱礼之名实也。《尔雅》'禘，大祭也；绎，又祭也'，皆祭宗庙之名，则禘是五年大祭先祖，非圜

---

7 引按："止"，原作"上"。作"上"无义。金榜《礼笺》云："古者配祭有二：自外至者，无主不止，故祭必有配，郊祀后稷以配天是也……"（转引自黄以周：《礼书通故》第十七，北京：中华书局，2007年，第765页）其"无主不止"之说，即是援引郑《注》。
8 《礼记正义》卷第三十二，第962页。
9 《礼记正义》卷第三十四，第997页。
10 皮锡瑞：《鲁礼禘祫义疏证》，《皮锡瑞全集》第四册，第521页。

丘及郊也。祖、宗，谓祖有功、宗有德，其庙不毁也。"[11]

对于上述二说，后世学者各有所从。然总体上，"唐、宋以后儒者，多遵王义，而郑义益晦"（孙诒让语）[12]。在反郑者中，唐代赵匡基于王说，更是详证何以禘礼仅谓宗庙之祭。如其释《大传》"礼，不王不禘。王者禘其祖之所自出，以其祖配之。诸侯及其大祖。大夫士有大事，省于其君，干祫及其高祖"之义时，曰：

> "不王不禘"，明诸侯不得有也。"所自出"，谓所系之帝。诸侯存五庙，唯太庙百世不迁。"及其太祖"，言"及"者，远祀之所及也。不言"禘"者，不王不禘，无所疑也。不言"祫"者，四时皆祭，故不言祫也。"有""省"，谓有功往见、省记者也。"干"者，逆上之意，言逆上及高祖也。据此体势相连，皆说宗庙之事，不得谓之祭天。《祭法》载虞、夏、殷、周禘礼，所谓"禘其祖之所自出"，盖禘、郊、祖、宗并叙永世，追祀而不废绝者也。禘者，帝王立始祖之庙，犹谓未尽其追远、尊先之义，故又推寻始祖所出之帝而追祀之。"以其祖配之"者，谓于始祖庙祭之便，以始祖配祭也。此祭不兼群庙之主，为其疏远而不敢亵狎故也。其年数，或每年或数年，未可知也。郑玄注《祭法》云：禘，谓配祭昊天上帝于圜丘也。盖见《祭法》所说文在"郊"上，谓为郊之最大者，故为此说耳。《祭法》所论禘、祖、郊、宗者，谓六庙之外永世不绝者有四种耳，非关祭祀也。禘之

---

11 转引自黄以周：《礼书通故》第十二，第619–620页。
12 孙诒让：《周礼正义》卷四十三，第1769页。

所及最远，故先言之耳，岂关圜丘哉！若实圜丘，五经之中何得无一字说出？又云"祖之所自出"，谓感生帝灵威仰也，此何妖妄之甚！此文出自谶纬，始于汉哀、平间伪书也。故桓谭、贾逵、蔡邕、王肃之徒疾之如仇，而郑玄通之于五经。其为诬蠹，甚矣！[13]

相对于王肃"禘是五年大祭先祖"的含糊之论，赵匡更明确地指出：《大传》所谓"祖之所自出"，是指"始祖所出之帝"。即此"帝"为人帝（始祖之父），而非郑玄所谓的感生帝。而郑玄之所以作此说，乃至将本为宗庙之祭的禘礼解为祀天之祭，实是受谶纬之说影响之故。赵氏之说颇受后人推崇，南宋杨复赞曰："唐赵伯循生于二千岁之后，独得其说于《祭法》《大传》《小记》《子夏传》之中。于是禘、郊、祖、宗之义焕然而大明，言虽简约而义已该备，故朱子深有取焉。"[14]

然而，若结合古籍所载，王肃等所谓禘礼仅为宗庙之祭的看法实难成立。一方面，《祭法》禘、郊、祖、宗之说表明：相较于郊礼，禘礼的规格似更高些。既然郊礼是祭天，则此处的禘礼便不可能是低于郊礼的宗庙之祭。赵匡认为：《祭法》论诸祭时，之所以将"禘"字列于"郊"上，乃是因为"禘之所及最远（引按："最远"，谓"始祖所出之帝"），故先言之耳"。说嫌牵强。另一方面，《礼记·王制》论牺牲云："祭天地之牛角茧栗，宗庙之牛角握，宾客之牛角尺。"而《国语》曰："郊、禘不过茧栗，烝、尝不过把

---

13 卫湜：《礼记集说》卷八十四，《文渊阁四库全书》第118册，上海：上海古籍出版社，2003年，第750–751页。
14 卫湜：《礼记集说》卷一零八，《文渊阁四库全书》第119册，第340页。

握。"(《楚语下》)则《国语》所谓郊、禘，正是指天地之祀。清人金榜亦证云：

> 天祭莫大于圜丘，地祭莫大于方泽，与宗庙禘其主之所自出，三者皆禘。《周语》："禘、郊之事则有全烝。"《鲁语》："天子日入监九御，使洁奉禘、郊之粢盛。"《楚语》："禘、郊不过茧栗，烝、尝不过把握。"又曰："天子禘、郊之事，必自射其牲，王后必自舂其粢；诸侯宗庙之事，必自射牛、刲羊、击豕，夫人必自舂其盛。"又曰："天子亲春禘、郊之盛，王后亲缲其服。"其言禘、郊，与宗庙烝、尝对文，明禘非宗庙之祭。《王制》"祭天地之牛角茧栗，宗庙之牛角握"，与《国语》禘郊茧栗、烝尝把握之文合。《表记》"天子亲耕，粢盛秬鬯以事上帝"，与《国语》"天子亲春禘、郊之盛"文合。天地之祭名禘，著于此矣。[15]

金说甚辨。故禘礼亦可指祭天，无可疑也。不仅如此，郑玄注《周礼》之《大司乐》时又云："此三者，皆禘大祭也。天神则主北辰，地祇则主昆仑，人主则主后稷。"[16] 则康成谓禘礼亦可指祭地。贾公彦亦疏曰："案《尔雅》云'禘，大祭'，不辨天神、人鬼、地祇，则皆有'禘'称也。《祭法》云黄帝之等，皆据祭天于圜丘。《大传》云'王者禘其祖之所自出'，据夏正郊天。《论语》'禘自既灌'，据祭宗庙。是以郑云三者皆禘大祭也。云'天神则主北辰，

---

15 转引自孙诒让：《周礼正义》卷四十三，第 1769–1770 页。
16 《周礼注疏》卷第二十二，北京：北京大学出版社，1999 年标点本，第 586 页。

地祇则主昆仑，人鬼则主后稷'者，此三者，则《大宗伯》云'祀之、享之、祭之'。"[17] 至孙诒让，其总结禘礼云：

> 此天神之祭为圜丘祭昊天，地示之祭为方丘祭大地，人鬼之祭为大祫，通谓之禘。又天神有南郊祭苍帝，地示有北郊祭后土，又有明堂合祭五天帝、五地示，人鬼有吉禘、大禘，五者亦同谓之禘。是禘为诸大祭之总名也。[18]

如此，则周人的大祭之禘表现有八，即：天祭二（于圜丘祭昊天、于南郊祭感生帝）、地祭二（于方丘祭大地、于北郊祭后土）、宗庙之祭三（大祫、吉禘、大禘）以及明堂之祭一（泛祭五天帝、五地示）。

不过，下文将明：所谓"大祫"与"吉禘"乃后人臆生，本无其礼。又，圜丘、方丘之名见于《周礼》（又曰《周官》）。郑玄、孙诒让等以《周礼》为周公所著，其于上述二祭自无怀疑。近世以来，学者不仅认为《周礼》与周公无涉，且多谓其为汉人伪作。如康有为作《新学伪经考》，专斥刘歆伪造《周礼》《左传》《逸礼》等经之谬。且曰："歆欲附成莽业而为此书（引按：谓《周官》）。其伪群经，乃以证《周官》者。故歆之伪学，此书为首。"[19] 康氏论学常失之武断，然其谓刘歆伪造《周礼》之说却非孤论。如徐复观之说稍有异，其谓"《周官》是王莽草创于前，刘歆整理于后"。[20] 为

---

17 《周礼注疏》卷第二十二，第588页。
18 孙诒让：《周礼正义》卷四十三，第1762页。
19 康有为：《新学伪经考》，北京：中华书局，2012年，第76页。
20 徐复观：《〈周官〉成立之时代及其思想性格》，载《徐复观论经学史二种》，上海：上海书店出版社，2002年，第249页。

证成己说,徐氏从文献、文字、土田制度、赋役制度、商业与商税、刑罚制度等方面详证《周礼》一书之非。钱穆则认为:"何休曾说:'《周官》乃六国阴谋之书。'据今考论,与其谓《周官》乃周公所著,或刘歆伪造,均不如何氏之说遥为近情。"[21] 宾四又证曰:

> 《诗》《书》只言"天""帝",而无"五帝"。"五帝"乃战国晚起之说。祀"五帝",其事兴于秦。[22]
>
> 据此,可证五帝祠乃秦人特创。且秦人亦只祠白、青、黄、赤四帝,尚无黑帝。直至汉高祖入关,始足成"五帝"。其前不见有所谓"五帝祠"。[23]
>
> 五天帝之说,本兴于燕、齐海疆之方士。[24]
>
> "受命帝"云云,当系邹衍之徒主张"五德终始"一派学说者所提出。[25]
>
> (《封禅书》曰:)"三年一郊。秦以十月为岁首,古常以十月上宿郊见。通权火,拜于咸阳之旁而衣上白。其用如经祠云。"可见秦人郊礼也只有一次,并不以昊天上帝和受命帝分别为两祭也。[26]
>
> 王肃专与郑玄立异。郑玄说郊天、圜丘是二,王肃说是一。

---

21 钱穆:《〈周官〉著作时代考》,载《两汉经学今古文平议》,北京:商务印书馆,2001年,第322页。
22 同上书,第323页。
23 同上书,第324页。
24 同上书,第328页。
25 同上书,第334页。
26 同上书,第336页。

郑玄说鲁惟一郊,王肃说有二。郑玄对于郊天、圜丘之辨是错了,因此王肃的说法便对了。郑玄对于鲁惟一郊之说是准了,于是王肃又不得不错了。……根据上论,《周官》所记"天"和"上帝",故不见有何分别。而"圜丘"祭天,也未见和"南郊"是二非一。所以王肃说:"郊即圜丘,圜丘即郊。所在言之则谓之郊,所记言之则谓之圜丘。于郊筑泰坛,像圜丘之形。以丘言之,比诸天地之性。故《祭法》云'燔柴于泰坛',则圜丘也。《郊特牲》云:'周之始郊日以至。'《周礼》云:'冬至祭天于圜丘。'知圜丘与郊是一也。"(《郊特牲》疏)其论极精明。[27]

宾四论"五帝"及"受命帝",说颇辨。然其从王肃说曰圜丘即郊天,则又未必然也。否则,《国语》及《祭法》所谓禘、郊之说(即"有虞氏禘黄帝而郊喾"云云)又作何解?且尽管"秦人郊礼也只有一次",未必意味着周以前天祭不可为二。又,孟献子曰:"夫郊祀后稷,以祈农事也。是故启蛰而郊,郊而后耕。"(《左传·襄公七年》)后稷为周人始祖,郊祀以其配祭,此即为"郊稷"。既如此,则《国语》等所谓"周人禘喾而郊稷",即是言禘天而以喾配。禘、郊既有别,则郑玄圜丘与郊天为二之说便不可废。

圜丘所祭者为昊天,郊天所祭者乃上帝。然昊天与上帝实系一天二名,非谓二"物"。盖昊天就其广大、深远之状而言,上帝则就其人格性与神性而言。故《诗·大雅·云汉》曰:"昊天上帝,则不我遗。""昊天上帝,宁俾我遯。""昊天上帝,则不我虞。"此是

---

[27] 钱穆:《〈周官〉著作时代考》,载《两汉经学今古文平议》,第342—343页。

合昊天与上帝为一而言；又曰："后稷不克，上帝不临。"此是就其人格性与神性言天，且以"后稷"与"上帝"并言，可证后儒以后稷配天之说不诬；又曰："瞻卬昊天，云如何里！""瞻卬昊天，有嘒其星。""瞻卬昊天，曷惠其宁！"此是就其广大、深远之状言天。清人朱大韶认为："配上帝与配天，两义绝不同。"又云："郊祀后稷，谓祀天南郊，以稷配食。……配，对也，匹也。……《召诰》：'其自时配皇天。'《君奭》：'殷礼陟配天。'《大雅》：'殷之未丧师，克配上帝。'皆谓其德足以相配也。"[28] 据此，则所谓"禘黄帝"或"禘喾"，当指先帝或先王因其功德卓著，故得以禘天配祭。

由是，在孙诒让所总结的周人八禘中，除去后人臆生的"大祫"与"吉祭"，其余六禘及其所祭对象分别为：天祭二（于圜丘祭昊天、于南郊祭上帝）、地祭二（于方丘祭大地、于北郊祭后土）、宗庙之祭一（大禘）以及明堂之祭一（泛祭天地，而以文、武配之）。

又，今人基于考古所得，亦有消解禘礼包含天祭之论。如董莲池指出：据甲骨文，禘祭是殷王"用以祭祀先公、先王、先臣以及除上天之外的其他诸神祇，它是一种膜拜对象广泛的祭祀活动"；而据金文，西周祭祀的对象"一律只限于祭祀先祖先考"。[29] 以新近出土的简、帛、金文和甲骨文等文献以探察古代思想或礼仪典章制度，诚开近代以来思想学术研究之新风。此法取得的成果，也堪

---

28 朱大韶：《春秋传礼徵》卷三，载凌曙等撰：《春秋公羊礼疏》（外五种），上海：上海古籍出版社，2015年，第428页。按：不过，朱氏认为禘祭仅指人鬼之礼，非谓祭天。且禘祭的对象，为始祖之父（此其所谓《大传》"祖之所自出"）。朱氏还指出："明堂非祀五帝之所"，而所谓"配上帝者"，是指"立明堂以尊祀文王，与配天南郊者相匹"。（参见上书，第425-428页）谓"明堂非祀五帝之所"，说是。余说则似未安。
29 参见董莲池：《殷周禘祭探真》，《人文杂志》，1994年第5期。

为卓著。然因出土文献的片面性（如目前所见到的殷周甲骨文、金文等，毕竟非其全部），以及对于其内容释读的歧义性（如对于郭店简《老子》的一些文字的释读，学者之间分歧甚大）乃至茫昧性（如对于殷墟甲骨文，尚有约一半的文字未得识读），均会影响相应的判断或结论。故以此法研究古代思想或典制时，当慎之又慎，不宜轻下断语。

其次，关于宗庙之禘，其祭有二，曰：时禘与大禘。其中，前禘属夏祭，后禘则为大祭。就时禘而言，其名亦需有辨。《诗·小雅·天保》："禴、祠、烝、尝，于公先王。"毛《传》："春曰祠，夏曰禴，秋曰尝，冬曰烝。"[30]《礼记·祭统》则曰："凡祭有四时：春祭曰礿，夏祭曰禘，秋祭曰尝，冬祭曰烝。"《王制》亦云："天子、诸侯宗庙之祭，春曰礿，夏曰禘，秋曰尝，冬曰烝。"郑《注》于《王制》篇释云："此盖夏、殷之祭名。周则改之，春曰祠、夏曰礿，以禘为殷祭。《诗·小雅》曰：'礿、祠、烝、尝，于公先王。'此周四时祭宗庙之名。"[31]孔《疏》进而指出：

> 疑为夏、殷祭名者，以其祭名与周不同，故以为夏、殷祭名。其夏、殷之祭又无文，故称"盖"以疑之。此云"春礿"，而《郊特牲》云"春禘"者，郑彼注云"'禘'当为'礿'"，从此为正。……云"周则改之，春曰祠、夏曰礿"者，按《宗伯》云"以祠春享先王，以禴夏享先王"。又知周以禘为殷祭者，按

30《毛诗正义》卷第九，北京：北京大学出版社，1999年标点本，第585页。
31《礼记正义》卷第十二，第385页。

《公羊传》曰："五年而再殷祭。"又《春秋经》僖八年："秋，七月，禘于大庙。"是禘为殷祭。殷犹大也，谓五年一大祭。引《诗·小雅》者，是文王之诗、《天保》之篇。谓文王受命，已改殷之祭名：以夏祭之禘改名曰礿[32]。而《诗》先言"礿"后"祠"者，从便文。"尝"在"烝"下，以韵句也。[33]

又曰："今郑《注》此云……。参验上下，并与《周礼》不同，不可强解合之为一。此《王制》所陈，多论夏、殷之制。"[34] 对于孔《疏》之说，后儒多从之。皮锡瑞赞云："孔《疏》于郑《注》分别夏、殷、周，解说甚通。"[35] 且谓："云'夏、殷祭无文'，又云'不可强解合之为一'，足见《礼》家记载各异，有夏、殷礼，有周礼，有周损益二代之礼，有孔子损益三代之礼。《王制》损益三代，故或从周，或从夏、殷。"[36] 然《国语》又引邱敬子之言曰："先臣惠伯以命于司里，尝、禘、蒸（引按："蒸"通作"烝"）、享之所致君胙者有数矣。"（《鲁语上》）韦《注》："秋祭曰尝，夏祭曰禘，冬祭曰蒸，春祭曰享。享，献物也。……致君胙者，谓君祭祀赐胙，臣

---

[32] 孔《疏》于《天保》篇指出："自殷以上则禴、禘、尝、烝，《王制》文也。至周公则去夏禘之名，以春禴当之，更名春曰祠。……周公制礼，乃改夏为禴，禘又为大祭。《祭义》注云：'周以禘为殷祭，更名春曰祠。'是祠、禴、尝、烝之名，周公制礼之所改也。若然，文王之诗所以已得有制礼所改之名者，然王者因革，与世而迁事，虽制礼大定，要亦所改有渐。《易》曰：'不如西邻之禴祭。'郑注为夏祭之名，则文王时已改。言周公者，据自礼大定言之耳。"《毛诗正义》卷第九，第585-586页。
[33]《礼记正义》，卷第十二，第386页。
[34] 同上。
[35] 皮锡瑞笺注、王锦民校笺：《〈王制笺〉校笺》，第111页。
[36] 同上。

下掌致之也。有数，有世数也。"³⁷ 是春秋时仍有夏禘之说。如此，则与上述所谓周礼祠、禴、尝、烝之说不合。孙希旦认为："愚谓礿、禘、尝、烝，夏、殷四时之祭名也。天子别有大禘之祭，故周改春、夏祭名以避之：春曰祠，夏曰禴。而诸侯之祭，其名不改。"³⁸ 说可参。

时禘之所以非为大祭，是因为其祭祖、祢各于其庙，而非合祭于始祖（按：就周王而言）或太祖之庙（按：就鲁国等诸侯国而言）³⁹。大禘则不然，其之所以属于大祭，即是就其于太庙合祭众祖而言。然后儒论大禘，多有迷误：其不仅臆生了"吉禘"与"袷祭"之说（按：辨见下文），且于禘、袷关系又滋生诸多困惑。纷纭之争，因而不绝。

二、"吉禘""袷祭"考

统观学者关于禘（作为宗庙之祭的大禘）、袷的争论，其说可分为两类：其一，谓禘与袷同，二者乃一祭而二名。刘歆、贾逵、郑众、马融、杜预、孔颖达等少数学者持此说。《王制》孔《疏》云："《左氏》说及杜元凯皆以禘为三年一大祭，在太祖之庙。《传》无袷文，然则袷即禘也：取其序昭、穆谓之禘，取其合集群主谓之袷。"⁴⁰ 是尽管所指为一，但禘、袷二名亦各彰其义。其二，谓禘与

---

37 韦昭注、明洁辑评：《国语》，第 77 页。
38 孙希旦：《礼记集解》卷四十七，北京：中华书局，1989 年，第 1249 页。
39 按：关于"始祖"与"太祖"是否为一，限于篇幅与问题所及，兹不论。
40 转引自陈寿祺：《五经异义疏证》卷上，上海：上海古籍出版社，2012 年，第 46-47 页。按：本段列举学者关于禘、袷关系的诸种观点，分别参见陈寿祺《五经异义疏证》第 46-50 页、孙诒让《周礼正义》，第 1340-1344 页。

袷异，二者乃属二祭。历来学者多主此说。虽然，其关于禘、袷的纷纭之争，亦主要集中于此。如：若就时制言，有曰岁袷而终禘者（如许慎、徐禅、袁准、虞喜等），有曰袷三年、禘五年者（如郑玄），有曰"禘既三年，袷则五年"者（如范宁），有曰禘、袷同为三年且禘夏而袷秋者（如杨士勋），等等；若就所祭对象言，有谓禘、袷皆及毁庙之主者（如《白虎通》、徐禅、袁准、虞喜等），有谓袷则止及毁庙、禘则总陈昭穆者（如《后汉书·张纯传》《序汉志》），有谓禘及毁庙、袷惟存庙者（如孔安国、王肃），亦有谓禘亦及功臣者（如何休），等等。

  清季，基于考覆演绎，诸礼大家（如陈寿祺、黄以周、孙诒让、皮锡瑞等）多以郑玄之说为胜。孙诒让甚至认为：郑说中，惟"谓禘祭亦取文、武后迁主以昭、穆祭于文、武庙"之论"与礼制不合"，"此外诸义，则并综贯经、传，确不可易。"[41]而皮锡瑞亦疏证《鲁礼禘袷志》，以伸郑说。由此，关于禘、袷的争论，似乎可得止息了。然而，此未必然也。

  郑玄作《鲁礼禘袷志》，乃为复原周礼之禘、袷。之所以曰"鲁礼"，是因为"周姬东亡，礼乐坏缺"（皮锡瑞语）[42]，加之文献散佚，故周礼关于禘、袷的规定已不可考。既然"周礼尽在鲁矣"（《左传·昭公二年》），可以"由侯以溯王朝"（皮锡瑞语）[43]。不得已，郑玄才据鲁礼以论禘、袷。而鲁礼之要，可据《春秋》以窥之，故其曰："窃念《春秋》者，书天子、诸侯中失之事，得礼则

---

41 孙诒让：《周礼正义》卷三十三，第1343页。
42 皮锡瑞：《鲁礼禘袷义疏证·序》，《皮锡瑞全集》第四册，第519页。
43 同上。

善，违礼则讥，可以发起是非，故据而述焉。从其禘、祫之先后，考其疏数之所由，而粗记注焉。"[44]然而，郑玄关于《春秋》诸祭的论断多属推测。以此而定禘、祫，殊难致信。进而言之，即便是对于《春秋》经、传所谓"吉禘""大祫""五年而再殷祭"等说，似亦需重新省察。在此，本文先就《禘祫志》以观郑玄禘、祫之论，然后再定经、传禘祫等说。

关于郑玄禘、祫之说的要点，可概之如下：首先，三年一祫（于孟秋）、五年一禘（于孟夏。按：黄以周则谓："其实夏虽有禘，而以春禘为正。"[45]），一祫一禘，且祫、禘各自相距五年。其次，禘小于祫。此所谓禘、祫，皆是指宗庙之大祭，即"殷祭"。此义之禘，则大于作为四时之祭的时禘。禘之所以小于祫，是因为祫祭

---

44 皮锡瑞：《鲁礼禘祫义疏证》，《皮锡瑞全集》第四册，第545-546页。
45 黄氏证曰："《毛诗》传云：'诸侯春禘则不礿，秋祫则不尝，惟天子兼之。'张纯云：'禘则夏四月，祫以冬十月。'何休云：'天子特禘、特祫，诸侯禘则不礿、祫则不尝。'郑玄云：'禘以夏，祫以秋。'杜佑云：'禘以五月，祫以六月。'以周案：今《閟宫》传'春禘'作'夏禘'，误。以夏禘而先废春礿，断无是礼。《雝》诗《正义》云：'此禘，毛以春，郑以夏，不同。'是可证毛《传》本作'春禘'矣。（今陈硕甫《毛诗疏》仍沿旧讹）何注《公羊》云'诸侯禘则不礿，祫则不尝'，即本毛《传》。其云'天子特禘、特祫'，即毛《传》天子兼之之说也。郑于《祭义》《郊特牲》记时祭之春禘，皆破为'礿'，而以《祭统》《王制》言夏禘者为正，周则改先王夏禘为夏禴，而以禘为大祭，仍行之于夏。说与毛《传》异。其实夏虽有禘，而以春禘为正。《祭统》《王制》记四时之别名，曰春礿、夏禘，《祭义》《郊特牲》则浑言之曰春禘、秋尝，正以大禘行于春，故有是名也。禘在春，祫自在秋。张纯以为祫在冬，以冬祭有大烝之名也。其实冬虽有祫，而以秋祫为正。诸经言祭义之大，则举禘、尝，据春秋二大祭以言。《祭统》言成王、康王赐鲁大禘、尝，谓禘、祫也。祫谓之大尝，是祫以秋尝也。文二年八月，'大事于太庙'，《公羊》云'大祫也'，《榖梁》云'著祫、尝'，是大祫即大尝，而祫以秋明矣。春禘、秋尝，为周之通制。《王制》之祫、禘，记异代礼。《明堂位》之季夏六月禘，记始受礼。《杂记》之七月禘，记孟献子所为。《春秋》之定八年十月禘，尤末失也。"（黄以周：《礼书通故》第十七，第761-762页）按：周说辨，可参。不过，下文将证：正因为本无祫祭，故"诸经言祭义之大，则举禘、尝"也。

乃是集众主（即毁庙之主与未毁庙之主）合祭于太祖之庙[46]，禘祭则"各就其庙"[47]。孙诒让总结道："综此诸文，则郑说周之禘、祫并为殷祭。其异者：禘小而祫大，禘分而祫合。其年之疏数，则吉禘之后，三年祫、五年禘，禘、祫自相距各五年。其祭之时，则吉禘以春、大禘以夏、祫以秋。其祭之仪法，祫则毁庙、未毁庙之主皆升，合食于大祖；禘则文、武以前迁主于后稷之庙，文、武以后迁主：穆祭于文王之庙，昭祭于武王之庙，未迁之主各自祭于其庙。"[48] 孙氏所言大体可参，然亦有一误，即其视"吉禘"与"大禘"为二事。观《禘祫志》所论：

> 鲁庄公以其三十二年秋八月薨，闵二年五月而吉禘。此时庆父使贼杀子般之后，闵公心惧于难，不得时葬。葬则去首绖于门外，乃入。务自尊成以厌其祸，若已练然，免丧又速。至二年春，其间有闰。二十一月禫，除丧。夏四月，则祫。既祫，又即以五月禘于其庙。比月大祭，故讥其速。讥其速者，明当异岁也。经独言"吉禘于庄公"，闵公之服凡二十一月，于礼少四月，又不禫，云"吉禘"，讥其无恩也。四月祫，五月禘。不讥祫者，庆父作乱，国家多难。故庄公既葬，经不入库门。闵公早厌其乱，故四月祫，不讥。五月即禘，比月而为大祭，又于礼少

---

[46] 按：郑玄此说，取自《公羊传》。《春秋·文公二年》："八月丁卯，大事于大庙，跻僖公。"《公羊传》曰："大事者何？大祫也。大祫者何？合祭也。其合祭奈何？毁庙之主，陈于大祖，未毁庙之主，皆升，合食于大祖，五年而再殷祭。"
[47] 参见皮锡瑞：《鲁礼禘祫义疏证》，《皮锡瑞全集》第四册，第 526 页。
[48] 孙诒让：《周礼正义》卷三十三，第 1338 页。

四月。故书，讥其速也。[49]

则郑玄所言"大祭"（按："比月而为大祭"之"比"，义为连续），即为袷与禘二种。《春秋》之所以曰"夏，五月，乙酉，吉禘于庄公"，乃是讥闵公除丧太速，以致"丧事未毕而举吉祭，故非之也"（《穀梁传》语）。对此，三《传》均无异议。依礼：庄公丧后二十五月为大祥，二十七月为禫（按：关于大祥与禫之月，此从郑玄说[50]。下同），除丧，然后举吉祭。据郑玄，吉祭即谓"吉禘"。在此之前，尚有袷祭。故其曰"四月袷，五月禘"。孙诒让曰"吉禘以春、大禘以夏、袷以秋"，凭空分"吉禘"与"大禘"为二。实则郑玄所谓"吉禘"，即是指"大禘"。《春秋》之所以曰"吉禘"，乃是加"吉"字以讥之。《左传》孔《疏》："闵二年五月，'吉禘于庄公'，以其时未可吉，书'吉'以讥之。此年正月，晋已烝于曲沃，仍云'未得禘祀'[51]，知其禘祀，是三年丧毕之吉祭也。"[52] 又，何休亦云："据禘于大庙不言'吉'。都未可以吉祭。经举重，不书'禘'于大庙，嫌独庄公不当禘。于大庙可禘者，故加'吉'，明大庙皆不当。"[53] 此益明"吉禘"即除丧之大禘。如此，则本无所谓"吉禘"之礼。故黄以周曰：

---

49 皮锡瑞：《鲁礼禘袷义疏证》，《皮锡瑞全集》第四册，第534页。
50 按：曾亦认为："禫"与"祥"当同月，即皆为丧后第二十五月。说颇可参。参见氏著《孝道的构建与先秦儒家对古礼的改造——以丧礼中的祥、禫同异月问题为例》，载于《同济大学学报》（社科版），2018年第4期。
51 引按：此是说《左传·襄公十六年》"冬，穆叔如晋聘，且言齐故。晋人曰：'以寡君之未禘祀，与民之未息，不然，不敢忘。'"之事。
52 《春秋左传正义》卷第三十三，北京：第941页。
53 《春秋公羊传注疏》卷第九，北京：北京大学出版社，1999年标点本，第193页。

此郑以鲁禘推明天子禘法，用礼家禫后有祫及《春秋》古文家终禘之说，而以《春秋》今文家"五年再殷祭"及《礼》家"三年一祫，五年一禘"为除丧吉祭后推行之法。盖以丧毕之祫、明年之禘、吉祭之禘祫实为五年再殷祭之本，故从此以后三年祫、五年禘，又三年祫、五年禘，五年再殷、十年四殷。[54]

由是，关于郑玄论禘、祫之年，其说表现为：

新君除丧行祫祭（即位第二年或第三年孟秋），明年（即位第三年或第四年孟夏）行禘祭（按：此即《春秋》所谓"吉禘"）。

即位第六年或第七年（即距前禘三年）行祫祭，即位第八年或第九年（即距前禘五年）行禘祭。

即位第十一年或第十二年行祫祭，即位第十三年或第十四年行禘祭。

即位第十六年或第十七年行祫祭，即位第十八年或第十九年行禘祭。

……

此即所谓"一祫一禘""三年一祫，五年一禘"及"五年而再殷祭"。郑玄还以文公之丧为例，以证其说，曰："鲁文公以其十八年春二月薨，宣二年除丧而祫，明年春禘。至此之后，五年而再殷

---

[54] 黄以周：《礼书通故》第十七，第757页。

祭，与僖为之同。六年祫，故八年禘。经曰：'夏六月，辛巳，有事于太庙，仲遂卒于垂。'说者以为'有事'谓禘，为仲遂卒张本，故略之言'有事'耳。"[55]

郑玄之说本为推论，其所举文公之丧之例，亦属推测。皮锡瑞虽伸郑说，也不得不承认："郑云宣二年祫、明年禘、六年禘，不见于《春秋》经、传，皆郑以礼例推得之。云'为仲遂卒张本，故略之言"有事"'者，义盖出于《左氏》。"[56] 同样，论及郑所举闵公之丧之例时，皮氏亦曰："郑云僖二年祫、三年禘、六年祫，皆不见于《春秋》经及三《传》，盖郑君据礼例推得之。八年因禘事致哀姜，用《左传》义。"[57]

因此，尽管郑玄的禘、祫观点远较他说缜密，毕竟是基于推测而成。朱大韶指出：

> 至郑所推，《玄鸟正义》已疑之云："闵二年五月吉禘于庄公，是《春秋》文。而于禘之前，经无祫事。"知所云僖二年、文二年、宣二年、昭十四年除丧始祫，并是郑推算而云，非实事。况大祫仅见《公羊》说。《春秋》于十二公所载祭名，有尝、烝、禘三者，不见有祫。至昭二十五年《左传》："将禘于襄公，万者二人，其众万于季氏。大夫遂怨平子。"此《传》因昭公将逐意如，杂叙前后事，非一时。禘于襄公未必实在二十五年，郑不过据以合五年之数耳，甚非实事。《公羊》所云"五年再殷

---

55 皮锡瑞：《鲁礼禘祫义疏证》，《皮锡瑞全集》第四册，第 540 页。
56 同上。
57 同上书，第 536 页。

祭","殷祭"不知何礼。[58]

则朱氏不仅怀疑祫祭存在的可能性，且疑于"殷祭"之说。又曰："三年丧毕之祭谓之祫、谓之禘。按之礼经，都无明证。"[59]进而，他甚至否定了禘为大祭之说："禘为时祭之名，非丧毕而祭之名。"[60]

朱氏之疑虽嫌于极端，但也彰显了郑玄祫、禘之说的诸多问题。而其关于祫祭的非议，则殊可留意。今人在此亦有考察，且益证祫祭存在之非。如钱玄认为："《仪礼》《周礼》《左传》及其他先秦古籍都没有说及'祫'。只有《礼记》三处有'祫'字[61]，但都不跟'禘'并列释为祭名，而都应释为一种祭祀的方式（引按：即合祭）。"[62]且谓："根据以上三个问题的分析：一、祫不是祭名，只有禘祭。二、《春秋》所记只有《闵二年》《文二年》为三年丧毕之禘祭。《禘祫志》所举极大部分《春秋》无文，或与丧毕之祭无关。"又曰："'五年再殷祭''三年祫，五年禘'，为《公羊传》及何休注采用汉《礼纬》之说。"《公羊传》在汉初仅为口授相传，尚未成书，至汉景帝时始著于竹帛。当时谶纬之说已出，是《公羊传》作者得采用《礼纬》之说。至于东汉谶纬盛行，何休作《解诂》，引

---

58 朱大韶：《春秋传礼徵》卷三，载凌曙等撰：《春秋公羊礼疏》(外五种)，第 429–430 页。
59 同上书，第 423 页。
60 同上书，第 422 页。
61 引按：此三处即：《王制》："天子犆礿，祫禘、祫尝、祫烝。诸侯礿则不禘，禘则不尝，尝则不烝，烝则不礿。诸侯礿犆、禘一犆一祫，尝祫，烝祫。"《曾子问》："当七庙、五庙无虚主。虚主者，惟天子崩、诸侯薨，与去国，与祫祭于祖，为无主耳。"《大传》："大夫士有大事，省于君，干祫及其高祖。"
62 钱玄：《郑玄〈鲁礼禘祫志〉辨》，《古籍整理研究学刊》，1994 年第 5 期。

《礼纬》之文解之，是为理之当然。"[63]

钱氏谓"祫"指合祭，而非为祭名，说可定谳；然其谓《公羊传》作者得采用《礼纬》之说"，则有未安。张衡曰："谶书始出，盖知之者寡。自汉取秦，用兵力战，功成业遂，可谓大事。当此之时，莫或称谶。若夏侯胜、眭孟之徒以道术立名，其所述著，无谶一言。刘向父子领校秘书、阅定九流，亦无谶录。成、哀之后，乃始闻之。……则知图谶成于哀、平之际也。"[64] 又云："初，光武善谶，及显宗、肃宗因祖述焉。自中兴之后，儒者争学图谶，兼复附以妖言。"[65] 则以谶纬之说入于解经，乃后汉时事。又，眭孟乃董仲舒再传弟子，为公羊学大师，"其所述著，无谶一言"。既如此，则"汉景帝时始著于竹帛"的《公羊传》，更不当有援引《礼纬》之举。又，对于郑玄所谓"三年一祫，五年一禘"之说，孔颖达以为"郑本《礼谶》"。[66] "宋以后人攻击谶纬，率诋郑君崇信纬书"。（皮锡瑞语）[67] 然据皮氏，所谓"五年而再殷祭""三年一祫，五年一禘"之说，韦玄成、刘向等已言。此说实本于"天道三年一小闰，五年一大闰"之理，"是郑非专据纬书，明矣"。[68]

---

63 钱玄：《郑玄〈鲁礼禘祫志〉辨》，《古籍整理研究学刊》，1994年第5期。
64 范晔撰、李贤等注：《后汉书》卷五十九，北京：中华书局，1965年，第1912页。
65 同上书，第1911页。
66 皮锡瑞曰："'或云三年一祫，五年一禘'者，今《春秋》公羊说也。孔疏以为郑本《礼谶》，《王制》正义引《礼纬》亦同。"皮锡瑞：《鲁礼禘祫义疏证》，《皮锡瑞全集》第四册，第544页。
67 同上。
68 参见皮锡瑞：《鲁礼禘祫义疏证》，《皮锡瑞全集》第四册，第544-545页。

三、禘之时制及其意义

不过，钱玄所谓"只有禘祭"的结论是正确的（按，以下所论，仍为作为宗庙之祭的大禘）。《春秋·文公二年》："八月，丁卯，大事于大庙，跻僖公。"对此，三《传》皆讥之曰"逆祀也"。[69] 此讥乃是针对"跻僖公"之举而言。其实，《春秋》此条尚有一讥，即文公行此"大事"时，仍处于僖公丧期。只是因为此祭违礼甚明，且有前讥"吉禘于庄公"之例，故《春秋》在此特举其重（即"跻僖公"）。[70] 对于所谓的"大事"，《左传》未曰其为何祭。《公羊传》曰："大事者何？大祫也。大祫者何？合祭也。其合祭奈何？毁庙之主陈于大祖，未毁庙之主皆升，合食于大祖。五年而再殷祭。"《穀梁传》亦云："大事者何？大是事也，著祫、尝。祫祭者，毁庙之主陈于大祖，未毁庙之主皆升，合祭于大祖。"则后二《传》皆以"祫"为祭名。后儒论"祫"之误，盖皆因此之故。既然"祫"非祭名，仅仅意味着合祭的方式（即君丧服满，毁庙之主

---

[69] 当然，对于此"逆祀"所展现的闵、僖之间的关系，左氏与《穀梁》《公羊》有着不同的理解。《左传》曰："于是夏父弗忌为宗伯，尊僖公，且明见曰：'吾见新鬼大，故鬼小。先大后小，顺也。'"杜《注》："僖公，闵公庶兄，继闵而立，庙坐宜次闵下。今升在闵上，故书而讥之。"（《春秋左传正义》，卷第十八，第490页）即以闵、僖为弟、兄。《穀梁传》则曰："先亲而后祖也，逆祀也。"《公羊传》亦云："其逆祀奈何？先祢而后祖也。"即以闵、僖为祖、祢。

[70] 如何休云："不言'吉祫'者，就不三年不复讥，略为下张本。"（《春秋公羊传注疏》卷第十三，第281页）杜预亦曰："时未应吉禘，而于大庙行之，其讥已明。徒以逆祀，故特大其事、异其文。"《左传》孔《疏》详释云："僖公以其三十三年十一月薨，至此年十一月丧服始毕（引按：孔氏亦从杜预、王肃，以二十五月除丧）。今始八月，时未应吉禘，而于大庙行之，与闵公二年吉禘于庄公，其违礼同也。彼书'吉禘'，其讥已明，则此亦从讥可知，不复更讥其速也。"《春秋左传正义》卷第十八，第490页。

与未毁庙之主皆合祭于太祖之庙），故此祭当为大禘。此祭之设，既为尊崇太祖[71]，亦为审谛诸神主的昭、穆次序，以定尊卑、厘伦理。关于审谛昭穆之因，段玉裁释云：

> 昭、穆固有定，曷为审谛而定之也？禘必群庙之主皆合食，恐有如夏父弗忌之逆祀乱昭、穆者，则顺祀之也。天子诸侯之礼，兄弟或相为后，诸父诸子或相为后，祖行孙行或相为后。必后之者，与所后者为昭、穆。所后者昭则后之者穆，所后者穆则后之者昭，而不与族人同昭、穆。以重器授受为昭、穆，不以世系蝉联为昭、穆也。故曰："宗庙之礼，所以序昭、穆也。"宗庙之礼，谓禘祭也。[72]

若三年丧毕，首禘（即后儒所误谓之"吉禘"）亦有迁主（即显考，新丧者之曾祖）告祖（即太祖及众祧）之意。至于众主在太祖庙中的昭、穆之序，孔颖达曰："禘祭之礼，审谛昭、穆，诸庙已毁、未毁之主皆于太祖庙中以昭、穆为次序。父为昭，子为穆。太祖东向，昭南向，穆北向，孙从王父，以次而下。祭毕则复其庙。"[73]

然大禘是否有其时制？若有，究竟是三年一禘还是五年一禘？对此，或可据《春秋》予以定断。在《春秋》中，其记"太庙"之祀者凡有四例：其一为文二年，"八月，丁卯，大事于大庙，跻僖

---

71 如段玉裁曰："《春秋》经言诸侯之礼：僖八年，'禘于太庙'。太庙谓周公庙，鲁之太祖也。天子宗庙之禘，亦以尊太祖。此正礼也。"许慎撰、段玉裁注：《说文解字注》，上海：上海古籍出版社，1988年，第5页。
72 许慎撰、段玉裁注：《说文解字注》，第5—6页。
73 《春秋左传正义》卷第十八，第490页。

公。"其二为僖八年,"秋,七月,禘于大庙,用致夫人。"其三为宣八年夏六月,"辛巳,有事于大庙。"其四为定八年冬,"从祀先公"。需要指出的是:因臆生祫祭,注家常曰"大事"谓祫,而以"有事"为禘。杜预、孔颖达等认为禘、祫本一,或曰否认有祫祭,故谓"大事""有事"均指禘祭。如《左传》孔《疏》:"昭十五年,'有事于武宫',《传》称'禘于武宫[74]'。'有事'是禘,则知'大事'亦是禘也。"[75] 又,文二年"大事于大庙,跻僖公",乃为非礼之逆祀。定八年"从祀先公",则是纠正上述逆祀之行[76],故亦当合祭众主于太庙。

先来看文二年之禘(按:为简便计,以下诸例均不考虑闰月。若计闰月,则除服需提前一、二月)。鲁僖公薨于其三十三年十一月(按:《春秋》记僖公薨于十二月,杜预曰:"乙巳,十一月十二日。经书十二月,误。"[77]),若禫后除丧禘祭,当于文三年二月(按:以禫为丧后第二十七月计。下同)以后。文公于其二年八月举"大事",违礼有二(说见前文)。虽然,此"大事"则是三年丧毕之禘祭也。其次,闵公薨于其二年八月,若禫后除丧禘祭,当于僖二年十一月以后。若于此年十一月或十二月行禘祭,其距僖八年相隔六年,则《春秋》僖八年秋七月"禘于大庙,用致夫人"之

---

[74] 引按:昭公十五年,二月癸酉,《春秋》:"有事于武宫。"《左传》:"十五年,春,将禘于武公,戒百官。"(《春秋左传正义》卷第四十七,第1340页)则孔《疏》此"宫"当为"公"之误。

[75]《春秋左传正义》卷第十八,第490页。

[76] 如《公羊传》曰:"从祀者何?顺祀也。"《解诂》:"复文公之逆祀。"(《春秋公羊传注疏》,卷第二十六,第569页)《穀梁传》亦曰:"贵复正也。"范《注》:"文公逆祀,今还顺。"《春秋穀梁传注疏》卷第十九,第326页。

[77]《春秋左传正义》卷第十七,第472页。

说，正合三年一禘之例。《春秋》常事不书，其之所以在此有书，乃是讥刺"用致夫人"之事[78]，而非针对禘年而论。复次，鲁文公薨于其十八年二月，若禫后除丧禘祭，当于宣二年五月以后。观《春秋》曰：宣八年夏六月，"辛巳，有事于大庙"，则其亦合三年一禘之例。最后，鲁昭公薨于其三十二年十二月，若禫后除丧禘祭，当于定三年三月以后。若据三年一禘之例，则定公"从祀先公"当于定九年。此于定八年冬，则有两种可能：其一，昭公丧后首禘实于定二年。如此，则此禘亦有除丧太速之过。其二，若其间有闰，且定公大祥后即行禘祭，则定八年冬"从祀先公"亦勉强合礼（按：何休曰："在二十五月外可不讥。"[79]）。

以上四例中，前三例均合三年一禘之制，而最后一例亦未必违背此制。三年一禘之说并非新见，《左传》杜《注》已曰："故禘，三年大祭之名。"孔《疏》亦云："《释天》云：'禘，大祭也。'言其大于四时之祭，故为三年大祭之名。言每积三年而一为此祭也。大庙，庙之大者，故为周公庙。《释例》曰：'三年丧毕，致新死之

---

78 《左传》杜《注》："致者，致新死之主于庙，而列之昭、穆。夫人淫而与杀、不薨于寝，于礼不应致。"孔《疏》："此'致'，致哀姜也。哀姜薨已多年，非复新死，而于今始致者，《传》发凡例：'夫人不薨于寝则不致。'哀姜例不应致，故儁公疑其礼。丧毕之日，不作禘祭之礼以致之。……因禘而致夫人，嫌其异于常礼，故史官书之。若其不致夫人，则此禘得常不书。为'用致夫人'而书之耳。"（《春秋左传正义》卷第十三，第352页）《公羊传》亦曰："用者何？用者不宜用也。致者何？致者不宜致也。禘用致夫人，非礼也。"
79 针对《春秋》"吉禘于庄公"之例，《公羊传》曰："其言'吉'何？言'吉'者，未可以吉也。曷为未可以吉？未三年也。三年矣，曷为谓之未三年？三年之丧，实以二十五月。"则公羊家谓二十五月（大祥）即可视为三年丧毕。何休亦曰："《礼·士虞记》曰：'期而小祥，曰荐此常事。又期而大祥，曰荐此祥事。中月而禫，是月也，吉祭犹未配。''是月者'，二十七月也。《传》言二十五月者，在二十五月外可不讥。"《春秋公羊传注疏》卷第九，第194页。

主以进于庙，庙之远祖当迁入祧。于是乃大祭于大庙，以审定昭、穆，谓之禘。'"[80] 其说是也（按：关于大祥与禫祭之月，杜、孔二氏皆从王肃说，谓均为丧后第二十五月）。至于计算禘祭之年之法，依《春秋》所记，其表现如下：君丧三年除服，则行首禘。其后，三年一禘。若时君薨，则基于前君之丧而计年的禘祭自然终止[81]。待新君丧毕除服，复行禘祭，且亦循三年一禘之例。如是而行。

　　大禘既以审定昭、穆之序，则其必行于太祖之庙，故《礼记·明堂位》曰："季夏六月，以禘礼祀周公于大庙。"既如此，《春秋》何以有"吉禘于庄公"之说？《公羊传》曰："其言吉何？言吉者，未可以吉也。……其言于庄公何？未可以称宫庙也。曷为未可以称宫庙？在三年之中矣。"何休解云："经举重，不书'禘'于大庙，嫌独庄公不当禘，于大庙可禘者，故加'吉'，明大庙皆不当。"[82] "时闵公以庄公在三年之中，未可入大庙，禘之于新宫，故不称宫庙。明皆非也。"[83] 《左传》孔《疏》亦引《公羊传》之说曰："丧毕而为禘祭，知致新死之主于庙也。新主入庙，则远主当迁。……《公羊传》曰：'其言于庄公何？未可以称宫庙也。曷为未可以称宫庙？在三年之中矣。'三年之中，未得以礼迁庙，而特云'庄公'，知为庄公别立庙，庙成而吉祭也（引按：此是释杜

---

80 《春秋左传正义》卷第十三，第352页。
81 按：徐彦虽曰"若其有丧，（袷、禘）正可于丧废"，然又曰："其袷、禘之年，仍自乘上而数之，即僖八年'禘于大庙'之时，禘、袷同年矣。"（《春秋公羊传注疏》卷第二十六，第569页）其"仍自乘上而数之"（即连续数之）之说，恐非。又，徐彦引何休之说云："何氏之意：以为三年一袷、五年一禘，谓诸侯始封之年，禘、袷并作之。"（同上）不知何据。
82 《春秋公羊传注疏》卷第九，第193页。
83 同上书，第195页。

《注》'庄公丧制未阕,时别立庙'之说)。"[84] 显然,闵公之"吉禘于庄公",实因诸种"不得已":三年之丧未毕,不得行禘祭。闵公因患庆父作乱,急于主禘以成己尊。此"不得已"之一也。丧事未毕,于礼不得迁庙,故禘祭不得于太庙举行。此"不得已"之二也。远祖既不得循礼迁庙,新主则无庙可入,故为庄公别立庙,"禘之于新宫"。此"不得已"之三也。然而,以上诸"不得已"之举皆为非礼。故《春秋》曰"吉禘于庄公":言"吉",以讥禘之非时;言"禘于庄公",既是讥不禘于太庙之失("禘于庄公"),亦是辟别立庙之非("特云'庄公'")。学者谓"鲁国君三年丧毕,只行一次禘祭",且谓禘祭"或在太庙,或在己庙"[85],说非。

禘者,"大祭也"(《尔雅·释天》)。又,《大传》与《丧服小记》皆曰:"礼,不王不禘。"鲁为诸侯,本不当有禘祭。《礼记·祭统》:"昔者,周公旦有勋劳于天下。周公既没,成王、康王追念周公之所以勋劳者,而欲尊鲁,故赐之以重祭。"则鲁之禘祭乃成、康所赐(按:此说或为后儒所疑,兹姑从之)。然世衰礼败,逮及春秋,遂屡有"吉禘于庄公""将禘于武公"(《左传·昭公十五年》)"将禘于襄公"(《左传·昭公二十五年》)之事。至于禘之时,自然亦复非以春、夏为正(黄以周:"其实夏虽有禘,而以春禘为正。"),或以秋(如:僖八年,"秋七月,禘于大庙,用致夫人";文二年,"八月丁卯,大事于大庙,跻僖公。"),或以冬(如:定八年冬,"从祀先公")。清人方观旭《论语偶记》曰:

84《春秋左传正义》,卷第十一,第306–307页。
85 见钱玄:《郑玄〈鲁礼禘祫志〉辨》。

"……春秋时,鲁之禘祭不必定在太庙,群庙及祢庙亦屡有是事。闵二年《经》书'吉禘于庄公',昭十五年《传》称'禘于武公',二十五年《传》称'将禘于襄公',定八年《传》称'禘于僖公'。武、僖非太祖,庄、襄又特闵、昭之祢,而《经》《传》明言有禘。凡此皆非正法。"[86] 段玉裁亦谓:上述诸祭"皆专祭一公。僭用禘名,非成王赐鲁重祭、周公得用禘礼之意也"。[87]

《祭统》曰:"夫祭有昭、穆。昭、穆者,所以别父子、远近、长幼、亲疏之序而无乱也。是故有事于大庙,则群昭、群穆咸在而不失其伦。此之谓亲疏之杀也。"作为大祭,禘礼审定的不仅是死者之间的昭、穆之序和尊卑、亲疏之伦,实则亦是通过此法以厘定、规范生者之间的伦理关系,维护相应的宗法政治秩序。这种昭、穆之序的"无乱"或"不失其伦",展现了儒家实现其王道理想的人伦基础。故《中庸》引孔子之言曰:"宗庙之礼,所以序昭、穆也。""郊社之礼,所以事上帝也。宗庙之礼,所以祀乎其先也。明乎郊社之礼、禘尝之义,治国其如示诸掌乎!"[88] 又曰:"於呼哀哉!我观周道,幽、厉伤之,吾舍鲁何适矣?"(《礼记·礼运》)然而,"鲁之郊、禘,非礼也。周公其衰矣!"(同上)夫子之叹,良有以也!

---

[86] 转引自程树德撰:《论语集释》,北京:中华书局,2014年,第222–223页。
[87] 许慎撰、段玉裁注:《说文解字注》,第5页。
[88] 《论语·八佾》亦曰:"或问禘之说。子曰:'不知也。知其说者之于天下也,其如示诸斯乎!'指其掌。"

亲亲、尊尊与周礼的精神基础

——兼及其与儒家人道中人伦与仁义的关系

陈 赟（华东师范大学）

西周王制具有其制度基础与精神基础，如果说制度基础是嫡庶之别，那么其精神基础则是亲亲与尊尊两大原则。本文的目的在简要回溯嫡庶之制之后，探讨亲亲与尊尊作为周礼的原则与后世儒家所理解的人道的基本规定——仁义——之间的关联。由此可以看出周公之礼与孔子之人道之间的连续性及其差异。

一、嫡庶之制与西周王制的制度基础

在《殷周制度论》中，王国维先生对继统法、宗法、封建等的讨论表明，周代王制的制度基础在于嫡庶之制，这意味着，嫡庶之制作为一个基础性的制度，其他制度或者由其派生，或者与其相辅相成。[1] 与郡县制国家的一君临万民、一家临万家的体制格局不

---

[1] 关于嫡庶之制与商周继统法的讨论，参见陈赟：《嫡庶之制与周礼的根基》，陈畅主编《儒学与古典学评论》第三辑，上海人民出版社，2016。鉴于笔者已经对嫡庶问题做了详尽讨论，此处不再重复。

同，西周王制的特点是一家（族）临万家（族）、一国（中国、王国）临万国（方国）。政治社会的基本单位并不是现代社会中的原子化个人，也不是秦汉皇权体制下的主干家庭，而是宗族之家。宗族之家作为社会结构的基本单位并不是现成被给予的，而是西周创制立法的结果，当西周统治者以宗法体系改造殷商时代就已有的氏族体制，于是在继承方面更重兄弟轮替的氏族之家转变为以嫡庶之制为继承原则的宗族之家。氏族之家中，同辈兄弟彼此平等，皆为可能的继承人，因而其体系是开放的，竞争性的，在血缘共同体内部，包含着在继承问题上的尚能与尚德的可能性；但无论是德还是能，均系主观性的，建基于主观性的价值评价与主体解释，继承问题由于评价与解释而充满了主观性，故而无法在氏族之家内部避免争与乱，从而就会削弱氏族整体对外部的竞争力量。西周的制度构思是以嫡庶之制予以转换，这就使得继承人问题不需要经过主观性的选择、认定，也避免了充满歧义性的评价与解释过程，从而定之以天而非定之以人，具有一种没有争议的确定性、客观性，甚至唯一性。宗族内部由继承问题而引发的内部争乱从而得以避免，由此强化了宗族对外的一致性与整体性，可以说，嫡庶之制从根本上解决了家天下时代最高权力的传承问题，体制性地避免了统治家族集团因争位而导致的内部争乱，这不能不说是一个伟大的智慧。

王国维称"自是以后，子继之法遂为百王不易之制矣"，而"立子以贵不以长，立適以长不以贤"作为传子法之精髓，虽然未必由周人在话语上提出，但却为周人在实践上确立的典礼。"盖天下之大利莫如定，其大害莫如争。任天者定，任人者争；定之以天，争乃不生。故天子诸侯之传世也，继统法之立子与立嫡也，后世用人之以资格也，皆任天而不参以人，所以求定而息争也。古人非不知官天下之名美于家天下，立贤之利过于立嫡，人才之用优于资格，而终不以此易彼者，盖惧夫名之可藉而争之易生，其敝将不可胜穷，而民将无时或息也。故衡利而取重，絜害而取轻，而定为立子立嫡之法，以利天下后世；而此制实自周公定之。是周人改制之最大者，可由殷制比较得之。有周一代礼制，大抵由是出也。"[2] 以嫡长子传承宗庙、社稷，不视人之德能表现，而完全定之于天，虽然并不完美，甚至与理想的传贤矛盾，但毕竟可以止息争乱，害之中取小而利之中取大，对于稳定秩序而言，比可望而不可即的甚至充满歧义的传贤，更为靠谱。更关键的则是，正是这种传子立嫡之制，不仅下开有周一代之制，而且彻底解决了其后两千余年王朝内部最高权力的继承问题。这个传承体制既以一家（族）临万家（族）乃至一国（中国、王国）临万国（方国）的社会历史条件为基础，反过来又强化了家族作为社会构造基本单位的意义。

王国维《殷周制度论》一个最为重要的贡献，就是发现了周代礼制的制度基础，即嫡庶之制。嫡庶之制本来是为王位传承制度而设，王国维指出："由传子之制而嫡庶之制生焉"，"周人制度之大异于商者，一曰立子立嫡之制，由是而生宗法及丧服之制，并由是而有封建子弟之制，君天子、臣诸侯之制；二曰庙数之制；三曰同姓不婚之制。此数者，皆周之所以纲纪天下。……"[3] 当王位的继承推广整个贵族阶层的继承制度时，这就意味着，嫡庶之制对于整个

---

2 王国维：《殷周制度论》，王国维著，谢维扬、房鑫亮编：《王国维全集》第八册，杭州：浙江教育出版社、广州：广东教育出版社，2009年，第305-306页。
3 王国维：《殷周制度论》，《王国维全集》第八册，第305、302页。

周礼而言乃是奠基性的制度，也就是说，其他制度或以嫡庶之制为基础，或由嫡庶之制发展而来，或与嫡庶之制密切相关。[4] 以周公为代表的西周统治者，似乎找到了一条简便而关键的洛伦兹效应的起始点——嫡庶之制，通过这一起始点的推广和逐节贯穿，而逐渐衍生出一套具有文化意味着的礼法体系。杨国强教授极富洞见地指出："周人立子立嫡，正是在殷商制度的旧辙之外另开一局。由此造成的'损益'，则不仅牵动了权力结构，而且牵动社会组织，牵动人间伦理，从而最终牵动了文化。与殷商文化兄终弟及的不严等序相比，周人以立子立嫡为继统大法，其要义全在于化宗族之中血缘关系的长幼亲疏为政体之中上下尊卑之严然等序。而后沿用这一套办法'封建子弟'，又更加细密地把大宗、小宗、宗子、别子之间的血缘关系移到了权力与权力之间，使之在编连中成了被重造的东西。而同时的'同姓不婚之制'，又使'子弟'之外的诸侯与王室由联姻而联结，并因之而在本无血缘关系的地方复制和派生出一种类同的宗族等序。这个过程丕变殷商，一步一步地使宗法制度与政治制度成为一体重叠的东西。与之相因果的，是殷商和殷商以前'诸侯之于天子，犹后世诸侯之于盟主，未有君臣之分也'，而

---

[4] 在《殷周制度论》中，王国维论服术与宗法："是故由嫡庶之制而宗法与服术二者生焉。""又无嫡庶则无宗法，故为宗子与宗子之母妻之服无所施。无嫡庶，无宗法，则无为人后者，故为人后者为其所后及为其父母昆弟之服亦无所用。故《丧服》一篇，其条理至精密纤悉者，乃出于嫡庶之制即行以后，自殷以前，决不能有此制度也。"论丧服："丧服中之自嫡庶之制出者：如父为长子，三年；为众子，期。……女子子适人者，为其昆弟之为父后者，期；为众昆弟，大功。凡此皆出于嫡庶之制。无嫡庶之世，其不适用此制明矣。"王国维论"为人后者为之子"之制云，"此亦由嫡庶之制生者也。"论分封制度，"又与嫡庶之制相辅者，分封子弟之制是也。"等等，可见，对王国维而言，无论何种制度，都基于嫡庶之制而被理解。

自周人用宗法，则诸侯大半'皆其功臣昆弟甥舅'，不再像旧日那样能够各立山头，'由是天子之尊，非复诸侯之长，而为诸侯之君。其在丧服，则诸侯为天子斩衰三年，与子为父、臣为君同'。因此，'周初大一统之规模，实与其大居正之制度相待而成者也'。宗法造出了一种普天之下的君臣名分，从而造出了一种真正的大一统。"[5] 国强先生的这一论述，非常精准地揭示了周人在损益夏殷之礼的过程中所实现的制度革命与文化革命。这一制度与文化的革命对周人而言，其意义一则在"造周"，实现周从姬姓之族的"方国之周"或"一族之周"到协和万族、万邦的"中国之周"或"天下之周"的转变，这一转变与天下主权之转移相对应；一则在"新民"，不仅仅是为新王朝构建与之相应的政教主体，而且是为新的文化与制度培育相应的主体。一言以蔽之，在主观上周代的礼乐创设是为姬周之天下的长治久安而作高远的顶层设计，然而客观上却为两千年的政制构造与社会结构奠定了根深蒂固的基础。三代之礼法固然可以随时而兴立，并也必然随时而衰废，然而三代之道却可以超出三代之法，而成为后世政教社会建设的参照性的尺度与原则。

二、亲亲：作为周礼的精神原则

对王国维而言，对周代王制的理解，不仅要理解其制度基础，而且还要关注其精神基础或精神原则："以上诸制，皆由尊尊、亲

---

[5] 杨国强：《衰世与西法：晚清中国的旧邦新命和社会脱榫》，北京：中华书局，2014年，第367-368页。

亲二义出。"⁶ 亲亲与尊尊，乃周道之两大原则，可谓王制的两大基本精神。《礼记·中庸》云："亲亲之杀，尊贤之等，礼所由生也。"这其实就是对周礼的精神原则的总结。嫡庶之制、继统法、宗法、封建、庙制、丧服等其实是作为一体的周礼的不同层面的展现。而以上任何一项礼制，都可以分辨其亲亲与尊尊的基础。

与宗法、封建等相即互嵌的丧服制度最大限度地体现了尊尊与亲亲的精神原则。《礼记·大传》对于丧服制度的基本原则有着如下的总结："服术有六：一曰亲亲，二曰尊尊，三曰名，四曰出入，五曰长幼，六曰从服。"丁鼎先生指出："其中'亲亲'与'尊尊'是两条基本原则，而所谓'名'、'出入'、'长幼'、'从服'等其他四条'服术'实质上是从'亲亲'、'尊尊'这两条原则派生出来的。"⁷ 周飞舟、李代也强调："这六个原则中，其中亲亲、尊尊两条指的是贯穿整个丧服体制的一般性原则，名、出入、长幼和从服则指的是一些特殊情况下所遵循的制服原则，这些特殊情况分别面对的是来妇、嫁女、殇死和联姻宗族之间的服制。而对于同族成年亲属及未嫁之女之间的服制，亲亲和尊尊的原则基本可以涵盖。"⁸ 崔东壁亦云："丧非服然也，其饮食，其居处，其言行，皆与寻常有异；而古人独于服致详焉者，所以立纪纲，正名分，殊亲疏而别尊卑。故《丧服》一篇，两言足以蔽之，曰'尊尊'、'亲亲'而已。子生三年，然后免于父母之怀。故服皆以三年。由父而上推

6《观堂集林》卷十一《殷周制度论》，《王国维全集》第八卷，第314页。
7 丁鼎：《〈仪礼·丧服〉考论》，北京：社会科学文献出版社，2003年，第187页。
8 周飞舟、李代：《服术中的"亲亲"与"父为子纲"》，收入吴飞：《神圣的家：在中西文明的比较视野下》，北京：宗教文化出版社，2014年，第97页。

之，旁推之，则由期而大功，而小功，以至于缌；由母而推之，则为小功，为缌：皆亲亲之义也。斩衰之服三：子为父也，臣为君也，妻为夫也，尊尊也。父在为母期，庶子为父后者为其母缌，为尊者所压也。妇为夫党则有从服，女为父党则有降服，为人后者服有变焉，母出母嫁服有变焉，尊尊亲亲不使两相悖也。故服也者，纪纲名分之所系也，犹之乎治国者必使上下有服，都鄙有章也。是以古人必于此致详也。"[9] 丧服本来是纪纲名分之所系，通过丧服体现人在政治社会中的名分与位置，而丧服所支撑的这一套纲常名分体系，正是通过亲亲、尊尊两大原则而建立起来。

依丧服服饰之不同，服叙划分为不同的"等"，总计有斩衰、齐衰、大功、小功、缌麻五等，西周以来的服叙因此亦称"五服制"，由此划分亲属的等级亦称"五服亲"；[10] 依据守丧期限的不同，服叙又可分为不同的"级"，有三月、五月、七月、九月、期年、三年之异。丧服服饰与丧期的组合，就产生了服叙的诸等级。最一般的服叙由重而轻有：斩衰三年、齐衰期（期年）、大功九月、小功五月、缌麻三月，五等丧服的区别体现在：时间的久暂，时间愈长，则服愈重，反之时间愈短服愈轻；丧服的精粗，从斩衰到齐衰到大功到小功到缌麻，做工从粗糙愈来愈精致，做工愈粗，丧服愈重，反之愈精则愈轻。丧服的重轻对应于亲人在血缘上的由亲到疏，愈亲则服愈重，愈疏则服愈轻。血缘上的亲疏对应人的情的近

---

9 崔述：《五服异同会考》卷末《五服余论》，崔述著、顾颉刚编订：《崔东壁遗书》，上海：上海古籍出版社，2013年，第662页。

10 五服等级之外，另有袒免亲，即无服亲，亦为亲属关系之一等，是故丁凌华说："中国传统亲属等级不是五等，而是六等。"（丁凌华：《中国丧服制度史》上海：上海人民出版社，2000年，第140页）

与远,愈亲之人情愈近,情愈厚愈深;愈疏之人情愈远,情愈薄愈浅。以上结合起来便是,最亲的人去世,创巨者日久、痛甚者年深,也就是情最深者痛最甚,服最重,服最重者服最粗,最重最粗之服相应人的至深至痛之情,服之粗显示的是至文无文的大质,[11]因为最原始的丧在道理上是终身之丧,它不借重外在的礼文,而是无文的心丧。斩衰三年作为丧服制度中最重的服制,它是以"最长的丧期、最粗恶的丧服、最重的礼节,尽可能地修饰了终身之丧的哀情之实。人之群居合壹之理尽于此,不是因为它以最高明的方式超越了自然之质,而恰恰是因为它最好地表达了哀情之实。人之群居合壹,靠的并不是人为的文化建构,而是能够有序地表达出人情之隆杀亲疏。"[12]

吴承仕先生(1884-1939)将《礼记·三年问》所说的"至亲以期断"视为丧服之"原则的原则",为丧服体系之理解提供了轴心:"尤重要的是揭示'至亲以期'这个原则的原则的《三年问》一篇,苟无理解它的能力,则对于丧服本身,不知其何以建立,《丧服》条理,不知其何以应用。……它是晚周以前久已盛行

---

[11] 在《礼记·孔子闲居》中,孔子谈及"无声之乐""无体之礼""无服之丧":"无声之乐,气志不违;无体之礼,威仪迟迟;无服之丧,内恕孔悲。无声之乐,气志既得;无体之礼,威仪翼翼;无服之丧,施及四国。无声之乐,气志既从;无体之礼,上下和同;无服之丧,以畜万邦。无声之乐,日闻四方;无体之礼,日就月将;无服之丧,纯德孔明。无声之乐,气志既起;无体之礼,施及四海;无服之丧,施于孙子。"《孝经·丧亲章》云:"孝子之丧亲也,哭不偯、礼无容、言不文,服美不安,闻乐不乐,食旨不甘,此哀戚之情也。"这里的"哭不偯、礼无容、言不文"犹如"无服之丧,无体之礼"。《庄子·大宗师》记载孟孙才,"其母死,哭泣无涕,中心不戚,居丧不哀",然而却"以善丧盖鲁国"。可见,至文无文,由文而质,文质彬彬。是故《说苑·反质》云:"夫诚者,一也。一者,质也。君子虽有外文,必不离内质矣。"

[12] 吴飞:《人道至文——〈礼记·三年问〉释义》,《史林》2016年第3期,第41-49页。

的一种礼文与礼意。"[13] 所谓至亲以期断，在丧期上，指的是"服丧的时间长短，是以期——一年——为基本单位的"，"由期而加为'再期'，'再期'实只二十五个月，要须经过三年，故谓之'三年'（引者按：对应斩衰，定为二十五个月）；有期而减为不及期，期有四时（引者按：指四季十二个月），故减为三时（引者按：指三季九个月，一般对应大功）二时（引者按：二季六个月，小功当为六月而定为五月）一时（引者按：一季三月，一般对应缌麻）三级"。三年斩衰属于期的加隆，大功、小功、缌麻则属于期的弗及而递减。对服丧对象上，"至亲以期断"意味着："增服以期为本位，期服的使用，则以至亲为本位。至亲即是一体之亲，《丧服传》云：'父子一体也；夫妻一体也；兄弟一体也。'三至亲即是一个血族单位，其互相为服，皆是期服。由此出发：子为父期，则为祖大功，为曾祖小功，为高祖缌麻，此名上杀；父为子期，则为孙大功，为曾孙小功，为玄孙缌麻，此名下杀；兄弟期服，则同祖兄弟大功，同曾祖兄弟小功，同高祖兄弟缌麻，此名旁杀。"[14] 换言之，至亲以期断意味着以三至亲为丧服的本位，"由亲期断而上杀、下杀、旁杀，是为本等之服；其超过本等的，则为特别加重之服"。[15]

《礼记·丧服小记》基于亲亲而理解丧服："亲亲以三为五，以五为九，上杀、下杀、旁杀而亲毕矣。"这里的三为己、父、子，从自己出发而上推、下推、旁推，故而在这里，仿佛自己是一个关

---

13 吴承仕：《中国古代社会研究者对于丧服应认识的几个根本观念》，原载《文史》第 1 期第 1 卷，1934 年。收入陈其泰、郭伟川、周少川编：《二十世纪中国礼学研究论集》，北京：学苑出版社，1998，第 316-329 页。以下引用该文不再标示具体出处。
14 吴承仕：《中国古代社会研究者对于丧服应认识的几个根本观念》。
15 同上。

系性网络的原点,向上推而有父、祖、曾祖、高祖四世,向下推则有子、孙、曾孙、玄孙四世;向旁推则有兄弟、从父兄弟、从祖兄弟、族兄弟四世。[16] 四世之内都是同一宗族的亲属,皆当为有服之亲,丧服规格的轻重以与自己世系关系近远为基准,依次而降低规格。但这里从自己出发而获得的上杀、下杀、旁杀,皆是本宗族的宗亲,所谓本宗九族五服之亲。对于本宗九族之亲,五服等级分明,不相紊乱,但亲亲则为第一原则。至于本宗族以外的亲属的外亲,其服以缌麻为准。至于丧服中的尊尊之服,"是勉强比附亲亲而为之的。"[17] 只要认识到丧服制度中"至亲以期断"这一原则的原则,则亲亲之义作为丧服制度的奠基性的原则也就不言而喻了。丧服以亲亲为其基本精神原则,亲亲意味着亲其亲人,但亲人与自己有亲疏远近的不同,故而其亲的程度不同,方式亦异。服叙即是根据亲疏远近,围绕着生者共同体与死者的不同关系,而区别亲属等级、确立人伦秩序的一种方式。

就丧服制度所展现的亲属结构而言,以自己为原点,围绕着这一原点的第一层亲属关系便是最基本的"至亲以期",即在服制上表示为期服,在亲属类型上表现为一体之至亲,即父母、昆弟、姊妹、子。这里由于嫡庶以及尊尊原则的引入,而有父母斩衰的加隆,对嫡长子的加隆,但一般地以期为准。向外再推,则上为祖父母,下为孙,左为从父姊妹,右为从父昆弟,这一圈基本上是大功

---

16 郑玄注云:"已上亲父,下亲子,三也。以父亲祖,以子亲孙,五也。以祖亲高祖,以孙亲玄孙,九也。杀,谓亲益疏者,服之则轻。"《礼记正义》卷三十二《丧服小记》,《十三经注疏》整理本,第14册,第1119页。
17 吴承仕:《中国古代社会研究者对于丧服应认识的几个根本观念》。

之服,其中因尊尊原则的引入而对祖父母加隆为期,对嫡孙期,其余在正常情况下一以大功为准。继续外推,所得到的亲属上为曾祖父母、下为曾孙、左为从祖姊妹、右为从祖昆弟,这一圈层是小功与缌麻服亲属圈,当然由于尊尊原则引入而对曾祖父母齐衰三月。亲属关系外推的更进一步展开,则上为高祖父母,下为玄孙,左右为族姊妹、族昆弟,本圈为缌麻亲属圈,只是因尊尊原则高祖父母齐衰三月。由此不难看出,亲亲乃是丧服制度的基本精神原则,随着亲属关系由近而远,其服亦由重而轻,这就把主观的哀情以丧服体系而制度化、客观化地予以表现,而表现哀情的方式与亲亲原则结合,被纳入社会秩序建构的重要环节。

三、尊尊:作为周礼的精神基础

虽然如吴承仕所指出的那样,丧服的尊服,是比照亲亲而为之的,但这并不意味着,尊尊与亲亲相比就是一个被奠基或派生性的原则。由于丧服制度与封建、宗法相为表里,甚至三位一体,尊尊的原则一再被突出,甚至是丧服乃至整个周礼的首出性原则。王国维特别强调嫡庶之分对于周代丧服制度的奠基性意义:

> 无嫡庶,则有亲而无尊,有恩而无义,而丧服之统紊矣。故殷以前之服制,就令成一统系,其不能如周礼服之完密,则可断也。丧服中之自嫡庶之制出者:如父为长子三年,为众子期;庶子不得为长子三年;母为长子三年,为众子期。公为嫡子之长殇、中殇,大功,为庶子之长殇、中殇无服;大夫为嫡子之长

殇、中殇大功，为庶子之长殇小功，嫡妇大功，庶妇小功，嫡孙期，庶孙小功；大夫为嫡孙为士者期，庶孙小功；出妻之子为母期，为父后者则为出母无服，为父后者为其母缌；大夫之嫡子为妻期，庶子为妻小功；大夫之庶子为嫡昆弟期，为庶昆弟大功，为嫡昆弟之长殇、中殇大功，为庶昆弟之长殇小功，为嫡昆弟之下殇小功，为庶昆弟之下殇无服；女子子适人者，为其昆弟之为父后者期，为众昆弟大功。凡此皆出于嫡庶之制，无嫡庶之世，其不适用此制明矣。又无嫡庶则无宗法，故为宗子与宗子之母、妻之服无所施。无嫡庶、无宗法、则无为人后者，故为人后者为其所后及为其父母昆弟之服亦无所用。故《丧服》一篇，其条理至精密纤悉者，乃出于嫡庶之制即行以后。自殷以前，决不能有此制度也。[18]

王国维的看法可谓鞭辟入里。如同宗法、封建一样，丧服皆以嫡庶之制为基础。而嫡庶之制是在亲亲的大宗族成员内部，区分尊卑贵贱上下，因为王国维又特别强调，"嫡庶者，尊尊之统也。由是而有宗法，有服术"。[19] 亲亲原则与尊尊原则结合在一起，共同塑造了丧服体系中的父亲的位格，父亲不仅仅是"父—亲"，更是"父—尊"，将为父之服由期服加隆为斩衰三年，就是尊尊原则的体现，因父母一体，故而母亦齐衰三年之服。在父母之间，父又为至尊，故而其服比母更为隆重，毕竟在一夫一妻多妾体系下，父尊是

---

18 王国维《殷周制度论》，《王国维全集》第八卷，第309–310页。
19 同上。

一个家族的至尊,而由于同父异母的现象在贵族家族中存在,因而母尊只能是私尊。《丧服传》:"为父何以斩衰也?父至尊也。"而《丧服·齐衰章》云:"父在为母。"《丧服传》云:"何以期也?屈也。至尊在,不敢伸其私尊也。"正如郑玄所说,从亲亲的角度看,父母恩爱相等,应该与父亲一样服斩衰三年,然而为母服齐衰期者,"由父在厌,故为母屈至期,故须言父在为母也"。[20] 同样道理,对于三斩衰的解释,《丧服传》都答以至尊:"君,至尊也","夫至尊也";至于对于诸侯为天子、妾为夫君,同样如此,"天子至尊也","君,至尊也"。[21] 大约至亲以期断,凡由此或由本服而加隆的服制皆是由于尊尊的原则。王国维先生所指出的嫡庶原则在丧服中的体现,展现了尊尊原则对丧服制度的构成性意义,皆是尊尊原则的展现形式。

凌廷堪指出:"所谓尊尊者,皆封建之服,何休所谓'质家亲亲,文家尊尊'是也。先王制礼,合封建而言之,故亲亲与尊尊并重。"[22] 封建制度与丧服结合在一起,封建强化了服制中体现尊卑贵贱上下的尊服,而这种尊服是难以从亲亲原则加以理解的。以亲亲原则而论,长子与众子同为至亲,同在至亲以期的服术范围之内,然而父为众子期而为嫡长子斩衰三年。嫡庶意味着在本来同为父亲的亲子们即亲兄弟们之间确立尊卑,从而在与父亲同具血缘关系的儿子们中间确立了不同的身位,嫡子将成为宗族的继承

---

20 郑玄注、贾公彦疏:《仪礼注疏》卷三十,《十三经注疏》整理本第11册,北京大学出版社,2000年,第658页。
21 郑玄注、贾公彦疏:《仪礼注疏》卷三十,《十三经注疏》整理本第11册,第639、642页。
22 凌廷堪:《封建尊尊服制考》,凌廷堪撰、纪健生校点:《凌廷堪全集》第一册,合肥:黄山书社,2009年,第293页。

人、传宗庙、财产、土地、人民之重，嫡子并不是因为亲而尊，因为亲而贵，而是因为所受宗庙、土地、人民之重而尊而贵。而一族一国之宗庙、土地、人民象征着一族一国本身，是故嫡子所将负之重，实为整个宗族或国家，是故嫡长子本人也就如同宗庙、土地、人民一样成为这个宗族或国家的一个符号，他不是因为他个人而被尊，也不是因为他个人与父亲的亲近关系而被尊，而是作为这个符号而被尊为尊者。因为这个符号具体在他的身体里，所以嫡长子一旦去世，其父如果也是宗子的话，则必于嫡长子服以最为隆重的丧服——斩衰三年——其服饰最为粗重，其丧期最长久。是以根据《仪礼·丧服》，父为嫡长子服斩衰三年。《丧服传》的解释是："正体于上，又乃将所传重也。"郑玄曰："此言为父后者，然后为长子三年，重其当先祖之正体，又以其将代己为宗庙主也。"这与庶子的情况完全不同，《丧服传》云："庶子不得为长子三年，不继祖也。"郑玄注："庶子者，为父后者之弟也，言庶者，远别之也。《小记》曰：'不继祖与祢。'"[23] 如果其父本身不是宗子，只是庶子，还不能对将以传重的长子服以斩衰三年的丧服。程瑶田云："此传须将正体二句与庶子二句反正互明之故剔清，其义自见。云'正体于上'，言为父后者与尊者为一体，明非庶子也。'又乃将所传重'者，言为父后者之长子又将嫡嫡相承以传重，明其将继祖也。此继祖，断指长子言。是为父后者之长子，乃得继祖，故为之服三年。若己不为父后而为庶子，则其长子将不传重，而不继祖

---

23 郑玄注、贾公彦疏：《仪礼注疏》卷二十九，《十三经注疏》整理本，第11册，第640页。

矣。故不为之服三年也。"[24] 同样,父对嫡子之外的庶子也不能服以斩衰三年,而只能服以不杖期,是故《丧服·不杖章》云"父为众子期"。可见,同样是亲子,而由嫡子传"重"而后"尊",其所传之重并不是因为"传"而"重",而是因为先祖之正体而重。[25] 而先祖之正体正是宗族与邦国之来源与象征。所以,作为宗子继承人的嫡长子所承负的是整个宗族与邦国,这正是其不能不被尊为尊者的。同样,母亲为长子齐衰三年,《丧服传》云:"何以三年也?父之所不降,母亦不敢降也。"之所以不敢降杀服叙等级,是因为"不敢以己尊降祖祢之正体",[26] 母亲虽尊于长子,但长子代表的是整个宗族,故而母亲亦要尊服待之。凌廷堪云:"父为长子斩衰三年,母为长子齐衰三年,封建之制以嫡长为重,因其将为后也,故异其服,皆尊尊之义也。"[27]

---

24 程瑶田:《仪礼丧服文足征记》,程瑶田撰、陈冠明等校点:《程瑶田全集》第一册,合肥:黄山书社,2008年,第192页。

25 程瑶田《正体于上义述》一文云:"瑶谓'正体于上',言己与尊者为一体,而为继祢之宗子,主祢庙之祭。斯谓之'重',言其为受重之人也。其长子嫡嫡相承,是己所受之'重';将于长子传子,是为'又乃将所传重也'。如此,则传文'所'字乃着力字,是倒装文法,犹云'又乃将所受之"重"传之也'。先有'重',然后传;非传与长子,然后谓之'重'。注谓'重其当先祖之正体',意以长子当先祖正体,吾乃重之,不合传文'传重'之旨。传言'正体于上',言己正体于上,以主祢庙祭。何重如之? 将传者,时'重'尚在己,犹未传;然将欲传,而将使之'当先祖之正体',而继乎祖,故为长子服三年也。庶子之长子不继祖,以庶子本不与尊者为一体,不能'正体于上',不主祢庙之祭,其'重'本非庶子所得受,则亦非庶子所能传,其长子乌得继祖? 传重故继祖,不传重故不继祖。服三年与不服三年,继祖、不继祖之分而已矣。"见程瑶田著陈冠明等校点:《程瑶田全集》第一册,第273页。

26 郑玄注、贾公彦疏:《仪礼注疏》卷三十《丧服》,《十三经注疏》整理本,第11册,第655页。

27 凌廷堪:《封建尊尊服制考》,《凌廷堪全集》第一册,第304页。

周人的尊尊原则较亲亲原则首出的另一体现是为人后之制度。如果大宗宗子没有嫡长子作为继承人，那么就不得不从支子（嫡长子以外的众子以及妾所生之子）中选择一位作为继承人，此即"为人后者"。为人后者为其所后之父要服以斩衰三年的隆服，其丧服之所以如此隆重，是因为他作为过继过来之后是要受重的，[28] 他与他所后之父并没有直接的血缘关系，但其所服之丧服，却尊于为其具有血缘关系的生父，对于本生之父他只能降为齐衰不杖期。[29] 这就是亲亲原则让位于尊尊原则的体现。

　　尊尊原则的另一重要体现是臣为君斩衰。《丧服·斩衰章》："诸侯为天子，（臣为）君。"这里的所谓君，按照郑玄，"诸侯及卿大夫有地者，皆曰君斩衰三年"，按照贾公彦，"以其有地则有臣故也"，"士无臣，虽有地不得君称"。[30] 凌廷堪则以为敖继公所云"诸侯及公、卿、大夫、士有臣者，皆曰君"，丧服尊尊之义全系于士之有臣。[31] 臣之于君，诸侯之于天子，《丧服传》皆以"至尊"解释斩衰三年的隆服，换言之，其服与亲亲之义无当无涉，完全基于尊尊之义，由于丧服制度以"至亲以期断"为基准加隆或降杀，而尊尊原则并不是服术的原初尺度，故而只能参照事父以事君。《礼记·丧服四制》总结事父与事君的原则性差异时云："其恩厚者其

---

28 凌廷堪谓："传所云受重者，所受宗庙、土地、爵位、人民之重也。唯封建始有之，即上传之传重也。"凌廷堪：《封建尊尊服制考》，《凌廷堪全集》第一册，第295页。
29 《丧服·齐衰不杖期章》："为人后者为其父母，报。《传》曰：何以期也？不贰斩也。何以不贰斩也？持重于大宗者，降其小宗也。为人后者孰后？后大宗也。曷为后大宗？大宗者，尊之统也。"《仪礼注疏》卷三十《丧服》，《十三经注疏》整理本，第11册，第668页。
30 郑玄注、贾公彦疏：《仪礼注疏》卷三十，《十三经注疏》整理本，第11册，第639-640页。
31 凌廷堪：《封建尊尊服制考》，《凌廷堪全集》第一册，第294页。

服重,故为父斩衰三年,以恩制者也。门内之治恩揜义,门外之治义断恩。资于事父以事君,而敬同,贵贵尊尊,义之大者也。故为君亦斩衰三年,以义制者也。"事父以斩衰三年,虽有尊尊之义,但相对于门外之治的事君,更可见其中的亲亲原则。但对于门外之治,只能以义,而非以恩,故为君斩衰纯属尊尊之义,更何况西周宗法体系下家国相即相嵌的结构强化了父与君的关系。

王国维云:"商人继统之法,不合尊尊之义,其祭法又无远迩、尊卑之分,则于亲亲、尊尊二义,皆无当也。周人以尊尊之义经亲亲之义,而立嫡庶之制,又以亲亲之义经尊尊之义,而立庙制。此其所以为文也。"[32] 这就是说亲亲与尊尊之义有机结合,正是周礼至文的依据。亲亲行于尊尊之中,则以血缘、情感的纽带,文饰尊尊,这使得尊尊更近人情;尊尊行于亲亲之中,则即便亲亲不及之所,亦自有尊卑贵贱为之衡量,爱敬相辅,皆能有所依循。就亲亲之义言庙制:"由亲之统言之,则'亲亲以三为五,以五为九,上杀、下杀、旁杀而亲毕矣'。亲,上不过高祖,下不过玄孙。故宗法、服术皆以五为节。《丧服》有曾祖父母服而无高祖父母服,曾祖父母之服不过齐衰三月。若夫玄孙之生,殆未有及见高祖父母之死者;就令有之,其服亦不过袒免而止。此亲亲之界也,过是,则亲属竭矣,故遂无服。服之所不及,祭亦不敢及。""至于亲亲之事,则贵贱无以异。以三为五,大夫以下用之;以五为九,虽天子不能过也。"[33] 若自尊尊之义言之:"刘歆又云:'天子七日而殡,七

---

32 《观堂集林》卷十一《殷周制度论》,《王国维全集》第八卷,第313页。
33 同上书,第314页。

月而葬；诸侯五日而殡，五月而葬'，此丧事尊卑之序也，与庙数相应。《春秋左氏传》曰：'名位不同，礼亦异数'，'自上以下，降杀以两，礼也。'虽然，言岂一端而已。礼有以多为贵者，有以少为贵者，有无贵贱一者。车服之节，殡葬之期，此有等衰者也。"[34] 周之庙制，亲亲与尊尊结合，"既有不毁之庙以存尊统，复有四亲庙以存亲统，此周礼之至文者也。"[35]

四、亲亲、尊尊与作为人道的人伦与仁义

由此，周礼的根本原则是亲亲与尊尊的并重，亲亲与尊尊的交织互渗。亲亲意味着亲近亲人，亲者必近，人对血缘上的亲人有亲近的情感，这是自然而然的。亲亲本为人类基于血缘关系而产生的自然而然的情感，由于血缘关系的差异而在亲的序列中有亲疏远近的分别，这种分别本来意味着生物学意义上的自然差异，但西周却将之转化提升为政治的与伦理的原则，因着血缘的亲疏远近而建构差序性的秩序。由此，秩序的逻辑起点便不是西方近代霍布斯等意义上的无家的个人主义个人所构成的"自然状态"，而是突出基于血缘之家族在秩序结构中的始基性意义，秩序展开的起点是家族，展开向度是家族成员之间亲疏远近的不同关系样式。如果说，自然状态下的个人是近代西方人为的抽象构思的产品，那么，以氏族家族为秩序构思的起点则更接近人类社会与历史的实际，而且由此而获得的秩序必然是从社会历史中生长出来的秩序，而不是人为建

---

34 《观堂集林》卷十一《殷周制度论》，《王国维全集》第八卷，第314页。
35 同上。

构的抽象秩序。[36]《说文》:"亲,至也。"段玉裁注:"至也。至部曰:到者、至也。到其地曰至。情意恳到曰至。父母者,情之最至者也,故谓之亲。"人与其父母情之最至,在生物基因上有不可解除的血缘关联;因为这种至亲至密的血肉联系,这种亲密已经到了超越语言表达的忘言层面,《庄子·庚桑楚》云:"蹍市人之足,则辞以放骜,兄则以妪,大亲则已矣。故曰:至礼有不人,至义不物,至知不谋,至仁无亲,至信辟金。"如果你在路上踩了陌生行人的脚,就要道歉说自己不小心才这样;如果兄长踩了弟弟的脚,那就要怜惜抚慰;但如果父母踩了子女的脚,道歉、怜惜、抚慰,都变得不必要了,这是因为至亲的缘故。至亲之人根本不需要用言语或其他方式表达自己的亲爱之情,因为亲爱之情本来就已经弥漫充满,可触可感,不需要任何解释;而亲人之间彼此因为血缘与基因的关联而同情共感,亲密无间。但随着血缘关系的由近而远,人的情感也由密而疏。亲亲的原则并不能化约为或等同于纯粹自然主义的血缘关系,而是以血缘关系为基础,经与尊尊原则的结合,从而可以提升血缘关系,使得在氏族分化过程中本来渐渐疏远的亲属关系聚合起来,以宗族之家的方式扩大并深化政治与社会的团结。周人将亲亲纳入政治的架构内,所谓"以八统诏王驭万民,一曰亲亲",[37] 亲亲成为借助血缘关系实现政治团结的方式,故《国语·晋语》曰"亲亲,民之结也",又曰"民无结不可以固";《礼记·中

---

36 关于西方近代自然状态下的"去家化"现象,参见孙向晨:《"家"在近代伦理话语中的缺失及其缘由》以及李猛《自然状态与家庭》,二文均收入吴飞:《神圣的家:在中西文明的比较视野下》(北京:宗教文化出版社,2014年,第32–69页)。

37《周官·大宰》。

庸》亦云:"亲亲,则诸父昆弟不怨……尊其位,重其禄,同去好恶,所以劝亲亲也。"

如果说亲亲原则保证了氏族—宗族集团内部基于情感的自然而然的团结与凝聚,那么尊尊原则便是在集团内部以及集团外部形成上下有等、贵贱有别、尊卑有序的特点。吴承仕先生已经看到,丧服中的"三斩衰"实即汉人所讲的"三纲"的起源。"三纲之名,虽始于汉,而三纲之实,则本于《丧服》。丧服中首列三斩衰:子为父斩衰,表示家长制;臣为君斩衰,表示封建制;妻为夫斩衰,表示男统制。这是古代'三位一体'的一个意识形态,汉儒把它抽象化,即名之为三纲,把它天人合一化,又推本于上下、左右、前后、表里、寒暑、昼夜种种的自然现象"。[38] 不仅如此,在吴承仕看来,"五伦旧义,实与《丧服》'三至亲'相应","原来社会组织,由简单而复杂:先有家族关系而后有国家关系,先有学统关系而后有非学统关系。(《左传》文公十八年)史克的五伦说,已不能与当时社会相适应,故孟子于旧说'三至亲'而外,又加君臣朋友二伦,以君臣表示不平等——统治与被统治——关系,以朋友表示平等关系,于是社会间一切伦理,包含无遗,而五伦说于此完全成立"。"孟子的五伦次第,是怎样排列的呢?既是由家族而扩充到国家社会,应当将君臣朋友列于夫妻父子兄弟之后,何以又不如此呢?我想他的次第,是根据《丧服经·斩衰章》:(1)子为父;(2)臣为君;(3)妻为夫。《齐衰章》'(3)夫为妻,(4)兄弟

---

[38] 吴承仕:《五伦说之历史观》,氏著《吴承仕文录》,北京:北京师范大学出版社,1984年,第2–3页。

相为'；《记》'朋友麻'"。[39]

吴承仕先生的研究，揭示了丧服体制与三纲五常的内在关联，由此丧服以其亲亲、尊尊的精神原则而成为崔述所谓的"纪纲名分之所系"者，而这正是人道之大。先秦儒家对以丧服等所代表的周礼的理解正是置放在人道的地基上展开的。

> 亲亲、尊尊、长长，男女之有别，人道之大者也。（《丧服小记》）
>
> 上治祖祢，尊尊也。下治子孙，亲亲也。旁治昆弟，合族以食，序以昭穆，别之以礼义，人道竭矣。（《大传》）
>
> 圣人南面而治天下，必自人道始矣。立权度量，考文章，改正朔，易服色，殊徽号，异器械，别衣服，此其所得与民变革者也。其不可得变革者，则有矣。亲亲也，尊尊也，长长也，男女有别，此其不可得与民变革者也。（《大传》）
>
> 自仁率亲，等而上之至于祖，自义率祖，顺而下之至于祢。是故人道亲亲也。言先有恩。亲亲故尊祖，尊祖故敬宗，敬宗故收族。（《大传》）
>
> 仁者，人也，亲亲为大。义者，宜也，尊贤为大。亲亲之杀，尊贤之等，礼所生也。（《中庸》）

亲亲、尊尊构成服制的基本精神原则，而亲亲、尊尊又与儒家所言作为人道的仁、义具有对应的关系。《周易·说卦传》曰："立

---

[39] 吴承仕：《五伦说之历史观》，氏著《吴承仕文录》，第4-8页。

天之道曰阴与阳，立地之道曰柔与刚，立人之道曰仁与义。"仁义是人之所以为人之道，而其内涵无法离开亲亲、尊尊加以思考。郭嵩焘云："宗者宗其所自出之祖也。义系于祖，则祖为重。仁以服制言，义以宗法言。"[40] 郭氏在这里实际指出了，儒家对人道原则的根本理解——仁与义——其实是根植于周礼的，如果说仁根植于礼制的亲亲原则中，尤其表现在丧服制度上，那么义则是对周礼的尊尊原则的提炼，作为一种价值原则它在宗法制度中已有很好的体现。这并不是郭嵩焘一人的私见，凌廷堪对仁义之道与丧服的制度之间的关系也深有体会："《记》曰：'仁者，人也，亲亲为大；义者，宜也，尊贤为大。亲亲之杀，尊贤之等，礼所生也。'此仁与义不易之解也。又曰：'君臣也，父子也，夫妇也，昆弟也，朋友之交也，五者天下之达道也。智、仁、勇，三者天下之达德也。'此道与德不易之解也。不必舍此而别求新说也。夫人之所以为人者，仁而已矣。凡天属之亲则亲之，从其本也，故曰'仁者，人也，亲亲为大'。亦有非天属之亲，而其人为贤者则尊之，从其宜也，故曰'义者，宜也，尊贤为大'。以丧服之制论之，昆弟，亲也，从父昆弟则次之，从祖昆弟又次之。故昆弟之服则疏衰裳齐期，从父昆弟之服则大功不衰裳九月，从祖昆弟之服则小功布衰裳五月，所谓亲亲之杀也。以乡饮酒之制论之，其宾，贤也，其介则次之，其众宾又次之。故献宾则分阶，其俎用肩；献介则共阶，其俎则用肫胳；献众则其长升受，有荐而无俎，所谓尊贤之等也。皆圣人所制之礼也。故曰：'亲亲之杀，尊贤之等，礼所生也。'亲亲

---

[40] 郭嵩焘：《礼记质疑》卷十六，长沙：岳麓书社，1992年，第430-431页。

之杀，仁中之义也；尊贤之等，义中之义也。是故义因仁而后生，礼因义而后生。……然则礼也者，所以制仁义之中也。故至亲可以掩义，大义亦可以灭亲。"[41] 凌廷堪将丧服与乡饮酒礼中的宗法结合起来，更可以看出周礼的亲亲、尊尊之精神原则及其与儒家仁义之道的关联。张寿安先生沿着这一思路，更为明确指出："服制方面，以仁为本位，以己为中心，向上、下、旁三个方面推出去并递减。所以以服制言，到了高祖以上就因为血亲之仁太远，遂而无服。但若以宗法言，先祖是本宗之所自出，是义之最重，和血亲之远近无涉，所以祖为最重，递减至父。换言之，服制以该男子为中心，外推五服则止；宗法则以'宗族整体生命'为中心，千古不易。"[42] 当然，与其说服制与宗法是按照仁、义的原则，毋宁说仁义的原则是对丧服、宗法精神的提炼与纯化。

由于服制与宗法相为表里，故而亲亲之仁与尊尊之义结合，共同构筑礼的精神。曾国藩云："先王之制礼也，因人之爱而为之文饰以达其仁，因人之敬而立之等威以昭其义，虽百变而不越此两端"，"此皆礼之精意，祖仁本义，又非仅考核详审而已。"[43] 祖仁本义的表述建立了周代礼制与儒家人道原则即仁义的关系，这一方面可以看出周礼与儒家之间的紧密关联，另一方面也可以看出周礼对后世儒家所具有的根本性意义。礼并非如理那样，要求人的理性自觉，因为在现实性上并非人人都能认识、理解礼的精义，先王意识

---

41 凌廷堪：《复礼中》，《凌廷堪全集》第一册，第 15-16 页。
42 张寿安：《礼教论争与礼秩重省：十八世纪礼学考证的思想活力》，北京：北京大学出版社，2005 年，第 138 页。
43 曾国藩：《书仪礼释官后》，《曾国藩全集》（修订版），长沙：岳麓书社，2011 年第 2 版，第 14 册《诗文》，第 216-218 页。

到"礼之本于太一,起于微眇者,不能尽人而语之,则莫若就民生日用之常事为之制,修焉而为教,习焉而成俗"。[44] 这就是礼教在人的不自觉的状态下仍然具有化育人的功能。将人人纳于礼的轨范之中,其实也就意味着以尊尊、亲亲为具体规范的基础,不过有时以亲亲为主导,有时以尊尊为主导,如所谓"祭时尊尊也,至燕亲亲"[45]。尊尊与亲亲不同,它是在尊卑差异基础上尊其所尊者,尊而敬之,尊而重之,尊而远之,不敬不重不远,不足以示其尊。无论是与亲亲相关的亲疏远近,还是与尊尊相关的尊卑贵贱,都意味着一种差等的秩序,血缘的亲疏远近是自然性的差等,尊卑、贵贱、上下则是社会性的差等,二者结合则是差等性的自然—社会秩序。在这一秩序形态中,每一个人都处在关系网络中的一个与他者发生关系的网格,或者因为名位不同,或者因为血缘的远近,而有相对于某一个网格为参照点的种种不同定位。正是这种定位形成了一个人在不同情境下的分守,安守自己的分守名位,不相逾越,遂成为这种秩序整体对个人的要求。曾亦正确地看到:"一般来说,处于尊者位置的个体,常常代表了某种集体的力量,而卑者对尊者的服从,不过是个体对集体的服从而已。譬如,就家庭而言,《仪礼·丧服》称父为至尊,父在家庭中的这种地位,不是因为他作为男性个体的强权,而是家庭必须有一个代表,即家长,因此,家庭成员对家长的服从,不过是个体对家庭这种普遍物的尊崇。个体必须服从集体,家庭如此,国家何尝不如此?故臣民对君王的服

---

[44] 曾国藩:《江宁府学记》,《曾国藩全集》(修订版)第14册《诗文》,第175页。
[45] 郑玄《礼记·中庸》注文,见《礼记正义》卷五十二《中庸》,《十三经注疏》整理本,第15册,第1681页。

从，并非出于男性的强权，同样是出于个体对崇高的集体力量之尊崇。"[46] 换言之，如果说亲亲的原则其功能在于宗族内部的团结，那么尊尊的原则则强调共同体作为整体生命及其秩序。杨国强先生对此有精到的总结：

> 更富深度地含结于人伦之中，并因之而更富广度地笼罩了每个个体的，则是周人的宗法因"嫡庶"而有"尊尊之统"，同时又藉"祭法"而行"亲亲之统"。前者昭示的是人各有等；后者昭示的是一脉同源。因此，"尊尊之统"的本旨是在把人分开来；"亲亲之统"的本旨是在把人合拢来。这种分开来和合拢来构成了周人的宗法秩序，而其数百年之间以"尊尊之义经亲亲之义"，又以"亲亲之义经尊尊之义"，已在浸染不息之中使宗法秩序化为社会伦常。最终是身在其间，无人能够自外于"尊尊之统"，也无人能够自外于"亲亲之统"。而作为这个过程的反照并与这个过程相对应的，则是数百年浸染之间宗法催化思想和产出观念，而后是孔子为儒学阐述的"礼"和"仁"都可以在"尊尊之义"和"亲亲之义"里分别找到各自对应的最初源头。[47]

其实，王国维先生亦强调："尊尊、亲亲、贤贤，此三者治天下之通义也。周人以尊尊、亲亲二义，上治祖祢，下治子孙，旁治

---

[46] 曾亦：《亲亲与尊尊——论儒家思想中的"普适价值"》，《爱思想》2017年6月20日，网址 http://www.aisixiang.com/data/104779.html。
[47] 杨国强：《衰世与西法：晚清中国的旧邦新命和社会脱榫》，北京：中华书局，2014年，第368页。

昆弟，而以贤贤之义治官。故天子、诸侯世，而天子、诸侯之卿、大夫、士皆不世。盖天子、诸侯者，有土之君也。有土之君，不传子、不立嫡，则无以弭天下之争。卿、大夫、士者，图事之臣也，不任贤，无以治天下之事。"[48] 这就是说，嫡长子继承制在周人的封建体制下，应止于政治共同体的上层与中层，即天子一层与诸侯一层，至于卿、大夫、士作为统治集团的下层应以选贤为主。在观堂先生看来，《春秋》所讥之世卿，乃后世之乱制也。而"此卿、大夫、士不世之制，当自殷已然，非属周制"。[49] 后世史家认为，周之卿大夫不世，乃王国维之理想或信仰，并非历史之实相。贤贤之义，虽然在理论上乃是治天下之通义，但似乎并不构成周公之礼乐制作的主要关切。然而，对于藏经于史的观堂先生而言，贤贤之义，早已隐藏在周礼之中。天子、诸侯两层以立嫡之法世袭，而传贤之制又不能无所寄托，故而转之于大夫士。

亲亲之杀、尊贤之等，是儒家学者对周礼的精神的总结，王夫之说：《诗》曰：'宗子维城，大宗维翰。'先王亲亲以笃天伦，而枝干相扶之道即在焉。《易》曰：'开国承家，小人勿用。'先王尊贤以共天职，而心膂相依之道即在焉。"[50] 亲亲本身导致宗族集团枝干相扶，加强了内部的伦理团结，而宗族内部的团结又促进了邦国秩序与天下秩序；而尊贤则意味着在志业上心膂相依，通以天下之志，成就天下之务。

48《观堂集林》卷十一《殷周制度论》，《王国维全集》第八卷，第314–315页。
49 同上书，第315页。
50 王夫之：《读通鉴论》卷三十《五代下》，《船山全书》第十册，长沙：岳麓书社，2011年，第1148页。

尊贤之等在周礼中的体现是所谓"先王以诗书礼乐造士"的传统。牛弘曾问刘炫,《周礼》士多、府史少,而事治,后世令史多而事不济,为什么呢?刘炫"答以古之文案简而今繁,事烦政弊,为其所由"。但王夫之认为:"此得其一于末,而失其一于本也。文繁而覆治重叠,追证荒远,于是乎吏求免纤芥之失,而朦胧游移,上下相蔽,不可致诘,此治道之所以敝,教令之所以不行,民人之所以重困,奸顽之所以不戢者,而非府史之劳也。苟求无摘而粗修文具,一老吏任之而有余矣。乃府史之所以冗多而不理者,权移贿行而役重,民之贪顽求利与窜名避役者,竞趋于府史胥役之一途,则固有目不识文案、身不亲长官者篡入其中,而未尝分理事之劳,事恶得而理也?"没有心肝与灵魂的技术官僚,一旦成为统治主体,其弊无穷。关键的问题在于,周礼以诗书礼乐造士,而成就一代王者之业:"《周礼》之所以可为万世法者,其所任于府者谨其盖藏,所任于史者供其篆写,而法纪典籍一委之士,士多而府史固可少也。士既以学为业,以仕为道,则苟分任于六官之属者,皆习于吏事而娴于典故,政令虽繁,无难给也。周之所以久安长治,而政不稗、官不疵、民不病者,皆繇于此。士则既知学矣,学则与闻乎道矣,进而为命士,进而为大夫,皆其所固能致者,则名节重而官坊立,虽有不肖,能丧其廉隅而不能忘情于进取,则吏道不污,而冒法以雠奸者,十不得一。且夫国家之政,虽填委充积,其实数大端而已:铨选者,治乱之司也;兵戎者,存亡之纽也;钱谷者,国计之本也;赋役者,生民之命也;礼制者,人神之纪也;刑名者,威福之权也。大者举其要,小者综其详,而莫不系于宗社生民纲纪风俗之大。其纤微曲折,皆淳浇仁暴之机也。而以委之刀笔之猥流，谋尽于私，而智穷于大，则便给于一时，而遗祸于久远，虽有直刚明哲之大臣，未能胜也。"[51] 周礼选士，实为举贤，周礼之新民实为造士，而孔子以君子之培养为政教之大端，可谓与周礼一脉相承。就此而言，礼之尊尊之等，虽然包含了宗法共同体世袭的父尊与君尊，但亦可含纳尊贤之等。而尊尊所内涵尊贤之义，渗透在周代王制之中，治教合一、官师一体之制，即为其最大体现，关于此一制度，章学诚已有论述，兹不赘叙。[52]

总而言之，亲亲、尊尊之义，确是周公制礼作乐之精髓。正因为周代王制将亲亲与尊尊有机地结合，故而在王制的笼罩下，个人虽然被动员、组织起来，但却没有被动员、被组织的感受，这是因为基于王制之礼所建立的是大家族成员的自我感觉，在大宗族共同体内部，稳定坚固的王制构造与充溢温情与敬意的生活形态彼此交织，无有间隙，人们可以彼此相安。由于将天下秩序建筑在宗族之家中，齐家之学不仅成为秩序之源，亦构成最广大秩序——天下秩序——之归宿，天下之安不过诸家之齐。由此，遂产生了严辨姓氏、细别亲属的传统习俗，事实上，人类史上亲属称谓以中国为最多，大约350左右，其次是古代罗马，大约122，近代夏威夷，约39，其余多在20–25种之间。[53] 陈寅恪在同吴宓谈话时言及："中国

---

51 王夫之：《读通鉴论》卷十九，《船山全书》第十册，第717–718页。
52 章学诚著、仓修良编校：《文史通义新编新注》内篇一《经解上》《经解中》《经解下》，内篇二《原道上》《原道中》《原道下》《原学上》《原学中》《原学下》诸篇，杭州：浙江古籍出版社2005，第76–113页。
53 见 P. Bohannan and J. Middleton, eds., *Kinship and Social Organization*, New York: The Natural History Press, 1968, p.55. 参见何炳棣：《何炳棣思想制度史论》，台北："中央研究院"、联经出版公司，2013年，第169页。

家族伦理之道德制度,发达最早。周公之典章制度实中国文明上古之精华。今中国文字中,如伯、叔、妯、娌、甥、舅等,人伦之名字最为详尽繁多。若西文则含混无从分别。反之,西国化学原质七八十种,中国向无此等名字。盖凡一国最发达之事业,则其类之名字亦最备也。"[54] 人伦之名所以最为完备,因为周礼的核心即在于人伦秩序。

何炳棣先生对于周人的秩序建构有一说法,可以相互发明:周人的智慧,在于"建立推广宗法以控制广土众民。每个宗法氏族都是自成单位的小宇宙。每个成员在氏族中的'龛位'取决于他出生的等级、层次、嫡庶、长幼。《礼记·内则、少仪、学记》诸篇虽可能曾经战国或更迟的儒家的'系统化',但其大部内容仍可说明在宗法制度崩溃以前,氏族成员自幼耳濡目染服侍尊长之道,无尽无休地参加演习种种祭祀与仪节,不知不觉之中即视等级森严的宗法制度为先天预决的社会秩序。西周开国决策者最大的天才就是了解最好的统治政策是'化民成俗','化民成俗'最直捷的办法是'必由于学','学'的最自然、最理想、最有效的机构是万万千千根据宗法而形成的大小宗族"。[55] 更恰当地说,通过弥散于生活世界每一个角落的周礼,周人将宇宙变成了一个人伦教化的宇宙。这个构造充分显示了西周统治者的卓越智慧与伟大德性。即便在周礼几近解体、礼坏乐崩的春秋时代,孔子还以景仰、敬畏、赞叹的态

---

54 吴学昭:《吴宓与陈寅恪》,北京:清华大学出版社,1992年,第10页。
55 何炳棣:《何炳棣思想制度史论》,第166页。何炳棣还说:"西周前半广义礼制之所以能从分发展是因为宗法制的推广及其无与伦比的'社会教育'功能。"何炳棣:《何炳棣思想制度史论》,第165页。

度说:"周监于二代。郁郁乎文哉!吾从周。"[56] 三代之礼制至于周代而大备。《汉书·礼乐志》曰:"周监于二代,礼文尤具,事为之制,曲为之防,故称礼经三百,威仪三千。"所谓"礼经三百,威仪三千",正见周文之盛,礼典与仪式渗透于公私生活之各个角落。《礼记·礼器》云:"经礼三百,曲礼三千。"《礼记·中庸》云:"礼仪三百,威仪三千。"周礼之大节三百,细目三千,[57] 这其中的数字当然是虚说,但它体现的却是礼之至细、至密、至精、至微,如人体之血液渗透进每一个毛细血管那样广大精微,本末数度,小大精粗,无一不贯。而继统法、宗法、封建、丧服、庙制等等,不过皆系西周礼制建设之大端而已。[58] 凌廷堪很好地领悟到了周礼的如上精神,云:"是故礼也者,不独大经大法悉本夫天命民彝而出之,即一器数之微,一仪节制细,莫不各有精义弥纶于其间,所谓'物有本末。事有终始'是也。"[59]

---

[56]《论语·八佾》。与此相关,《礼记·中庸》记载:"子曰:'吾说夏礼,杞不足征也;吾学殷礼,有宋存焉;吾学周礼,今用之,吾从周。'"

[57] 朱熹指出:"礼仪,便是《仪礼》中士冠礼、诸侯冠礼、天子冠礼之类,大节有三百条。如看始加、再加、三加,又如坐、如尸立、如齐之类皆是,其中之小目有三千条。"胡广、杨荣、金幼孜等纂修,周群、王玉琴校注:《四书大全校注》,武汉:武汉大学出版社,2009年,第224页。

[58] 礼之所涵甚广,举凡一切法度、典礼、仪式、职官等等莫不包之于内。是以章太炎《检论》卷二《礼隆杀论》云:"礼者,法度之通名,大别则官制、刑法、仪式是也。周官三百七十有余品,约其文辞,其凡目在畴人世官。"

[59] 凌廷堪:《复礼中》,《凌廷堪全集》第一册,第17页。

论汉儒关于宗庙迭毁争论中的亲亲与尊尊问题

曾 亦（同济大学）

古人立庙祭祀其先祖，盖本于亲亲的原则，"昔者先王感时代谢，思亲立庙，曰宗庙"。[1] 故王国维《殷周制度论》云："周之制度，亦有用亲亲之统者，则祭法是已。"[2] 又曰："庙之有制也，出于亲之统。"[3] 体现在殷人的祭祀体系中，则不独合祭之时，至于别庙特祭，皆遍祀先祖，故无毁庙之制。[4] 其后汉初立庙，亦遍祀诸帝及帝后，且于天下郡国皆立庙，同样亦纯粹出于亲亲的原则。汉人谓孔子作《春秋》，损文用质，质即亲亲也，而汉人尊《春秋》，即体现在汉初的宗庙构建中，充分贯彻了"《春秋》尚质"的精神。

王国维站在周礼的角度，批评殷代庙制，"自帝喾以下，至于先公先王先妣，皆有专祭，祭各以其名之日，无亲疏远迩之殊也"，

---

[1] 杜佑：《通典》卷四七，北京：中华书局，1988年，第1298页。
[2] 王国维：《观堂集林》，石家庄：河北教育出版社，2001年，第296页。
[3] 王国维：《观堂集林》，第298页。
[4] 现代学者大多接受了王国维的这种观点，参见王凤瀚《殷墟卜辞所见商王室宗庙制度》（《历史研究》1990年第6期）、刘正《金文庙制研究》（中国社会科学出版社，2004年，第203页）、王晖《商周文化比较研究》（人民出版社，2000年，第309、321页）等相关论述。

又认为,"先公先王之昆弟,在位者与不在位者祀典略同,无尊卑之差也",因此,殷人"祭法无远迩尊卑之分,则于亲亲、尊尊二义皆无当也"。[5] 换言之,就亲亲而言,一方面,固当体现为遍祀先祖的制度设计,但另一方面,先祖在血缘上又有远近亲疏之别,故亲亲之义又体现在祭法上,应该对不同先祖的祭祀有隆杀不同,如日祭、月祭与时祭之不同,或庙、祧、坛、禅之异。就后者而言,后世毁庙制度遵循"亲尽宜毁"的办法,正是亲亲原则的体现,"远祖非一,不可遍追,故亲尽而止"[6]。然而,先祖有在位与不在位之别,后世则有帝与宗之异,功德不同,所统率族人亦有小大不同,因此,汉儒又有"宗不复毁"之说,即体现了尊尊的原则。王国维就此肯定了周人的庙数制度,认为"以亲亲之义经尊尊之义而立庙制,此其所以为文也"。[7]

汉初庙制上法殷礼,故遍祀先帝先妣,皆为亲亲故也;自元帝时,贡禹首建大议,定迭毁之制,既本周礼七庙之说,又格于文帝为太宗、武帝为世宗之政治现实,于是以"报功德"为论,主张"宗不复毁"之说。可见,祭祀之意本在于亲亲,然以宗尊而不毁,则又与亲亲原则相违矣。皮锡瑞曰:"立庙本为亲亲,非为报功德。"[8] 皮氏盖据《公羊》立场,故不慊于"宗不复毁"之说也。

---

5 王国维:《观堂集林》,第296、297页。
6 杜佑:《通典》卷四七,第1298页。
7 王国维:《观堂集林》,第297页。
8 皮锡瑞:《驳五经异义疏证》卷二,《皮锡瑞全集》册四,北京:中华书局,2015年,第51页。

一、亲亲原则与周代祧庙制度

王国维《殷周制度论》认为,"是故遍祀先公先王者,殷制也;七庙、四庙者,七十子后学之说也"[9]。儒家"从周",尤于宗庙制度尽用周人七庙、四庙之说,然七十子后学犹有异说。《公羊》说据礼以为天子、诸侯皆立五庙,唯周"祖有功,宗有德",故除四亲庙外,又立后稷、文、武庙为不毁。则周之七庙,实五庙也。然考《礼记·祭法》及《王制》,皆以天子七庙,诸侯五庙。其不同者,《祭法》以太祖庙、四亲庙外,别有二祧庙;[10]《王制》则以太祖庙外,别有三昭三穆,犹诸侯有二昭二穆也,则别有六亲庙也。此外,《礼器》《穀梁传》《荀子》皆主七庙之说。

《礼记·祭法》云:

> 天下有王,分地建国,置都立邑,设庙、祧、坛、墠而祭之,乃为亲疏多少之数。是故王立七庙,一坛一墠,曰考庙,曰王考庙,曰皇考庙,曰显考庙,曰祖考庙,皆月祭之。远庙为祧,有二祧,享尝乃止。去祧为坛,去坛为墠,坛、墠有祷焉,祭之;无祷,乃止。去墠曰鬼。诸侯立五庙,一坛一墠,曰考庙,曰王考庙,曰皇考庙,皆月祭之。显考庙,祖考庙,享尝乃止。去祖为坛,去坛为墠,坛、墠有祷焉,祭之;无祷,乃止。

---

[9] 王国维:《殷周制度论》,《观堂集林》卷十,第299页。
[10] 祧庙之说,始见于《祭法》。《周礼·守祧》注云:"先王之迁主,藏于文武之庙。先公之迁主,藏于后稷之庙。"郑玄盖据《祭法》为说也。《祭法》唯言天子有二祧,所以藏迁庙之主,郑注因谓诸侯无祧,而迁主藏于始祖庙中。孔疏则更谓《祭法》之"远庙"为文、武庙。

去墠为鬼。大夫立三庙二坛，曰考庙，曰王考庙，曰皇考庙，享尝乃止。显考、祖考无庙，有祷焉，为坛祭之。去坛为鬼。适士二庙一坛，曰考庙，曰王考庙，享尝乃止。显考无庙，有祷焉，为坛祭之。去坛为鬼。官师一庙，曰考庙，王考无庙而祭之，去王考为鬼。庶士、庶人无庙，死曰鬼。

此段最完整概括了周代的祭法制度。

又《礼记·王制》云：

> 天子七庙，三昭三穆，与大祖之庙而七。诸侯五庙，二昭二穆，与大祖之庙而五。大夫三庙，一昭一穆，与大祖之庙而三。士一庙。庶人祭于寝。

郑注云：“此周制。七者，大祖及文王、武王之祧，与亲庙四。大祖，后稷。殷则六庙，契及汤与二昭二穆。夏则五庙，无大祖，禹与二昭二穆而已。大祖，始封之君。王者之后，不为始封之君庙。”据郑氏说，夏、殷、周三代皆立四亲庙，然周别有后稷、文、武庙，殷别有契、汤庙，夏有禹庙，非有定数，通而言之，实皆五庙也。

又孔疏云：“按《礼纬·稽命徵》云：‘唐、虞五庙，亲庙四，始祖庙一。夏四庙，至子孙五。殷五庙，至子孙六。’《钩命决》云：‘唐尧五庙，亲庙四，与始祖五。禹四庙，至子孙五。殷五庙，至子孙六。周六庙，至子孙七。’郑据此为说，故谓七庙，周制也。周所以七者，以文王武王受命，其庙不毁，以为二祧，并始祖后稷，及高祖以下亲庙四，故为七也。"[11]

二、孝道与汉初遍祀先祖的祭祀制度

关于殷代的庙数制度，大概有两种说法：

其一，《尚书·咸有一德》云："七世之庙，可以观德。"此言殷人之制，则七庙之制非始于周，可溯源于殷也。又，《王制》云："天子七庙。"郑玄注云："此周制。七者，大祖及文王、武王之祧，与亲庙四。大祖，后稷。殷则六庙，契及汤与二昭二穆。夏则五庙，无大祖，禹与二昭二穆而已。"据此，《商书》与郑玄皆明谓殷人立庙有常数，或六庙，或七庙也。

其二，王国维据殷商卜辞所载，以为殷人无毁庙之法，则自帝喾以下，无论先公、先王、先妣，皆有专祭。又谓《吕氏春秋》所引《商书》"五世之庙可以观怪"，以为与卜辞所纪事实全然不合，故以为礼书所谓七庙、四庙之说，"必已萌芽于周初，固无可疑也"。[12]

---

[11] 又据孔疏，王肃则以为天子七庙者，谓高祖之父，及高祖之祖庙为二祧，并始祖及亲庙四为七，故《圣证论》难郑云："周之文武受命之王，不迁之庙，权礼所施，非常庙之数。殷之三宗，宗其德而存其庙，亦不以为数。凡七庙者，皆不称周室。《礼器》云：'有以多为贵者，天子七庙。'孙卿云：'有天下者事七世。'又云：'自上以下，降杀以两。'今使天子诸侯立庙，并亲庙四而止，则君臣同制，尊卑不别。礼，名位不同，礼亦异数，况其君臣乎。又《祭法》云'王下祭殇五'，及五世来孙。则下及无亲之孙，而祭上不及无亲之祖，不亦诡哉！《穀梁传》云：'天子七庙，诸侯五。'《家语》云：'子羔问尊卑立庙制，孔子云：礼，天子立七庙，诸侯立五庙，大夫立三庙。'又云：'远庙为祧，有二祧焉。'"

[12] 王国维：《殷周制度论》，《观堂集林》十，第297页。

汉高帝十年（前197），始立上皇庙，"八月，令诸侯王皆立太上皇庙于国都"。[13] 惠帝即位，令叔孙通定宗庙仪法。据《史记·刘敬叔孙通列传》所载：

> 孝惠帝为东朝长乐宫，及间往，数跸烦人，乃作复道，方筑武库南。叔孙生奏事，因请间曰："陛下何自筑复道高寝，衣冠月出游高庙？高庙，汉太祖，奈何令后世子孙乘宗庙道上行哉？"孝惠帝大惧，曰："急坏之。"叔孙生曰："人主无过举。今已作，百姓皆知之，今坏此，则示有过举。原陛下原庙渭北，衣冠月出游之，益广多宗庙，大孝之本也。"上乃诏有司立原庙。原庙起，以复道故。

可见，按照叔孙通的说法，广多宗庙乃"大孝之本"，就此而言，汉初遍祀先祖，实出于孝道的考虑，即本于亲亲之义也。

惠帝尊高帝庙为太祖庙，景帝尊孝文庙为太宗庙[14]，宣帝尊孝

---

[13] 班固：《汉书》卷一下，第68页。
[14] 文帝以庶子入继大统，本不具有宗法意义上的"大宗"地位，故其庙被尊为太宗，应该受儒家"祖有功而宗有德"思想的影响，而逐步确立起来的。文帝时，已自立庙，称为顾成庙。文帝七年（前173），贾谊上疏称"礼，祖有功而宗有德，使顾成之庙称为太宗，上配太祖，与汉亡极"（《汉书》卷四八《贾谊传》），则在文帝生前，贾谊已提出尊文帝庙为太宗的建议。然文帝谦让，而未敢自称太宗也。直至景帝即位后，元年十月，丞相申屠嘉上书，曰："世功莫大于高皇帝，德莫盛于孝文皇帝。高皇庙宜为帝者太祖之庙，孝文皇帝庙宜为帝者太宗之庙。天子宜世世献祖宗之庙，郡国诸侯宜各为孝文皇帝立太宗之庙，诸侯王列侯使者侍祠天子，岁献祖宗之庙。"（《史记》卷十《孝文本纪》）申屠嘉即依据儒家"宗有德"之说尊文帝庙为太宗庙，并世世奉祀，从而确立了后世"宗不复毁"的先例。

武庙为世宗庙，"所尝幸郡国各立太祖、太宗庙"[15]，世宗庙亦然。至此，天下所立宗庙情形，据《汉书·韦玄成传》记载：

> 凡祖宗庙在郡国六十八，合百六十七所。而京师自高祖下至宣帝，与太上皇、悼皇考各自居陵旁立庙，并为百七十六。又园中各有寝、便殿，日祭于寝，月祭于庙，时祭于便殿。寝，日四上食；庙，岁二十五祠；便殿，岁四祠。又有一游衣冠。而昭灵后、武哀王、昭哀后、孝文太后、孝昭太后、卫思后、戾太子、戾后各有寝园，与诸帝合，凡三十所。一岁祠，上食二万四千四百五十五，用卫士四万五千一百二十九人，祝宰乐人万二千一百四十七人，养牺牲卒不在数中。[16]

元帝时，汉代皇帝宗庙有京庙、陵庙与郡国庙三种类型，总共有一百六十七所。盖殷代遍祀宗庙的情形虽不可尽考，然观汉初立庙祭祀的情况，可推知殷代庙制大概，则王国维所言，实属正常。

汉末蔡邕尝有奏议曰："汉承亡秦灭之后，宗庙之制，不用周礼。每帝即位，世辄立一庙，不止于七，不立昭穆，不定迭毁。"[17]而皮锡瑞则曰："夫秦人议礼犹知轶毁，而汉初并此不知，郡国庙、

---

15 案，《汉书·韦玄成传》谓"行所尝幸郡国各立太祖、太宗庙"，然《史记·高祖本纪》谓惠帝"令郡国诸侯各立高祖庙"，《孝文本纪》谓"郡国诸侯宜各为孝文皇帝立太宗之庙"，则当时所立郡国庙不限于高、文二帝所至郡国也。
16 班固：《汉书》卷七三，第3115、3116页。
17 司马彪《续汉书·祭祀志》注引袁山松《后汉书》，转引自皮锡瑞：《驳五经异义疏证》卷二，《皮锡瑞全集》册四，第49页。

陵、园尤不经。"[18] 则秦人已有宗庙迭毁之制，故汉人不知从周，亦非因循秦旧所致，实因汉人笃尚亲亲，故"益殷质"，乃遍祀诸帝后也。

清人赵翼亦曰：

> 西汉诸帝多生前自立庙。《汉书》本纪："文帝四年作顾成庙"。注："帝自为庙，制度狭小，若顾望而成者。"[19]贾谊策有云："使顾成之庙为天下太宗。"即指此也。景帝庙曰德阳，武帝庙曰龙渊，昭帝庙曰徘徊。宣帝庙曰乐游，元帝庙曰长寿，成帝庙曰阳池，俱见《汉书》注。[20]

据周人之制，乃"思亲立庙"，即于先王死后而嗣子为之立庙，此所以为亲亲也。然西汉诸帝多生前立庙，则又似与亲亲之义无涉焉。

三、尊亲与元帝以后的罢郡国庙

虽然"广多宗庙"符合孝道的精神，但是，每年祭祀所耗费的人力、钱财之巨，促使不少朝臣提出了罢郡国庙的主张。

---

18 皮锡瑞：《驳五经异义疏证》卷二，第51页。
19 顾成者，服虔注云："庙在长安城南，文帝作。还顾见城，故名之。"应劭注云："文帝自为庙，制度卑狭，若顾望而成，犹文王灵台不日成之，故曰顾成。"则顾成庙，乃文帝自作，显与儒家对庙制的理解不同。又据《史记·秦皇本纪》："二十七年，始皇巡陇西，北地。出鸡头山，过回中，焉作信宫渭南。已更命信宫为极庙，象天极。"又，二世"令群臣议尊始皇庙"，群臣奏言："今始皇为极庙，四海之内皆献贡职，增牺牲，礼咸备，毋以加。"据此，"极庙"说秦始皇生前自立的宗庙。其后，景帝、武帝以下诸庙，皆似汉帝生前所自作也。
20 赵翼：《廿二史札记》卷二。

早在武帝时，董仲舒就否定了郡国立帝庙的合理性。建元六年（前135），辽东高庙灾，董仲舒即提出"高庙不当居辽东，高园殿不当居陵旁，于礼亦不当立"。[21] 又据《汉书·翼奉传》，元帝初元三年（前46），翼奉上疏，谓"诸寝庙不以亲疏迭毁，皆烦费，违古制"[22]，此奏议盖为稍后贡禹之先导也。

据《汉书·韦玄成传》，元帝时，御史大夫贡禹奏言："郡国庙不应古礼，宜正定。"[23] 天子是其议，未及施行而禹卒。至永光四年（前40），元帝乃下诏先议罢郡国庙，曰：

> 朕闻明王之御世也，遭时为法，因事制宜。往者天下初定，远方未宾，因尝所亲以立宗庙，盖建威销萌，一民之至权也。今赖天地之灵，宗庙之福，四方同轨，蛮貊贡职，久遵而不定，令疏远卑贱共承尊祀，殆非皇天祖宗之意，朕甚惧焉。传不云乎？"吾不与祭，如不祭。"其与将军、列侯、中二千石、二千石、诸大夫、博士、议郎议。[24]

诏书提到了罢郡国庙的几个理由：其一，汉初遍立宗庙的初衷，本出于"建威销萌，一民之至权"的现实考虑，显然，至元帝时，此

21《汉书》卷二七上《五行志》，第1331页。
22 班固：《汉书》卷七五，第3175页。贡禹虽未明言此种现实因素，然考《汉书》所载其奏书，多以民生为急，则其主张罢郡国庙，与先前之翼奉、后来之匡衡，皆有不言自明的考虑。故皮氏曰："禹奏迭毁，罢郡国庙，亦但欲去其泰甚。"（皮锡瑞：《驳五经异义疏证》卷二，第51页）
23 班固：《汉书》卷七三，北京：中华书局，1962年，第3116页。
24 班固：《汉书》卷七三，第3116、3117页。

种现实的利害因素已然不存在。其二，郡国立庙奉祀，乃"疏远卑贱共承尊祀"，非所以尊亲也。其三，《论语》云："吾不与祭，如不祭。"则郡国祭祀帝后，非京师亲祭可比，实不合乎礼意。

对此，丞相韦玄成、御史大夫郑弘、太子太傅严彭祖、少府欧阳地余、谏大夫尹更始等七十人皆曰：

> 臣闻祭，非自外至者也，繇中出，生于心也。故唯圣人为能飨帝，孝子为能飨亲。立庙京师之居，躬亲承事，四海之内各以其职来助祭，尊亲之大义，五帝、三王所共，不易之道也。《诗》云："有来雍雍，至止肃肃，相维辟公，天子穆穆。"《春秋》之义，父不祭于支庶之宅，君不祭于臣仆之家，王不祭于下土诸侯。臣等愚以为宗庙在郡国，宜无修，臣请勿复修。[25]

显然，朝臣在罢郡国庙问题上，取得了普遍的共识，并重复了诏令中的两点理由，即《论语》说的"吾不与祭，如不祭"，以及《礼记·祭义》说的"大孝尊亲"，并引《春秋》之义，以支持诏令。

于是罢高、文、武三帝之郡国庙，并罢昭灵后、武哀王、昭哀后、卫思后、戾太子、戾后园，皆不奉祠，裁置吏卒守焉。

虽然朝廷上下在理论上达成了共识，并迅速得到落实。至元帝晚年病重，梦祖宗谴罢郡国庙，且其少弟楚孝王亦有此梦，遂欲复郡国庙。此时匡衡继韦玄成为丞相，"深言不可"，并在祷告高祖、孝文、孝武庙时，不仅重复了先前诏奏中提到的亲祭、尊亲理由，

---

[25] 班固：《汉书》卷七三，第3117页。

又提到了未曾明言的现实考虑，即"祭祀之义以民为本，间者岁数不登，百姓困乏，郡国庙无以修立。礼，凶年则岁事不举，以祖祢之意为不乐，是以不敢复"。[26]

毫无疑问，匡衡的看法代表了朝臣的普遍意见，故坚持罢郡国庙。然而，由于元帝有疾连年，最终尽复诸所罢寝庙园，皆修祀如故。然至元帝临终时，据《汉书·韦玄成传》，"初，上定迭毁礼，犹尊孝文庙为太宗，而孝武庙亲未尽，故未毁。上于是乃复申明之，曰：'孝宣皇帝尊孝武庙曰世宗，损益之礼，不敢有与焉。他皆如旧制。'唯郡国庙遂废云。"据此，元帝担心此后武帝因亲尽而毁，故接受了早先廷尉忠之说，强调武帝为世宗而不毁，至于一度修祀的郡国庙，则彻底废掉了。至此，朝廷就罢郡国庙问题经历短暂反复之后，最终得到了解决。

案，汉人标榜"以孝治天下"，然儒家讲孝道包括两个方面内容，即养亲与尊亲。体现在汉代宗庙构建的具体实践中，养亲首先体现为以天下养的郡国庙，然而，如此养亲却有卑亲之嫌。可以说，朝臣或许出于虚耗钱财的现实考虑，但借助儒家对于孝道的理解，吸纳了尊亲的内涵，从而在理论上解决了仅于京师立庙奉祀帝后的宗庙实践。

四、宗不复毁——儒臣关于武帝毁庙与否之争

汉人的宗庙遍祀制度，不仅体现为郡国立庙，而且体现为不毁

---

[26] 班固：《汉书·韦玄成传》卷七三，第 3121 页。

庙。周人则不同，七庙中有二祧以藏迁主，唯祷或合祭时得事之。王国维论周代庙数制度，以为"既有不毁之庙以存尊统，复有四亲庙以存亲统"。[27] 盖以周人乃文质兼尽，既本亲亲义以立四亲庙，又本尊尊义以不毁祖宗之庙，非若汉初专尚亲亲而立庙无数也。

无论天子为七庙或五庙，皆以庙数有定，则迭毁之义自在其中矣。据《史记·秦本纪》，二世元年，令群臣议尊始皇庙，皆曰：

> 古者天子七庙，诸侯五，大夫三，虽万世世不轶毁。……自襄公已下轶毁，所置凡七庙。

则秦人虽反周道，犹用七庙迭毁之礼矣。

元帝时，御史大夫贡禹不仅上奏废郡国庙，而且亦提出"古者天子七庙，今孝惠、孝景庙皆亲尽，宜毁"。[28] 天子是其议，未及施行而禹卒。

案，贡禹主张立七庙，又以惠、景亲尽宜毁，则所谓"七庙"者，殆以太上皇、高祖、文帝、武帝、昭帝、皇考、宣帝为七庙之数也。[29] 然据《五经异义》，贡禹之议，乃谓"王者宗有德，庙不毁。宗而复毁，非尊德之义"。[30] 此说不见于《贡禹传》。然贡禹谓惠、景亲尽宜毁，而不及孝文，则文帝为太宗而不毁，正《异

---

27 王国维：《殷周制度论》，《观堂集林》卷十，第298页。
28 班固：《汉书》卷七三，第3116页。
29 宋胡三省有言："观其奏言天子七庙，孝惠、孝景亲尽宜毁，盖以悼皇考足为七庙也。"（司马光：《资治通鉴》，中华书局，1956年，第923页）据此，则武、昭、皇考、宣帝为四亲庙，而不毁者尚有太上皇也。
30 陈寿祺：《五经异义疏证》卷上，第56页。

义》"宗有德，庙不毁"之义。又据蔡邕奏议曰："元皇帝时，丞相匡衡、御史大夫贡禹始建大议，请依典礼，孝文、孝武、孝宣皆以功德茂盛，为宗不毁。"[31] 则贡禹所谓庙不毁者，除孝文外，尚有孝武、孝宣。然孝宣称中宗不在元帝时，其所以不毁，乃以亲未尽故，非为宗不毁也。

永光四年（前40），元帝诏罢郡国庙后月余，又下诏曰：

> 盖闻明王制礼，立亲庙四，祖宗之庙，万世不毁，所以明尊祖敬宗，著亲亲也。朕获承祖宗之重，惟大礼未备，战栗恐惧，不敢自颛，其与将军、列侯、中二千石、二千石、诸大夫、博士议。[32]

诏书将宗庙区别为两类，即万世不毁之祖宗庙与四亲庙，祖宗庙不毁体现了尊祖敬宗的精神，而亲庙则体现了亲亲的精神。显然，诏书试图依据周礼来建构汉代的宗庙制度。对此，玄成等人奏议曰：

> 《礼》，王者始受命，诸侯始封之君，皆为太祖。以下五庙而迭毁，毁庙之主臧乎太祖，五年而再殷祭，言一禘祫也。祫祭者，毁庙与未毁庙之主皆合食于太祖，父为昭，子为穆，孙复为昭，古之正礼也。《祭义》曰："王者禘其祖自出，以其祖配之，而立四庙。"言始受命而王，祭天以其祖配，而不为立庙，亲尽也。立亲庙四，亲亲也。亲尽而迭毁，亲疏之杀，示有终也。周

---

31 司马彪：《续汉书·祭祀志》注引袁山松《后汉书》，转引自皮锡瑞：《驳五经异义疏证》卷二，《皮锡瑞全集》册四，第49页。
32 班固：《汉书》卷七三，第3118页。

之所以七庙者，以后稷始封，文王、武王受命而王，是以三庙不毁，与亲庙四而七。非有后稷始封，文、武受命之功者，皆当亲尽而毁。成王成二圣之业，制礼作乐，功德茂盛，庙犹不世，以行为谥而已。礼，庙在大门之内，不敢远亲也。臣愚以为高帝受命定天下，宜为帝者太祖之庙，世世不毁，承后属尽者宜毁。今宗庙异处，昭穆不序，宜入就太祖庙而序昭穆如礼。太上皇、孝惠、孝文、孝景庙皆亲尽宜毁，皇考庙亲未尽，如故。[33]

玄成的奏议包括如下几个要点：其一，太祖不毁。始受命王、始封君俱为太祖，就周而言，后稷为诸侯始封君，而文、武为始受命王，皆不毁。其二，太祖以下，唯立四亲庙，更迭而毁，不违背亲亲的精神。其三，汉高帝为始受命王不毁，宜为太祖，其余如太上皇、惠、文、景庙皆亲尽宜毁，而宣、悼皇考、昭帝、武帝则构成四亲庙，故不毁。[34]

案，贡禹主张天子七庙，若孝文虽亲尽，然为太宗而不毁。可见，玄成之议实不同于贡禹。盖玄成谓周虽有七庙，然以后稷始封，而文、武为受命王，故不毁，则实主张天子五庙也；又谓太上皇、孝惠、孝文、孝景"亲尽宜毁"，则即便如文帝有功德而称太

---

[33] 班固：《汉书》卷七三，第3118页。
[34] 有学者认为，宣帝于本始元年（前73）诏议其祖、父号谥，而未果。直至霍光卒后，有司秉承宣帝意旨，遂追尊宣帝本生父曰皇考，并立庙。故玄成主张的五庙制度，其中以武、昭、皇考、宣四庙作为元帝的"四亲庙"，体现了宣帝政策的延续性。（参见郭善兵：《西汉元帝永光年间皇帝宗庙礼制改革考论》，载《烟台师范学院学报》，2004年12月）此说未尽是。据《韦玄成传》载大司马王莽奏，当时丞相蔡义虽以祖、父不得立庙，然谥其祖为戾太子，其父史皇孙为悼，母曰悼后，皆奉邑祀之。至元康元年，始尊悼园为皇考矣。（参见《汉书》卷七三，第3130页）

宗，犹当毁也。据此，玄成反对"宗不复毁"之说，即以始受命王为太祖，备四亲庙，而为五庙也。

对此，皮锡瑞以为，成六年《解诂》谓"天子、诸侯立五庙"，则玄成之议，又与《公羊》说同也。然许慎谓贡禹习《公羊》，竟与玄成异耶？皮氏又曰：

> 郑君据《礼纬·稽命征》云"唐、虞五庙，亲庙四，始祖庙一。夏四庙，至子孙五。殷五庙，至子孙六"，《钩命诀》云"唐尧五庙，亲庙四，与始祖五。禹四庙，至子孙五。殷五庙，至子孙六。周六庙，至子孙七"，故注《王制》"天子七庙"曰："此周制。七者，太祖及文王、武王之祧，与亲庙四。大祖，后稷。殷则六庙，契及汤与二昭二穆。夏则五庙，无大祖，禹与二昭二穆而已。"郑君之说，亦与《解诂》合。是古天子不皆七庙。[35]

详郑氏意，亦以天子不过五庙，殷、周庙制所以有六庙、七庙者，亦以祖有不同，非因宗不毁。则郑氏用《公羊》，亦不主"宗不复毁"之说，宜其与刘歆、王肃异也。可见，玄成实从《公羊》，主天子五庙之说，皮锡瑞因谓"汉议庙制，玄成之说最正"。盖皮氏不独斥刘歆之非，而以贡、韦有异，而从玄成也。

据《汉书·韦玄成传》，当时玄成一派主张天子五庙，则太宗亦因亲尽而毁也。此外，又有大司马车骑将军许嘉等认为，文帝有"除诽谤，去肉刑，躬节俭，不受献，罪人不帑，不私其利，出美

---

35 皮锡瑞：《驳五经异义疏证》卷二，第50页。

人,重绝人类,宾赐长老,收恤孤独"等功德,宜为太宗之庙;而廷尉忠以为,武帝有"改正朔,易服色,攘四夷"之功德,宜为世宗之庙;[36] 谏大夫尹更始等以为,皇考庙上序于昭穆,非正礼,宜毁。[37]

较诸朝臣在罢郡国庙问题上达成的共识,而在宗庙迭毁问题上则表现出相当大的差异,因此,元帝"依违者一年",才下诏曰:

> 盖闻王者祖有功而宗有德,尊尊之大义也;存亲庙四,亲亲之至恩也。高皇帝为天下诛暴除乱,受命而帝,功莫大焉。孝文皇帝国为代王,诸吕作乱,海内摇动,然群臣黎庶靡不一意,北面而归心,犹谦辞固让而后即位,削乱秦之迹,兴三代之风,是以百姓晏然,咸获嘉福,德莫盛焉。高皇帝为汉太祖,孝文皇帝为太宗,世世承祀,传之无穷,朕甚乐之。孝宣皇帝为孝昭皇帝后,于义一体。孝景皇帝庙及皇考庙皆亲尽,其正礼仪。[38]

可见,立祖宗庙,体现了"尊尊之大义";而存四亲庙,则体现了"亲亲之至恩"。元帝诏书中折衷了玄成一派与许嘉一派之说,确立了太祖、太宗不毁的地位,"世世承祀,传之无穷";又采纳尹更始一派之说,以宣帝为昭帝后,则皇考庙虽在四亲庙之列,但不在君统昭穆之序。至于廷尉忠主张以武帝为世宗,则因武帝尚未亲

---

36 案,宣帝时已尊武帝为世宗,至元帝时,武帝因亲未尽而不在毁庙之列,故当时毁庙之争,除少数人外,皆未涉及武帝的世宗地位问题。直至元帝临终时,大概担心此后武帝不复在四亲庙之列,故再次明确武帝的世宗地位,曰:"孝宣皇帝尊孝武庙曰世宗,损益之礼,不敢有与焉。"(《汉书》卷七三,第3124页)

37 参见班固:《汉书》卷七三,第3120页。

38 同上。

尽,诏书将此问题搁置起来。

对此,玄成等奏曰:

> 祖宗之庙世世不毁,继祖以下,五庙而迭毁。今高皇帝为太祖,孝文皇帝为太宗,孝景皇帝为昭,孝武皇帝为穆,孝昭皇帝与孝宣皇帝俱为昭。皇考庙亲未尽。太上、孝惠庙皆亲尽,宜毁。太上庙主宜瘗园,孝惠皇帝为穆,主迁于太祖庙,寝园皆无复修。[39]

可见,玄成代表朝臣完全接受了诏书中对此问题的处理。此外,宣帝虽为昭帝后,却因血缘上属于祖孙关系,故俱为昭;又以武、昭、皇考、宣为四亲庙,此处立场虽不合于《公》《穀》与《左氏》说,却在何休、范甯与杜预注中得到体现,即昭穆与君统无涉焉。[40]

其后,匡衡继为丞相。元帝寝疾,欲复郡国庙。匡衡祷于高祖、孝文、孝武庙,不独自陈罢郡国庙的理由,又告谢毁庙曰:

> 往者大臣以为,在昔帝王承祖宗之休典,取象于天地,天序五行,人亲五属,天子奉天,故率其意而尊其制。是以禘尝之序,靡有过五。受命之君躬接于天,万世不堕。继烈以下,五庙

---

39 参见班固:《汉书》卷七三,第3120页。
40 对此,皮氏以为,许嘉、廷尉忠以孝文、孝武为言,即主张"宗不复毁"也,而元帝为之依违一年,乃诏以高帝为太祖、文帝为太宗,"则玄成已不能持其初议毁孝文矣"。至哀帝时,无论彭宣、满昌、左咸等议毁武帝,王舜、刘歆尊武帝为世宗,皆无预于文帝之毁否,则去玄成正论远矣。又谓玄成不能力持初议,即知贡禹之不能不稍依违矣。(参见皮锡瑞:《驳五经异义疏证》卷二,《全集》册四,第51页)盖文帝、武帝即见尊于太宗、世宗,则贡禹学《公羊》,而不用五庙说,即所谓"依违"之见也。

而迁,上陈太祖,间岁而祫,其道应天,故福禄永终。太上皇非受命而属尽,义则当迁。又以为孝莫大于严父,故父之所尊子不敢不承,父之所异子不敢同。礼,公子不得为母信,为后则于子祭,于孙止,尊祖严父之义也。寝日四上食,园庙间祠,皆可亡修。皇帝思慕悼惧,未敢尽从。惟念高皇帝圣德茂盛,受命溥将,钦若稽古,承顺天心,子孙本支,陈锡亡疆。诚以为迁庙合祭,久长之策,高皇帝之意,乃敢不听?即以令日迁太上、孝惠庙,孝文太后、孝昭太后寝,将以昭祖宗之德,顺天人之序,定无穷之业。今皇帝未受兹福,乃有不能共职之疾。皇帝愿复修承祀,臣衡等咸以为礼不得。如不合高皇帝、孝惠皇帝、孝文皇帝、孝武皇帝、孝昭皇帝、孝宣皇帝、太上皇、孝文太后、孝昭太后之意,罪尽在臣衡等,当受其咎。今皇帝尚未平,诏中朝臣具复毁庙之文。臣衡中朝臣咸复以为天子之祀义有所断,礼有所承,违统背制,不可以奉先祖,皇天不祐,鬼神不飨。[41]

匡衡在祷文中陈述了受君之太祖不毁以及亲尽宜毁的考虑。不过,其中未涉及"称宗不毁"的问题。至元帝崩后,匡衡奏言中有"案卫思后、戾太子、戾后园,亲未尽。孝惠、孝景庙亲尽,宜毁。及太上皇、孝文、孝昭太后、昭灵后、昭哀后、武哀王祠,请悉罢,勿奉"。[42] 据此,元帝有疾时,所复祀者包括郡国庙及亲尽之京师寝庙园;至临终时,再废郡国庙,而京师寝庙园依然修祀;此因匡

---

41 班固:《汉书》卷七三,第3124、3125页。
42 同上书,第3117页。

衡奏言，再废亲尽之京师寝庙园，尤其强调已复之惠、景庙及太上皇、孝文、孝昭太后、昭灵后、昭哀后、武哀王祠，皆亲尽宜毁。则匡衡的主张近于韦玄成之初议，即主张立天子五庙也。

据许慎《五经异义》：

> 《诗》鲁说：丞相匡衡以为殷中宗、周成、宣王，皆以时毁。《古文尚书》说：经称"中宗"，明其庙宗而不毁。谨案：《春秋公羊》御史大夫贡禹说：王者宗有德，庙不毁。宗而复毁，非尊德之义。[43]

许慎谓匡衡习《鲁诗》，陈寿祺以为传写误，当习《齐诗》也。贡禹习《公羊》，不见于本传，此处可见贡、匡所说不同，匡以殷中宗、周成、宣王皆以时毁，即虽宗犹毁也；而贡禹以为不毁者唯宗，所以尊德也，其说与《古文尚书》说同。可见，匡衡与玄成之议同，皆不主"宗不复毁"之说矣。然据蔡邕奏议所言，则以贡、匡之议为同，皆主张"为宗不毁"也。

成帝时，复高后时擅议宗庙之令，则除除太上皇寝庙园外，其余殆如元帝崩时。哀帝即位，丞相孔光、大司空何武奏言再议宗庙迭毁问题。于是，光禄勋彭宣、詹事满昌、博士左咸等，主张唯太祖、太宗庙不毁，其下亲尽宜毁，武帝虽有功烈，而为世宗，然"不得与祖宗并列"，亲尽宜毁。其实，早在成帝时，武帝亲尽，其

---

43 陈寿祺：《五经异义疏证》卷上，上海古籍出版社，第56页。

毁与否已成问题，只是碍于成帝禁止擅议宗庙，依旧庙祀而已。因此，哀帝时重新兴起的宗庙迭毁争论，关键在于如何对待作为世宗的武帝，到底应该遵循"亲尽宜毁"的原则，还是依从"宗不复毁"的原则。

显然，彭宣、满昌、左咸一派主张"亲尽宜毁"，故武帝虽有功烈，不得与太祖、太宗并列。至于另一派，则以太仆王舜、中垒校尉刘歆议曰：

> 高帝建大业，为太祖；孝文皇帝德至厚也，为文太宗；孝武皇帝功至著也，为武世宗，此孝宣帝所以发德音也。[44]

王舜、刘歆此番言论，意图是从功德上将世宗与太祖、太宗并列，"万世之基也，中兴之功未有高焉者也"，如是，太祖、太宗既得不毁，则世宗自当不毁矣。

王舜、刘歆进而论曰：

> 《礼记·王制》及《春秋穀梁传》，天子七庙，诸侯五，大夫三，士二。天子七日而殡，七月而葬；诸侯五日而殡，五月而葬。此丧事尊卑之序也，与庙数相应。其文曰："天子三昭三穆，与太祖之庙而七；诸侯二昭二穆，与太祖之庙而五。"故德厚者流光，德薄者流卑。《春秋左氏传》曰："名位不同，礼亦异数。"自上以下，降杀以两，礼也。七者，其正法数，可常数者也。宗

---

[44] 班固：《汉书》卷七三，第3126页。

不在此数中。宗，变也，苟有功德则宗之，不可预为设数。故于殷，太甲为太宗，大戊曰中宗，武丁曰高宗。周公为《毋逸》之戒，举殷三宗以劝成王。繇是言之，宗无数也，然则所以劝帝者之功德博矣。以七庙言之，孝武皇帝未宜毁；以所宗言之，则不可谓无功德。《礼记》祀典曰："夫圣王之制祀也，功施于民则祀之，以劳定国则祀之，能救大灾则祀之。"窃观孝武皇帝，功德皆兼而有焉。凡在于异姓，犹将特祀之，况于先祖？或说天子五庙无见文；又说中宗、高宗者，宗其道而毁其庙，名与实异，非尊德贵功之意也。《诗》云："蔽芾甘棠，勿剪勿伐，邵伯所茇。"思其人犹爱其树，况宗其道而毁其庙乎？迭毁之礼自有常法，无殊功异德，固以亲疏相推及。至祖宗之序，多少之数，经传无明文，至尊至重，难以疑文虚说定也。孝宣皇帝举公卿之议，用众儒之谋，既以为世宗之庙，建之万世，宣布天下。臣愚以为孝武皇帝功烈如彼，孝宣皇帝崇立之如此，不宜毁。[45]

王舜、刘歆之说，包括如下几个要点：其一，《王制》与《穀梁传》有天子七庙之明文，而所以与诸侯五庙有差者，德有厚薄故也。其二，先帝有德则宗之，此宣帝所以尊武帝为世宗也。其三，《王制》七庙之说，谓"三昭三穆，与大祖之庙而七"，则哀帝时，武帝庙犹在昭穆之序，不宜毁。其四，又驳玄成、匡衡等旧说，谓五庙说不见于经传，以及为宗犹毁"非尊德贵功之意"。

详刘歆之意，不独取《王制》及《穀梁》七庙之说，且谓武帝

---

45 班固：《汉书》卷七三，第3127页。

不在亲尽宜毁之数，甚可怪也。[46] 刘歆殆以三昭三穆之数有定，至于称宗者，以功德故，则无数也。刘歆一方面赞同宗庙迭毁之礼，体现在七庙说的经典依据；另一方面，则主张有功德者称宗不毁，且无定数。此议迎合了宣、元诸帝在这个问题上的态度，得到了皇帝的认可。[47]

四、余论

关于刘歆所建议，其后班彪尝有论曰："考观诸儒之议，刘歆博而笃矣。"[48] 然考元帝以后诸儒臣议论，皆主迭毁之说，盖以亲尽

---

[46] 案，郑玄据《祭法》七庙之文以释《王制》，则周之七庙者，乃太祖后稷，文、武二祧及四亲庙，若准许此以论汉之七庙，则哀帝时，当以成、元、宣、悼皇考为四亲庙，文、武庙为二祧，然刘歆谓武帝不宜毁，未明言其所据。且文、武又祖孙，昭穆同，则与《王制》三昭三穆之说不合。若以三昭三穆纯就亲庙而言，则有六亲庙，虽于礼无据，然其数可包昭、武二帝，武帝未当毁也。刘歆此说颇自相矛盾，不可解。

[47] 刘歆甚至认为，圣人顺乎人情而制礼，不当毁庙，因谓"自贡禹建迭毁之议，惠、景及太上寝园废而为虚，失礼意矣"（《汉书》卷七三，第3129页）。案贡禹主七庙之说，遂有迭毁之议，今若刘歆之论，则欲尽复元帝以前宗庙无数之旧制耶？

陈寿祺则以为，"《异义》所引禹说王者宗有德、庙不毁，则与歆等合，此盖禹言古者天子七庙之法。《异义》取其一端，言各有当"（陈寿祺：《五经异义疏证》卷上，第59页）皮氏之说略近，谓"刘歆数孝文、孝武为七庙，正本禹说"（皮锡瑞：《驳五经异义疏证》卷二，《全集》册四，第51页）盖贡禹虽建迭庙之议，然其中犹有"宗有德"之说，遂为刘歆所本也。

《异义》谓郑玄无驳，则亦主张"宗不复毁"也。其实不然。案孔广林曰："《明堂位》注云：'世室者，不毁之名也。'是郑亦以为宗不复毁矣。而注《稽命征》'殷五庙，至于子孙六'，则又云：'契为始祖，汤为受命王，各立其庙，与亲庙四，故六。'似又谓殷毁中宗者，《诗·烈祖》正义云：'郑据其正者而言。宗既无常，数亦不定，故不数二宗之庙是也。'"（陈寿祺：《五经异义疏证》卷上引，第56页）故皮锡瑞以为，"郑解天子七庙，用贡禹、韦、匡说，与刘歆、王肃异，乃于《异义》从而不驳，皆不可解。"（皮锡瑞：《驳五经异义疏证》卷二，《皮锡瑞全集》册四，第49页）

[48] 班固：《汉书》卷七三，第3131页。

而宜毁也。而刘歆尽反旧说，既违经义，又暗于虚耗民财之实际。唯诸臣之异者，则在"宗不复毁"之说。其先，贡禹首建毁庙之议，然考其七庙之论，内中实有"宗不复毁"之说，其目的则在确立文帝作为太宗的不毁地位。其后，韦玄成持天子五庙说，则太宗亦在毁列，然见沮于许嘉等，而不能力持初议矣。哀帝时，刘歆又以为武帝称宗不毁，则"宗不复毁"之说，进而波及武帝的世宗地位。

大略言之，主张"亲尽而毁"者，代表了大多数朝臣的立场；而主张"宗不复毁"者，虽属少数派，却代表了皇家的立场。故少数派最终因为皇帝的支持，而占据了上风，此贡禹所以有依违之论，而玄成所以不敢力持初议也。

皮氏极论"宗不复毁"说之非，曰：

> 祖宗虽有功德，当报而不当别立庙。若有功德即别立庙，为天子者，谁自谓无功德？子孙嗣为天子者，谁肯谓其祖考无功德？夏侯胜议武帝，下狱几死，廷臣谁敢正言其非？其势必将如东汉，诸帝皆称宗、皆立庙矣。汉之庙制，经西汉诸儒稍加厘正，至东汉而古制尽废，皆刘歆"宗无数"之说启之。班固称其博笃，殆以国制不敢议欤？郑言庙制主韦玄成，与古文《尚书》说绝异，乃从《异义》不驳，殆亦以国制不敢议欤？[49]

刘歆甚至提出"宗无数"之说，确立了太祖、太宗、世宗及昭、

---

49 皮锡瑞：《驳五经异义疏证》卷二，第51页。

宣、元、成帝庙构成的"七庙"之制，形式上颇近于周代七庙制度。不过加上未迁毁的悼皇考庙与哀帝为其生父定陶恭王所立庙，则当时实有"九庙"。至平帝时，王莽柄政，一方面废弃皇考庙与定陶恭王庙，又采纳刘歆之说，于元始四年，"尊孝宣庙为中宗，孝元庙为高宗"。平帝以后，又"奏尊孝成庙曰统宗，孝平庙曰元宗"。[50] 东汉时，虽废弃王莽时所尊诸宗，至明、章以后，至有十二庙之数。流弊所及，皆刘歆之谬说有以启之也。诚如皮氏所论，"宗不复毁"之说最终导致"宗无数"的后果，遑论唐宗以后，凡帝莫不称宗矣。

---

50 班固：《汉书·王莽传》。

郑玄论"圆丘"礼

陈壁生（清华大学）

  中国古代天子亲行之礼，莫大于祭天。自两汉经学兴起，博士说经，朝臣议礼，祭天大典莫大于郊祀。是故《史记》有《封禅书》，《汉书》有《郊祀志》，《后汉书》有《祭祀志》，皆在《礼乐志》之外特立一志，以叙其事。

  然自《周官》出于山崖屋壁，经文中仅一次提及"圆丘"一语，即《周官·大司乐》云："冬日至，于地上之圜丘（即圆丘）奏之，若乐六变，则天神皆降，可得而礼矣。"遍检群经传记，此为惟一一处明文言"圆丘"者。可以说，圆丘祭天，今文经书无其文，博士传经无其说，两汉郊祀无其礼。而郑玄仅凭《大司乐》一语，极尽纵横捭阖之能事，构建出一套在南郊之外，且比南郊更重的圆丘祭天大典。圆丘祭天之礼的出现，是一个典型的"郑玄问题"，即集中体现郑玄解经方式的典型问题。而且，经过郑玄，圆丘祭天礼进入中国传统政治，塑造了政治的基本价值，同时，也进入了后世的周代史写作，成为构建三代事实的重要材料。

一、郑玄：构建圆丘礼

南郊祭天之礼，经书常见明文，虽经籍旨意不同，而经文所论相合。《孝经·圣治章》云"郊祀后稷以配天"，言尊祖配天也。《礼记·郊特牲》云"郊之祭也，迎长日之至也"，言其时也；云"兆于南郊，就阳位也"，言其地也；云"牲用骍，尚赤也，用犊，贵诚也"，言其牲犊也；云"卜郊，受命于祖庙"，言郊前卜日也；云"郊之祭也，大报本反始也"，言郊祀之意义也；《礼记·祭法》云有虞氏"郊喾"，夏后氏"郊鲧"，殷人"郊冥"，周人"郊稷"，言四代配享之变也。凡此诸说，其说甚富。至于圆丘，遍检经籍，只有一处有"圆丘"之文，《周官·大司乐》云："凡乐，圜锺为宫，黄锺为角，大蔟为徵，姑洗为羽，靁鼓靁鼗，孤竹之管，云和之琴瑟，《云门》之舞，冬日至，于地上之圜丘奏之，若乐六变，则天神皆降，可得而礼矣。"

"圆丘"之义，并非礼名，也非方位，而是祭坛形制，《周礼》贾疏云："言圜丘者，案《尔雅》，土之高者曰丘，取自然之丘，圜者，象天圜，既取丘之自然，则未必要在郊，无问东西与南北方皆可。"[1] 也就是说，"圆丘"指的是自然而非人为形成的圆形土包。郊祀指方位在南郊，圆丘指形制是自然土包，就此而言，二者并不矛盾。而郑玄之所以必分之为二者，这是郑玄的注经特征所决定。

要理解郑玄怎样把郊祀、圆丘分开，必须首先理解郑玄的注经特征。郑玄注经，善于以经文为本，通过对经文的结构性分析，

---

[1] 郑玄注、贾公彦疏：《周礼注疏》，第 343 页。

来理解经文本身。桥本秀美先生在《郑学第一原理》一文中认为："'结构取义'才是郑注《三礼》最基本的解经方法。"[2] 在郑玄看来，经文是第一位的，而且经文不止是由字词构成，一句话、一段话，都是一个整体的结构，因此，不能单纯从对文字的理解达至对一句话、一段话的理解，文字只是提供一种表达意义的方向，具体的意义更要在一句话、一段话的整体结构中来理解。

在祭祀问题上，最完备的礼类，竟是《周官·大司乐》之文，也是惟一一处提到"圆丘"的经文。《大司乐》并郑注云：

> 乃奏黄钟，歌大吕，舞《云门》，以祀天神。
> 〔注〕天神，谓五帝及日月星辰也。王者又各以夏正月祀其所受命之帝于南郊，尊之也。《孝经说》曰"祭天南郊，就阳位"是也。
> 乃奏大蔟，歌应钟，舞《咸池》，以祭地祇。
> 〔注〕地祇，所祭于北郊，谓神州之神及社稷。
> 乃奏姑洗，歌南吕，舞《大韶》，以祀四望。乃奏蕤宾，歌函钟，舞《大夏》，以祭山川。乃奏夷则，歌小吕，舞《大濩》，以享先妣。乃奏无射，歌夹钟，舞《大武》，以享先祖。……
> 凡乐，圜钟为宫，黄钟为角，大蔟为征，姑洗为羽，雷鼓雷鼗，孤竹之管，云和之琴瑟，《云门》之舞，冬日至，于地上之圜丘奏之，若乐六变，则天神皆降，可得而礼矣。凡乐，函钟为宫，大蔟为角，姑洗为征，南吕为羽，灵鼓灵鼗，孙竹之管，空桑之琴瑟，《咸池》之舞，夏日至，于泽中之方丘奏之，若乐八

---

[2] 桥本秀美：《郑学第一原理》，见《北京读经说记》，台北：万卷楼图书股份有限公司，2013年，第230页。

变,则地示皆出,可得而礼矣。凡乐,黄钟为宫,大吕为角,大蔟为征,应钟为羽,路鼓路鼗,阴竹之管,龙门之琴瑟,《九德》之歌,《九韶》之舞,于宗庙之中奏之,若乐九变,则人鬼可得而礼矣。

〔注〕此三者,皆禘大祭也。天神则主北辰,地祇则主昆仑,人鬼则主后稷,先奏是乐以致其神,礼之以玉而裸焉,乃后合乐而祭之。《大传》曰:"王者必禘其祖之所自出。"《祭法》曰:"周人禘喾而郊稷。"谓此祭天圜丘,以喾配之。[3]

这段经文,事实上包含了两套关于祭祀的经文结构,第一套是天神、地示、四望、山川、先妣、先祖,第二套是天神、地示、人鬼。

郑玄注经的特点,是完全按照经文的结构对经文进行解释。虽然这里两套经文结构都有"天神""地示",但既然用乐不同,说明所指有别。但事实上,在经典体系中,很难找到两套"天神"与两套"地示"。郑玄为了遵从这两套"用乐不同"的经文结构,必须找到相对应的天神、地示。经文有冬至圆丘祭天,故以最尊之昊天上帝,即北辰注之;有夏至方丘祭地,故以昆仑之神注之。《左传》桓五年传"凡祀,启蛰而郊",孔疏云:"郑玄注书,多用谶纬,言天神有六,地祇有二。天有天皇大帝,又有五方之帝,地有昆仑之山神,又有神州之神。"[4]其中,祭天者,冬至圆丘祭天皇大帝,四郊、郊祀祭五方上帝。祭地者,夏至方丘祭昆仑之神,又有北郊祭神州之神。在郑玄这种对经文的理解中,圆丘、南郊祭天之礼,不可能合一,合一则破坏了经文本身的结构。

---

3 郑玄注、贾公彦疏:《周礼注疏》,第339–342页。
4 杜预注、孔颖达疏:《春秋左传正义》,第108页。

在礼经中，关于祭天的记载，一些内容在行礼时间、地点、用玉、用牲、用乐等方面的差别，同样使圆丘祭天的出现之后，在文字上得到相对比较合理的解释。

一是祭天时间。郊祀之礼，郑玄笃信谶纬之言，《易纬·乾凿度》云："三王之郊，一用夏正。夏正，建寅之月也。"则郊天在夏正之月。《郊特牲》云："郊之祭也，迎长日之至也。"郑玄即引《乾凿度》之文以注之。然上《周官·大司乐》云："冬日至，于地上之圜丘奏之。"则是冬至之日。以一在夏正之月，一在冬至之日，故郑玄分为夏正郊祀祭天，冬至圆丘祭天。但是，《郊特牲》又云："郊之用辛也，周之始郊，日以至。"是用建子之月，辛日，由于上二者皆不同。故郑玄乃以之为鲁礼而非周礼，注之云："言日以周郊天之月而至，阳气新用事，顺之而用辛日。此说非也。郊天之月而日至，鲁礼也。三王之郊，一用夏正，鲁以无冬至祭天于圆丘之事，是以建子之月郊天，示先有事也。用辛日者，凡为人君，当齐戒自新耳。周衰礼废，儒者见周礼尽在鲁，因推鲁礼以言周事。"[5]也就是说，《郊特牲》云"郊之用辛也，周之始郊，日以至"，与"三王之郊，一用夏正"不同，鲁是诸侯，因周公而得天子之赐，可以郊祀祭天，但不能圆丘祭天，所以用此建子之月，辛日郊祀。

二是祭天地点。《周官·大司乐》云"于地上之圜丘"，"丘"之义，《尔雅》云："非人为之丘。"也就是说，圆丘是自然形成的。而《祭法》云："燔柴于泰坛，祭天也。"郑玄云："封土为祭处

---

5 郑玄注、孔颖达疏：《礼记正义》，第497页。王肃讥之云："玄又云'周衰礼废，儒者见周礼尽在鲁，因推鲁礼以言周事'，若儒者愚人也，则不能记斯礼也；苟其不愚，不得乱于周、鲁也。"

也。"[6] 泰坛是人为造成的。因此，只有分出圆丘与南郊，用南郊解释《祭法》之泰坛。

三是祭天用玉，《周官·大宗伯》云："以苍璧礼天，以黄琮礼地，以青圭礼东方，以赤璋礼南方，以白琥礼西方，以玄璜礼北方。"此祭天用苍璧也。而在《周礼·典瑞》中又云："四圭有邸以祀天、旅上帝。"此祭天用玉与苍璧不同。是故郑注《大宗伯》云："此礼天以冬至，谓天皇大帝，在北极者也。"[7] 即冬至祭天于圆丘。而注《典瑞》云："祀天，夏正郊天也。上帝，五帝，所郊亦犹五帝，殊言天者，尊异之也。"[8] 即夏正祭天于南郊。

四是祭天用牲，《周礼·大宗伯》云："皆有牲币，各放其器之色。"上既云"以苍璧礼天"，则用牲也是苍色。但是在《礼记·祭法》中又云："燔柴于泰坛，祭天也。瘗埋于泰折，祭地也。用骍犊。"[9] 则祭天用骍犊。是故郑注分《大宗伯》为圆丘，而以《祭法》所言为南郊。

五是祭天用乐，《周礼·大司乐》上文云："乃奏黄钟，歌大吕，舞《云门》，以祀天神。"是祭天用黄钟、大吕也。《大司乐》下文又云："凡乐，圜钟为宫，黄钟为角，大蔟为徵，姑洗为羽，雷鼓雷鼗，孤竹之管，云和之琴瑟，《云门》之舞，冬日至，于地上之圜丘奏之，若乐六变，则天神皆降，可得而礼矣。"是用乐与上"祀天神"不同也。故郑玄注上云："王者又各以夏正月祀其所

---

6 郑玄注、孔颖达疏：《礼记正义》，第797页。
7 郑玄注、贾公彦疏：《周礼注疏》，第281页。
8 同上书，第314页。
9 郑玄注、孔颖达疏：《礼记正义》，第797页。

受命之帝于南郊,尊之也。《孝经说》曰'祭天南郊,就阳位'是也。"[10] 以上文为南郊祭天。下文明言"圆丘",故郑注云:"《大传》曰:'王者必禘其祖之所自出。'《祭法》曰:'周人禘喾而郊稷。'谓此祭天圜丘,以喾配之。"[11] 是以下文为圆丘祭天也。

郑玄之后的王肃主郊、丘为一,《郊特牲》疏驳之云:"又王肃以郊丘是一,而郑氏以为二者,案《大宗伯》云:'苍璧礼天。'《典瑞》又云:'四圭有邸以祀天。'是王不同。《宗伯》又云:'牲币各放其器之色。'则牲用苍也。《祭法》又云:'燔柴于泰坛,用骍犊。'是牲不同也。又《大司乐》云:'凡乐,圜钟为宫,黄钟为角,大蔟为征,姑洗为羽。''冬日至于地上之圜丘奏之,若乐六变,则天神皆降。'上文云:'乃奏黄钟,歌大吕,舞《云门》,以祀天神。'是乐不同也。故郑以云苍璧、苍犊、圜钟之等为祭圜丘所用,以四圭有邸、骍犊及奏黄钟之等以为祭五帝及郊天所用。"[12]

正是因为祭天礼在经文记载中有差别,导致郑玄仅凭《大司乐》"圆丘"二字,撬动整个经学的祭祀系统,圆丘、郊祀一旦确立,相关经文便如胡马北风,越鸟南枝,各归河汉。而且,这种分立带来的最大后果,是在《大司乐》中所表现出来的圆丘重于郊天,在《祭法》中得到更为明确的表达。《祭法》文云:"有虞氏禘黄帝而郊喾,祖颛顼而宗尧。夏后氏亦禘黄帝而郊鲧,祖颛顼而宗禹。殷人禘喾而郊冥,祖契而宗汤。周人禘喾而郊稷,祖文王而宗武王。"此文充满各种疑难,盖禘是礼名,郊是礼地,祖、宗若合

---

10 郑玄注、贾公彦疏:《周礼注疏》,第339页。
11 同上书,第342页。
12 郑玄注、孔颖达疏:《礼记正义》,第796页。

于明堂礼，则《孝经·圣治章》分明言"宗祀文王于明堂"。而郑玄分郊、丘为二，使此文得到完整的解释。郑注云：

> 禘、郊、祖、宗，谓祭祀以配食也。此禘，谓祭昊天于圜丘也。祭上帝于南郊，曰郊。祭五帝五神于明堂，曰祖、宗。祖、宗，通言尔。[13]

也就是说，《祭法》之"禘"即是圆丘祭天，以黄帝、喾配享，"郊"则是郊祀祭天，三代之前公天下，配以有德，三代之后家天下，配以始祖。此文之种种疑难，涣然冰释。可惜经书中没有明确的祖、宗配享的原文，无法让郑玄将祖、宗配享分到两种礼之中，郑玄只得悻悻言"祖、宗，通言尔"。

郑玄之所以将《大司乐》出现的"圆丘"作为祭天大典，是因为要注解群经，尤其是《周礼》中的经文，使经文之间每一个地方都得到合理的解释，所以，郑玄构建了天有六天、郊丘为二的基本结构，通过这一结构，使《周礼》《礼记》《诗经》等相关经文，都得到合理的解释。

在经文的意义上，郊、丘为二的这一礼学结构，不是经书中的明文记载，而是郑玄综合群经中的祭天之文，而构造的一个礼学解经模式。在郑玄经注的意义上，郊丘为二的礼学结构，也不是郑玄推断出来的一种礼制，郑玄所做的是注解经文，而不是推演礼制。注解经文旨在把经文的内涵、结构、逻辑，经文之间的差异，解释

---

[13] 郑玄注、孔颖达疏：《礼记正义》，第796页。

明白,使经文消除矛盾,互相支撑,自成体系,至于经文背后的制度、历史事实,是第二位的问题。因为制度、历史事实极为丰富多样,经文则是确定的,经注所要解释的是确定的经文,而不是经文背后无穷无尽的东西。在经书中,如果只用《孝经》,便只有郊祀祭天,假设不存在《周礼》,那么像《祭法》《礼器》诸文,当有新的解释。但是郑玄既把《周礼》纳入经学范围,《周礼》中的基本结构,是圆丘冬至祭天,相对于方丘夏至祭地。而加上《郊特牲》"郊之祭也,迎长日之至也",郑注云:"《易说》曰:'三王之郊,一用夏正。'夏正,建寅之月也。"[14] 则是南郊夏正祭天。所以,郊、丘为二的礼学结构,不是对周公制礼的考察,也不是对周公礼制的历史追寻,而是《孝经》《礼记》《周礼》等不同的经书叠加、结合的自然结果。在郑玄解经中,因为《周礼》等经典表现出来的祭天礼单用郊祀,不足以解释所有经文,只有分郊、丘为二,才能满足对经文的合理解释。

二、魏晋政治中的圆丘礼

圆丘祭天之礼,群经所见明文,惟在《大司乐》一语,郑玄据此注经,构建为最重之祭天大典,皇侃据注推衍,乃成一套完备的祭天仪式。此皆注经家之本事,因经文所述而推求先圣原意者也。

但是,对经文的理解一旦发生变化,即刻牵涉到历史的变化。

---

14 郑玄注、孔颖达疏:《礼记正义》,第497页。

这种"历史",包含两层意义,一是实际发生的历史,即以经文为基本价值而构建新的制度;一是三代史的书写,即以经文为基本材料书写的三代历史。

圆丘祭天之礼,在两汉无论是经学理论还是制度实践,今文经典无其文,博士传经无其说,朝廷郊祀无其制。但是,经过郑玄解释之后,圆丘祭天加入到郊祀始祖以配感生帝、宗祀受命王以配上帝的祭天结构之中,并从理论上改变了这一结构。

在汉代今文经学的理解中,《孝经》所提供的南郊以始祖配感生帝、明堂以受命王配上帝,已经是非常难以实行的制度。根据经书所载,殷、周二代之始祖皆感生,积德数十世而有子孙受命,而后才王天下。对后世而言,一朝一代之开国天子可以为受命之王,但其前代始祖定于何人,确实一个无法解决的问题,故光武帝时期即有以尧还是刘邦为始祖之争。而郑玄把圆丘祭天也列到这一系统之后,圆丘配享出现更大的难题,而祭天大典的结构,也从《孝经·圣治章》"郊祀后稷以配天,宗祀文王于明堂以配上帝",转向《祭法》中的新结构:"有虞氏禘黄帝而郊喾,祖颛顼而宗尧。夏后氏亦禘黄帝而郊鲧,祖颛顼而宗禹。殷人禘喾而郊冥,祖契而宗汤。周人禘喾而郊稷,祖文王而宗武王。"三国时期的魏国,便把郑玄的解释经文,建成一套实际运行的政治制度。

据《后汉书·郑玄传》,郑玄卒于建安五年(200)六月,时郑学已行于天下。及至魏,魏文帝曹丕之后,魏明帝曹叡即位次年,即行郊祀之礼。《三国志·明帝纪》载:

> 太和元年(227)春正月,郊祀武皇帝以配天,宗祀文皇帝

于明堂以配上帝。[15]

魏明帝此太和礼,仍然沿袭汉世用《孝经》结构祭天之法,盖以祖、宗配郊祀、明堂,略如汉平帝元始四年,郊祀汉高祖以配天,宗祀孝文以配上帝。但是,明帝君臣,未尝以此为定制。当时天下虽已三分,而魏明帝制礼以示革命易代之心最切,魏阙群臣,高堂生之后裔高堂隆对大典制作影响最大。青龙四年(236)高堂隆上疏云:"今圜丘、方泽、南北郊、明堂、社稷,神位未定,宗庙之制又未如礼。"[16]此时距离郑玄以布衣而卒,不过三十余年,而高堂隆所言之国家大典,已经一从郑学,将圆丘与南北郊分祀。随后的景初元年(237)冬十月,乙卯,"营洛阳南委粟山为圜丘"。[17]两个月后的冬至日,《三国志·魏书·明帝纪》载:"十二月壬子冬至,始祀。"[18]《宋书》亦载:"十二月壬子冬至,始祀皇皇帝天于圆丘,以始祖有虞帝舜配。"[19]这是《周礼》中的圆丘祭天在中国历史上第一次真正落实到政治生活中,于是郑玄注解经文,变成实际政

---

15 陈寿撰、裴松之注、卢弼集解:《三国志集解》,上海:上海古籍出版社,2013年,第354页。
16 陈寿撰、裴松之注、卢弼集解:《三国志集解》,第1916页。此疏之前云"是岁,有星孛于大辰",《明帝纪》在青龙四年,故将此疏系于青龙四年。
17 陈寿撰、裴松之注、卢弼集解:《三国志集解》,第423页。圆丘的地点,经无明文,注疏家各自推论,《周礼·大司乐》贾疏云:"言圆丘者,案《尔雅》,土之高者曰丘,取自然之丘,圆者,象天圆,既取丘之自然,则未必要在郊,无问东西与南北方皆可。"《礼记·郊特牲》孔疏云:"其祭天之处,冬至则祭于圜丘。圆丘所在,虽无正文,应从阳位,当在国南,故魏氏之有天下,营委粟山为圆丘,在洛阳南二十里。然则周家亦在国南,但不知远近者。"孔疏即据魏明帝所营圆丘为国都南郊之证。
18 陈寿撰、裴松之注、卢弼集解:《三国志集解》,第424页。
19 沈约:《宋书》,北京:中华书局,2018年,第459页。

治实践。加入了圆丘之后的祭祀天地之礼,诏书有云:

> 曹氏系世,出自有虞氏,今祀圆丘,以始祖帝舜配,号圆丘曰皇皇帝天。方丘所祭曰皇皇后地,以舜妃伊氏配。天郊所祭曰皇天之神,以太祖武皇帝配。地郊所祭曰皇地之祇,以武宣后配。宗祀皇考高祖文皇帝于明堂,以配上帝。[20]

景初礼是在《周礼》郑注精神指导下的《祭法》加《孝经》祭天结构,圆丘以始祖配皇皇帝天,南郊以受命王配感生帝,明堂以太宗配上帝。魏明帝极尽可能按照郑玄注经来安排祭天大典的基本结构,但是这一结构仍然充满争议。

其中,最大的争议是圆丘以舜配天。《孝经·圣治章》"昔者周公郊祀后稷以配天,宗祀文王于明堂以配上帝",郑注云:"后稷者,是尧臣,周公之始祖。""文王,周公之父。明堂,即天子布政之宫。上帝者,天之别名。神无二主,故异其处,避后稷。"[21] 是郊祀以感生之始祖配感生帝,始祖本来就是感生帝的儿子。加上《祭法》"周人禘喾而郊稷"之后,按照郑玄之意,比郊祀更尊的圆丘祭天,应以后稷名义上之父喾配享。帝喾名义上尊于后稷,是可以理解的。但魏明帝无法找到这样的结构,却以曹姓始祖帝舜配天,本身便没有什么政治色彩。因此,圆丘以舜配天之礼,一开始就受到各种攻击,这种攻击主要来自蒋济。《蒋济传》云:"初,侍中高

---

20 陈寿撰、裴松之注、卢弼集解:《三国志集解》,第423、424页。
21 陈壁生:《孝经正义》,未刊稿。

堂隆论郊祀事，以魏为舜后，推舜配天。济以为舜本姓妫，其苗曰田，非曹之先，著文以追诘隆。"[22] 也就是说，曹姓出自帝舜，本来就有争议。《三国志》裴松之注引当时争论云：

> 济亦未能定氏族所出，但谓"魏非舜后而横祀非族，降黜太祖，不配正天，皆为缪妄"。然于时竟莫能正。济又难：郑玄注《祭法》云"有虞以上尚德，禘郊祖宗，配用有德，自夏已下，稍用其姓氏"。济曰："夫虬龙神于獭，獭自祭其先，不祭虬龙也。骐驎白虎仁于豺，豺自祭其先，不祭骐虎也。如玄之说，有虞已上，豺獭之不若邪？臣以为祭法所云，见疑学者久矣，郑玄不考正其违而就通其义。"济豺獭之譬，虽似俳谐，然其义旨，有可求焉。[23]

蒋济不了解在郑玄经学中，三代之前公天下，故尚德，禘郊祖宗，配用有德，三代之后家天下，故用其姓氏，但这是经学理论的问题。蒋氏攻击魏非舜后，且认为圆丘应以太祖曹操配享，然而若如蒋说，则郊祀、明堂无法找到相应合适的配享之人。景初礼的郊祀、明堂，基本遵从太和礼。但严格来说，按照郑玄的理解，郊祀始祖以配感生帝，最大的意义是始祖本来就是感生的，感生帝即是始祖之父，所以天子因孝事天，同时也确立本族的政治正当性。而魏明帝郊祀武帝以配天，已经失去郊祀的本来意义。

---

22 陈寿撰、裴松之注、卢弼集解：《三国志集解》，第1334页。
23 同上。

可以说，圆丘、方丘、天郊、地郊、明堂，这套祭祀天地的结构，本来就是郑玄在解释《大司乐》《祭法》《孝经》中，为了说通经文，而解释出来的，也就是说，对郑玄经学而言，这是一种解释方法的产物。郑玄如此注经，目的不在理解周代历史、制度，也并非要让后世将之变成制度，而是要把各处看来矛盾不通的经文解释清楚。但于郑玄是注经方法，于魏氏则是政治实践，注经方法导出的是经文的博洽融通，要按照经文进行实际操作，却无法产生出政治意义。也就是说，魏明帝落实圆丘、方丘、天郊、地郊、明堂这套祭祀天地的政治实践，无法产生出实际的政治意义。也因如此，这套祭祀天地之礼很快就没有再实行下去，《宋书·礼志》云："自正始以后，终魏世，不复郊祀。"[24]

魏晋之世，王肃出而反郑学，郊祀、宗庙、丧纪诸事最要。《郊特牲》孔疏云："《圣证论》以天体无二，郊即圆丘，圆丘即郊。郑氏以为天有六天，丘、郊各异。"[25] 郑氏家法在郊、丘问题上，做为经学理论，固然可以解释经学的各种问题，但落入现实操作，则经学意义无法产生实际的政治意义，基本上不具可操作性。王肃或有鉴于此，而做出理论上的变革。天有没有六天，在实际操作中的差别，主要是在南郊、明堂祭天时要不要设立五帝之座。郊、丘分合，在实际操作的差别主要是要在南郊祭天之外别立圆丘祭天之礼，还是在南郊祭天礼中用圆丘坛作为祭天的形制。王肃之意云："郊则圆丘，圆丘则郊。所在言之则谓之郊，所祭言之则谓之圆丘。

---

24 沈约：《宋书》，第459页。
25 郑玄注、孔颖达疏：《礼记正义》，第480页。

于郊筑泰坛象圆丘之形。以丘言之,本诸天地之性,故《祭法》云'燔柴于泰坛',则圆丘也。《郊特牲》云'周之始郊日以至',《周礼》云'冬至祭天于圆丘',知圆丘与郊是一也。"[26] 此王肃以郊丘为一之大要也。王肃虽务反郑,但是,经过郑玄之后,圆丘祭天已经成为经学中天经地义的问题,王肃所反者,是南郊之外别立圆丘而已,经过王肃之后,圆丘之形制便成南郊祭天之定制。

西晋泰始二年(266)正月,晋武帝下诏定郊礼,"时群臣又议,五帝即天也,王气时异,故殊其号,虽名有五,其实一神。明堂南郊,宜除五帝之坐,五郊改五精之号,皆同称昊天上帝,各设一坐而已。地郊又除先后配祀。帝悉从之"。[27] 其后,当年十一月,"有司又议奏,古者丘郊不异,宜并圆丘方丘于南北郊,更修立坛兆,其二至之祀合于二郊。帝又从之,一如宣帝所用王肃议也。是月庚寅冬至,帝亲祠圆丘于南郊。自是后,圆丘方泽不别立"。[28] 这一制度,即是将圆丘、方丘并到南郊、北郊,背后是对天的理解,从六天变成一天,五帝不再称天。而在配享上,郊祀以晋武帝的祖父司马懿配享,明堂以其父司马昭配享。司马懿不是感生始祖,所配的"天"也不再是诞生一族始祖的天帝。如果把汉代南郊、明堂的结构理解为通过确立与天实际勾连的典礼,确认政治的神圣性,那么,经过郑玄经学不切实际的努力与魏明帝景初礼的失败设计,从王肃注经到魏武帝重立祭天大礼,天子与天的实际性勾连已经完全丧失,而变成了一种象征性的关系,政治的神圣性无

---

26 郑玄注、孔颖达疏:《礼记正义》,第498页。
27 房玄龄:《晋书》,第583页。
28 同上书,第583、584页。

论在现实上还是在祭天大典中也完全消失。而圆丘作为祭天坛宇形制则保存了下来，直到清代。

三、作为周代史的圆丘祭天

郑玄推圆丘祭天为周世之礼，固然出于其注经之法。但是，后世史家因注而知经，所以，对经文的理解也影响到对历史的书写。简言之，郑玄解释出圆丘祭天之礼，而对后世史家而言，周代历史便有了圆丘之礼。

《史记》言周世祭祀天地之礼甚简，《封禅书》云：

> 《周官》曰，冬日至，祀天于南郊，迎长日之至；夏日至，祭地祇。皆用乐舞，而神乃可得而礼也。……周公既相成王，郊祀后稷以配天，宗祀文王于明堂以配上帝。[29]

《史记》之言《周官》，并非郑玄所注之《周官》。而郊祀、明堂之礼，用《孝经》原文。及至班固作《汉书·郊祀志》，其文云：

> 周公相成王，王道大洽，制礼作乐，天子曰明堂、辟雍，诸侯曰泮宫。郊祀后稷以配天，宗祀文王于明堂以配上帝，四海之内各以其职来助祭。[30]

---

29 司马迁：《史记》，第1625、1626页。
30 班固撰、王先谦补注：《汉书补注》，第1664页。

班固虽信《周官》，《汉书》也常引《周官》，但是，此处所述周世祭祀天地之礼，仍然与《史记》相同，并没有提供更多的周代史内容。究其实，是因为到了郑玄之后，圆丘、方丘才真正成为与南郊祭天、北郊祭地并立的大礼，《汉书》虽用"圆丘"之名，但并不以之为特别礼仪。

以《史》《汉》言周世祭天礼仪之简略，而至于杜佑修《通典》，乃发明出一套甚为详备的祭天之礼。《通典》云：

> 周制，《大司乐》云："冬日至，祀天于地上之圆丘。"又《大宗伯》职曰："以禋祀，祀昊天上帝。"郑玄云："谓冬至祭天于圆丘，所以祀天皇大帝。"礼神之玉以苍璧，其牲及币，各随玉色。《大宗伯》云"苍璧礼天"。其尺寸文阙。下云"皆有牲币各放其器之色"，器则玉也。盖取象天色也。《肆师》职曰：立大祀，用玉帛牲牷。牲用一犊。按《郊特牲》又云："用犊，贵诚也。"《王制》云："祭天地之牛，角茧栗。"币用缯，长丈八尺。郑玄注《曾子问》云："制币长丈八。"郑约逸巡狩礼文也。馀用币长短皆准此。王服大裘，其冕无旒，《司服》云："王祀昊天上帝，则服大裘而冕。"郑司农云："大裘，黑羔裘。"既无采章，则冕亦无旒也。尸服亦然。以天体质，故王大裘以象之。既尸为神象，宜与王服同也。《周礼》曰"郊祀二人裘冕送逆尸"。又《士师》职曰："祀五帝则沃尸及王盥。"乘玉辂，钖，繁缨十有再就，建太常十有二旒以祀。樽及荐菹醢器，并以瓦。爵以匏片为之。《郊特牲》云："器用陶匏，以象天地之性。"以藁秸及蒲，但翦头不纳为藉神席。所谓蒲越藁秸也。藁秸藉天神，蒲越

藉配帝。配以帝喾。《祭法》云:"周人禘喾而郊稷。"今以禘大祭,是祭中最大,既禘天于郊,又喾尊于稷。故《大宗伯》注云:"圜丘以喾配之。"按喾配郊,牲尚同色,则圜丘可知焉。其乐,《大司乐》云:"凡乐,圜钟为宫,黄钟为角,太蔟为征,姑洗为羽,雷鼓雷鼗,孤竹之管,云和之琴瑟,云门之舞,冬日至,于地上之圜丘奏之。若乐六变,则天神皆降,可得而礼矣。"

其感生帝,《大传》曰:"礼,不王不禘,王者禘其祖之所自出,以其祖配之。"因以祈谷。《左传》曰:"郊祀后稷,以祈农事。"其坛名泰坛,《祭法》曰:"燔柴于泰坛。"在国南五十里。《司马法》:"百里为远郊,近郊五十里。"礼神之玉,用四珪有邸,尺有二寸。牲用骍犊。青币。配以稷,《祭法》:"周人禘喾而郊稷。"《孝经》曰:"郊祀后稷以配天。"《左传》曰:"郊祀后稷,以祈农事。"其配帝牲亦骍犊。《郊特牲》云:"帝牛不吉,以为稷牛,稷牛唯具。"郑玄云:"养牲必养二。"其乐,《大司乐》云:"乃奏黄钟,歌大吕,舞云门,以祀天神。"日用辛。按《礼记》及《春秋》,鲁郊于建子月,用辛。郑玄云:"凡为人君,当斋戒自新。"言凡,则天子诸侯同用辛。[31]

简言之,在祭天礼上,杜佑的《通典》与班固的《汉书》,本都相信《周官》是周公致太平之迹,但是之所以礼制、详略相差如此之大,原因即在于是否经过了郑玄经学。经过了郑玄天分六天,郊、丘为二,《周官》祭典面貌为之一变。

---

[31] 杜佑撰:《通典》,北京:中华书局,2017年,第1152、1153页。

杜佑对周代祭天大典的历史书写，是把郑注群经分散的圆丘祭天、南郊祭感生帝的内容，集合到一起，构建出一个相对完备的圆丘、南郊祭天礼制。圆丘祭天，包括了《周官》《郊特牲》《祭法》之文，以成其制。南郊祭感生帝，包含了《大传》《春秋左氏传》《祭法》《孝经》《郊特牲》《周礼》诸种经文，以就其礼。而且，这些经文之所以能够放到一起构建出这两套礼制，主要的依据是郑玄注。若依王肃之义，二祭本无相分之理。若依后世孙诒让之说，如《大宗伯》"以禋祀，祀昊天上帝"，昊天上帝包括了天与五帝，因此"禋祀"并非专指圆丘祭天，也应包括南郊祭感生帝。也就是说，杜佑的郊、丘二礼是陶甄经文以造典礼，而且是根据郑注的经文，如果根据王肃、孙诒让的《周礼》学，则郊、丘二礼的礼制并非如此，周代的祭天礼制史并非如此。

郑玄小心细致地体察经文上下前后的表达结构，不同篇目的经文之间的关联，通过他的注解，使这些经文之间既能互相联系，又避免互相矛盾，通过郑玄的注解，经文不一定可以在现实中实行，也不一定符合以往的历史，但是，同一经的经文、不同经的经文，可以成为一个可以相互解释，而且没有根本性矛盾的知识体系。郑玄没有着意去追求构建一套经文背后的制度或者历史，因此，他的经注中并没有对那些相关的经文进行推衍、引申、发挥，使之在制度或者历史的层面结合得更加紧密。但是杜佑则不同。对郑玄而言是注解经文，而杜佑把各处注解放到一起，便变成构建制度。而且，所构建的制度，就是周代历史。从郑玄注经，到构建制度，到把制度系于"周制"使之成为周代历史记载，本是一波三折，杜氏则一蹴而就。

郑玄论"圆丘"礼

四、中国的经史传统

今人言中国之经史传统，往往上引章学诚"六经皆史"，乃至章太炎夷经为史，以为把经书当成古史的源头，以及《尚书》为本纪之祖之类，便是经史传统，其实不然。章学诚偏好乙部之书，故以乙部观经，乃有"六经皆先王之政典"之说，其论与杜佑《通典》之《礼典》，专用经、注为材料以造史，异曲同工，同是化经书入史学。若古人皆从此说，《中经簿》以下乃至《隋书经籍志》，乃至《四库全书》，早无需单列经部。事实上，在中国文明传统中，经是经，史是史，无论就文献内容分类而为经部与史部，还是就学术形态分类而为经学与史学，除了偶有交叉重叠，绝大多数时候皆判然有别。其文献内容分类之交叉者，如《汉书·艺文志》因循刘歆《七略》，以《史记》隶"六艺略"《春秋》之后，此盖以汉世史籍尚少，不足以单列一类，且司马迁志在继《春秋》而兴作，故缀在《春秋》之后。其学术形态分类之重叠者，如章学诚以为"六经皆史"，则六经成为先王政典，古经即先王之古史，此是以史学方式观经籍，乃至混同经史。至于清人之考证《左传》《尚书》事实、地理，形同考史，如顾栋高《春秋大事表》、胡渭《禹贡锥指》之类，则出于清人注经之法的特殊性也。

中国经史传统的主流，是经、史分部，性质不同，经学义理代有不同，如两汉较重《春秋》，汉唐之间较重礼学，宋明较重《四书》，但是，经学进入政治、社会的方方面面，塑造了中国文明的基本形态，也就是成为"历史"本身的基本价值。同时，经学的变化也导致了三代史书写的变化，规定了三代史书写的基本标准。要理解这一经史传统,作为"郑玄问题"的圆丘祭天之礼,是一个典型的例子。

在经学层面,郑玄之前,两汉今文经学不信《周官》,主要根据《孝经》之说安排南郊、明堂大礼。而郑玄把《周官》视为周公致太平之书,是"礼经",在他的"经文主义"注经法中,解释出一套几近完整且高于南郊的圆丘祭天大典,郊、丘分二,其宗旨既非考证周史以求历史事实,也非廷议奏书以求政治实践,而完全是郑玄以其独特的解经方法,平衡经文,弥合经义的结果。郑玄以这一方式,使群经窒碍难通、歧说纷生之处,皆得以豁然贯通,圆融无碍。也就是说,使经学内部的制度、义理得以重新统一。

在政治层面,当"郑氏家法"被普遍接受之后,新的经学形态成为三国两晋之后的核心价值,由此,礼乐建设成为国家政治制度的核心问题。这包括了西晋开始制定以五礼为基本框架的一代大典,《丧服》作为人伦的核心文献开始得到前所未有的重视,等等。而魏明帝开始以郑玄经学为基础构建祭天大礼,其后虽有郑王之争,礼制不无变革,但《周礼》的地位得到极大的重视。

经学对传统政治的塑造,蒙文通先生《论经学遗稿三篇》中曾说:"由秦汉至明清,经学为中国民族无上之法典,思想与行为、政治与风习,皆不能出其轨范。虽二千年学术屡有变化,派别因之亦多,然皆不过发挥之方面不同,而中心则莫之能异。"[32] 李源澄在《经学通论》亦云:"吾国既有经学以后,经学遂为吾国人之大宪章。经学可以规定私人与天下国家之理想。圣君贤相经营天下以经

---

32 蒙文通:《经学抉原》,见蒙默编:《蒙文通全集》(一),巴蜀书社,2015年,第310页。

学为模范，私人生活以经学为楷式，故评论政治得失、衡量人物优劣，皆以经学为权衡，无论国家与私人之设施，皆须于经学上有其根据，经学与时王之律令，有同等效用，而经学可以产生律令，修正律令。在吾国人心目中，国家之法律不过一时之规定，而经学则如日月经天，江河行地，万古长存。"[33] 以祭天言之，汉世不尚《周官》，东汉祭天大典依《孝经》而在南郊。郑玄以《周官》为本遍注群经，解释出圆丘、南郊并立的祭天大礼，遂使魏明帝分立圆丘、南郊二礼。王肃违反郑义，郊丘合一，以南郊为祭天方位，圆丘为祭坛形制，使晋代祭天又合南郊、圆丘为一礼。祭天大典的演变，背后是经学解释的变化。

而政治的演变过程，即构成后人的"历史"，由此，经学与历史的关系，事实上是经学作为一套有常有变的价值体系，不断塑造历史的过程。李源澄所谓经学是"吾国人之大宪章"，是从文明的意义讲的，即经学是中国文明的"大宪章"。正是经学做为一种独立的价值不断塑造着中国历史，最终铸就了中国经史传统的主流形态。

在历史书写层面，经书在史源上与三代政典密切相关，所以，三代史的书写，可以绕过"折中"六艺的孔子，而回到孔子删削以前，把经书视为三代历史的原始文献。在这一意义上，对经书的不同理解，直接关系着对三代历史的书写方式。事实上，注经之法是注经之法，考史之法是考史之法，本自不同。经书规定历史书写

---

[33] 李源澄：《经学通论》，林庆彰、蒋秋华编：《李源澄著作集》（一），台北："中央研究院"中国文哲研究所，2007年，第7页。

的方向,提供历史书写的要素,但不可能替代考史本身。也就是说,经书经过孔子删削制作,已经不只有"史"的价值,而更具有"经"的意义。因此,注经大师如郑玄之注经,重在把五经视为一个整体,理解经文的每一个部分,而不是把注经视为上承五帝,下接秦汉的历史发展过程。但是,郑玄对经书所属时代的评判,直接影响了后世的历史书写。当郑玄把《周礼》理解为周公制作的一代大典,周公又是一个历史人物,那么,周公制作的大典,便成为周代的历史,而且因其具有"经"的地位,而成为最可信的历史。所以,杜佑的《通典》用郑玄经注以造殷周历史,《文献通考》往往因之不改,也无可更改。

郑玄《中庸注》的注释特色[*]

唐明贵（聊城大学）

郑玄，字康成，东汉北海高密（今山东高密）人，著名经学家。他学问渊博，曾遍注儒家经典，"凡玄所注《周易》、《尚书》、《毛诗》、《仪礼》、《礼记》、《论语》、《孝经》……凡百余万言"[1]。其中《三礼注》尤受后世治礼学者所宗，顾炎武《述古诗》称赞说："大哉郑康成，探赜靡不举。六艺既该通，百家亦兼取。至今三礼存，其学非小补。"[2]《中庸注》就在《三礼注》中的《礼记注》中，其注释特色主要有以下几个方面。

一、校勘经文

由于汉代的今古文之争，致使经书文本不一，异说纷呈，不利于经典的传播。作为汉末最渊博的经学大师，郑玄一生致力于经典的校勘与注释，做出了突出贡献。对此，范晔指出："自秦焚《六

---

[*] 本文为国家社科基金重大项目"中国'四书'学史"（13&ZD060）的阶段性成果之一。
[1]《后汉书·郑玄传》。
[2] 顾炎武：《顾亭林诗集汇注》，上海古籍出版社，1983年，第1008页。

经》，圣文埃灭。汉兴，诸儒颇修艺文；及东京学者，亦各名家。而守文之徒，滞固所禀，异端纷纭，互相诡激，遂令经有数家，家有数说，章句多者，或乃百余万言，学徒劳而少功，后生疑而莫正。郑玄括囊大典，网罗众家，删裁繁诬，刊改漏失，自是学者略知所归。"朱彝尊也指出："郑康成出，凡《易》、《书》、《诗》、《周官》、《仪礼》、《礼记》、《论语》、《孝经》，无不为之注释。"不惟如此，"《六艺》、《七政》有《论》，《毛诗》有《谱》，《禘祫》有《议》，许慎《五经异议》有《驳》，临孝存《周礼》有《难》，何休之《墨守》、《膏肓》、《废疾》，或《发》、或《针》、或《起》，可谓集诸儒之大成，大有功于经学者"。在注释过程中，郑玄"通过对今古文各种本子的校勘，作出注释，确定了几种经的定本。""现在保存完整的，有《毛诗笺》、《三礼》注。这四部书，至今仍以郑注本为定本。"³ 这在《中庸注》中也多有体现。

在对《中庸》进行注释时，郑玄参照了当时通行的其他版本的《礼记》，在与他本比勘的基础上，于注中以"某或为某"的形式标出，从而保留了大量的异文材料。如：

"国有道，不变塞焉"下，郑注曰："塞，或为'色'。"⁴

"故栽者培之，倾者覆之"下，郑注曰："今时人名草木之殖曰'栽'，筑墙立板亦曰'栽'，栽或为'兹'。"⁵

---

3 钱玄：《校勘学》，江苏古籍出版社，1988年，第140-141页。
4 十三经注疏整理委员会：《十三经注疏·礼记正义》，北京大学出版社，2000年，第1667页。
5 同上书，第1676页。

"践其位，行其礼"下，郑注曰："践或为'缵'。"[6]

"人道敏政，地道敏树"下，郑注曰："敏或为'谋'。"[7]

"久则徵，徵则悠远"下，郑注曰："徵或为'彻'。"[8]

"无不覆帱"下，郑注曰："帱或作'焘'。"[9]

"肫肫其仁"下：郑注曰："肫肫，或为'纯纯'。"[10]

郑玄在校勘过程中，还对因音近而讹的字，通过比对方言而校误。如"武王缵大王、王季、文王之绪，壹戎衣而有天下"下，郑注曰："衣读如'殷'，声之误也。齐人言殷声如'衣'，虞、夏、商、周氏者多矣。今姓有衣者，殷之胄与？"此乃据齐方言而校。何以出现如此之错误？盖因"卜辞时代，殷人自称曰衣曰韦，西伯为商臣国，其称无异。……逮及秦汉，殷皆读为影纽文部之音，唯商裔聚集处如卫如齐鲁之地犹世世相承不变，故郑、高作注明其读音"[11]。而"《礼记》传自后苍，苍亦齐人也，故此篇'壹戎殷'作'壹戎衣'"[12]。

针对《中庸》在流传过程中出现文句脱略的情况，郑玄则以"著脱误重在此"的形式予以说明。如"在下位不获乎上，民不可

---

[6] 十三经注疏整理委员会：《十三经注疏·礼记正义》，第1681页。
[7] 同上书，第1682页。
[8] 同上书，第1694页。
[9] 同上书，第1704页。
[10] 同上书，第1705页。
[11] 虞万里：《榆枋斋学术论集》，江苏古籍出版社，2001年，第68页。
[12] 陈乔枞：《礼记郑读考》，《续修四库全书》第106册，上海古籍出版社，2002年，第183页。

得而治矣"下,郑注曰:"此句其属在下,著脱误重在此。"[13]

在《中庸注》中,虽然校勘之内容不多,但在形式上却开后世校勘学之先河,影响深远,无怪乎张舜徽先生称其"明其同异,为后世校勘记之权舆"[14]。

二、解释词义

释词是汉代经学的重要内容,只有词达,才能义通;只有义通,才能道明。戴震曾言:"经之至者,道也;所以明道者,其词也;所以成词者,字也。由字以通其词,由词以通其道。"[15] 此言不虚。作为经学大师的郑玄,深谙此道,在《中庸注》中,他采取多种释义方法,重点对《中庸》中的字词进行了解读。

第一、声训法。在诠释《中庸》时,郑玄主要采用了两种声训法:一是隐形声训法。所谓隐形声训,就是"指把某个与被训释词音同或音近的训释词隐含在解释该词的句子里,这个词在整个句子里是起主导作用的关键词,可称之为主训释词。在判断一条训释是不是声训时就得看有没有这种训释词"[16]。如"修道之谓教"下,郑注曰:"治而广之,人放效之,是曰'教'。"[17] 其中"效"为主训词。"致中和"下,郑注曰:"致,行之至也。"[18] 其中"至"为

---

13 十三经注疏整理委员会:《十三经注疏·礼记正义》,第1683页。
14 张舜徽:《郑学丛著》,齐鲁书社,1984年,第92页。
15 戴震:《戴震全书》卷六《与是仲明论学书》,黄山书社,1995年,第371页。
16 宋金兰:《训诂学新论》,首都师范大学出版社,2001年,第142页。
17 十三经注疏整理委员会:《十三经注疏·礼记正义》,第1661页。
18 同上书,第1662页。

主训词。"在下位不援上"下，郑注曰："援，谓牵持之也。"[19] 其中"牵"为主训词。

二是假借法。《中庸》作为古代典籍，其中有许多同音假借字，这就需要后世解读者标示，以便研习者阅读。诚如清儒王引之所说："经典古字，声近而通。往往本字见存，而古本则不用本字而用同声之字。学者改本字读之，则怡然理顺；依借字解之，则以文害辞。是以汉世经师作注，有读为之例，有当作之条，皆由声同声近者，以意逆之而得其本字。"[20] 郑玄在解读《中庸》时，对于其中出现的假借字，采用了先标明其本字，然后再解释其意义的方法。如：

"素隐行怪"下，郑注曰："'素'读如'攻城攻其所傃'之'傃'，傃，犹乡也。"[21]

"夫妇之愚，可以与知焉"下，郑注曰："'与'读为'赞者皆与'之'与'。言匹夫匹妇愚耳，亦可以其与有所知，可以其能有所行者。"[22]

"故栽者培之，倾者覆之"下，郑注曰："'栽'读如'文王初载'之'载'。栽犹殖也。"[23]

"明乎郊社之礼，禘尝之义，治国其如示诸掌乎"下，郑注曰："'示'读如'寘诸河干'之'寘'。寘，置也。"[24]

---
19 十三经注疏整理委员会：《十三经注疏·礼记正义》，第1672页。
20 王引之：《经义述闻》，江苏古籍出版社，1985年，第756页。
21 十三经注疏整理委员会：《十三经注疏·礼记正义》，第1668页。
22 同上书，第1669页。
23 同上书，第1676页。
24 同上书，第1681页。

"仁者，人也，亲亲为大"下，郑注曰："'人'也，读如'相人偶'之'人'。以人意相存问之言。"[25]

"温故而知新"下，郑注曰："'温'读如'燖温'之'温'，谓故学之孰矣，后'时习之'谓之'温'。"[26]

"肫肫其仁"下，郑注曰："'肫肫'读如'诲尔忳忳'之'忳'。忳忳，恳诚貌也。"[27]

"上天之载，无声无臭"下，郑注曰："'载'读曰'栽'，谓生物也。"[28]

第二、义训法。郑玄在诠释《中庸》时，采用的义训法主要有：

一是用一个义同或义近的词来训释被解释词。如：

"万物育焉"下，郑注曰："育，生也，长也。"[29]
"民鲜能久矣"下，郑注曰："鲜，罕也。"[30]
"舜好问而好察迩言"下，郑注曰："迩，近也。"[31]
"人皆曰予知"下，郑注曰："予，我也。"[32]

---

[25] 十三经注疏整理委员会：《十三经注疏·礼记正义》，第1683页。
[26] 同上书，第1699页。
[27] 同上书，第1705页。
[28] 同上书，第1711页。
[29] 同上书，第1662页。
[30] 同上书，第1664页。
[31] 同上书，第1665页。
[32] 同上书，第1666页。

"人犹有所憾"下,郑注曰:"憾,恨也。"[33]

"神之格思"下:郑注曰:"格,来也。"[34]

"保佑命之"下,郑注曰:"保,安也。佑,助也。"[35]

"在下位不获乎上"下,郑注曰:"获,得也。"[36]

二是为被训释词下定义,立义界。如:

"子路问强"下,郑注曰:"强,勇者所好也。"[37]

"乐尔妻帑"下,郑注曰:"古者谓子孙曰'帑'。"[38]

"故君子居易以俟命,小人行险以徼幸"下,郑注曰:"易,犹平安也。俟命,听天任命也。险,谓倾危之道。"[39]

"春秋修其祖庙,陈其宗器,设其裳衣,荐其时食"下,郑注曰:"宗器,祭器也。裳衣,先祖之遗衣服也,设之当以授尸也。时食,四时祭也。"[40]

"序爵,所以辨贵贱也"下,郑注曰:"爵,谓公、卿、大夫、士也。"[41]

---

[33] 十三经注疏整理委员会:《十三经注疏·礼记正义》,第1669页。
[34] 同上书,第1675页。
[35] 同上书,第1677页。
[36] 同上书,第1689页。
[37] 同上书,第1667页。
[38] 同上书,第1674页。
[39] 同上书,第1672页。
[40] 同上书,第1680-1681页。
[41] 同上书,第1681页。

"地道敏树"下,郑注曰:"树,谓殖草木也。"[42]

"或安而行之,或利而行之"下,郑注曰:"利,谓贪荣名也。"[43]

"非天子不议礼,不制度,不考文"下,郑注曰:"礼,谓人所服行也。度,国家宫室及车舆也。文,书名也。"[44]

"见乎蓍龟,动乎四体"下,郑注曰:"四体,谓龟之四足,春占后左,夏占前左,秋占前右,冬占后右。"[45]

三是揭示被解释的词的某种性质或状态。如:

"拳拳服膺而弗失之矣"下,郑注曰:"拳拳,奉持之貌。"[46]

"强哉矫"下,郑注曰:"矫,强貌。"[47]

"君子胡不慥慥尔"下,郑注曰:"慥慥,守实,言行相应之貌。"[48]

"洋洋乎如在其上",郑注曰:"洋洋,人想思其傍僾之貌。"[49]

"嘉乐君子,宪宪令德"下,郑注曰:"宪宪,兴盛之貌。"[50]

第三、随文释义法。郑玄注经,非常重视字词所处的语境,往往是据境索义。诚如清儒陈奂所说:"凡古今文字,日以滋广,实

---

42 十三经注疏整理委员会:《十三经注疏·礼记正义》,第1682页。
43 同上书,第1683页。
44 同上书,第1700页。
45 同上书,第1693页。
46 同上书,第1666页。
47 同上书,第1667页。
48 同上书,第1671页。
49 同上书,第1675页。
50 同上书,第1676页。

由方语之殊，引申、假借之用，故每字必有数音数义，解经者随文立训，生生而不穷。"[51] 解经者应循文立训，不可望文生义。而正确揭橥字词在具体的语境中的不同语义，正是郑玄《中庸注》训诂的一大特色。

一是就多义词而言，语境不同，语义亦异。郑玄在解读《中庸》时，常常是具体问题具体分析，因文生义。如同样是一个"道"字，在《中庸注》中，郑玄却给出了不同的解释。在"率性之谓道"中，郑注曰："循性行之，是谓道。"[52] 在"道也者，不可须臾离也，可离非道也"中，郑注曰："道，犹道路也。"[53] 在"故君子尊德性而道问学，致广大而尽精微，极高明而道中庸"中，郑注曰："道，犹由也。"[54] 同样一个"自"字，在不同的经文中，其意义也不同。在"君子之道，辟如行远必自迩，辟如登高必自卑"中，郑注曰："自，从也。"[55] 在"自诚明谓之性，自明诚谓之教"中，郑注曰："自，由也。"[56] 在"知风之自"中，郑注曰："'自'，谓所从来也。"[57] 又，在"修道之谓教"中，郑玄释"修"为"治也"[58]，而在"春秋修其祖庙"中，却将"修"释为"谓扫粪也"[59]。

二是根据修辞手法释义。修辞也是一种特定的语境形式，在

---

51 陈奂：《诗毛氏传疏》中册，北京市中国书店，1984年，第395页。
52 十三经注疏整理委员会：《十三经注疏·礼记正义》，第1661页。
53 同上。
54 同上书，第1699页。
55 同上书，第1674页。
56 同上书，第1691页。
57 同上书，第1706页。
58 同上书，第1661页。
59 同上书，第1680页。

《中庸注》中，郑玄常据此训释语义。如"郊社之礼，所以事上帝也，宗庙之礼，所以祀乎其先也"下，郑注曰："社，祭地神，不言后土者，省文。"[60] 在郑氏看来，郊祭之礼是祭天或上帝，而社祭之礼是祭地或后土，故此句经文应是"郊社之礼，所以事上帝、后土也"，而此处只言"所以事上帝也"，而略"后土也"，只因经文经常郊、社并举，人们非常熟知，称其一而知其二，所以"省文通事，随类合之"[61]。又，"小德川流，大德敦化，此天地之所以为大也"下，郑注曰："'小德川流'，浸润萌芽，喻诸侯也。'大德敦化'，厚生万物，喻天子也。"[62] 指明了经文的比喻义。

三是明确字词的活用意义。所谓字词活用，是指"某类词在特定语境中临时具有了另一类词的特点和用法，产生临时性的活用意义。一旦离开所依赖的特定语境，它不能做为该词语的固定意义而独立存在"[63] 郑玄《中庸注》中也有类似的例子。如"故君子语大，天下莫能载焉；语小，天下莫能破焉"下，郑注曰："语犹说也。所说大事，谓先王之道也。所说小事，谓若愚、不肖夫妇之知行也。"[64] 在这里，原本是形容词的"大"和"小"，活用为名词，被解释成大事、小事之义。

郑玄在诠释字词过程中，采用了声训法、义训法和随文释义法，重视发掘词的音义关系，不仅推求词源，而且关注语境，有助于正确理解《中庸》。

---

60 十三经注疏整理委员会：《十三经注疏·礼记正义》，第1681页。
61《晋书·礼志上》。
62 十三经注疏整理委员会：《十三经注疏·礼记正义》，第1704页。
63 邓军、李萍：《郑玄〈礼记注〉随文释义的语境研究》，《云梦学刊》2000年第4期。
64 十三经注疏整理委员会：《十三经注疏·礼记正义》，第1669页。

三、引经证经

郑玄早年"不乐为吏",而有志于求学问道,于是他到"太学受业,师事京兆第五元先,始通《京氏易》、《公羊春秋》、《三统历》、《九章算术》。又从东郡张恭祖受《周官》、《礼记》、《左氏春秋》、《韩诗》、《古文尚书》。以山东无足问者,乃西入关,因涿郡卢植,事扶风马融"[65]。由于师事名师硕儒,饱领教益,故郑玄打下了广博而深厚的经典功底。这也有助于他在注经时,能够做到引经据典,信手拈来。

一是引《周礼》释《中庸》。"既廪称事,所以劝百工也"下,郑注曰:"'既'读为'饩','饩廪',稍食也。《槀人职》曰:'乘其事,考其弓弩,以下上其食。'"这里,郑氏引用了《周礼》的内容,孔颖达疏曰:"云'既读为饩,饩廪稍食也'者,以既与廪连文,又与饩字声同,故读既为饩。'稍食'者,谓稍给之,故《周礼》'月终均其稍食'是也。引《槀人职》者,证其饩廪称事。案《周礼·夏官·槀人》掌弓矢之材,其职云'乘其事',乘,谓计筹其所为之事。'考其弓弩'谓考校弓弩之善恶多少。'以下上其食',下,谓贬退;上,谓增益。善者则增上其食,恶者则减其食故也。"[66]

二是引《仪礼》释经。如"旅酬下为上,所以逮贱也"下,郑注曰:"'旅酬下为上'者,谓若《特牲馈食》之礼宾,弟子、兄弟之子各举觯于其长也。"此处所言"特牲馈食礼"出自《仪礼》,孔

---

[65]《后汉书·郑玄传》。
[66] 十三经注疏整理委员会:《十三经注疏·礼记正义》,第 1687-1688 页。

颖达疏曰:"案《特牲馈食》之礼,主人洗爵,献长兄弟,献众兄弟之后,众宾弟子于西阶,兄弟弟子于东阶,各举觯于其长也。弟子等皆是下贱而得举觯,是有事于宗庙之中,是其荣也。"[67]

三是引《礼记》其他篇章注《庸》。如"序爵,所以辨贵贱也"下,郑注曰:"《文王世子》曰:'宗庙之中,以爵为位,崇德也。宗人授事以官,尊贤也。'"[68]引用《礼记·文王世子篇》的内容来解释经文。

四是引《易》释《庸》。如"《诗》曰:'惟天之命,于穆不已。'盖曰天之所以为天也。'于乎不显,文王之德之纯。'盖曰文王之所以为文也,纯亦不已"下,郑注曰:"天所以为天,文王所以为文,皆由行之无已,为之不止,如天地山川之云也。《易》曰'君子以顺德,积小以成高大'是与。"[69]此处引文出自《周易·升卦》。又,"故君子之道,本诸身,征诸庶民,考诸三王而不缪,建诸天地而不悖,质诸鬼神而无疑,百世以俟圣人而不惑。'质诸鬼神而无疑',知天也。'百世以俟圣人而不惑',知人也"下,郑注曰:"知天、知人,谓知其道也。鬼神,从天地者也。《易》曰:'故知鬼神之情状,与天地相似。'圣人则之,百世同道。"[70]此处引文出自《周易·系辞》。

五是引《诗经》释《中庸》。如"夫政也者,蒲卢也"下,郑注曰:"蒲卢,蜾蠃,谓土蜂也。《诗》曰:'螟蛉有子,蜾蠃负

---

[67] 十三经注疏整理委员会:《十三经注疏·礼记正义》,第 1681-1682 页。
[68] 同上书,第 1681 页。
[69] 同上书,第 1697 页。
[70] 同上书,第 1701 页。

之.'螟蛉，桑虫也。蒲卢取桑虫之子，去而变化之，以成为己子。政之于百姓，若蒲卢之于桑虫然。"[71]此处引文出自《诗经·小雅·小宛》。

六是引《左传》释《中庸》。如"苟不固聪明圣知达天德者，其孰能知之"下，郑注曰："言唯圣人乃能知圣人也。《春秋传》曰'末不亦乐乎，尧舜之知君子'，明凡人不知。"[72]此处引文出自《左传·哀公十四年》。

七是引《论语》释《中庸》。如"正己而不求于人，则无怨。上不怨天，下不尤人"下，郑注曰："'无怨'，人无怨之者也。《论语》曰：'君子求诸己，小人求诸人。'"[73]此处引文出自《论语·卫灵公篇》。

八是引《尔雅》释《中庸》。《尔雅》既是字书，也是经典。郑玄《中庸注》引《尔雅》释字义者不少。如"《诗》云：'潜虽伏矣，亦孔之昭'"下，郑注对其中的"孔"字予以了解读，他说："孔，甚也。"[74]此注释来自《尔雅·释言》。"故君子不动而敬，不言而信。《诗》曰：'奏假无言，时靡有争'"下，郑玄认为其中的"假"字为"大也"[75]，这是引用来了《尔雅·释诂》之文。又，"是故君子不赏而民劝，不怒而民威于鈇钺。《诗》曰：'不显惟德，百辟其刑之'下，郑玄认为其中的"辟"字为"君也"[76]，此解释来自

---

71 十三经注疏整理委员会：《十三经注疏·礼记正义》，第1682页。
72 同上书，第1705页。
73 同上书，第1672页。
74 同上书，第1706页。
75 同上。
76 同上。

《尔雅·释诂》。对于出自《尔雅》的这些注释，郑玄皆没有标出出处，这是因为《尔雅》"为当时学者常习之书，故郑氏注书时左右采获，而不明标出处。良以群经《尔雅》之名物训诂，已为世所公有，人所共知，偶有取用，不注出处，无嫌也。斯固汉人注经之通例，不独郑氏一人然矣"[77]。

由上可见，郑玄注《中庸》，注一处往往以同书前后文以及其他儒家经典记载参互求证，从而将原文的含义解释得透彻而明晰。我们说，对《礼记》他篇的引用，反映了郑玄对《礼记》的精熟通识；对其他儒经的引用，反映了他的博识融通。

四、引今文说注《庸》

两汉时期的今文说主要有五行说、谶纬说和公羊说，其中五行说主要围绕金、木、水、火、土五种物质展开，并使之与五常、阴阳说相结合来解释自然现象和社会现象。谶纬说是方士化的儒家学者通过神学附会和解释儒家经典而造作的图录隐语。公羊说是指董仲舒沿袭《公羊传》的致思路线，自觉地适应时代的需要，通过大胆而成功地诠释《春秋》大义，而构建的以"大一统""张三世""通三统""亲周""故宋""以《春秋》作新王"为核心学说的理论体系。郑玄在注释《中庸》时对上述学说均有所涉及。

在解释"天命之谓性，率性之谓道，修道之谓教"时，郑玄指出："天命，谓天所命生人者也，是谓性命。木神则仁，金神则义，

---

77 张舜徽：《郑学丛著》，齐鲁书社，1984年，第82页。

火神则礼，水神则信，土神则知。《孝经说》曰：'性者，生之质命，人所禀受度也。'"此处的《孝经说》即《孝经纬》，"时禁纬候，故转'纬'为'说'也"。[78] 郑玄在这里主要承袭了《孝经纬》的观点，其文云："性者生之质，若木性则仁，金性则义，火性则礼，水性则信，土性则知。"[79] 通过引证谶纬之说，郑玄阐发了两方面的意思：一方面，从人之"自然感生"的角度来看，人之性源自于天，循性而有人道，修行此道而得以教化；另一方面，从"天命之性"的道德含义及存在依据来看，仁、义、礼、智、信五种德性与木、金、火、水、土五行又具有相当的关联性。如此一来，既明确了人性天赋说，也把五德与五行搭挂了起来。

又，郑玄在《中庸注》中不仅引证谶纬书，而且引用《春秋公羊传》之说。在解读"仲尼祖述尧舜，宪章文武，上律天时，下袭水土"时，他指出："此以《春秋》之义说孔子之德。孔子曰：'吾志在《春秋》，行在《孝经》。'二经固足以明之，孔子所述尧舜之道而制《春秋》，而断以文王、武王之法度。《春秋传》曰：'君子曷为为《春秋》？拨乱世，反诸正，莫近诸《春秋》。其诸君子乐道尧舜之道与？末不亦乐乎？尧舜之知君子也。'又曰：'是子也，继文王之体，守文王之法度。文王之法无求而求，故讥之也。'又曰：'王者孰谓，谓文王也。'此孔子兼包尧、舜、文、武之盛德而著之《春秋》，以俟后圣者也。"[80] 其中"吾志在《春秋》，行在《孝经》"出自《孝经纬》；下引《春秋传》，分别来自《公羊传·哀公十四

---

78 十三经注疏整理委员会：《十三经注疏·礼记正义》，第1661页。
79 安居香山、中村璋八辑：《纬书集成》，河北人民出版社，1994年，第1057页。
80 十三经注疏整理委员会：《十三经注疏·礼记正义》，第1704页。

年》《公羊传·文公九年》《公羊传·隐公元年》。这里,郑玄引用春秋学之公羊大义来解说经文,认为孔子将尧舜之道与文王、武王之法度有机结合起来,写入《春秋》之中,以为后世立法,符合公羊学的致思路线。

五、阐发义理

东汉中期以降,外戚和宦官轮流专权,"政令垢玩,上下怠懈","鼎辅不思在宽之德","在位者则犯王法以聚敛,愚民则冒罪戮以为健",致使"风俗雕敝,人庶巧伪,百姓嚣然","老弱冻饿,痛号道路,守关告哀,终不见省"[81],衰亡之迹尽显。作为具有强烈忧国忧民意识的大儒,郑玄力图通过经典的重新解读来表达自己对现实社会的看法。

因为政治昏暗,逸佞当权,所以郑玄非常渴望出现有德之明君,能够忧患国难、体念时艰、拯救民瘼。在他看来,"化民常以德",[82] 只有大德之人,才能厚生万物。在解释"辟如天地之无不持载,无不覆帱。辟如四时之错行,如日月之代明。万物并育而不相害,道并行而不相悖,小德川流,大德敦化,此天地之所以为大也"时,郑玄指出:"圣人制作,其德配天地,如此唯五始可以当焉。帱亦覆也。'小德川流',浸润萌芽,喻诸侯也。'大德敦

---

81 崔寔:《政论》,见严可均《全上古三代秦汉三国六朝文》,中华书局,1958年,第722-724页。
82 十三经注疏整理委员会:《十三经注疏·礼记正义》,第1711页。

化',厚生万物,喻天子也。"[83] 这就是说,天子应是品德高尚之人,能够做到仁爱敦厚,化生万物。如此一来,天子应具备哪些德行呢?在解释"唯天下至圣为能。聪明睿知,足以有临也。宽裕温柔,足以有容也。发强刚毅,足以有执也。齐庄中正,足以有敬也。文理密察,足以有别也"时,郑玄指出:"言德不如此,不可以君天下也。"[84] 这就是说,在他心中,"聪明睿知""宽裕温柔""发强刚毅""齐庄中正""文理密察"是君主必须具备的德行,惟其如此,才能君临天下。由此出发,郑玄认为天子应注重修身,"修身乃知孝,知孝乃知人,知人乃知贤、不肖,知贤、不肖乃知天命所保佑",修身由孝道起,而后知人、知贤、知天命。而修身之基础在有智、仁、勇,在解释"好学近乎知,力行近乎仁,知耻近乎勇。知斯三者,则知所以修身。知所以修身,则知所以治人。知所以治人,则知所以治天下国家矣"时,他说:"言有知、有仁、有勇,乃知修身,则修身以此三者为基。"[85] 修身的最高境界是达到至诚,"至诚之德既著于四方,其高厚日以广大",[86] "至诚之德,既至'博厚'、'高明',配乎天地",[87] "以至诚成己,则仁道立",[88] 也就是说,修身以致至诚,就可以实行仁政德治。

在具体治国策略上,郑玄也通过《中庸》之解读阐明了自己

---

83 十三经注疏整理委员会:《十三经注疏·礼记正义》,第1704页。

84 同上。

85 同上书,第1685页。

86 同上书,第1694页。

87 同上。

88 同上。

的主张。在他看来,"圣人受命在王位致大平",[89]因此,在具体的施政措施上:一是政教用其中。在诠释"中也者,天下之大本也。和也者,天下之达道也"时,郑玄说:"中为大本者,以其含喜怒哀乐,礼之所由生,政教自此出也。"[90]如此解读,十分明确的将"中"之所以为"大本"的原因与"礼"联系起来了,进而与政教搭挂起来,这就为政教的实施确定了基本的原则。二是选贤用能。在郑玄看来,"为政在人,政由礼也",[91]而此处的"人"应为贤人。在解释《中庸》中的"为政在人"句时,郑玄特意指出:"在于得贤人也。"[92]选拔贤人需要伯乐,在释读《中庸》"取人以身,修身以道,修道以仁"时,郑玄指出:"取人以身,言明君乃能得人。"[93]这在某种程度上可以说是他对东汉后期不能任人唯贤的指责。三是要让民众信从自己。在解释"上焉者,虽善无征,无征不信,不信,民弗从"时,郑玄说:"上,谓君也。君虽善,善无明征,则其善不信也。"[94]作为高高在上的君主,如果仅有很好的行为,但无法验证的话,就不能使民众信服,从而也就不会得到其信任,他们也就不会听从于君主的命令。这就是说,要使自己的措施真正使老百姓受惠,在他们那里得到验证,才能得到民众的信从。四是要使民以时。在解释"时使薄敛,所以劝百姓也"中的"时使"时,郑

---

89 十三经注疏整理委员会:《十三经注疏·礼记正义》,第1691页。
90 同上书,第1662页。
91 同上书,第1699页。
92 同上书,第1683页。
93 同上。
94 同上书,第1701页。

玄指出："'时使'，使之以时，日省月试，考校其成功也。"[95] 这是说，为政者要依据农时使用民力，每天每月进行考核，看其成效如何，以便及时纠偏归正。五是在亲亲问题上，要义以待之，高其禄而不必授其官。在释读"尊其位，重其禄，同其好恶，所以劝亲亲也"时，郑玄结合当时现实社会的事实，有针对性地指出："'同其好恶'，不特有所好恶于同姓，虽恩不同，义必同也。尊重其禄位，所以贵之，不必授以官守，天官不可私也。"[96] 这里所涉及的问题，可谓切中时弊，乃有感而发。

　　由上可见，郑玄所著《中庸注》，既具有鲜明的古文经学特色，注重版本校勘，注重文字训诂，又具有明显的今文经学特色，注重引用五行说、谶纬说和公羊说以解经，注重微言大义的阐发，具有很强的时代价值，在《中庸》诠释史上具有先河后海之功。

---

[95] 十三经注疏整理委员会：《十三经注疏·礼记正义》，第 1687 页。
[96] 同上。

非礼之礼[*]

——论晋代反向为后中的妾母服制

黄 铭（重庆大学）

一、引言

钱穆先生云："中国政治最高的是'礼'，中国传统政治思想是礼治。"[1] 可见礼法制度是政治的根本，其中丧服制度事关人伦的安排，是重中之重。丧服制度既包括经典文献《仪礼·丧服》中的条目，也包含后世的创制。在经典的制度化中，儒家学者的议礼学说起了关键的作用。名儒议礼莫盛于晋朝，徐乾学云：

> 古今议礼之家莫详于晋，亦莫善于晋，其时庙堂之上，学士大夫各执经以立论，咸灿然可观，实后代所不及。如后母之子为前母制服，及父母不知存亡，子行丧制服之议，事出创见，礼所

---

[*] 本文为国家社科基金青年项目"丧服制度与儒家五伦关系的建构及流变研究"（19CZX035）、国家社科基金重大项目"中国经典诠释学基本文献整理与基本问题研究"（21&ZD055）阶段性成果。
[1] 钱穆：《中国史学名著》，北京：生活·读书·新知三联书店，2005年，第180页。

不及者，亦皆辨之成理，可为后世遭变礼者之准。如此之类，咸为采入，以继于《礼经》之后，庶几处礼之常者，既有所考见，而处礼之变者，亦得以折衷云。²

徐氏认为，虽然《礼经》有极其详细的服制条目，但现实生活中仍有许多变礼。如《丧服》中无"前母"的概念，晋代却出现了"后母之子为前母制服"的案例。³这就需要学者依据《礼经》的原则进行推论，并给出合理的裁断。对于变礼的折衷，不仅解决了当世的问题，更给后世"处礼之常者"提供参考，深化对于《礼经》原则的理解，故而徐乾学的《读礼通考》收录了大量的议礼之文。

除了"事出创见"的变礼之外，现实政治中更有直接违背《礼经》原则的议题，如"反向为后"问题。晋元帝令庶子司马晞出继武陵王喆，后至晋穆帝时，晞母薨逝，时为武陵王的司马晞为本生妾母当制何服，却成了棘手的问题。因为《丧服》中只有小宗之子出继大宗的规定，⁴以卑继尊，而天子庶子出继诸侯王则是"反向为后"，是非礼的。而出后之庶子为其本生妾母制服，又涉及余尊厌、出降、庶子为后"妾母私亲妨祭"等问题，就格外的复杂。诸家之论，以及诏书所定，都力图为"非礼"之礼提供圆满的解决方案。本文试图探讨诸说背后的学理以及皇权对礼学原则的入侵。

---

2 徐乾学：《读礼通考》凡例，文渊阁四库全书，第112册，上海：上海古籍出版社，1987年，第5页。

3 具体的论述详见吴飞：《王昌前母服议》，载吴飞主编：《婚与丧：传统与现代的家庭礼仪》，北京：宗教文化出版社，2012年，第165-211页。

4 《丧服传》云："为人后者孰后？后大宗也。"表明只有大宗宗子才能立后。参见《仪礼注疏》卷三〇，载阮元校刻：《十三经注疏》，北京：中华书局影印本，1980年，第1106页。

二、一般为后中的本生妾母服制

在探讨"反向为后"中的妾母服制前,有必要对一般为后中的本生妾母服制做一个梳理。此即庶子为人后者为其母的服制,然而《仪礼·丧服》中没有直接的规定,只能通过相关条目进行推演。具体来说,是由庶子为妾母之服、庶子为父后者为妾母之服,推出庶子为人后者为妾母之服。

首先是庶子为妾母之服。按照士制,庶子为妾母之服即是平常的母子之服,父在为母杖期,父没为母齐衰三年。若是大夫以上之制,还有厌降以及余尊厌的问题。

> (《大功章》)公之庶昆弟、大夫之庶子,为母……传曰:何以大功也?先君余尊之所厌,不得过大功也。大夫之庶子,则从乎大夫而降也。父之所不降,子亦不敢降也。
>
> 【郑注】公之庶昆弟,则父卒也。大夫之庶子,则父在也。其或为母,谓妾子也。言从乎大夫而降,则于父卒如国人也。[5]
>
> (《记》)公子为其母,练冠,麻,麻衣縓缘,……既葬除之。
>
> 【郑注】公子,君之庶子也。其或为母,谓妾子也。诸侯之妾子厌于父,为母不得伸,权制此服,不夺其恩也。[6]

由上所引《丧服》经传及郑注可知,大夫之庶子、诸侯之庶子为其

---

5 《仪礼注疏》卷三二,第1114页。
6 《仪礼注疏》卷三三,第1120页。

母服丧,受到父亲的厌制。其中大夫庶子为其母,父在时受到厌降,由齐衰杖期降一等至大功,此即郑玄所云"大夫之庶子,则父在也";父没后则厌降解除,仍服母齐衰三年,此即郑玄所云"父卒如国人也"。若是诸侯之庶子,则厌降的程度更深,父在时,庶公子为其母在五服外,仅服"练冠、麻(绖带)、麻衣縓缘";父没后,仍受到父亲余尊的厌制,[7]为母仅服大功。天子、诸侯厌降的制度相同,则天子之庶子为其母,也是父在厌降至五服外,父没余尊厌至大功。

其次,若庶子为父后,则为母仅服缌麻,其制服原理是"私亲妨祭"原则。

> (《缌麻章》)庶子为父后者为其母。传曰:何以缌也?《传》曰:"与尊者为一体,不敢服其私亲也。"然则何以服缌也?有死于宫中者,则为之三月不举祭,因是以服缌也。[8]

所谓"庶子为父后者",即是以庶子的身份继承父亲的宗庙祭祀之权,且此时父亲已经去世。由于父、祖等"尊者"的祭祀由自己主持,庶子因主祭而"与尊者为一体"。既然如此,庶子为父后者为其母的服制,也应当从父、祖等"尊者"的角度考虑,而不是从己身的角度考虑。自父亲言之,母亲仅为妾,与父亲并非是"夫妻一体"关系,父不服妾。所以庶子与妾母虽然在血缘上是"母子至

---

[7] 关于"余尊厌"的详细考证,可参看拙文《略论中国古代丧服制度中的旁尊降与余尊厌》,《复旦学报(社会科学版)》2019年第4期,第30—39页。
[8]《仪礼注疏》卷三三,第1119页。

亲",但庶子"与尊者为一体",则妾母之于子,只能算"私亲"。对于"私亲"的概念,张锡恭有详细的辨析:

> 凡私亲与私尊不同,適妻之子,父在称其母为私尊者,以己所独尊,而非父之所尊也。父虽不以为尊,而固以为至亲,则非私亲矣。故父在为母,服期之至重者,杖而菅屦,父卒则三年。虽**废祭**而无以嫌于父之**至亲**,而**非己之私亲**也。[9]

张氏区分了"私亲"与"私尊"两个概念。"私尊"指的是父之適妻,由于父为一家至尊,父之適妻屈于父,虽为子女所尊,只能算是"私尊"。然而"私尊"来源于"夫妻一体"的"至亲"关系,父之適妻是父亲之"至亲",才能成为子女之"私尊",[10] 也因为"夫妻一体"而尊卑与夫相同。[11] 又按照礼之通例,吉凶不相干。祭礼属于吉礼,而丧礼属于凶礼,两者矛盾。適妻与夫同尊,故而宗庙祭祀应该让位于適妻之丧。但是妾的地位低微,不能因为妾母之丧而影响尊者的祭祀,故庶子为父后者本不应为妾母服丧。另一

---

9 张锡恭:《丧服郑氏学》,上海:上海书店出版社,2017年标点本,第894页。
10 张锡恭以为,母亲成为子女"私尊"的前提是父亲的"至亲",若非父亲的"至亲"则只能是子女的"私亲"。张氏的这个论断是有条件限制的,仅针对庶子为父后的情况。若庶子不为父后,母亲即便不是父亲之"至亲",也可以成为子女的"私尊",如士妾之子为其母,父没后仍服齐衰三年,大夫庶子为其母,父没亦是齐衰三年,而齐衰三年是"私尊"之服。所以说"私亲"这个概念仅限于庶子为父后者或为人后者,在涉及"尊者"祭祀的时候才是成立的。母亲之"私尊"也不必然的同父亲之"至亲"联系在一起。
11 《丧服传》云:"夫尊于朝,妻贵于室。"(参见《仪礼注疏》卷三一,第1109页)可证夫妻作为一个整体而言,尊卑相同。"妨祭"问题涉及的是夫妻整体的尊卑,若夫之丧妨祭,则妻之丧亦妨祭。若析言之,家无二主,夫尊于妻,这是小家庭内部的尊卑问题,与"妨祭"无关,故而不在讨论之列。

方面，又考虑到庶子无服终究于情不忍，恰好在祭礼中有遇到"死于宫中者"三月废祭的旧例，则可据此为妾母制服缌麻三月。这就是妾母服制中的"私亲妨祭"原则。

需要说明的是，庶子为父后者为其母服缌麻，对比一般的父没为母服齐衰三年，好像类似厌降，实则与厌降毫无关系，张锡恭云：

> 《丧服经·缌麻三月章》："庶子为父后者为其母。"按，此降其母在缌，类于厌矣，而非厌也。何以言之？凡以厌而降者，皆降一等。为母齐衰三年，而以父在屈，则齐衰杖期，降一等故也。士之庶子，父在为母杖期，大夫之庶子，父在为母大功，降一等故也。而此降其母至缌，则非降一等之比矣。云为父后者，指父卒者言也。父卒而有余尊之厌者，惟天子、诸侯之庶子耳，大夫、士之庶子无之矣。大夫、士庶子，父卒为母，皆得申其三年者，以无余尊之厌也。而此为其母缌，兼君、大夫、士之庶子，则非余尊所厌之比矣。吾故曰：类于厌而非厌也。既非厌矣，何以服缌麻三月也？则传言之矣。传曰：与尊者为一体，不敢服其私亲也。又曰：有死于宫中者，则为之三月不举祭，因是以服缌也。因礼本有三月不举祭之例，而制三月之服，则不能有加于三月者，恐废祭故也。要而言之，不敢以私亲之丧而废正尊之祭也。[12]

张氏认为厌降是伴随爵尊而来的，士之爵位低微，没有厌降。大夫之爵稍尊，故而有厌降，降服的幅度是较士制降一等。天子、诸侯

---

[12] 张锡恭：《丧服郑氏学》，第893-894页。

之爵更尊，故而厌降的程度更大，于大夫降一等的亲属，天子、诸侯则绝而不服，甚至在死后还对儿子有余尊厌。然而庶子为父后者为其母服缌麻的制度，囊括了天子到士的所有阶层，与厌降仅属于大夫以上阶层不同。同时厌降的幅度，大夫是降一等，天子、诸侯则是绝而不服。而庶子为父后者为其母，是从齐衰三年直降至缌麻，既非降一等，又非全然无服，又与厌降有异。所以庶子为父后者为其母缌麻的原因不在厌降，而是"私亲妨祭"，只要庶子有主祭之权，妾母便是"妨祭"，与厌降毫无关系。

再次，是庶子为人后者为妾母之服。张锡恭进一步认为，庶子为父后中的"私亲妨祭"原则，可以延伸至庶子为人后者为妾母的服制。张氏云：

> （"私亲妨祭"原则）非惟为父后者为然也，虽为人后者亦然。后大宗者为本生母期，以本生父谓为至亲，则非己之私亲也。**若妾母之子后人，则不服期而服缌矣**，非惟己所生母为然也，虽父所生母亦然。父所生母似不可为私亲，而与先祖祀事相衡，则祀事不可阙，而无异于私亲也，亦服缌而已矣。然则所以服缌者，恐废祭而非厌，昭昭然矣。[13]

庶子为父后者，其妾母之丧妨碍父、祖等"尊者"之祭祀。庶子出后大宗宗子，依据"为人后者为之子"的原则，[14] 则祭祀的"尊者"

---

13 张锡恭：《丧服郑氏学》，第895页。
14 《丧服传》云："（为人后者）为所后者之祖父母、妻、妻之父母、昆弟、昆弟之子若子。"见《仪礼注疏》卷二九，第1101页。

由小宗序列的父、祖变为大宗序列中的父、祖，妾母在本生小宗中是"私亲妨祭"，现在在大宗序列中依旧是"私亲妨祭"，故可以由庶子为父后推论庶子为人后的情况。而且张锡恭甚至认为，凡是妾，无论是己之母或是父之母，从祭祀"尊者"的角度看来，都属于妨祭的"私亲"，故而都仅制缌麻之服。

张锡恭的推论无疑是正确的，更为重要的是在这个推论背后有严格的尊卑次序的考虑。为父后者的"尊者"指父亲、祖父、曾祖、高祖等小宗一系的祖先。为人后者的"尊者"指所后大宗宗子一系的祖先。根据"尊祖故敬宗"的义理，历代大宗宗子代表的是太祖，则大宗一系的"尊者"直指太祖。曹元弼云："高、曾、祖、祢皆是尊，而太祖为尊中之尊。"[15] 既然太祖之尊高于小宗的"尊者"，那么代表太祖的大宗也高于小宗。庶子为父后，其母作为"私亲"尚且妨碍小宗的祭祀，那么庶子为人后者，其母更加是妨碍大宗祭祀的"私亲"。同处一族，"尊者"愈尊，使得"私亲妨祭"原则可以通用，也确定了庶子为人后者为其母缌麻的服制。

三、一般为后中被否定的理论路径

由上文的推演可知，大宗尊于小宗的前提，使得我们在庶子为人后者为其妾母的服制问题中，只需要延续"私亲妨祭"的原则，不必考虑其他因素。这不仅是一个方便法门，更重要的是否定了另外一条理论路径，即"出降解除厌降"。因为这条路径在"反向为

---

15 曹元弼：《礼经校释》，《续修四库全书》第94册，上海：上海古籍出版社，2002年，第403-404页。

后"中将会死灰复燃，故而很有必要做一下说明。

何为"出降解除厌降"？上文已经提及，在大夫以上的制度中，庶子为妾母服丧，还涉及厌降、余尊厌等问题。如大夫之庶子，父在时受到厌降，为妾母由齐衰杖期降至大功，父没则厌降解除，为妾母得伸齐衰三年。天子、诸侯之庶子，父在时受到厌降，为妾母之服在五服外，父没后仍有余尊之厌，而为妾母服大功，不得伸三年。其中余尊厌属于广义的厌降范畴。[16]《丧服传》对于厌降的经典表述是"大夫之庶子，则从乎大夫而降也。父之所不降，子亦不敢降也"，[17] "君之所为服，子亦不敢不服也；君之所不服，子亦不敢服也"。[18] 均是子受父厌而降服死者，故黄以周云："厌降者惟厌其子。"[19] 则厌降只存在于父子之间。那么我们是否可以这样推论，父为子之天，如果子"所天"者发生了变化，则基于父子关系的厌降，也应该随之解除。按照这个假设，为人后者就意味着父子关系的改变，那么本生父亲的厌降或者余尊厌就应该解除。以诸侯庶子为例，既然为人后，则本生父之厌降或余尊厌即应解除，为妾母的服制变为父在杖期、父没齐衰三年。另一方面，厌降的解除来源于出后，有"不贰斩"以及降本宗亲属一等的规定，故而为本生妾母的服制还应该出降一等，至齐衰不杖期。这就是"出降解除厌降"的思路。我们可以看到，按此思路，制服的结果不是缌麻，而是齐

---

16 如黄以周言："余尊即厌降。"参见黄以周：《礼书通故》，北京：中华书局，2007年标点版，第306页。孙诒让亦云："（余尊厌）实即四品中之厌降也。"参见孙诒让：《籀庼述林》，北京：中华书局，2010年标点版，第79页。
17 《仪礼注疏》卷三二，第1114页。
18 同上书，第1115页。
19 黄以周：《礼书通故》，第305页。

衰不杖期。在反向为后的讨论中，许穆和崧重即持此种观点，而孔恢则从反面进行推演，可见这一思路是议礼的关键。那么这个思路有何根据？为何不能在一般为后中适用？又为何会在反向为后中抬头？是值得考察的。

"出降解除厌降"的思路来源于庾蔚之对于"公主服所生"的讨论。

> 庾蔚之云："公主为其母，应周。何以言之？在室有余尊之厌，服不得过大功，故服母及兄弟，不得有异。**既出则无厌**，故为母得周。所以知既出则无厌者，礼，尊降、出降，亲疏不异，尊降唯不及其嫡耳。**至于厌降，唯子而已**。在室，父在为母周；既出，服母与父同。是故知既出则无厌也。又，正尊不报，礼之大例。而女子适人，父报以周，使其移重于夫族，推旁亲也。以此推之，出则无厌，理据益明。"[20]

所谓"公主服所生"，即是公主出嫁后为其本生妾母的服制。庾蔚之认为，公主在室时，若父在，则受厌降而服妾母"练冠、麻、麻衣縓缘"（在五服之外），父没之后仍有余尊厌，为妾母仅服大功。然而出嫁之后，公主的"所天之人"由父亲变为丈夫。既然不再"从父"，那么基于父女关系的厌降就解除了，可依据士制女子子适人者为其母，服齐衰不杖期，此即"既出则无厌"。庾蔚之为此

---

[20] 杜佑：《通典》，北京：中华书局，1988年标点版，第2204-2205页。

还提供了一些论据,但是这些论据是错误的。[21]张锡恭则重新解释了庾蔚之的观点,认为:"女子……体于夫,不复体于父,妇人不能贰尊之谊也。庾氏所论,陈义甚精。"[22]所谓"体于夫,不复体于父",即女子"所天之人"随着出嫁而发生了变化,由"在家从父"变为"出嫁从夫",接下来的都依据夫家的标准调整亲属关系,那么"在家从父"时的厌降或余尊厌,就应当解除。从这个角度论证公主"既出则无厌",是非常合理的。

然而"既出则无厌"的思路不适用于为人后者的情况。虽然按照郑玄的分类,为人后者和女子子都属于"出降",都有"不贰斩","所天之人"皆非己父,[23]似乎"既出则无厌"的逻辑可以推至为人后者。但是为人后者的"出降"与女子子的"出降"有巨大的差别。女子是出嫁外族,身份发生了巨变,本族尊厌之制自然不

---

21 庾氏的论据有两条:第一,女子子在室时,为母服齐衰杖期,齐衰杖期相对父没后为母齐衰三年而言,是属于厌降,适人后为父母同服齐衰不杖期,是厌降的解除。第二,女子子在室时,受到父亲的正尊降服(即女子子为父服斩衰,父则为女子子服不杖期,两者有等差),这属于厌降,出嫁后则父女互服不杖期,再无等差,这也是厌降的解除。但这些论据是错误的。如庾氏认为,父在为母齐衰杖期,相对于父没为母三年来说,属于厌降。这是错误的,因为厌降伴随爵尊而来,是大夫以上之人针对士服(即本服)的降服,父在为母杖期属于本服,本服无所谓厌降。庾氏又认为女子出嫁后为父服同服齐衰不杖期,也属于厌降的解除。但是上文已经证明,父在为母服杖期是本服,本非厌降,又何来厌降之解除?故而也是错的。此外,庾氏又认为女子子出嫁后,父亲与女子子之间是报服。这也是错的,女子子适人为父服不杖期,父亲则为之服大功,两者不对等,故而不是报服。所以说,庾氏的论证有很大的问题,但是"厌降唯子而已"的判断,以及"既出无厌"的结论,是完全正确的。
22 张锡恭:《丧服郑氏学》,第467页。
23 郑玄在论述"降有四品"时,云"为人后者、女子子嫁者以出降",则两者都是"出降"。"出降"父母的原因都是"不贰斩",女子子是因由"从父"变为"从夫"而"移天",为人后者是因"持重于大宗",而以所后者为父,两者所尊之"天"皆非己父,似乎都应该解除厌降。

再适用于外嫁之女；而且女子出嫁是必然之事，不必计较父与夫爵尊的高低。[24] 但出继是或然之事，发生在宗族内部，而且一定要比较本生父亲与所后者的尊卑，所以《丧服传》规定，唯有大宗才能立后，小宗不可以立后，曹元弼云：

> 古者大宗立后，小宗无子不立后，明非临以太祖之尊，无离人父子天性之道也。故传曰："为人后者孰后？后大宗也。"大宗必立后者，大宗者尊之统，敬宗所以尊祖，故不得已而离己之父母以后之，后之者与所后者为父子，而持重于其宗也。[25]

为人后就意味着破坏"父子天性"，小宗之间是平等的，不能因己之无后，而破坏他人的"父子天性"，所以小宗不能立后。但是太祖之尊可以"离人父子天性"，而大宗代表的是太祖的统绪，"敬宗所以尊祖"，故而大宗能够立后。依照这个逻辑，所后者必然尊于本生父亲。而且为后发生在宗族内部，即便本生父亲的厌制随着出继解除了，但从所后父的角度看来，本生妾母理应受到更强的厌制，根本不会解除厌制。所以在一般为后中不会采用"出降解除厌降"的逻辑，而是延续了"私亲妨祭"的原则。另一方面，这一切都是基于小宗之子出继大宗，所后父尊于本生父的前提。如果颠倒过来，大宗之子出继小宗，本生父尊于所后父，那么"出降解除厌降"的逻辑就可能死灰复燃，因为所后父能否厌制本生妾母是存疑的。

---

24 丈夫与父亲爵尊之比较，仅影响父亲对己身的尊降，如大夫为女子子适士者，不但要出降一等，还要再尊降一等；但是女子的厌降是肯定随着"移天"而解除，这与夫、父爵尊差异无关。
25 曹元弼，《礼经校释》卷一六，第438页。

四、反向为后中的妾母服制

由上可知，在一般的为后关系中，遵循着大宗高于小宗的逻辑，一旦出继，就默认了本生父为小宗，就有了"出降"，又默认了本生妾母的"私亲"身份，而为之服缌，而所谓的厌降逻辑是不成立的。而在反向为后中，本生父的爵位高于所后父，甚至本生妾母都与所后父的地位相当。如晋代的司马晞本晋元帝庶子，却出后武陵王，尊卑倒置，属于非礼的行为。在非礼的前提下，诸儒讨论司马晞为本生妾母之服，想要寻求一种合礼的解释。就牵涉到一系列礼学原则的交锋，如反向为后中是否还有"出降"？妾母的"私亲妨祭"推论是否还能运用？被遮蔽的厌降逻辑是否能够抬头？而且不同的处置方式背后，更彰显了皇权侵入礼学原则的深浅程度，下面我们具体分析。此次议礼的记载见于《通典》。

> 穆帝升平中，太宰武陵王所生母丧，表乞齐缞三年；诏听依昔乐安王故事，制大功九月。[26]

太宰武陵王即是司马晞，本晋元帝庶子，却出后当时的武陵王司马喆，[27] 至晋穆帝升平（357-362）中，本生妾母薨逝，司马晞表请服齐衰三年，诏书则认为应该按照乐安王故事，服大功九月。乐安王司马

---

26 杜佑:《通典》，第2229页。
27 晋代的反向为后非常多，如晋元帝为琅邪恭王司马觐之子，登帝位之后，以其子裒奉觐之祀。又因东海王越、世子毗没于石勒，元帝又以其子冲，出后毗，称东海世子。这些都是反向为后的例子。

鉴为司马昭之庶子，生母身份低微，《晋书·文六王传》云："不知母氏。"[28] 晋武帝践祚，追赠父亲司马昭为文皇帝，封司马鉴为乐安王，则乐安王服其生母，受到文皇帝的余尊所厌，[29] 故而服大功九月。我们可以看到，司马晞所请的齐衰三年，与诏书所定的依乐安王故事，看上去都是简单粗暴的处理方式。[30] 如齐衰三年是士制父卒为母之服，没有考虑到天子庶子的身份，也没考虑妾母问题、为后问题，更别说是"反向为后"；而乐安王故事，则是一般意义上的天子庶子服妾母，没有出继的问题，更未涉及"反向为后"的复杂情况。而儒者学士们的议礼，显然要顾及这些复杂的问题，首先发言的是孔恢。

> 太常江夷上博士孔恢议："礼云：'庶子为父后者，为其母缌。'又云：'公之庶昆弟、大夫之庶子，为母九月。'郑云：'君卒，子为母大功。大夫卒，子为母三年。'经文则一，而郑有二。疑[31] 太宰若从三年之制为重，则应从九月，无应从缌麻之理。且

---

28 《晋书》，北京：中华书局，1974年标点版，第1130页。
29 晋代诸侯王、大夫已经没有了尊降、厌降，如徐邈云："汉魏以来，王侯皆不臣其父兄，则事异于周，故厌降之节，与周不同。缌犹不降，况其亲乎！既不以贵降，则余尊之厌，故五服内外，通如周之士礼，而三降之典不行同矣。昔魏武在汉朝，为诸侯制，而竟不立。荀公定新礼，亦欲令王公五等皆旁亲绝周。而挚仲治驳以为今诸侯与古异，遂不施行。此则是近代成轨也。《记》又云'古者不降'，故孟武、孟皮得全齐缞。然则殷周立制，已自不同，所谓质文异宜，不相袭礼。大晋世所行，远同斯义。孔彭祖昔咨简文帝诸王所服，圣旨以为近代以来，无复887降。"（见杜佑：《通典》，第2531页）但天子应当还有尊厌降。
30 当然，齐衰三年和大功的提法，实际上有深层次的用意，详见下文分析。
31 "疑"字，点校本《通典》属上句，作"经文则一，而郑有二疑"。但郑玄并非是怀疑《丧服经》的内容，而是进行了解释，认为公之庶昆弟为母大功是属于余尊厌，故而云"君卒"，大夫庶子为母大功是厌降，故而强调父卒之后解除厌降。这两点都不是疑问，所以"疑"字当属下句。

太宰以天子之庶出继诸侯,本无应**厌降**之道。太宰今承诸侯别祀,又不同庶姓相后,有承继大宗之义,应从降一等之制。从九月亦降一等,应服五月。出后者之子,亦皆还降其本亲祖父母、伯叔一等。[32]又礼无蕃王出后本亲与庶姓有异之制。"[33]

孔恢主张太宰武陵王为本生妾母服小功五月,他的逻辑是余尊厌叠加出降。首先,孔氏注意到了这是"反向"的为后,虽然太宰出后诸侯王,要以诸侯王为父。但由于是反向为后,太宰的生父是天子,所后父是诸侯王,尊卑倒置,他想到的处理方式是保留太宰元帝庶子的身份,并以之为立论的起点。这样,厌降原则就再次抬头,当时晋元帝已经驾崩,太宰仍受到余尊厌,为妾母服大功,故孔恢认为太宰"应从九月"。其次,在余尊厌的基础上再叠加出降。孔恢云:"太宰以天子之庶出继诸侯,本无应厌降之道。"此处"厌降"二字颇难解释,孔氏前面认为太宰当以大功作为理论起点,则认同了"厌降"逻辑,此处又言"无厌降",这是矛盾的。联系下文都是谈论"出降"问题,则此处"厌降"应该理解为"出降"。这是说,反向为后中的尊卑倒置,本生父是天子,所后父是诸侯,要是彻底贯彻尊卑上下的差别,就没有出降本生父的道理。虽然出后诸侯王,仍保留天子庶子的身份,行余尊厌之制。这个可以称作"出而不降",也是诏书依乐安王故事的用意。但是孔恢却做了调和,认为"太宰今承诸侯别祀","有承继大宗之义,应从降一等

---

32 "本亲祖父母、伯叔"点校本《通典》作"本亲、祖父母、伯叔"。此处讲的是为人后者出降本宗亲属,则"本亲"应该是形容词,修饰之后的"祖父母、伯叔",故不应点断。
33 杜佑:《通典》,第2229页。

之制",则是把诸侯王强行的设定为大宗,天子设定为小宗,附加了"出降"一等,故得出小功五月的结论。然而保留天子庶子地位和出降一等的逻辑显然是矛盾的,只能说孔氏是在贯彻皇权的基础上,对于皇权作了一定的削减。

而谢奉和曹处道则完全从正常的为后原则出发,认为太宰当服缌麻。

> 尚书谢奉:"按礼,为人后者三年,必以尊服服之。庶子为后,为其母服缌。传曰:'何以缌?与尊者为体,不敢服其私亲。'礼唯大宗无继支属之制。太宰出后武陵,受命元皇,则纂承宗庙,策名有在,礼制既明,岂容二哉!夫礼有仰引而违情者,故有君服而废私丧。屈伸明义,非唯一条,所谓以义断恩。况贵贱之礼既正,岂得不率礼而矫心。当依庶子为后之例,服缌而已。"[34]

> 祠部郎曹处道云:"礼,庶子为父后,为其母缌,与尊为体,不敢伸恩于私亲。为人后,以所后为父,亦是尊者为体;其所生母,**俱是私亲。为父后及为人后,义不异。**"[35]

首先,谢奉对于反向为后作了拨乱反正的工作,认为只有小宗出继大宗,大宗不得出继小宗,此即"礼唯大宗无继支属之制"。天子庶子出继武陵王则属于非礼,而且非礼的后果应该由天子承担。既然确定了为后之事,就应该遵守一般为后的法则,以小宗继大宗,

---

[34] 杜佑:《通典》,第2229页。
[35] 同上书,第2230页。

那么天子就自居于小宗的地位。谢氏所云"受命元皇,则篡承宗庙,策名有在,礼制既明,岂容二哉"就是这个意思。其次,既然天子自居小宗,那么尊卑次序就排定了,武陵王喆作为大宗尊于天子(因天子自居小宗),而司马晞之母是小宗的私亲,则更是大宗的私亲,故而可以依据庶子为父后者为其母之服推论为人后者为妾母之服,最终制服缌麻。可以看到,谢奉和曹处道的处理方式,是在源头上纠正"反向为后"的错误,完全按照礼学原则推论,逻辑一贯,故而张锡恭云:"谢奉、曹处道等议,援此经(指"庶子为父后者为其母")为例,谓当服缌,其议是矣。"[36] 而且我们可以看到,这个提议中,皇权丝毫没有干预到礼学原则。

而许穆和崧重则从"出降解除厌降"的角度调和反向为后中的矛盾,认为太宰当服不杖期。

> 仓部郎许穆议:"母以子贵。王命追崇夫人,视公爵,**秩比诸侯**。凡诸侯之礼,服断旁亲,以国内臣妾并卑故也。姑姊妹女子子嫁于诸侯,则各以其服服之,尊同故也。卑则服阙,尊则礼行。太宰封王,继于蕃国,**出离其本,仰无所厌**。夫人、诸侯,**班爵不殊**,缘天然之恩,伸王子之厌,薄出礼之降,制服周可也。"

> 吏部郎崧重议云:"考之礼文,太宰应服齐缞周。今以《春秋》条例以广其喻。母以子贵,庶子为君,母为夫人,薨卒赴告,皆以成礼,不行妾母之制,夫人成风是也。此则身为父后,服应缌麻,犹以子贵,得遂私情,经有明文,三传不贬,况于太

---

36 张锡恭:《丧服郑氏学》,第895页。

宰贵，同古例不为父后者耶？"³⁷ 且礼有节文，因革不一。自汉以来，皇子皆为始封君，始封君则私得伸。设令太宰不出后，必受始封，服无厌降。出后降一等，复何嫌而不周乎？"³⁸

许穆认为，虽然太宰出继诸侯王，但如果纯粹将天子放在小宗的位置，又用私亲妨小宗祭祀推论私亲妨大宗祭祀，则皇权受到了太多的抑制，有损尊尊之义。故而进行一个折衷：首先肯定"出降"的合法性。因为太宰出后武陵王属于既定的事实，而为后就默认了大宗高于小宗，故而天子仍然自处小宗地位，故有"出降"。其次，打断"私亲妨祭"由小宗推向大宗的逻辑，以此彰显皇权。认为太宰之母虽然是天子之妾，但与诸侯王相较，两者的地位相等。所以司马晞之母在天子之处可以视为"私亲"，在诸侯王处则是爵尊相同，不能视为"私亲"。再次，"私亲妨祭"的逻辑走不通，则厌降的逻辑重新抬头。太宰出后武陵王，不再以晋元帝为父，则基于"父子一体"的余尊厌被解除，太宰应服其母齐衰三年，此即"缘天然之恩，伸王子之厌"。同时，出后是余尊厌解除的前提，故而还要叠加"出降"，所以太宰为其母当服齐衰不杖期。当然，许穆和崧重的说法是有很多问题的，比如用《春秋》"母以子贵"来证

---

37 "况于太宰贵，同古例不为父后者耶"，点校本《通典》作"况于太宰，贵同古例，不为父后者耶"。前文崧重认为，母以子贵，庶子为父后者能够尊崇其母，由缌麻加至齐衰三年，"不行妾母之制"。而庶子不为父后者，则受到余尊厌，为母仅服大功，即行"妾母之制"。太宰尊贵，虽然不是为父后者，也应该取法母以子贵，为母齐衰三年，而不是行"妾母之制"服母大功。那么太宰与"古例"中的"不为父后者"不同，所以改点校为"同古例不为父后者耶"。
38 杜佑：《通典》，第2229–2230页。

明妾母尊同诸侯是不恰当的。[39] 许穆"薄出礼之降"的说法也是错误的，因为"出礼之降"并未"有薄"，否则太宰当为妾母服齐衰三年，而非不杖期。但这些错误并不重要，最关键的是天子之妾尊比诸侯，这个属于皇权的延续。许穆、崧重的用意是，一方面在承认"出降"的前提下，天子不得不自居小宗的位置，另一方面通过天子之妾尊同诸侯，诸侯王不得厌制天子之妾，就不能援引"私亲妨祭"原则，定妾母之服为缌麻，以此保留皇权之尊，但这两种处理始终是矛盾的。

五、结语

可以看到，"反向为后"本身是非礼的，诸儒探讨其中的妾母服制，都试图找到"非礼之礼"，为此提供完满的解释。这些解释运用的礼学原则不同，皇权侵入礼学原则的程度各异。其中诏书主张的大功说和谢奉、曹处道主张的缌麻说是两个极端。前者完全遵循尊卑次序，既然天子尊于诸侯，那么天子庶子出后诸侯王时，就没有"出降"，仍保留王子身份，太宰根据余尊厌原则为妾母大功；后者完全遵循一般为后原则，将天子彻底放在小宗的位置，以"私亲妨祭"逻辑处理妾母服制，最终制缌麻服。而孔恢主张的小功说和许穆、崧重主张的不杖期说，都属调和之论，前者是以皇权为前

---

[39] 因为《春秋》中"母以子贵"指的是庶子继承父亲君位之后，将生母追崇为夫人。但太宰是出后诸侯王，不为元帝之后，不为父后，则谈不上"母以子贵"。而崧重以为汉魏以来皇子都为始封君，太宰出后就为始封君，可以适用"母以子贵"。但这个证明是苍白无力的，事实上，太宰就是出后，而没有成为始封君，两者性质不一样，不能以始封君的假设取代为后的事实。

提，部分保留为后法则，即在保留天子庶子身份的前提下，再叠加出降，即由余尊厌的大功，再出降一等至小功；后者是以为后法则为前提，适当保留皇权之尊，即首先承认出降，再以天子之妾位同诸侯，阻隔"私亲妨祭"原则的扩展，最终定为不杖期。但两说在学理上始终是矛盾的。同样的，孔恢的调和之论也是矛盾的，先以余尊厌体现皇权，又在此基础上叠加出降，又以小宗视天子，最终制服小功。至于太宰自请的齐衰三年，逻辑上更加混乱，首先是由出后而解除余尊厌，为妾母三年，反过来又不承认出后中有出降，仍保留齐衰三年，这明显是徇私情的做法，故而诸儒皆不取。

而这次议礼最终的结果是"诏常侍割喻太宰，从缌麻服制。累表至切。又遣敦喻。太宰不敢执遂私怀，以阙王宪，乃制大功之服"。[40] 诏书初令太宰服大功，此处却在缌麻和大功之间做了摇摆，最后太宰制大功之服。自太宰而言，难免夹杂对于母亲的罔极之情，丧服能重则重。从制度上而言，"反向为后"本来就是皇权对于礼制的破坏，最后也选择了一个最符合皇权尊尊之义的结果。

---

40 杜佑：《通典》，第2230页。

关于唐代明堂礼的一些问题[*]

吴丽娱(首都师范大学)

古代明堂祭祀是祭天典礼的一项重要内容,且明堂从来与郊祀并重,由此成为经学史上最集中的问题之一,为历代礼家和学者瞩目。唐朝明堂由于建成于武则天,故关注者尤多。近来读到吕博讨论明堂设计与武则天借助明堂、利用佛教伪经打造帝王形象的文章,使人深受启发[1]。特别是论证唐朝明堂关于五室、九室设计理念的争议与"六天说""一天说"及《显庆礼》编纂之关系,可以认为是揭示了唐朝明堂礼争议的本质。但是明堂礼既涉及天帝观念的统一,就有必要对导致其观念变革的礼制本身进行深入探讨。考虑到明堂祭祀于高、武之际引起矛盾最多,且始终是以五方帝的处置为根本,但此礼沿革取舍的线索在前人的研究中却不够明晰;故本文即试从这一时期的相关礼制论争入手,讨论其制度变革之来源、经过及与唐礼法制作之关系,由此进一步追溯明堂礼的演变及其对

---

[*] 本文为国家社科基金重点项目《大唐开元礼校勘整理与研究》(15AZS001)阶段性成果。
[1] 吕博:《唐初明堂设计理念的变化》,武汉大学中国三至九世纪研究所编:《魏晋南北朝隋唐史资料》第37辑,上海:上海古籍出版社,2018年,第115-130页;《明堂建设与武周的皇帝像——从"圣母神皇"到"转轮王"》,《世界宗教研究》2015年第1期,第42-58页。相关明堂论著并见其文介绍,此不具列。

《开元礼》确立郊天原则的意义和影响。

一、唐朝明堂礼争议的出现和缘起

关于明堂形制问题的讨论史料记载最早出现于贞观中。而高宗永徽二年（651）七月，颁布诏书，用"是知五精降德，爰应帝者之尊；九室垂文，用纪配天之业"的说法暗示了明堂建设中五室、九室的两种不同理念，同时宣命所司与礼官学士等"考核故事，详议得失，务依典礼，造立明堂"，"其明堂制度令诸曹尚书及左右丞、侍郎、太常、国子监、秘书官、弘文馆学士同共详议"[2]。于是明堂五室、九室的辩论从此开始。五室意味五精帝或曰五方帝各居其一，而九室以像九州，只能由一帝居中而统。因此诚如吕博所言，五室还是九室的争议，其实还是根源于对六天说和一天说的抉择。《旧唐书·礼仪志》说其时"太常博士依郑玄义，以为明堂之制，当为五室；内直丞孔志约据《大戴礼》及卢植、蔡邕等义，以为九室"，以至"诸儒纷争，互有不同"。而高宗虽"初以九室之议为是"，但到了明年六月，"内出九室样，仍更令有司损益之"，而有司再根据内样提出设计规划时，却导致了更多的争论——"此后群儒纷竞，各执异议"，于是高宗又"以五室为便，议又不定，由是且止"[3]。可见至少在永徽中，皇帝还是比较赞同构建祭祀五方帝的五室，而君臣于此亦尚未形成定见。

2《唐会要》卷一一《明堂制度》，上海：上海古籍出版社，1991年，第314-315页。
3《旧唐书》卷二二《礼仪志》二，北京：中华书局，1975年，第853-862页。

1. 明堂配祀问题的起因和理论来源

五室和九室的争议既然立场不同,自然意味着对郑玄理论的怀疑和动摇。而在此之后,我们就看到了《旧唐书·礼仪志》一所载显庆元年(656)太尉长孙无忌与礼官等的奏议:

> 臣等谨寻方册,历考前规,宗祀明堂,必配天帝,而伏羲五代,本配五郊,预入明堂,自缘从祀。今以太宗作配,理有未安。伏见永徽二年七月,诏建明堂,伏惟陛下天纵圣德,追奉太宗,已遵严配。时高祖先在明堂,礼司致惑,竟未迁祀,率意定仪,遂便着令。乃以太宗皇帝降配五人帝,虽复亦在明堂,不得对越天帝,深乖明诏之意,又与先典不同。
>
> 谨案《孝经》云:"孝莫大于严父,严父莫大于配天。昔者周公宗祀文王于明堂,以配上帝。"伏惟诏意,义在于斯。今所司行令,殊为失旨。又寻汉、魏、晋、宋历代礼仪,并无父子同配明堂之义。唯《祭法》云:"周人禘喾而郊稷,祖文王而宗武王。"郑玄注云:"禘、郊、祖、宗,谓祭祀以配食也。禘谓祭昊天于圆丘,郊谓祭上帝于南郊,祖、宗谓祭五帝、五神于明堂也。"寻郑此注,乃以祖、宗合为一祭,又以文、武共在明堂,连衽配祀,良为谬矣。故王肃驳曰:"古者祖有功而宗有德,祖、宗自是不毁之名,非谓配食于明堂者也。审如郑义,则《孝经》当言祖祀文王于明堂,不得言宗祀也。凡宗者,尊也。周人既祖其庙,又尊其祀,孰谓祖于明堂者乎?"郑引《孝经》以解《祭法》,而不晓周公本意,殊非仲尼之义旨也。又解"宗武王"云:"配勾芒之类,是谓五神,位在堂下。"武王降位,失君叙矣。

又案《六韬》曰:"武王伐纣,雪深丈余,五车二马,行无辙迹,诣营求谒。武王怪而问焉,太公对曰:'此必五方之神,来受事耳。'遂以其名召入,各以其职命焉。既而克殷,风调雨顺。"岂有生来受职,殁则配之,降尊敌卑,理不然矣。故《春秋外传》曰:"禘、郊、祖、宗、报五者,国之典祀也。"《传》言五者,故知各是一事,非谓祖、宗合祀于明堂也。

臣谨上考殷、周,下洎贞观,并无一代两帝同配于明堂。南齐萧氏以武、明昆季并于明堂配食,事乃不经,未足援据。又检武德时令,以元皇帝配于明堂,兼配感帝。至贞观初缘情革礼,奉祀高祖配于明堂,奉迁世祖专配感帝。此即圣朝故事已有递迁之典,取法宗庙,古之制焉。

伏惟太祖景皇帝构室有周,建绝代之丕业;启祚汾、晋,创历圣之洪基。德迈发生,道符立极。又世祖元皇帝潜鳞韫庆,屈道事周,导濬发之灵源,肇光宅之垂裕。称祖清庙,万代不迁。请停配祀,以符古义。伏惟高祖太武皇帝躬受天命,奄有神州,创制改物,体元居正,为国始祖,抑有旧章。昔者炎汉高帝,当涂太祖,皆以受命,例并配天。请遵故实,奉祀高祖于圆丘,以配昊天上帝。伏惟太宗文皇帝道格上元,功清下渎,拯率土之涂炭,协大造于生灵,请准诏书,宗祀于明堂,以配上帝。又请依武德故事,兼配感帝作主。斯乃二祖德隆,永不迁庙;两圣功大,各得配天。远协《孝经》,近申诏意。[4]

---

[4]《旧唐书》卷二一《礼仪志》一,第821—823页。

这篇奏议也见于《通典》[5]，系年相同，而文字略有简化。看得出是针对明堂的配祀问题，请求将原来贞观所行高祖、太宗并配明堂的制度，改为以太宗独配。这一问题虽然不是关乎五方帝本身，但说明在形制之外，相关明堂礼法争议却是从配帝开始。可见这个问题对明堂影响很大，且因涉及祭祀的根本理念而由来深远，故在讨论这篇奏议之前，有必要先解释一下它的起因和来源。

据前人所论，古礼祭天有着王者事天事祖的双重含义，作为最高统治者的天子不仅代表国民，也代表其自身的家族，故以何祖为配，始终是汉魏以降祭天礼中带有根本性的问题。《孝经》言："人之行，莫大于孝，孝莫大于严父，严父莫大于配天，则周公其人也。昔者周公郊祀后稷以配天，宗祀文王于明堂，以配上帝。"[6]这里后稷为周之始祖，而文王是周受命之祖，也是周公之父，两者分配郊祀和明堂。两汉无始祖，汉武帝初于泰山建明堂，元封五年（前106）三月增封泰山，"甲子，祠高祖于明堂，以配上帝"。太始四年（前93）三月再行幸，壬午，先"祀高祖于明堂"，癸未，复"祀孝景皇帝于明堂"[7]。后者大约是依《孝经》严父之说而为之。但平帝时，依照王莽建议恢复南北郊，按《孝经》原则所定祭天礼便是"郊祀高祖以配天，宗祀孝文以配上帝"[8]。自后至东汉光武帝，仍"采元始中故事"以高祖配天。至汉明帝改以光武帝配明堂，基本实现了《孝经》以始祖郊祀配天，以受命祖明堂配上帝的

---

[5]《通典》卷四四《大享明堂》，1988年，北京：中华书局，第1222-1223页。
[6]《孝经注疏》卷五，《十三经注疏》，北京：中华书局，1980年，第2553页。
[7]《汉书》卷六《武帝纪》，北京：中华书局，1962年，第196、207页。
[8]《汉书》卷一二《平帝纪》元始四年春正月，第356页。

宗旨⁹。而这里的上帝，即被郑玄解作五帝。

两汉制度形成后，对后世仍深有影响。如曹魏文帝黄初二年正月，郊祀天帝明堂。明帝太和元年（227）正月丁未，"郊祀武皇帝（曹操）以配天，宗祀文皇帝（曹丕）于明堂以配上帝"。史称"是时二汉郊禋之制具存，魏所损益可知也"¹⁰。不过，之后的明堂配祀也往往依违于受命帝或在位帝父二者之间。如晋武帝泰始二年（266）正月因有司议奏，"明堂南郊，宜除五帝之坐。五郊改五精之号，皆同称昊天上帝，各设一坐而已"而"帝悉从之"；故二月丁丑，"郊祀宣皇帝以配天，宗祀文皇帝于明堂，以配上帝"。此"文皇帝"司马昭乃武帝父而并非受命帝。太康十年（289）十月下诏，以为"往者众议除明堂五帝位，考之礼文正经不通"。且由于"宣帝以神武创业，既已配天，复以文皇帝配天，于义亦不安"，故诏令"其复明堂及南郊五帝位"，可想而知，配祀明堂者仍是武帝之父司马昭。宋武帝永初三年（422）九月定以高祖武皇帝配天郊，但孝武帝大明五年（461）四月庚子，下诏"依汉汶上图仪，设五帝位，太祖、文皇帝对飨"。次年正月，"世祖亲奉明堂，祠祭五时之帝，以文皇帝配，是用郑玄议也"¹¹。是从开国受命帝的独配，变为与在位皇帝父并配，最终改以在位皇帝父独配。

马端临关于郊、丘和明堂有"此三祭者，必皆有祖考可配，而

---

9 分见《续汉书·祭祀志》上、中，《后汉书》，北京：中华书局，1965年，第3159、3181页。以上参见陈壁生：《郑玄与中国的经史传统——以"圆丘"礼为例》，清华大学道德与宗教研究院、清华大学历史系举办《礼制与汉传佛教社会生活》会议论文，2019年4月7日。
10《宋书》卷一六《礼志》三，北京：中华书局修订本，2018年，第458页。
11 分见《宋书》卷一六《礼志》三，第461-462、471-472页。

后可以举事","是以配天之祀，必俟奕世之后，又复上取之遥遥华胄以足之，然后可以行礼耳"的评议[12]。因此历代明堂配祀固亦受帝王家族根基和祖宗条件的影响。又东晋孙耆之解释《孝经》说："郊以配天，故配之以后稷；明堂祀帝，故配之以文王。由斯言之，郊为皇天之位，明堂为上帝之庙。故徐邈以配之为言必有神主，郊为天坛，则明堂非文庙矣。"[13] 意谓郊祀、明堂分祭皇天和上帝，文王仅是作配而非主祭对象。但按照这样的逻辑，则明堂为五帝主场的原则是基本不变的，此即所谓"用郑玄议也"。而事实上北朝明堂礼虽未建成，但南朝宋孝武帝创建后，齐、梁、陈都接受了专祀上帝——五帝的通规，梁武帝并建立了五帝（五天帝、五精帝）——五人帝——五官的祭祀系统。[14]

不过对配帝如何取则的认识却始终不一致。这是因为"宗祀文王于明堂以配上帝"只是《孝经》的说法，若按《礼记·祭法》言禘、郊、祖、宗，则有"祖文王而宗武王"之说，其言在郑玄即解释为"禘、郊、祖、宗，谓祭祀以配食也。……祭五帝五神于明堂曰祖、宗，祖、宗通言尔"；并有"郊祭一帝，而明堂祭五帝，小德配寡，大德配众"的区别[15]。这样就提供了明堂祭五帝以祖、宗并配的依据。所以杜佑也在"周制，季秋大享于明堂，宗祀文王以

12《文献通考》卷七〇《郊社考》三，北京：中华书局，1986年，第631页。
13《通典》卷四四《大享明堂》，第1218页。
14《隋书·礼仪志》一言陈明堂安六座，"四方帝各依其方，黄帝居坤维，而配享坐依梁法"（北京：中华书局修订本，2019年，第136页）；《通典》卷四四《大享明堂》言"陈祀昊天上帝、五帝于明堂"（第1220页），但又言堂制中央六间，依前代安六座，则无昊天之座，疑《通典》有误。按关于南朝明堂，参见牛敬飞《经学与礼制的互动：论五精帝在魏晋南朝郊祀、明堂的发展》，《文史》2017年第4辑，第132-136页。
15《礼记正义》卷四六《祭法》，《十三经注疏》，北京：中华书局，1980年，第1587-1588页。

配上帝"之下加注释说：

> 谓祀昊天上帝。先儒所释不同。若以祭五帝，则以天帝皆坐明堂之中，以五人帝及文王配之，五官之神坐于庭中，以武王配之，通名曰祖宗。故云祖文王而宗武王，文王为父配祭于上，武王为子配祭于下。如其所论，非为通理。但五神皆生为上公，死为贵神，生存之日，帝王飨会，皆须升堂。今死为贵神，独配于下，屈武王之尊，同下坐之义，为不便。意为合祭五帝于明堂，唯有一祭，《月令》所谓九月大飨帝于明堂也。五帝及神俱坐于上，以文武二祖，泛配五帝及五神而祭之。以文王配祭五帝，则谓之祖，以武王配祭五神，则谓之宗。明二君同配，故《祭法》云"祖文王而宗武王"。夫祖者始也，宗者尊也，所以名祭为始尊者，明祭之中有此二义。[16]

这里杜佑解释《孝经》所说季秋大享，有祭昊天上帝和五方帝的不同。其中对五方帝的祭祀，就全然用了郑玄释《祭法》，以文、武二祖"泛配五帝及五神而祭之"的说法。这一点，显然与贞观曾采用高祖、太宗并配明堂之制有关。

而在宋孝武帝之后，再次采用过这一并配之法的是南齐。史载隆昌元年（494），"有司奏，参议明堂，咸以世祖（武帝）配。"但国子助教谢昙济即据《祭法》和郑注提出"宜祖宗两配，文、武双祀"。当时还有助教徐景嵩、光禄大夫王逡之等提出宜以世宗文皇

---

16 《通典》卷四四《大享明堂》，第1215页。

帝配。只是祠部侍郎何佟之认为"周之文、武，尚推后稷以配天。谓文皇宜推世祖以配帝。虽事施于尊祖，亦义章于严父焉"，即应以世祖配明堂。左仆射王晏议，也以为若按照郑玄的祖、宗之义，则有功德而获尊称的历代配帝，何止于二？所以"今殷荐上帝，允属世祖，百代不毁，其文庙乎"！即认为世祖相当周文王，故诏可其奏而以世祖定案。[17]

但何佟之上述意见恐怕是出自宋初在位只有二帝，世宗文皇帝仅从文惠太子追尊，未实际在位的现实考虑。所以至永元二年（500），其本人就一改先前之见。他以郑玄解《祭法》为言，赞同并配，批评汉明帝以来明堂无兼配之祀的不合理。提出："窃谓先皇宜列二帝于文祖，尊新庙为高宗，并世祖而泛配，以申圣主严父之义。先皇于武皇，伦则第为季，义则经为臣，设配飨之坐，应在世祖之下，并列，俱西向。"所说先皇、高宗均指新去世的明帝，其意乃是主张将高宗与世祖并配明堂。而针对他人关于《孝经》明堂配祀不言武王的质疑，他的回答是"《孝经》是周公居摄时礼，《祭法》是成王反位后所行，故《孝经》以文王为宗，《祭法》以文王为祖"，认为《孝经》所说"孝莫大于严父配天"也是从周公而言，若从成王则为严祖，何得云严父？并引《诗》和《国语》之语及韦昭论证明其观点，解释郑注《祭法》的"祖、宗通言耳"，以及郑注《诗经》"昊天有成命，二后受之"的"二后"乃"文、武也"的看法。他提出：

---

[17]《南齐书》卷九《礼志》上，北京：中华书局修订本，2017年，第138-139页；下同，引文并见130页。

> 且明堂之祀,有单有合。故郑云"四时迎气于郊,祭一帝,还于明堂,因祭一帝,则以文王配"。明一宾不容两主也。"享五帝于明堂,则泛配文武"。泛之为言,无的之辞。其礼既盛,故祖、宗并配。

意思是将四时迎气与明堂祭五帝分为单、合两种,前者迎气只祭一帝,故仅配以文王;后者因飨五帝,所以便"泛配文武"而行祖、宗并配。于是朝廷"参议以佟之为允,诏'可'",而果然实行了明堂的并配,这可以说是唐永徽明堂并配之制的先导。

另外,前述诸朝无论行独配抑或兼配,在定配帝之后,其变化不甚明显。但由于何佟之发挥《孝经》的严父之说,肯定严父一称是从在位帝王出发的意义,所以南齐的并配,已采用了"先皇"的配祀。而到了陈朝明堂,就有"武帝时,以德帝配;文帝时,以武帝配;废帝已后(《通典》卷四无"已后"二字),以文帝配"的变化[18],即配帝随皇帝更替而变。这一做法,同样可视作后来唐制之滥觞。

但弄清唐朝明堂的配祀,还要从隋制出发。《隋书·礼仪志》一载隋文帝祀昊天上帝于圆丘、祀感帝于南郊以及祀皇地祇、神州皆以太祖武元皇帝配。至大业元年(605),孟春祀感帝、孟冬祀神州,改以高祖文帝配[19]。另自开皇十三年(593)议建明堂,大业中又因宇文恺造《明堂议》及样而炀帝下诏再议,但均无结果。"终

---

18 《隋书》卷六《礼仪志》一,第136页;《通典》卷四四《大享明堂》,第1220页。
19 《隋书》卷六《礼仪志》一,第131、133页。

隋代,祀五方上帝,止于明堂,恒以季秋在雩坛上而祀"。"人帝各在天帝之左。太祖武元皇帝在太昊南,西向。五官在庭,亦各依其方"[20]。这样隋代郊祀虽从一祖增为二祖,但明堂配祀以祖不以父,且与圆丘不分。这可能是因为北朝明堂祭祀未曾实行,故理论上尚未能打通汉魏,更未能吸收南朝之故。

而《旧唐书·礼仪志》一记载的武德初定令,冬至及孟夏雩祀昊天上帝于圜(圆)丘、夏至祀皇地祇于方丘、孟冬祭神州于北郊都由景帝(太祖)配,孟春祈谷祀感帝于南郊和季秋祀五方上帝于明堂则是由元帝(世祖)配,基本依从隋代。但以世祖而非太祖配明堂,已经开始接近《孝经》与"元始故事"。贞观初,"诏奉高祖配圆丘及明堂北郊之祀,元帝专配感帝,自余悉依武德"[21]。由于将开国受命帝高祖加入配圆丘及明堂北郊,故减少了景帝的配祀,并使元帝专配感帝。尽管如此,明堂以高祖配仍是按《孝经》的以父独配之则。至永徽二年,明堂才改成上述以高祖和太宗——即以祖、父分配五天帝和五人帝的做法,由于这一做法是吸收了郑玄按《祭法》的并配原则,所以仍可以认为是并不违背武德、贞观以来的北朝理念。

但这样做的结果,是太宗的权威和重要性得不到突出,加之这时唐配祀之祖已增为四人。人数过多,且既有远祖,又有近祖,性质、理念不一。而明堂的独配、兼配涉及经学理念的分歧,意味着唐朝廷必须就郊祀的配帝问题作出选择,显庆元年长孙无忌的奏文

20《隋书》卷六《礼仪志》一,第136页。
21《旧唐书》卷二一《礼仪志》一,第819–821页。

正是针对这一点提出解决的方案。

而按长孙无忌等的提议,一是完全取消唐初以来景帝和元帝为主的配祀,以高祖配祀昊天、太宗配祀明堂取而代之,从而以王朝创建为基准,建立了以受命之祖取代始封之祖配天,以有功业之父配祀明堂的唐朝新规。其二者地位,实即相当于周之文、武,虽然奏议说明对景帝、元帝的安排是"称祖清庙,万代不迁",但按宗庙组成而言,太祖之外,真正因"殊功异德"而可当不毁之庙的只能是高祖和太宗,故高祖、太宗分工主配不仅是结合汉魏经学传统打造了配天格局,也等于为有唐一代的太庙定下基调。

二是从明堂的角度讲,太宗以"严父"专配,更符合《孝经》的基本精神。故以独配而放弃和否定永徽初以父祖并配,等于在理论上服膺《孝经》而摒弃《祭法》和郑注,这是对经学理论的新抉择,也是显庆定礼的一个明确认识。不仅如此,因"严父"概念的深入,故从贞观到显庆,明堂以当朝皇帝之父配祀已渐成定格。虽然高宗乾封至武则天,明堂又行并配之法(详下),但中宗以高宗、玄宗以睿宗均可说明。玄宗以睿宗配明堂也写入《大唐开元礼》,成为永久的指南。而唐后期也有代宗以肃宗、宪宗以顺宗、穆宗以宪宗配明堂之记载,可见以皇父配明堂始终未变。[22]

因此总的来看,明堂配帝虽由太宗的去世行并配之制,但于显庆初改行独配之法。这之中,已经开始了对郑玄用《礼记·祭法》行并配原则的批判,并引用了王肃关于祖宗配祭明堂的驳论。虽

---

[22]《唐会要》卷一二《飨明堂议》,上海:上海古籍出版社,1991年,第335页;并参《大唐开元礼》卷一〇《皇帝季秋大享于明堂·进熟》,北京:民族出版社,2000年,第77页。

然,配帝经长孙无忌等所定基本依从《孝经》原理,但也非绝对,如皇父配明堂就是接受了南朝制度,而显庆的定制也可以说是对汉魏至南朝以来制度的吸收和总结。由此开始,唐朝的明堂祭祀改革才可谓是真正拉开帷幕。

2. 明堂五方帝的取缔及其时间辨析

对于明堂制度的进一步改革就是直接针对祭祀的主神——五方帝。此事被《旧唐书·礼仪志》一记在上条奏议之后:

> (显庆)二年七月,礼部尚书许敬宗与礼官等又奏议:"据《祠令》及《新礼》,并用郑玄六天之议,圆丘祀昊天上帝,南郊祭太微感帝,明堂祭太微五帝。臣等谨按郑玄此义,唯据纬书,所说六天,皆为星象,而昊天上帝,不属穹苍。故注《月令》及《周官》,皆谓圆丘所祭昊天上帝为北辰星曜魄宝。又说《孝经》'郊祀后稷以配天'及明堂严父配天,皆为太微五帝。考其所说,舛谬特深。按《周易》云:'日月丽于天,百谷草木丽于地。'又云:'在天成象,在地成形。'足明辰象非天,草木非地。《毛诗传》云:'元气昊大,则称昊天。远视苍苍,则称苍天。'此则天以苍昊为体,不入星辰之例。且天地各一,是曰两仪。天尚无二,焉得有六?是以王肃群儒,咸驳此义。又检太史《圆丘图》,昊天上帝座外,别有北辰座,与郑义不同。得太史令李淳风等状,昊天上帝图位自在坛上,北辰自在第二等,与北斗并列,为星官内座之首,不同郑玄据纬书所说。此乃羲和所掌,观象制图,推步有征,相沿不谬。
>
> "又按《史记·天官书》等,太微宫有五帝者,自是五精之

神，五星所奉。以其是人主之象，故况之曰帝，亦如房心为天王之象，岂是天乎！《周礼》云：'兆五帝于四郊。'又云：'祀五帝则掌百官之誓戒。'唯称五帝，皆不言天。此自太微之神，本非穹昊之祭。又《孝经》唯云'郊祀后稷'，别无祀圆丘之文，王肃等以为郊即圆丘，圆丘即郊，犹王城、京师，异名同实。符合经典，其义甚明。而今从郑说，分为两祭，圆丘之外，别有南郊，违弃正经，理深未允。且检《吏部式》，唯有南郊陪位，更不别载圆丘。式文既遵王肃，祠令仍行郑义，令、式相乖，理宜改革。

"又《孝经》云'严父莫大于配天'，下文即云：'周公宗祀文王于明堂，以配上帝。'是明堂所祀，正在配天，而以为但祭星官，反违明义。又按《月令》：'孟春之月，祈谷于上帝。'《左传》亦云：'凡祀，启蛰而郊，郊而后耕。故郊祀后稷，以祈农事。'然则启蛰郊天，自以祈谷，谓为感帝之祭，事甚不经。今请宪章姬、孔，考取王、郑，四郊迎气，存太微五帝之祀；南郊明堂，废纬书六天之义。其方丘祭地之外，别有神州，谓之北郊，分地为二，既无典据，理又不通，亦请合为一祀，以符古义。仍并条附式令，永垂后则。"

据此是显庆二年高宗由许敬宗直接展开了对郑玄六天说的批判。涉及者既含圜丘南郊，又有明堂。目标直指郑玄的郊、丘分祭，申明五帝为星象而非天，赞同王肃"郊即圆丘，圆丘即郊"的郊丘合祭与一天之说。而结果是其建议完全被采纳，"诏并可之，遂附于礼令"。由此《显庆礼》的郊天原则完全取代了《贞观礼》，不仅南郊感生帝被昊天上帝所取代，明堂的五方帝也被取缔而专祀昊天。

以上奏议,也见于《通典》和《册府元龟》,只是上奏时间有不同。《通典·郊天》下载为永徽二年七月,且上奏者被改为长孙无忌。最后一段文字被大大化简,变成:

"又《孝经》云'严父莫大于配天',下文即云'周公宗祀文王于明堂,以配上帝',则是明堂所祀,正在配天,而以为但祭星官,反违明义。"诏从无忌等议,存祀太微五帝,于南郊废郑玄六天之义。[23]

按其说法,是长孙无忌等于高宗下令讨论明堂建制之际,已经展开了对郑玄六天说的批判。但由于"存祀太微五帝"并没有指明是何种礼仪,所以给人的印象是虽然南郊取消了感生帝,包括明堂、迎气在内,五方帝祭祀却都予以保留。《册府元龟》则虽然内容文字与《旧志》基本一致,系年却更写作"龙朔二年(662)"。

在以上永徽、显庆和龙朔的三个年份中,哪一年份更合理可靠呢?由于《大唐开元礼》明言祈谷和明堂改祀昊天上帝为"大唐后礼"的基本特征,所以其规定的产生不应晚于显庆三年《显庆礼》成书,如到龙朔二年才提出取消六天是不可能的,故龙朔二年的年份肯定是错的,这一点吕博文也已指出。

那么会不会是永徽二年呢?上面已举《旧唐书》,说明彼时高宗朝对明堂按九室抑或五室建制一直在犹豫。可见在高宗即位初期,尚没有决心打破旧的体制。《通典》卷四四关于明堂也有曰:

---

[23]《通典》卷四三《郊天》下,北京:中华书局,1988年,第1193-1194页。

> 永徽二年，又奉太宗配祠明堂，有司遂以高祖配五天帝，太宗配五人帝。下诏造明堂，内出九室样。[24]

表明永徽二年甚至次年出九室样时，还是实行太祖、太宗并配的。而正因如此，明堂所祭还是五天帝和五人帝。这一点，上述显庆元年奏议其实也已给予证明。因为当时还在纠结太宗配五人帝，不得"对越天帝"的问题。由于五人帝与五天帝的祭祀有连带关系，所以这个天帝也只能是五方帝而不会是昊天上帝。可见明堂改换天帝的问题在显庆元年尚未提上日程，之前的永徽二年七月就更不可能了。

但是否会如上面对《通典·郊天》下的理解，是永徽二年已下敕取缔感生帝废六天，而明堂五方帝却仍予保留呢？这一点，显庆元年奏议其实也已给予回答。其最后的提案是以高祖配圜丘，太宗则不仅"宗祀于明堂，以配上帝"，而且还"请依武德故事，兼配感帝作主"，是感帝当时也在祭祀之中。这可以证明，无论是南郊感生帝抑或是明堂五方帝的问题，在显庆元年以前都没有解决。所以可以肯定，《通典·郊天》下记载的年代有误，叙事也有混乱，而《旧唐书·礼仪志》的述事和系年才是更合理而可予采信的。也即南郊感帝和明堂五方帝的废除，都是要到显庆二年才由许敬宗一并提出。

二、高宗时代的明堂礼争议及与礼法关系

笔者在以往的文章中，曾指出高宗修礼虽然始自永徽二年，但

24《通典》卷四四《大享明堂》，第1221页。

真正有别《贞观礼》的内容，都是在显庆以后，前揭显庆元年、二年的奏议即证明了这一点。而如果说，显庆元年针对明堂和郊祀配帝的奏议，还不过是打破郑玄体系的开始，那么显庆二年奏议宣告的天帝之变，却是触及了郊天礼的根本，也是使《显庆礼》与《贞观礼》对立的关键所在。所以《显庆礼》的制定可以认为是揭开了唐代礼制史新的一页。

但这一变化的产生涉及南北郊祀理念中长期存在的矛盾和冲突，其分歧并非容易解决。所以《显庆礼》明堂五方帝祭祀的停废不断遭至攻击，成为不同派别争议的导火索和焦点。所以乾封以后，复旧的呼声占了上风，甚至仪凤修格也以《贞观礼》的恢复作为主张。但为了解决两派的尖锐冲突，对五方帝问题采取调和与折中的实用做法渐渐占了上风。这一做法，深刻地影响了高宗后期乃至武则天时代的礼法与政治。

1.《显庆礼》的经学立场及时代划分

理解《显庆礼》的经学立场，或许还要旧话重提。如前所述，在《旧唐书》标为许敬宗显庆二年的奏议中，明确地指斥作为国家礼法的"祠令和新礼"应用郑玄"六天"说，使"圆丘祀昊天上帝，南郊祭太微感帝，明堂祭太微五帝"。这里他是将南郊感帝和明堂五（方）帝的祭祀作为一个问题来讨论的。认为将圆丘所祭昊天上帝当作北辰曜魄宝，是"考其所说，舛谬特深"。而他的主要论辩依据就是经典、《圆丘图》等关于昊天与作为星辰的太微五帝等有别，以及《史记·天官书》关于五帝"自是五精之神，五星所奉"的说法。由此第一次直接、彻底地批判了郑玄依据纬书所建立的郊祀理论，接受了王肃"郊即圆丘，圆丘即郊，犹王城、京师，异名同实"之说，推翻了武德、贞观以来继承北朝和隋的郊丘分立之制。其最终结果，便是南郊祭感生帝和明堂的五帝祭祀被同时取缔，而由于实行郊丘合一，并将南郊改称祈穀，与雩祀、明堂均改祭昊天上帝。另外将北郊、方丘的神州、皇地祇之祭也合而为一，是充分吸收了南朝制度而又有所改革。

关于《显庆礼》的内容指向及其与《贞观》《开元礼》的关系，以往研究者如金子修一先生已有过很清晰的论述[25]，本文没有必要作过多重复。但有一点很清楚，即关于郊丘问题的争议早在南北朝之际已经发生。故魏徵领衔的《隋书·礼仪志》在叙述南北郊祀之前提纲挈领地明确地区分了"祭天之数，终岁有九，祭地之数，一岁有二"的"郑学之所宗"，和"唯有昊天，无五精之帝。而一天岁二祭，坛位唯一"的"王学之所宗"。并指明"梁、陈以降，以迄于隋，议者各宗所师，故郊丘互有变易"[26]，可见对此理论歧异所导致的南北郊祀之争贞观史家已深有所悉。

而贞观十四年成书的孔颖达《五经正义》，更是在涉及郊天之处引述诸家义疏以及郑、王对立之论。例如在郑注《礼记·祭法》"禘、郊、祖、宗"之义下，《正义》即先述郑玄郊、丘分离的观点。继而便引用王肃《圣证论》关于"郊与圜（圆）丘是一郊，即圜丘"、"所郊则圜丘，圜丘则郊，犹王城之内，与京师异名而同处"的质疑和论难，以及马昭、张融在五帝问题上申郑、反郑之

---

25 金子修一：《关于魏晋到隋唐的郊祀、宗庙制度》，原载《史学杂志》88编10号，1979年；译文见《日本中青年学者论隋唐史·六朝隋唐卷》，上海：上海古籍出版社，1995年，第337-386页，说见337-362页。并见氏著：《中国古代皇帝祭祀の研究》第二章，（东京）岩波书店，2006年，第70-91页。
26《隋书》卷六《礼仪志》一，第121页。

义,并说明张融之论引用董仲舒、刘向、马融诸家"皆以为《周礼》圜丘则《孝经》云南郊,与王肃同非郑义"之来源[27],但并不就双方观点加以批驳。

《正义》这种无偏无党、不惟一家门户之见的客观介绍有异于之前以家学为标榜的义疏学,实对当时影响甚大,也成为其书被指"繁杂",遭到批驳、"掎摭"的一个主因[28]。但孔颖达本人所持立场并不激进。《册府元龟》关于孔颖达生平,言其贞观中任太子右庶子兼国子司业,"与诸儒议历及明堂,皆从颖达之说"[29]。《旧唐书·礼仪志》也载他亲身参加了太宗时的明堂论证活动。称明堂,"高祖受禅,不遑创仪。太宗平定天下,命儒官议其制。贞观五年,太子中允孔颖达以诸儒立议违古,上言曰"云云,内中他以《孝经》"宗祀文王于明堂"并无明楼、明观之说,而反对刘伯庄等于重楼上建堂的提议。认为帝王示俭,今若"飞楼架道,绮阁凌云"则与古制不合。且反对所谓"上层祭天,下层布政"的提法,请求将己言下群臣详议[30]。可见他在明堂建置上,以经典为据,不赞成创新,引领了其时朝廷关于明堂的讨论,所谓"皆从颖达之说"并非虚言。

另外,《正义》表明孔颖达在《祭法》郑注论"五帝五神于明堂曰祖宗,祖宗通言尔"问题上,也基本从郑说。如从《明堂月令》的"五时皆有帝及神"和《月令》的"季秋大享帝"出发,证

---

[27]《礼记正义》卷四六《祭法》,《十三经注疏》,第1587-1588页。
[28] 见《旧唐书》卷七三《马嘉运传》,第2603-2604页。
[29]《册府元龟》卷五九七《学校部·选任》,北京:中华书局,1960年,第7167页。
[30]《旧唐书》卷二二《礼仪志》二,第849-850页。

明"明堂之祭有五人神及五天帝也";又如结合《孝经》《杂问志》和《祭法》,证明堂祭五帝而使"文、武之配皆于明堂上"。至如对郑注"郊祭一帝而明堂祭五帝,小德配寡,大德配众,亦礼之杀也"之论,则解作:"郊祭虽尊,但祭一帝以喾与鲧及冥、后稷之等配之,皆不如所祖宗之人,是小德配寡。明堂虽卑于郊,总祭五帝而以颛顼、契、汤、文、武配之,皆优之于所配郊之人,是大德配众,礼之杀也。"其说虽与南齐何佟之不尽相同,但进一步化解《孝经》和《祭法》在说法和理解上的矛盾,而为明堂的"并配"提供解释。所以,虽然高宗即位孔颖达已去世,但永徽以高祖、太宗参配,很可能取自《正义》。而这也说明,在贞观至永徽的天帝、明堂问题上,从理论到实践,于旧礼和郑说尚改变不大。

不过,孔颖达《正义》毕竟打破旧义疏学窠臼,将南北学术流派和不同观点引入经疏,展现了国家统一之后的学术大观,同时也适应了经学舍北从南的趋势。皮锡瑞说:"学术随世运为转移,亦不尽随世运为转移。隋平陈而天下统一,南北之学亦归统一,此随世运为转移者也;天下统一,南并于北,而经学统一,北学反并于南,此不随世运为转移者也。"[31] 显庆之变就是这一潮流之变的现实反映,而《显庆礼》的实际主持者许敬宗正是这一大势的推动者和得益者。

史载许敬宗乃"杭州新城人,隋礼部侍郎善心子也。其先自高阳南渡,世仕江左"[32],其家为江东士族而有南学背景。太宗去世

---

[31]（清）皮锡瑞:《经学历史》七《经学统一时代》,北京:中华书局,2004年（新一版）,第135页。
[32]《旧唐书》卷八二《许敬宗传》,第2761页。

的贞观二十三年五月，许敬宗已被命为太子左庶子兼礼部尚书。不过他之能提出与贞观相悖之论而使南朝制度反客为主，乃是借助武则天册后的契机。因为此前修礼的主持者是长孙无忌，而就在立后不久的永徽六年十二月，便有"遣礼部尚书、高阳县男许敬宗，每日待诏于武德殿西门"的记载[33]。许敬宗贞观中已为东宫臣僚，故册后一事支持高宗立场鲜明。以礼部尚书日日"待诏"者不应有他故，只能是秉承高宗、武后之意，为之打造足以显示皇权震慑力，能够标新立异、代表朝廷改换格局和政治气象的新礼。故显庆以后，新建礼法的实际主持者即许敬宗，这是我在旧文中已讨论过的[34]。而最能体现帝王权威的明堂、封禅诸礼尤获武则天支持[35]。由此可以理解这些贞观、永徽龃龉颇甚的礼制大事为何能在显庆初获得解决，而最中心的南郊、明堂之理论都发生了根本性的扭转。对照《正义》，可以知道他之所论相当成分是取自王肃《圣政论》及各家批郑之说，这也与许敬宗之家世学问相合，可以认为他是借权力而推行自身的学术理念；但由新、旧《唐书》本传所言其人品德，更恰当的解释还是深谙学术为政治服务之道。

但既然如此，为何《通典》会误将取缔感生帝和五方帝置于永徽二年，且又将许敬宗张冠李代为长孙无忌呢？我认为这里存在两方面的原因。

一是从长孙无忌任职经历看，他贞观初已与房玄龄、魏徵等同

---

33 《旧唐书》卷四《高宗纪》上，第 66、75 页。
34 吴丽娱：《显庆礼与武则天》，《唐史论丛》第 10 辑，2008 年，第 1-16 页。
35 关于封禅，见《旧唐书》卷二三《礼仪志》三言："高宗即位，公卿数请封禅，则天既立为皇后，又密赞之。"（第 884 页）而武则天对明堂的支持则可从她在位对明堂的建置以推知。

修《贞观礼》。永徽二年，作为顾命大臣，更是开始领衔礼的修撰，上文所言明堂形制的讨论，正是这一阶段的产物。不过由于争议尖锐，未能取得统一认识，也无法打破贞观格局，故礼制的修撰始终不能完成。永徽六年以后，因反对武则天立后，长孙无忌已经逐渐失势，显庆四年被许敬宗诬告谋反。只是得罪之前，作为皇帝的舅舅，尚没有被解除职务，史料中也有显庆元年他与史官令狐德棻缀集武德、贞观二朝史为八十卷，"表上之"的记载[36]。甚至显庆四年二月，他还领衔上《进五经正义表》[37]，说明当时他个人的政治生活还在继续。而由于他从永徽直至显庆三年，始终是礼书修撰领衔人而未闻裁撤[38]，所以一些奏议上会有他和许敬宗等修礼官共同的署名。这样就会看到同一件奏议，或从领衔人出发、或从实际主持者出发而寄名不一样的情况。

二是从长孙无忌个人的思想观和立场看。如上所述贞观之际是南北交流、思想交锋十分激烈、活跃的时期。参加《贞观礼》制作的孔颖达、魏徵、颜师古都非保守之人，许敬宗也是修撰者之一。魏徵有《类礼》一书针对《礼记》，其中有不少反传统、反潮流的言论思想，故玄宗时元行冲有为其作注的《类礼义疏》，成为提倡"改撰《礼记》"的实践和先导[39]。长孙无忌作为刊定《正义》的主持人之一，对于其中的思想交锋应当有一定的了解。而从长孙无忌所上《进五经

---

[36]《旧唐书》卷六五《长孙无忌传》，第2455页。
[37] 长孙无忌：《进五经正义表》，《全唐文》卷136，北京：中华书局，1983年，第1374-1375页。下引文同。
[38] 见《新唐书》卷五八《艺文志》二，北京：中华书局，1975年，第1491页。
[39] 吴丽娱：《从王通〈续六经〉到贞观、开元的改撰〈礼记〉——隋唐之际经典意识的变化》，《中华文史论丛》2017年第3期，第1-40页，说见第29-40页。

正义表》所言高宗"而垂拱无为，游心经典，以为圣教幽赜，妙理深元，训诂纷纶，文疏踳驳；先儒竞生别见，后进争出异端，未辨三豕之疑，莫袪五日之惑"，而因孔疏"虽加讨核，尚有未周，爰降丝纶，更令刊定"的意图十分清楚。就表而言，他对高宗辨析孔疏，以求统一和落实于当时礼制的思想还是理解和积极支持的。

当然长孙无忌并非经生出身而有许敬宗那样的学问背景。刊定《正义》和修礼本身只是因其身份而有的职务行为。作为关陇贵族，他与许敬宗、李义府等新兴集团政治上无疑完全对立，但学术上的界限却不是十分清楚，我们很难了解其个人关于郊天改制的真实看法。以唐初学术大势而言，我们推测他最初对于南学兴盛以及显庆的礼制改革未必就是极端反对的，亦未必采取完全敌对的立场。例如就明堂永徽初以太宗与高祖并配，到改以太宗独配，若从长孙无忌与太宗关系的立场判断，无疑应该是支持的，何况他与许敬宗的职务并未作明确的交接。所以显庆元年那则奏议，史料无一例外均系于长孙无忌。而当时或之后的一些改革，也需要具体分析，限于本文主旨，这里不一一讨论。但《显庆礼》的突破毕竟是以许敬宗的上位为标志的，显庆二年触及南北郊祀的理论焦点问题，恐怕还是出自许敬宗。这类问题，由许敬宗策划，借用长孙无忌威望，而打着他旗号的可能性很大。因为无论是从自身学术条件还是处境、权势而言，他本人都无力予以反击。赞成与否，都只能接受许敬宗之提议而"署位"[40]，这也就是史料中常常见到二者称名混乱而致

---

[40] 即于官文末签署官职位号及姓名。如《旧唐书》卷一八八《崔沔传》载崔沔曰："今之中书皆是宰相承宣制命。侍郎虽是副贰，但署位而已，甚无事也。"

《通典》发生错误的原因了。

总之，笔者认为明堂礼法的变化，由永徽二年七月将太宗加入配帝行列，与高祖分配五天帝、五人帝开始，到显庆元年实行太宗在明堂的单独配祭，不单单是关系配帝的取则，也是自遵从到否定郑玄并配理念的转变。在此之后的显庆二年，由许敬宗进一步提出对郑玄"六天"说的批判，从而在取消南郊感帝的同时，也使昊天上帝的祭祀完全取代了明堂的五方帝。这是显庆和贞观、永徽之际的分水岭，也是唐初国家礼制变革的标志，而从永徽——显庆礼的修订开始，可以认为是进入了唐明堂礼建制的第一阶段。

2. 乾封以降的礼仪反复与仪凤修格

《显庆礼》修成后，史家评价不高。《旧唐书》说《显庆礼》"增损旧礼，并与令式参会改定，高宗自为之序。时许敬宗、李义府用事，其所损益，多涉希旨，行用已后，学者纷议，以为不及贞观"。《新唐书》也说："其文杂以式令，而义府、敬宗方得幸，多希旨傅会。事既施行，议者皆以为非。"[41] 意思差不多，都是指许、李二人修礼，完全投高宗、武则天所好，所谓"与令式参会"或"杂以式令"者，无非是指将唐朝新制直接引入，完全取代古礼和贞观制度。这里的"令式"恐怕只是一种笼统的说法，按"希旨"论则新改郊天和明堂制度都在内。因为郊祀是大礼，天帝问题是二礼最本质的不同，先已由制敕颁下，并修改令、式而落实于礼制。前揭《旧志》"诏并可之，遂附于礼令"，即是此意。所谓"学者纷议"者，自然包括这些与《贞观礼》最相龃龉的内容。

41《旧唐书》卷二一《礼仪志》，第818页；《新唐书》卷一一《礼乐志》一，第308页。

此段话,坐实了《显庆礼》的策划出自许敬宗、李义府的看法。但在显庆以后的一段时间,反对或质疑的批评却似乎并不多见。而这一点与彼时的立法似乎也是相配合的。笔者曾经讨论过高宗时代的三次修格[42]:分别于永徽二年、龙朔二年(662)和仪凤二年(676),发现后二次,也就是被称为"格中本""格后本"的两次修格在政治取向上针锋相对。龙朔在显庆之后,始于龙朔二年二月,截止于麟德二年,由司刑太常伯源直心主持[43]。《资治通鉴》载显庆五年"冬,十月,上初苦风眩头重,目不能视,百司奏事,上或使皇后决之。后性明敏,涉猎文史,处事皆称旨。由是始委以政事,权与人主侔矣"[44]。这使武则天的干政由幕后走向前台。此是龙朔改元的前一年,说明其时武则天已参决百司奏事,故龙朔修格实在武则天的掌控之下。

据《唐会要》所说此次修格"重定格式,唯改曹局之名,而不易篇第",即不但推翻了永徽二年初定之格,重加修订,而且秉承武则天意志,以《周礼》改机构官名。除此之外,我们还发现有改革朝服品级衣色,以及龙朔二年八月讨论和订立嫡继母、庶母服制等问题[45],作为武则天打造新政的标志,也都在第二次修格期间发生。这些笔者已另文探讨,不拟多赘。但可以肯定的是,《显庆礼》已定礼法不会再重加讨论,而是会将相关制敕作为既定礼法直接收入新格。所以在这个阶段,反对的声音即使出现也会遭到打压,不

---

42 吴丽娱:《试析唐高宗朝的礼法编纂与武周革命》,《文史》2016年第1辑,第83-115页。
43 《唐会要》卷三九《定格令》,第820页,下引《唐会要》文不另。
44 《资治通鉴》卷二〇〇,北京:中华书局,1956年,第6322页。
45 见《唐会要》卷三一《舆服》上龙朔二年九月孙道茂奏,卷三七《服纪上》龙朔二年八月条,第664、788页。

可能有伸张的机会。

这样做的结果是大大提升了武后的权力,但矛盾也因此而生。《通鉴》载由于武后"专作威福,上欲有所为,动为后所制,上不胜其忿",结果麟德元年十二月发生了上官仪为高宗草诏废后被杀事件[46]。这之后便是封禅礼的准备和进行。就在武则天终于达到以皇后身份担任"亚献",参与封禅地祇大典的目的达到后,围绕郊祀天地的争议也正式开始。《旧唐书·礼仪志》一称"乾封初,高宗东封回,又诏依旧祀感帝及神州。司礼少常伯郝处俊等奏",其言曰:

> 显庆新礼,废感帝之祀,改为祈穀。昊天上帝,以高祖太武皇帝配。检旧礼,感帝以世祖元皇帝配。今既奉敕依旧复祈穀为感帝,以高祖太武皇帝配神州,又高祖依新礼见配圆丘昊天上帝及方丘皇地祇,若更配感帝神州,便恐有乖古礼。按《礼记·祭法》云:"有虞氏禘黄帝而郊喾,夏后氏亦禘黄帝而郊鲧,殷人禘喾而郊冥,周人禘喾而郊稷。"郑玄注云:"禘谓祭昊天于圜丘也。祭上帝于南郊曰郊。"又按《三礼义宗》云"夏正郊天者,王者各祭所出帝于南郊",即《大传》所谓"王者禘其祖之所自出,以其祖配之"是也。此则禘须远祖,郊须始祖。今若禘、郊同用一祖,恐于典礼无所据。其神州十月祭者,十月以阴用事,故以此时祭之,依检更无故实。按《春秋》"启蛰而郊",郑玄注礼云:"三王之郊,一用夏正。"又《三礼义宗》云:"祭神州法,正月祀于北郊。"请依典礼,以正月祭者。请集奉常博士及司成

---

46 以上参见《资治通鉴》卷二〇一麟德元年十一月条,第6342页。

> 博士等总议定奏闻。其灵台、明堂，检旧礼用郑玄义，仍祭五方帝，新礼用王肃义。[47]

这里，郝处俊再次提出贞观、显庆二礼因各自采用郑、王之学，而导致的郊天理论的对立。从所说"今既奉敕依旧复祈谷为感帝，以高祖太武皇帝配神州"，知当时已按《贞观礼》恢复郊祀感帝和神州。虽然是请求解决因此而造成的高祖已配昊天和方丘，却又要配感帝、神州的矛盾，但明显是站在拥护郑学的立场上，试图用《礼记》郑注及《三礼义宗》，证明禘、郊配祀不用一祖的问题。

不过，关于郊祀、明堂的五方帝问题以及神州祭祀用时如何处置，看起来尚无定论。所以"又下诏依郑玄义，祭五天帝，其雩及明堂并准敕祭祀"。雩及明堂《显庆礼》改为专祭昊天上帝，这里似乎是以"依郑玄义"完全取代。兼有奉常博士陆遵楷、许子儒等议，以为北郊之月，古无明文，东晋咸和中用正月无所指据，故请北郊神州祭祀仍按武德以来礼令以十月祭，则是在方向上全面恢复《贞观礼》。

史料对为何乾封初郊祀、明堂重回《贞观礼》并没有解释。但在礼制上否定郊丘合一而行郊丘分离，不仅意味着与《显庆礼》原则的对立，也是对之前政治取向的一种批判和背离。那么何以如此呢？一方面固因北朝以来"郑学"体制的影响很难消除，另一方面武则天因封禅而造成的权力膨胀，以及许、李行事遭致朝野和高宗个人反感，而宰相人事上的变更则也导致了某些方向性的扭转。龙

---

[47]《旧唐书》卷一《礼仪志》一，第255-256页，下引文同。

朔三年李义府得罪，下狱除名，配流巂州。许敬宗虽一直任用，并于麟德二年（665）五月与李勣等同被任命为检校封禅使；但年老体衰，"乾封初，以敬宗年老，不能行步，特令与司空李勣每朝日各乘小马入禁门至内省"[48]，显然已不是主持政事的首相。史载麟德元年八月丁亥，刘祥道和窦德玄分任右相和左相[49]，实际已取代许、李。其中刘祥道曾在封禅亚献的问题上，与武后针锋相对。虽然乾封元年二人皆致仕及卒，但其时已改刘仁轨任右相，继续和支持了这一立场[50]。乾封元年司礼少常伯郝处俊的奏议正当其时，说明重臣中否定《显庆礼》的一派开始占了上风。

另外，显庆中定礼，以高祖配南郊（圆丘）而太宗配明堂。但史载高宗封禅郊天，有司所定仪注是"封祀以高祖、太宗同配"。这可能也是高宗下敕重定郊祀配帝的起因之一。所以继乾封元年郝处俊提出配帝问题后，乾封二年十二月下诏，再次以"夫受命承天，崇至敬于明祀；膺图纂篆，昭大孝于严配"为名，专门作出指示。诏书从汉晋以来"或同昊天于五帝，分感帝于五行，自兹以降，递相祖述，异论纷纭，是非莫定"出发，最终落实于高祖、太宗的并配问题："自今以后，祭圆丘、五方、明堂、感帝、神州等祠，高祖太武皇帝、太宗文皇帝崇配，仍总祭昊天上帝及五帝于明堂。庶因心致敬，获展虔诚，宗祀配天，永光鸿烈。"[51] 这个并配已从明堂推广于以上五大祠祀之中。从后来武则天垂拱元年（685）

---

48 参见《旧唐书》卷四《高宗上》、卷五《高宗下》，第83、87页。
49 《旧唐书》卷四《高宗纪》上，第85-86页。
50 按关于宰相更换见《新唐书》卷六一《宰相表上》，第1643页。按刘祥道及刘仁轨事并参见吴丽娱《试析唐高宗朝的礼法编纂与武周革命》，第94-96、103-104页。
51 《旧唐书》卷二一《礼仪志》一，第826-827页，下引文见第829页。

凤阁舍人元万顷、范履冰奏议所说"谨案见行礼,昊天上帝等祠五所,咸奉高祖神尧皇帝、太宗文武圣皇帝兼配",知乾封中所建的这个祖宗并配之制一直持续到武则天之初。此外还可以明确两点,即一是已经取消的感帝、神州和五方帝的祭祀仍予保留,另一则是明堂同时祭祀昊天和五方帝,这基本成为乾封以后的制度。

不久便是经"详宜略定"后所下诏书,也即《旧纪》所云乾封三年二月丙寅(十二日),"以明堂制度历代不同,汉魏以还,弥更讹舛,遂增古今,新制其图。下诏大赦,改元为总章元年"[52]。所说"下诏大赦"即见于《唐大诏令集》的《改元总章诏》。只是年代在《集》和《旧志》《唐会要》中均被误作乾封二年二月[53]。此诏显然是上年十二月诏书颁下后讨论的结果。值得注意的是,诏书下令"采三代之精微,探九皇之至赜;斟酌前载,制造明堂",并未提五室、九室问题,却要求"宜命有司,及时起作,务从折中,称朕意焉"。这是第一次提出"折中"二字。可以理解,所谓折中就是要合乎上年诏所说"总祭昊天上帝及五帝于明堂"的原则。

此次下诏改元不久,高宗复下令"分长安、万年置乾封、明堂二县,分理于京城之中"。可见是将明堂与封禅对等看待。而在总章改元之后,我们就看到总章二年三月"又具规制广狭"设计明堂的诏书。内中提到"当中置堂,处二仪之中,定三才之本";"自降院每面三门,同为一宇,徘徊五间";"又《周易》三为阳数,二为阴数,合而为五。所以每门舍五间。院四隅各置重楼,其四墉

---

52 《旧唐书》卷五《高宗纪》下,第91页。
53 《唐大诏令集》卷三《改元总章诏》,北京:商务印书馆,1959年,第14-15页。并参《旧唐书》卷二二《礼仪志》二,第856—857页;《唐会要》卷一一《明堂制度》,第317页。

各依本方色。按《淮南子》地有四维,故四楼又按《月令》,水、火、金、木、土五方各异色。故其墉各依本方之色"。按所说其建置应该是中间为一,四方为五,以象征五行,则五方围绕中间之堂,不知是不是昊天与五帝同祭在建筑格局的安排。

由于明堂的建制毕竟是与天帝理念密切结合的,所以"诏下之后,犹群议未决。终高宗之世,未能创立"。因明堂引起的郊天争议仍纠纷不断,并以此为政争焦点而引起激烈冲突,以至于到仪凤中仍有反复。《旧唐书·礼仪志》一曰:

> 仪凤二年(677,《册府元龟》卷五八六《掌礼部·奏议》一四作"三年")七月,太常少卿韦万石奏曰:"明堂大享,准古礼郑玄义,祀五天帝,王肃义,祀五行帝。《贞观礼》依郑玄义祀五天帝,显庆已来新修礼祀昊天上帝。奉乾封二年敕祀五帝,又奉制兼祀昊天上帝。伏奉上元三年三月敕,五礼并依贞观年礼为定。又奉去年敕,并依《周礼》行事。今用乐须定所祀之神,未审依古礼及《贞观礼》,为复依见行之礼?"时高宗及宰臣并不能断,依违久而不决。寻又诏尚书省及学者详议,事仍不定。自此明堂大享,兼用《贞观》、《显庆》二礼。[54]

此外《唐会要·五礼篇目》也在《显庆礼》"诏中外颁行"和评论下有曰:

54《旧唐书》卷二一《礼仪志》一,第827页。

至上元三年二月（676,《旧唐书·礼仪志》一作"三月"，其年十一月改元仪凤）敕："五礼行用已久，并依贞观年礼为定。"至仪凤二年（677）八月，又诏："显庆已来新修礼多不师古，其五礼并宜依《周礼》行事。"（自是礼司益无凭〔准？〕，每有大事，皆参会古今礼文，临时撰定。）[55]

此两条言事其实相互呼应，前条韦万石所说"又奉去年敕，并依周礼行事"，应当就是《唐会要》所说仪凤二年八月诏，所以韦万石上奏的时间应当依《册府元龟》作仪凤三年。高宗朝第三次修格约始于仪凤元年前后，仪凤二年三月格修成[56]。上元三年二月即在修格之前。

笔者在前揭文中已分析过其时用事宰相刘仁轨、郝处俊、来恒、李义琰等对武则天的态度[57]，而《仪凤格》本正是在他们的主持下修成。按照时间，上元三年敕所谓"依《贞观礼》行事"就表明了他们的态度，而高宗当时也是赞同的，否则不会下敕。而这恐怕也是被修进《仪凤格》的。并且仪凤二年八月的敕文，也是强调显庆以来的新修礼"多不师古"而要求按照《周礼》精神行事的。

不过，这样修成的新格既然针对《显庆礼》，也必然会遭致武则天一派的不满。以至仪凤三年争议仍没有解决，所以韦万石才有此问。而从韦万石将古礼和《贞观礼》与"见行之礼"的《显庆

55《唐会要》卷三七《五礼篇目》，第782-783页。
56 按仪凤修格的开始时间见《册府元龟》卷六一二《刑法部·定律令四》（第7345页）；修成时间见《唐会要》卷三九《定格令》，第820页。
57 吴丽娱：《试析唐高宗朝的礼法编纂与武周革命》，第103-106页。

礼》对举，说明是将《周礼》与按"古礼郑玄义"祭"六天"的《贞观礼》视作一体。不过《周礼》与《贞观礼》毕竟还是有一些差别。考虑到对《周礼》的解释既有关于天、帝并列的说法[58]，乾封二年敕又有明堂"兼祀"五方帝和昊天上帝之说，那么，不知道是不是可以将"依《周礼》行事"，理解为将昊天与五方帝并祭的中间立场？无论如何，高宗朝后来的明堂礼，是依违于《周礼》《贞观礼》和《显庆礼》之间的。从上述《旧唐书》《唐会要》记事的落脚点来看，高宗为了调和矛盾，"自此明堂大享，兼用《贞观》《显庆》二礼"，已经开始成为一种方式和原则，落实于实际执行中。

所以如果说永徽、显庆是高宗朝讨论明堂形制的第一个阶段，那么乾封、总章以后就进入了明堂礼改革的第二个阶段。这个阶段是反《显庆礼》其道而行之，以恢复《贞观礼》感帝、神州和明堂五方帝祭祀为宗旨，同时按郑玄理论全面实行高祖、太宗的并配之制。仪凤修格重复五礼"依贞观年礼为定"的精神，可以看到与前一阶段相反的立场。但两种互相针对的立场，最终还是被高宗提出的"总祭昊天上帝及五帝于明堂""兼用《贞观》、《显庆》二礼"所取代。由此促使这一阶段《贞观礼》回归的努力，向着与《显庆礼》协调和统一的方向转化。而昊天和五方帝的同祭于明堂，开始

---

[58] 按：清人金榜解释《周礼·大宗伯》"以禋祀祀昊天、上帝"，司服"祀昊天、上帝则服大裘而冕，祀五帝亦如之"和《典瑞》"四圭有邸，以祀天、旅上帝"，认为是"明昊天与上帝殊"。孙诒让也同意金榜的解释，认为郑玄和贾公彦将昊天上帝并合为一，以为专指圜丘之天帝是错误的。这虽然是后人的看法，但或者可作昊天、五帝并祭的依据。见（清）孙诒让正义、汪少华点校：《周礼正义》卷三三《春官·大宗伯》，北京：中华书局，第1565页。

成为明堂礼发展的一个方向。

尽管如此，在祭祀神位的序次安排上，仍然是有问题的。明堂历来是五方帝的主场，但如采取"总祭"的方式，恐怕便要排在昊天上帝之后，或者是围绕昊天为中心，无论如何，都是坚持《贞观礼》和《显庆礼》的两方不愿意接受的。加上这一办法，从无经学和历史依据可以支持，所以一直到高宗晚期，这个矛盾都难于解决，才会出现《会要》所说，"自是礼司益无凭准，每有大事，皆参会古今礼文，临时撰定"的纠结情状。

三、武则天时代明堂礼的"折中"与《大唐开元礼》的继承

武则天在位之初，并未亲行郊祀。而明堂却成为武则天成功打造、展示其权威的祭天之所。《旧唐书·礼仪志》一"则天临朝，儒者屡上言请创明堂。则天以高宗遗意，乃与北门学士议其制，不听群言"[59]。从最后型制是以上、中、下三层分象四时，法十二辰和二十四气的建筑格局来看，其实仍本着高宗基本理念而加以变通。只是由于"不听群言"，故可置原来五室、九室的争议于不顾。加之佛教的影响，可以使得所建明堂在一定程度上打破儒家规范，成就别开生面的样式和规模。志及《册府元龟》言武则天垂拱四年十二月颁诏，说明建明堂的由来，及"上堂为严配之所，下堂为布政之居"的安排，而这一安排与贞观孔颖达的主张显然已经背道而驰。

---

59 以上见《旧唐书》卷二二《礼仪志》二，第853-862页。

在明堂建成的同时，武则天宣布"来年正月一日，可于明堂宗祀三圣，以配上帝"，并下令礼官、学士、内外明礼者、详定礼仪奏闻[60]。而其建政和在位时期的明堂礼，大致体现在配祀、五方帝和告朔三个问题上。以下，我们仅就与本文关系较大的配祀和五方帝两个问题进行探讨。

1. 武周时期关于明堂的配祀与天地合祭

郊祀和明堂的配帝问题，《显庆礼》已分别确定为高祖和太宗，但分行独配之制。乾封中因恢复南北郊，又重行五祠（圆丘、方丘、南郊、北郊和明堂）的二帝并配之制，此后相因不改。但由于高宗去世，涉及对他的定位，故《旧志》言"垂拱元年（685）七月，有司议圆丘、方丘及南郊、明堂严配之礼"，使配祀问题重又提上日程。时孔玄义提出依《孝经》严父配天和《易》"先王以作乐崇德，殷荐之上帝，以配祖考"之说，昊天上帝之祭，合祖考并配。所以"请奉太宗文武圣皇帝，高宗天皇大帝配昊天上帝于圆丘"，并请奉二者"配祭于明堂"。而神尧皇帝则"请配感帝于南郊，义符《大传》之文"。沈伯仪又请按《祭法》《孝经》及《孝经纬》，以高祖配圆丘方泽，太宗配南郊北郊，而高宗皇帝"德迈九皇，功开万宇，制礼作乐，告禅升中"故理应总配五天。但最终的结果是制从元万顷、范履冰等提议，在原有高祖、太宗并配五祠的情况下增加高宗，"自是郊丘诸祠皆以三祖配"[61]。从而将高宗增入本朝的"祖宗"之位。

---

60 同上并见《册府元龟》卷五六四《掌礼部·制礼》二，第6773–6774页。
61 以上见《旧唐书》卷二二《礼仪志》二，第821–823、828–830页。

从配祀的情况可以知道，武则天登朝以后，并不再针对高宗时的既定政策加以批判或者进行原则性变更，而是在此之上略加增补。不仅"革命"前如此，夺位之后，也萧规曹随，因袭了前辙。《资治通鉴》载永昌元年（689）"春，正月，乙卯朔，大飨万象神宫，太后服衮冕，搢大圭，执镇圭，为初献，皇帝为亚献，太子为终献。先诣昊天上帝座，次高祖、太宗、高宗，次魏国先王，次五方帝座"[62]。这实际上是武则天以帝礼规格第一次祭祀明堂。由于尚未登基，故配帝中唐三帝排在武氏先王（武士彟）之前。但天授二年正式称帝后大飨明堂，便主从颠倒，成了"武氏祖宗配飨，唐三帝亦同配"。是武氏祖宗置于李唐三祖之前。享祀亚献、终献甚至也以武氏诸王行之，此为称帝前后之变，但仍没有改易并配原则。

不过武则天的明堂，也有唐朝没有的特色。《资治通鉴》卷二〇四载永昌元年（689）十月"己卯，诏太穆神皇后、文德圣皇后宜配皇地祇，忠孝太后从配"，对于地祇配祀也别作安排。时在建周之前，故可以肯定在次年即天授元年（690）"始用周正"的明堂大飨即实现了天地合祭[63]。而如同配天以唐帝为主，武氏魏国先王（载初应改为忠孝皇帝）为从，配地也以唐皇后为主，武氏母为从。这其实是相当于唐高宗封禅以"后"配地祇的做法，只是亚献、终献并不再以当朝后妃充当。在明堂祭祀问题上，只有天帝合祭与配祀问题尚能体现出武则天曾作为皇后和女性主祭的特征和痕迹。

天地合祭作为武周一朝的定制，后来也照搬于天册万岁（695）

62《资治通鉴》卷二〇四，第6457页，下见同卷6471页。
63 同上书，第6461-6462页。

和长安二年（702）两次南郊。《旧志》称天册万岁元年"亲享南郊，合祭天地"，而以周文王为始祖文皇帝，与武则天父"无上孝明高皇帝"同配，"如乾封之礼"。所谓"乾封之礼"应指泰山封祀以高祖、太宗同配，此处即以周文王与武士彟比仿之。但《新唐书·后妃传》却言"太后祀天南郊，以文王、武王、士彟与唐高祖并配"[64]，则虽以周祖为配，却仍未完全取消唐帝的配祀，颇疑明堂其实也如此。

由于武后天授二年不仅在明堂行天地合祭，"以周文王及武氏先考、先妣配"，且以"百神从祀，并于坛位布席次第以祀之"[65]；故春官侍郎韦叔夏上言，反对这种将所有天地神祇集合于明堂的做法。认为据《月令》和《曲礼》《祭法》以及郑玄注，"明堂正礼，唯祀五帝，配以祖宗及五帝、五官神等，自外余神，并不合预"。如果"加昊天上帝、皇地祇，重之以先帝、先后配享"还可算是"补前王之阙典，弘严配之虔诚"，但"于明堂之下，广祭众神，盖义出权时，非不刊之礼也"。他提出所祭内官、中官、五岳、四渎诸神，均应取消。"望请每岁元日，惟祀天地大神，配以帝、后。其五岳以下请依礼于冬夏二至，从祀方丘，圆丘庶不烦黩。"得武则天敕旨"从之"。从后来的情况看，"百神从祀"很可能不再进行，但明堂中五方帝的祭祀仍应如韦叔夏所言予以保留。

武周时代曾定庙乐、明堂乐和乐舞。《册府元龟》载："则天光宅元年（684）九月，制高宗庙乐以《钧天》为名。天授中制天授

---

[64]《旧唐书》卷二一《礼仪志》一，第830页；《新唐书》卷七六《后妃传》，第3483页。
[65]《旧唐书》卷二二《礼仪志》二，第864页，下引韦叔夏言同。

乐舞，四人画五彩凤。长寿二年正月，亲享万象神宫。先是自制神宫大乐舞，用九百人。至是，舞于神宫之庭。是时又制长寿乐，武十有二人画衣冠。延载元年正月，制《越古长年乐》一曲。又有《鸟歌万岁乐》。时宫中养鸟，能人言，尝称万岁，为乐以象之。舞三人，绯大袖，并画鸜鹆，冠作鸟像。"[66]内除为高宗制庙乐在即位前，明堂乐、寿乐均为天授以后武则天所制，可见武则天除了兴建明堂，以明堂为中心的礼乐制度也是在逐步完善的。

2. 五方帝的折中

高宗中、后期，已经逐渐明确了明堂礼中昊天与五方帝的合祭。这一点显然也影响到武则天明堂建成之后。从上面引用《通鉴》文可知，永昌元年正月明堂的奠献次序是昊天上帝居于首位，然后是配帝，最后才是五方帝。这里以五方帝叨陪末座，证明武则天还是接受了高宗后期所定的昊天与五方帝共祭、"兼用"的原则。但这里还是有变化的。即五方帝并不是与昊天列在一起，而是排在配帝之后。这说明配帝之配只有昊天，不包括五方帝。或者换言之，五方帝已经被排除出了主祭神位的范围，而只能忝居其末。何以如此？《通典·郊天下》所记永昌元年九月敕可予解释：

> 天无二称，帝是通名。从前诸儒，互生同异，乃以五方之帝，亦谓为天。假有经传互文，终是名实未当。称号不别，尊卑相混。自今郊祀之礼，惟昊天上帝称天，自余五帝皆称帝。[67]

---

[66]《册府元龟》卷五六九《掌礼部·作乐》五，第6840页。
[67]《通典》卷四三《郊天下》，北京：中华书局，1988年，第1197页。

敕文显然是重申了《显庆礼》的"一天"原则，五方帝既非"天"，则主祀之位即被取缔，这正是为载初元年（天授元年）正月享明堂所定，也是对昊天上帝和五方帝地位的划分，是在高宗以后，对于五方帝的进一步明确定位。如果说高宗制敕的"总祭"和"兼用"对二者的先后尚有犹疑和含糊之处，那么武则天敕文却是一锤定音，昊天与五方帝在明堂的位次在此之后不会或不允再有争执。

从敕文可以看出武则天与高宗有所不同。高宗对五方帝的定位仍有对学术理念和朝廷论争的考虑，但武则天此敕只是对将五方帝作为天而诸儒"互生同异"的现象直接进行批判，而完全不再引经据典，也不再对不同意见有所纠缠，则显然已不以学术观点或者理论为是非。可以说是以皇帝意旨强加于朝廷礼制。此后《开元礼》之所谓"折中"，也是在昊天唯一的前提之下考虑五方帝的存留问题，所以武则天所定轨则，实开后来《开元礼》之先河。

笔者曾撰文讨论《开元礼》五方帝问题，注意到明堂卷不同版本奠献物品中，所出现的五方帝与配帝序位先后不同的矛盾[68]。例如在此卷的《陈设》一节中，安排尊罍明明是按照先昊天，再配帝，再五方帝和五人帝的次序，但在《奠玉帛》一节中，就出现了五方帝尊罍排列在配帝前的问题。另外，在《进熟》一节中，皇帝也是先跪奠昊天上帝，然后等太祝等进献五方帝之后，才再奠献于睿宗神座。笔者认为，这一问题如作为原书抄写过程中发生的错误，可能性极小；而涉及观念意识的可能性较大。它证明尽管从

---

68 吴丽娱：《从经学的折衷到礼制的折衷——由〈开元礼〉五方帝问题所想到的》，《文史》2017年第4期，139-169页，说见153-155页。

《显庆礼》到《开元礼》五方帝作为天帝的地位被逐步取消，但由于高、武以来的明堂祭祀，实际上仍不能被完全无视，且在主祭和配祀之间的地位仍有犹疑。所以尽管《开元礼》在总体上宣明了昊天上帝的独尊及"折中"的规则，但在具体礼仪的安排上，仍会出现划分不清的错误。总之《开元礼》五方帝的陪祀，武则天之明堂可谓先导，而礼中出现的疑问，也完全可以从高宗、武则天制度中找到渊源。

总括言之，明堂礼作为祭天礼的一部分有着丰富的内容，唐代郊祀和明堂都有着与随以前不同的演变过程及发展特色。本文追寻和梳理了高宗、武则天时期明堂礼的发展线索与轨迹，认为高宗时期的明堂礼可以分为两个阶段，第一个阶段自永徽二年建立高祖与太宗并配明堂开始，到显庆元年实行太宗独配和显庆二年许敬宗批判郑玄"六天"，取消明堂五帝以昊天上帝取而代之为止，建立了与武德贞观完全对立的礼仪规范。这个时段一直延续到乾封封禅之前。

第二个阶段以封禅的乾封元年敕令恢复感帝、五方帝、神州祭祀，并实行全面的并配制度始，到仪凤修格都将《贞观礼》的回归作为主要的宗旨。但为了调和矛盾，此后高宗又不得不提出二礼"兼用"的方式和主张，作为实际的执行办法。因此两阶段可以认为分别是以《显庆礼》和《仪凤格》为宗旨，而有对立的特色，但最终建立在二者之上的折中意向，形成礼法实际运行中的主流。

武则天登朝后，不再以择从郑、王作为礼制取舍的基础和方向，而是以敕令直接为天、帝进行等级划分和定位，从而以帝王权威建立了以昊天为中心的祭祀准则。表现在明堂礼的具体实施上，是虽对五方帝予以保留，却突出了昊天上帝的唯一性。而无论是明堂建筑，抑或是祭祀大典，武则天也都有继承高宗朝制度的成分，是在已有基础上的变革。唐朝前期的明堂礼就是在这样的破立和妥协交互的矛盾下前行，由此，我们也可以找到《开元礼》成立的线索和根源。总之，礼制的变化是不同理论和意识形态长期斗争与相互混融的结果，也是高宗、武则天时代皇权不断加强的体现。唐朝前期"结束"南北朝，明堂礼也许就是一个很好的说明。

论宋代《周礼》学的学术价值

夏　微（西南财经大学）

在《周礼》学史上，宋人继承汉唐《周礼》学成果，反思其流弊，经由疑古创新，建立了有别于汉唐的《周礼》学范式。如在《周礼》观上，宋人趋于多元化，有尊崇，有尊且疑，有怀疑，还有诋毁；在《周礼》辨疑上，宋人从作者、内容、是否完整、是否践行于世等方面研判《周礼》真伪，质疑《考工记》补亡《冬官》的合理性，提出《冬官》不亡说，强调《考工记》是独立的古书，而非《周礼》附庸；在解释《周礼》方法上，宋人批评并驳斥代表着汉唐《周礼》学权威的郑玄《周礼注》，开创了以义理解《周礼》、以议论解《周礼》的全新路径。宋代《周礼》学在《周礼》学史上占据着承上启下的重要地位，能自成一派，其学术价值不容轻忽。

一、宋代《周礼》学对汉唐《周礼》学成果的继承

我以为，宋人对汉唐《周礼》学成果的继承主要体现在两方面：一是对汉唐《周礼》学观点的继承，一是对汉唐《周礼》学训诂考据之说的吸纳，以下分别述之。

（一）对汉唐《周礼》学观点的继承

关于《周礼》真伪问题、《周礼》作者问题、《考工记》补亡《冬官》，汉唐学者都有讨论，并形成一系列观点。宋代经学虽以变古、创新著称，可也有不少宋人继承了汉唐《周礼》学的观点。

在《周礼》真伪问题上，西汉刘歆、东汉郑玄主张尊《周礼》为经，刘歆说"周公致太平之迹"具在《周礼》[1]，郑玄尊《周礼》胜过《仪礼》和《礼记》，注《三礼》时以《周礼》为首。此后，曹魏王肃、东晋干宝、唐代贾公彦皆尊《周礼》为经。到宋代，尊《周礼》为经的观点受到了质疑，但仍有不少学者赞同这一传统观点，如北宋的石介、李觏、黄裳、王昭禹，南宋的林之奇、郑伯熊、薛季宣、张栻、吕祖谦、楼钥、陈亮、郑锷、陈淳、叶时、易祓、郑伯谦、章如愚、真德秀、阳枋、赵汝腾、《周礼详说》作者、陈汲、李叔宝、孙之宏、王与之、《六经奥论》作者。此外，与刘歆同时的西汉众儒对《周礼》"并出共排，以为非是"[2]，东汉林孝存斥《周礼》是"末世渎乱不验之书"[3]，何休说《周礼》是"六国阴谋之书"[4]，他们都疑《周礼》非经。这一观点在宋代也得到了不少学者的赞同，如北宋的蔡襄、苏轼、苏辙，南宋的范浚、洪迈和黄震。

在《周礼》作者问题上，西汉刘歆、东汉郑玄主张周公作《周

---

1 （唐）贾公彦等：《周礼注疏》卷首《序周礼废兴》，中华书局 2009 年影印清嘉庆阮元校刻《十三经注疏》本，第 1369 页。
2 同上书，第 1369 页。
3 同上书，第 1371 页。
4 同上。

礼》[5]，到了宋代周公作《周礼》的观点受到质疑，但还是有不少宋人拥护这一传统观点，如北宋的刘敞、李觏、王昭禹[6]，南宋的郑锷、叶时、易祓、郑伯谦、朱申、王与之、王炎等学者皆信主周公作《周礼》说[7]。此外，东汉何休主张战国人作《周礼》[8]，这一观点也有宋人赞同，如北宋苏轼和南宋林希逸[9]。中唐学者赵匡主张"《周官》是后人附益"之书[10]，北宋晁说之说《周礼》"残伪之物"[11]，南宋胡宏说《周礼》是刘歆伪造之书[12]。

---

5 刘歆观点参见《周礼注疏》卷首《序周礼废兴》引马融《传》，第1369页；郑玄观点参见《周礼注疏》卷一，第1373页。

6 刘敞观点参见《春秋权衡》卷九，文渊阁四库全书，经部，第147册，第267页；李觏观点参见《旴江集》卷五《周礼致太平论序》，文渊阁四库全书，集部，第1095册，第66页；王昭禹观点参见《周礼详解》卷首《周礼互注总括》，文渊阁四库全书，经部，第91册，第201页。

7 郑锷观点参见《周礼订义》卷首《序周礼兴废》，文渊阁四库全书，经部，第93册，第8页；叶时观点参见《礼经会元》卷一上《礼经》，文渊阁四库全书，经部，第92册，第2页；易祓观点参见《周官总义》卷四、卷十，文渊阁四库全书，经部，第92册，第313-314页、第385页；郑伯谦观点参见《太平经国之书》卷二《官民》，文渊阁四库全书第92册，第200-201页；朱申观点参见《周礼句解》卷一《天官冢宰上》，文渊阁四库全书，经部，第95册，第107页；王与之观点参见《周礼订义》卷首《论周礼兴废》，文渊阁四库全书，经部，第93册，第8页；王炎观点参见《双溪类稾》卷二六《周礼论》，文渊阁四库全书，集部，第1155册，第732-733页。

8 林孝存、何休观点参见《周礼注疏》卷首《序周礼废兴》，第1371页。

9 苏轼观点参见《东坡全集》卷四八《天子六军之制》，文渊阁四库全书，集部，第1107册，第678页；林希逸观点参见《考工记解》卷上，文渊阁四库全书，经部，第95册，第26-27页。

10 唐人陆淳在《春秋集传纂例》卷四《盟会例第十六》引"赵子曰：《周官》之伪，予已论之矣"，陆淳注曰："赵子著《五经辨惑》，说《周官》是后人附益也。"赵子即赵匡，《五经辨惑》已佚。

11 晁说之观点参见《景迁生集》卷一《元符三年应诏封事》、卷十四《辨诬》，文渊阁四库全书，集部，第1118册，第21页、第263页。

12 胡宏观点参见《五峰集》卷四《极论周礼》，文渊阁四库全书，集部，第1137册，第207-210页。

（二）对汉唐《周礼》学训诂考据之说的吸纳

东汉郑玄《周礼注》在名物训诂、制度考证方面取得了后人难以逾越的成就，被历代学人奉为研究《周礼》的必读书，代表着汉唐《周礼》学权威。即便在"视汉儒之学若土埂"的宋代[13]，宋人注解《周礼》也不能不依靠并借鉴郑玄之说。我们认为，宋人对郑玄《周礼注》说的吸纳可分三种情况。

其一、征引郑玄《周礼注》说，不予置评。

宋人有时仅直接征引郑玄《周礼注》说，不予评价。如《周礼致太平论》中《内治第六》，李觏论解《春官》"内宗，凡内女之有爵者""外宗，凡外女之有爵者"二句，先解释"内女""外女"曰：

> 内女，王同姓之女，有爵，其嫁于大夫及士者。
> 外女，王诸姑姊妹之女。

李觏此处对"内女""外女"的注解就是采纳了郑玄《周礼注》说。再如《戎右》"赞牛耳桃茢"一句，王昭禹注曰：

> 郑氏谓桃鬼所畏也；茢，苕帚，以扫除不祥是也。[14]

此处，王昭禹征引郑玄《周礼注》说之大意，不置评价。

又如《礼经会元》卷一上《邦典》，叶时引郑玄《周礼注》之说，曰：

13（清）皮锡瑞：《经学历史》之《八、经学变古时代》，中华书局2004年版，第156页。
14（宋）王昭禹：《周礼详解》卷二八，文渊阁四库全书，经部，第91册，第489页。

> 郑氏曰：典者，常也，经也，法也。

郑玄此注见于《周礼注疏》卷二，解释"大宰之职，掌建邦之六典"一句，叶时直接引之论说经文。

又如《考工记叙》："燕之角，荆之幹，妢胡之笴，吴粤之金、锡，此材之美者也。"林希逸注曰：

> 燕地耐寒，故出角，角耐寒物也。荆之幹，幹，弓弩之材也。妢胡，胡子之国也。笴，箭榦也。吴粤出金、锡，皆材之美者，凡物随土地所宜也。[15]

林希逸此处对"妢胡"的解释，就直接采用郑玄《周礼注》说，但并非原文摘录，而是保留其观点的主要意思而已。

其二、采纳郑玄《周礼注》说，并给予肯定。

宋人对征引的郑玄《周礼注》说，有时给予肯定，如《腊人》："凡祭祀，共豆脯，荐脯、膴、胖，凡腊物。"王昭禹注曰：

> 脯非豆食，而祭祀共豆脯，郑氏当作羞脯，理宜然也。[16]

此处，王昭禹征引郑玄《周礼注》说大意，而后评价"理宜然也"，对郑玄注经之说表示肯定。

15（宋）林希逸：《考工记解》卷上，文渊阁四库全书，经部，第95册，第6页。
16（宋）王昭禹：《周礼详解》卷五，文渊阁四库全书，经部，第91册，第253页。

又如《槀氏》"量之以为鬴,深尺,内方尺而圜其外,其实一鬴"一句,易祓注"鬴"曰:

> 郑氏以鬴为六斗四升,诚得之矣。[17]

此处,易祓征引郑玄注说,而后评价"诚得之矣",对郑玄的《周礼》注说表示肯定、赞同。

又如《宰夫》:"凡朝觐、会同、宾客,以牢礼之法掌其牢礼、委积、膳献、饮食、宾赐之飧牵,与其陈数。"魏了翁注曰:

> 飧,夕食,以文解字。后郑以为客始至所致礼,其义方该。[18]

此处,魏了翁对他认为允当的郑玄《周礼注》之说给予肯定和好评,曰"其义方该"。

其三、赞成郑玄《周礼注》说,并进行补充。

宋人对征引的郑玄《周礼注》说,有时表示赞成,并进行补充。如《天官》叙官"酒人,奄十人"一句,郑玄训释"奄"曰:

> 奄,精气闭藏者,今谓之宦人。《月令》:仲冬"其器闳以奄"。

王安石对郑玄此说进行补充,训诂"奄"字曰:

---

[17]（宋）易祓:《周官总义》卷二七,文渊阁四库全书,经部,第92册,第630页。

[18]（宋）魏了翁:《鹤山集》卷一〇四《周礼折衷》,文渊阁四库全书,集部,第1173册,第507页。

> 郑氏以奄为精气闭藏者,盖民之有是疾,先王因择而用焉,与籩篸蒙镣、威施直鏄、聋瞆司火、瞽蒙修声同。若以是为刑人,则国君不近刑人,而况于王乎?若以为刑无罪之人而任之,则宜先王之所不忍也。

王安石从推崇先王政治的角度出发,补充郑玄对"奄"字的训解,主张王宫中充任酒人之职的"奄",既非刑余之人,也非对无罪之人施刑,而是选择天生患病者居之,如此安排就能体现先王政治无微不至的仁爱。王氏此说新颖,可视为对郑《注》的补充。

又如《慌氏》:"以涚水沤其丝七日,去地尺暴之。"郑玄注曰:

> 故书"涚"作"湄"。郑司农云:"湄水,温水也。"玄谓涚水,以灰所沸水也。沤,渐也。楚人曰沤,齐人曰涹。

林希逸注曰:

> 郑氏谓涚水者以灰沸水也。沤,渍也。以灰水渍丝七日,然后漉起,县而暴晒之。去地尺者,丝上带水,不宜县高也。[19]

此处,对"沤"的解释,郑玄云"渐也",而林希逸解释为"渍也",乍看之下,似乎林希逸不采纳郑玄之说,可了解"渐"的字意,我们知道"渐"本有"浸渍"的意思,只是这个意思已经不

---

[19]（宋）林希逸:《考工记解》卷上,文渊阁四库全书,经部,第95册,第45页。

是"渐"字的主要意思了,所以林希逸用"渍也"代替"渐也",既保留了郑玄"浸渍"的本意,也方便宋人理解。这也可视为林希逸对郑玄《周礼注》之说的一种变通补充。

又如《内饔》:"辨腥臊膻香之不可食者。……豕盲眡而交睫,腥;马黑脊而般臂,蝼。"魏了翁注曰:

> 交睫星,郑以为肉有米似星。乡在靖州,人或告以屠所市豕肉不可食者,问其故,则云夜于星下饲豕,则肉上尽有星如米状,此不可食。索而观之,信然。乃知康成之言有所据。[20]

魏了翁根据自己家乡人实际生活的经验,赞同郑玄的注解,认为郑玄注经言而有据,并引用乡人之说试图说明这种现象产生的原因。

二、宋代《周礼》学对元、明、清《周礼》学研究的影响与启发

我们以为,宋代《周礼》学对元、明、清《周礼》学研究的影响与启发主要体现在五方面,以下分别论述之。

第一、打破对郑玄《周礼注》的迷信,开元、明、清批评、驳斥郑玄《周礼注》之先导,并为之启示方法。

宋代经学以变古求解放,经学变古的重要方面就是对汉唐经学

---

[20]（宋）魏了翁:《鹤山集》卷一〇五《周礼折衷》,文渊阁四库全书,集部,第1173册,第521页。

进行反思和批判，北宋学人开始批评郑玄《周礼注》，并驳斥郑玄《周礼注》中的具体经说，至南宋，学者们对郑玄《周礼注》的批评更加系统，批评焦点逐渐集中于五方面：如批评郑玄《周礼注》引汉制解经多有不当；批评郑玄《周礼注》引谶纬之说解经荒诞；批评郑玄《周礼注》在阐发经典义理方面存在欠缺；批评郑玄《周礼注》解经不合经文本意，贻误后学，甚至开启后世对《周礼》的怀疑；批评郑玄《周礼注》解经臆断，且注说前后矛盾。与此同时，南宋学人对郑玄《周礼注》具体经说的驳斥更全面，更有力。

宋人对郑玄《周礼注》提出的这些批评，启示了元、明、清后学批判郑玄《周礼注》的方向，如清代四库馆臣评价郑玄《周礼注》曰："元（玄）于三礼之学，本为专门，故所释特精，惟好引纬书，是其一短。"[21]这其间提到的郑玄《周礼注》之缺憾与宋人对郑《注》的批评如出一辙。再如杨天宇先生《郑玄〈三礼注〉研究》中，总结郑玄《三礼注》的问题和错谬七点，这其中"其二，郑《注》之谬，还在于用于阴阳五行思想紧密结合的宗教神学思想注经"、"其四，郑玄常以己意解经，因此《注》中颇多臆说"、"其五，郑注《三礼》，常以今况古，使经义易明，这本是郑《注》之一长，但他又常常犯以今代古、以今乱古的错误"、"其六，郑玄之经《注》，意思不明，或解释不确切，甚至自相矛盾处，亦往往有之"，[22]杨先生提到的郑玄《三礼注》的这些问题和错谬，我们在宋人对郑玄《周礼注》的批评中皆可找到。可知，宋人对郑玄《周礼

21（清）永瑢等：《四库全书总目》卷十九《周礼注疏》提要，中华书局，1965年，第149页。
22 杨天宇：《郑玄三礼注研究》，天津人民出版社，2007年，第203、208、209页。

注》提出的这些批评启示了后学批判郑玄《周礼注》的方向。

宋人对郑玄《周礼注》具体经说的驳斥,有些颇有价值,或可纠补郑玄《周礼注》之误,或可成一家之言,或可启发后学,能为元、明、清学者驳斥郑玄《周礼注》提供示范。另一方面,宋人驳斥郑玄《周礼注》的不少失当之论,之于元、明、清的《周礼》研究亦有启发意义,能引发后学对相应郑玄《周礼》注说的关注,并在宋人基础上继续研究,无论是申郑玄注说驳宋人之论,还是从宋人之说,驳郑玄注说,都能丰富并加深我们对郑玄《周礼注》的认知。诚如张舜徽先生所说:"乾嘉考证之学,都由宋代学者开辟途径、启示方法、为之先导的。"[23]

宋人驳斥郑玄《周礼注》的方法,也有许多可取之处。我们梳理并总结宋人驳斥郑玄《周礼注》的方法,认为主要方法有六:其一,运用其他经典的相关记载驳斥郑玄《周礼注》之说;其二,运用《周礼》本经的相关记载驳斥郑玄《周礼注》之说;其三,从义理的角度驳斥郑玄《周礼注》之说;其四,从情理的角度驳斥郑玄《周礼注》之说;其五,引汉儒《周礼》注说驳斥郑玄《周礼注》之说;其六,以宋人新说驳斥郑玄《周礼注》之说。这其中有不少方法有其合理性、实用性,也为元、明、清诸儒所仿效,如运用其他经典的相关记载驳斥郑玄《周礼注》之说、运用《周礼》本经的相关记载驳斥郑玄《周礼注》之说、从义理的角度驳斥郑玄《周礼注》之说、从情理的角度驳斥郑玄《周礼注》之说,元、明、清诸

---

[23] 张舜徽:《清代学术的流派和趋向》,《张舜徽学术论著选》,华中师范大学出版社,1997年,第249页。

儒也常用这些方法驳斥郑玄《周礼注》。

第二、宋人开创的以义理解《周礼》的经学解释新方法，为元、明、清诸儒接受并效仿。

郑玄《周礼注》和贾公彦《周礼疏》作为汉唐《周礼》学权威著作，在训诂名物、考论制度方面取得了后人难以逾越的成就。宋人一方面吸纳郑玄、贾公彦解经之说，另一方面又对郑玄、贾公彦汲汲于名物训诂、制度考证的治经路径提出批评。他们认为，以郑玄、贾公彦为代表的汉唐《周礼》学，过分侧重章句训诂，进而流于烦琐支离的训诂考证，不仅破碎大道，而且是非各异，更重要的是，"经典中的微言大义、儒学的真精神反而被淹没在文字训诂的海洋之中，变得模糊不清、难以捉摸，先王之道隐晦不明"。[24] 有鉴于此，宋人诠释《周礼》不再把诠释重点放在训诂考证上，而是特别重视阐发《周礼》所蕴制作之精义、圣人之微旨，还借经抒议，将通经和致用紧密结合，从而开辟了以义理解《周礼》的研究新途径，变"考证之学"为"论辩之学"。

宋人开创的以义理解《周礼》的经学解释新方法，为元、明、清诸儒接受并效仿。如元代吴澄《周礼考注》，明代王应电《周礼传》、柯尚迁《周礼全经释原》、唐枢《周礼因论》，清代李光地《周官笔记》、李钟伦《周礼训纂》、庄有可《周官指掌》、陈龙标《周礼精华》、孙诒让《周礼政要》、李步青《周官讲义》、胡翘元《周礼会通》，都侧重阐发《周礼》经文大义，欲通古制于今政，以裨益国治。除此之外，不少清代学者还强调研究《周礼》要考据义

---

24 杨世文：《走出汉学——宋代经典辨疑思潮研究》，四川大学出版社，2008年，第51页。

理并重，既从文字训诂和名物制度考证方面诠释《周礼》，也从通经致用的角度阐发《周礼》蕴含的微言大义，要求考据义理兼而有之。如姜兆锡《周礼辑义》、官献瑶《石溪读周官》、庄存与《周官记》、惠士奇《礼说》、江永《周礼疑义举要》、方苞《周官集注》、庄有可《周官集说》、蒋载康《周官心解》、连斗山《周官精义》、刘沅《周官恒解》、沈豫《周官识小》、曾国藩《读周官录》、孙诒让《周礼正义》都做到了兼考据义理之长。

由此可知，元、明、清诸儒接受了宋人开创的以义理解《周礼》的经学解释新方法，并将此方法与汉唐学者倡导的以训诂考证解《周礼》的方法并举，作为研究《周礼》必不可少的两轮。

第三、宋人首倡《冬官》不亡说，对元、明、清初的《周礼》研究广有影响，并促成《周礼》学史上《冬官》不亡派的出现。[25]

南宋初，胡宏和程大昌最先提出《冬官》不亡说，[26]但他们都没有论述此观点，后俞庭椿撰《周礼复古编》，系统论证了《冬官》不亡说，还提出具体的《冬官》补亡方案，至此新奇的《冬官》不亡论开始引起南宋学界关注。如叶时、王与之皆赞同其说，[27]王与

---

[25] "《冬官》不亡派"一说首见于《四库全书总目》卷十九《周礼复古编》提要，曰："然复古之说始于庭椿，厥后邱葵、吴澄皆袭其缪说，《周礼》者遂有《冬官》不亡之一派，分门别户，辗转蔓延，其弊至明末而未已。"清代的四库馆臣提出的"《冬官》不亡派"，是指在《周礼》研究上信主"《冬官》不亡"说的学者。我们认同这一观点，也袭用"《冬官》不亡派"这一提法。我们认为，"《冬官》不亡派"出现于宋代，经历元、明，逐渐壮大，清代以后渐趋销声匿迹。

[26] 胡宏观点参见《五峰集》卷四《极论周礼》，文渊阁四库全书，集部，第1137册，第207–210页；程大昌观点参见《困学纪闻》卷四《周礼》引"程泰之云"，上海古籍出版社，2015年，第121页。

[27] 叶时观点参见《礼经会元》卷四下《补亡》，文渊阁四库全书，经部，第92册，第184页；王与之观点参见《周礼订义》卷七十，文渊阁四库全书经部，第94册，第379页。

之和胡一桂效仿《周礼复古编》，也进行补亡《冬官》的具体实践，王著《周官补遗》，胡著《古周礼补正》。《冬官》不亡说在南宋末年流行开来，并逐渐集结成《冬官》不亡派。

元代，陈友仁推崇俞庭椿《冬官》不亡说，欲推而广之，在其著作《周礼集说》后附《周礼复古编》；丘葵在俞庭椿、王与之补亡之说基础上，参考诸家，穷毕生之力撰著《周礼补亡》，成《冬官》不亡说的推波助澜者。明代，补亡《冬官》之作层出不穷，尚可考知的有：方孝孺《周礼考次目录》和《周礼辨正》，何乔新《周礼集注》，陈凤梧《周礼合训》，舒芬《周礼定本》，陈深《周礼训隽》，金瑶《周礼述注》，柯尚迁《周礼全经释原》，王圻《续定周礼全经集注》，郝敬《周礼完解》，钱士馨《冬官补亡》。由此可知，元、明时期《冬官》不亡说大昌，《冬官》不亡派日益壮大。

清初，《冬官》不亡说仍有追随者，进行补亡实践者也大有人在，尚可考知的就有王芝藻《周礼订释古本》、李文炤《周礼集传》、高宸《周礼三注粹抄》。清中期以后，学界视俞庭椿《周礼复古编》是窜乱圣经的始作俑者，评价曰"凿空臆断，其谬妄殆不足辩"，[28]"其说似巧，而其谬尤甚"，[29]"窜乱五官，以补《冬官》之亡，经遂更无完简"。[30]主张割裂补亡的《冬官》不亡说受到当时学界严厉地批判、抵制，虽仍有从事补亡者，如王宝仁《周官参证》，但《冬官》不亡派逐渐销声匿迹了。

我们以为，《冬官》不亡派所持观点虽狂妄臆断、荒诞不经，

28（清）永瑢：《四库全书总目》卷十九《周礼复古编》提要，第150页。
29 同上书，第151页。
30（清）永瑢：《四库全书总目》卷十九《周礼注疏删翼》提要，第155页。

但从侧面深化了我们对《周礼》内容的认识，其所独具的学术史研究的价值不可轻忽。

第四、宋代兴起的《考工记》专门研究，对元、明、清乃至现代的《考工记》研究都深有影响。

因西汉发现的《周礼》残缺《冬官》，汉人求之不得，遂取内容近似的《考工记》补缺，冠名曰"冬官考工记"。汉唐时期，《考工记》附庸于《周礼》，作为《周礼》的一部分被注解，对于《考工记》与《周礼》记载相抵牾处，经学家们也尽量沟通弥合。至宋代，学界质疑《冬官》是否佚亡、质疑《考工记》补亡《冬官》的合理性，《考工记》开始摆脱《周礼》附庸的地位，作为一部独立的古书被关注，南宋出现了专门注解《考工记》的著作，如陈用之《考工记解》、赵溥《兰江考工记解》、王炎《考工记解》、林希逸《鬳斋考工记解》等，这些针对《考工记》的研究渐趋细化，虽未摆脱经学范畴，但彰显了《考工记》独立的学术价值。

宋代之后，针对《考工记》的专门研究多了起来，最直接的表现就是注解《考工记》的专著日益增多。如元代吴澄《批点考工记》，明代周梦旸《批点考工记》、林兆珂《考工记述注》、陈与郊《考工记辑注》、郭正域《考工记》、朱大启《考工记集注》、程明哲《考工记纂注》、徐昭庆《考工记通》、陈深《考工记句诂》、徐应曾《考工记标义》、焦竑《考工记解》、叶秉敬《考工绪论》、张睿卿《考工记备考》、朱襄《考工记后定》、张鼎思《考工记解》、陈仁锡《考工记句解》、林孟鸣《考工记述注》，清代程瑶田《考工创物小记》、方苞《考工记析疑》、戴震《考工记图注》、庄有可《考工记集说》、吕调阳《考工记考》、陈衍《考工记辨证》、陈衍《考工记补疏》、章震福《考工记论文》、王宗涑《考工记考辨》、牛运震《考工记论文》、丁晏《考工记评注》、陈宗起《考工记鸟兽虫鱼释》、孔继涵《补林氏考工记》、俞樾《考工记世室重屋明堂考》、钱坫《车制考》、张象津《考工记释车》、郑珍《轮舆私笺》、孔继涵《考工车度记》、李承超《车制考误》、徐养原《考工杂记》、吴治《考工记集说》、张泰来《考工记纂要》、王泰征《周礼考工辨》、李惇《考工车制考》、江藩《考工戴氏车制翼》、寇钫《考工释车》、阮元《考工记车制图解》。总之，元、明、清研究《考工记》的专著蔚为大观，内容也渐趋摆脱经学范畴，趋于多元化、专门化，如明代徐光启的《考工记解》就运用科学技术考察《考工记》记载的工艺制度，力图开掘以《考工记》为代表的科技传统。

研究方法上，南宋林希逸为方便初学了解《考工记》所载器物形制，在《鬳斋考工记解》中附图注解，这种以图注解《考工记》的方式对后世学者颇有启发，被继承并发扬光大，如明、清不少论解《考工记》之作都附图。如明代周梦旸《批点考工记》附《图说》、程明哲《考工记纂注》附《图》、徐昭庆《考工记通》附《图》，清代吕调阳《考工记考》附《图》，郑珍《轮舆私笺》附《图》。清代还出现了以图为主的"图注""图解"之作，如戴震《考工记图注》、阮元《考工记车制图解》等。现代学者注译《考工记》也仍采用图注的方式，如闻人军的《〈考工记〉译注》就广泛采用当时最新的出土器物图、画像石拓片、工艺原理示意图等图片辅助说明《考工记》中的器物形制、工艺制作，收到了很好的注解效果。

今天我们将《考工记》视为中国古代科学技术的源流，若论对

《考工记》进行专门研究的开先之功，当推宋人。

第五、推动了《周礼》辨疑之风的拓展与深入。

自西汉《周礼》现于世，辨疑就一直伴随着这部经典。如贾公彦《序周礼废兴》引马融《传》曰："时众儒并出共排，以为非是。唯歆独识……末年，乃知其周公致太平之迹，迹具在斯。"可知，西汉围绕《周礼》真伪曾有过争辩。东汉，林孝存认为《周礼》是"末世渎乱不验之书"，作《十论》《七难》加以排弃，郑玄则作《答林孝存周礼难》，回答林氏对《周礼》的质疑。魏晋，王肃不疑《周礼》之真伪，仅在注说上与郑玄立异，故针对《周礼》的辨疑之风一度衰熄。直到中唐，赵匡主张"《周官》是后人附益"之书，辨疑之风再起，但赵匡此说影响不著，并未引起当时学界的反响。

北宋庆历以后，学风转变，对经典的辨疑蔚然成风，欧阳修、苏轼、苏辙最先对《周礼》的内容提出怀疑[31]，张载、程颐、晁说之也认为《周礼》中有后人附会的内容[32]。南宋，不少学者将国家变乱归咎于王安石变法，因王安石自称法《周礼》行变革，故《周礼》成众矢之，围绕《周礼》真伪、作者的争辩更加激烈，与汉唐不同的是，宋人关于《周礼》真伪的讨论逐渐与《周礼》作者是

---

31 欧阳修观点参见《文忠集》卷四八《问进士策三首》《南省试进士策问三首》，文渊阁四库全书，集部，第1102册，第366页、第368-369页；苏轼观点参见《东坡全集》卷四八《天子六军之制》，文渊阁四库全书，集部，第1107册，第678页；苏辙观点参见《栾城后集》卷七《周公》，文渊阁四库全书，集部，第1112册，第642-643页。
32 张载观点参见《经学理窟·周礼》，《张载集》，中华书局，1978年，第248页；程颐观点参见《河南程氏外书》卷十，《二程集》，中华书局，1981年，第404页；晁说之观点参见《景迂生集》卷一《元符三年应诏封事》，文渊阁四库全书，集部，第1118册，第21页。

谁的问题分道扬镳，开始趋向从整体架构、具体内容角度判定《周礼》真伪，此点对后世学者颇有影响。此外，《周礼》是否残缺、《周礼》是否践行于世、《考工记》补亡《冬官》合理性等问题纷纷被提出，《周礼》的辨疑的范围被宋人拓宽了。

宋代广泛而深入开展的《周礼》辨疑，直接影响了元、明、清的《周礼》研究，清代就有不少《周礼》辨疑之作问世，如毛奇龄《周礼问》、万斯大《周官辨非》、龚元玠《周礼客难》、许珩《周礼注疏献疑》、蒋载康《周官心解》等，这些《周礼》辨疑之作虽瑕瑜互见，但都承袭了宋代大胆怀疑、勇于创新的精神，一些《周礼》学史上聚讼纷纭的问题也因此得以愈辨愈明。

南宋大礼卤簿制度及其实践

朱　溢（复旦大学）

在中国古代，车舆并不只是作为交通工具而存在，装饰精美的车具、为数众多的扈从是统治者向外界宣示权威的重要工具。到了帝制时代，"车驾"一词更是成为皇帝的代称。刘增贵明确指出："自封建制度崩溃以后，象征身份地位的器物如鼎彝等逐渐退出历史舞台，而车服、宫室、印绶等取得了新的地位，尤其车服最为重要，后汉以下史书中《舆服志》的出现说明了这点。"[1] 在皇帝车驾制度演变过程中，最具意义的便是卤簿的形成。

所谓"卤簿"，"按字书，卤，大楯也，字亦作樐，又作橹，音义皆同。卤以甲为之，所以扞敌。……甲楯有先后，部伍之次，皆著之簿籍。天子出入则案次导从，故谓之卤簿耳"。[2] 从现存史料看，"卤簿"一词最早见于东汉，在蔡邕的《独断》和应劭的《汉官仪》中都有"天子出，车驾次第，谓之卤簿，有大驾，有小驾，有法

---

[1] 刘增贵：《汉隋之间的车驾制度》，《史语所集刊》第 63 本第 2 分，1993 年，第 372 页。
[2] 封演撰、赵贞信校注：《封氏闻见记校注》卷五，北京：中华书局，2005 年，第 38 页。

驾"的表述。³ 从蔡邕在介绍大驾时所说的"在长安时出祠天于甘泉备之，百官有其仪注，名曰甘泉卤簿"不难推测，"卤簿"一词至少在西汉就已经出现。⁴ 虽然日后卤簿并非仅在天子出行时使用，⁵ 但是天子卤簿在整个卤簿制度中无疑占据了核心位置。

在天子卤簿的研究中，田丸祥干用力较勤，对东汉魏晋南北朝的三驾卤簿有系统探讨。⁶ 黄桢着重考察了中古时代天子卤簿中的五辂，其研究表明，天子五辂从经典进入现实的时间是在刘宋而非西晋，《晋书·舆服志》对此的记载并不可靠，带有唐人对西晋车制的想象。⁷ 宋代天子卤簿的研究主要围绕中国国家博物馆所藏的《大驾卤簿图书》而展开：陈鹏程对这幅过去被认为是元代延祐所绘的卤簿图作了考辨，其结论是此图为北宋皇祐五年（1053）卤簿

---

3 蔡邕：《独断》卷下，《景印文渊阁四库全书》第850册，台北：台湾商务印书馆，1983年，第91页；应劭：《汉官仪》卷下，收入孙星衍辑《汉官六种》，北京：中华书局，1990年，第184页。

4 《独断》卷下，第91页。

5 东汉有卤簿在天子、皇太后丧葬礼仪中护送灵柩去陵墓安葬的制度和事例，见《后汉书》卷一〇下《匽皇后纪》，北京：中华书局，1965年，第442页；《续汉书·礼仪志下》，收入《续汉书》，第3145页。魏晋以降，臣下也逐渐获得了使用卤簿的资格。到了唐代，更是有《卤簿令》对臣下在婚丧礼仪中的卤簿规格作了规定："应给卤簿者，职事四品以上，散官二品以上，爵郡王以上及二王后，依品给。国公准三品给。官、爵两应给者，从高给。若京官职事五品，身婚葬，并尚公主、娶县主，及职事官三品以上，有公爵者嫡子婚，并准四品给。"见仁井田陞：《唐令拾遗》，东京：东方文化学院东京研究所，1933年，第520页。

6 田丸祥干：《汉代における三驾卤簿の形成》，《国学院大学大学院纪要·文学研究科》第43号，2011年，第171-198页；《魏晋南朝の礼制と三驾卤簿》，《古代文化》第64卷第3期，2012年，第418-435页；《北朝の礼制と三驾卤簿》，《国史学》第216号，2015年，第59-78页。

7 黄桢：《中古天子五辂的想象与真实——兼论〈晋书·舆服志〉车制部分的史料构成》，《文史》2014年第4期，第55-73页。

图,延祐年间曾巽申对此进行处理后进献给元廷;[8] 伊佩霞(Patricia B. Ebrey)以《大驾卤簿图书》为主,结合《东京梦华录》等文献记载对天子卤簿的描述,探讨了开封的视觉文化。[9] 上述论文对中国古代卤簿制度的研究推动甚多,不过考虑到这些成果多是专注于制度层面的分析、卤簿行列的排比,较少涉及实际使用中的问题,而宋代史料较多,正好可以对此进行探讨,同时也可对过去在宋代卤簿的研究中未曾论述的一些问题有所考察。

一、大礼与卤簿

在帝制时代,卤簿虽非祭祀礼仪的内在组成部分,却与其有密切关系。对于活动空间主要限于宫城之内的皇帝来说,主持那些重要的祭祀礼仪,是其为数不多的外出机会,在宫城和祭祀地点往返时,卤簿不但提供必要的护卫力量,而且具有向民众展示皇权的功用。在蔡邕的《独断》中,就提到了西汉武帝在甘泉祀天所用的大驾"公卿奉引,大将军参乘,太仆御属车八十一乘,备千乘万骑",东汉南郊祀天所用的法驾"公卿不在卤簿中,唯河南尹、执金吾、洛阳令奉引,侍中参乘,奉车郎御属车三十六乘,北郊、明堂则省诸副车",祭祀宗庙所用的小驾"太仆奉驾,上卤簿于尚书中,中常侍、侍御史、主者郎、令吏皆执注,以督整诸军车骑"。[10] 魏晋

---

8 陈鹏程:《旧题〈大驾卤簿图书·中道〉研究——"延祐卤簿"年代考》,《故宫博物院院刊》1996 年第 2 期,第 76–85 页。

9 Patricia B. Ebrey, "Taking Out the Grand Carriage: Imperial Spectacle and the Visual Culture of Northern Song Kaifeng," *Asia Major*, 12.1(1999), pp.33–65.

10《独断》卷下,第 91 页。

以降，卤簿的规模不断扩充。在唐代，皇帝南郊亲祭的大驾卤簿已经有大约15000人的规模。[11] 到了宋仁宗统治时期，大驾卤簿更是达到了20061人。[12] 皇祐二年（1050）以后，用于明堂亲享的法驾卤簿人数为11088。[13]

唐宋时期卤簿制度的进展，不仅表现为规模的增长，在皇帝亲祭中的地位也愈发凸显。我们先来看皇帝祭祀的变化。南郊亲祭在唐朝完全成为整个国家祭祀礼仪的中心，最具标志意义的事件便是天宝年间"三大礼"的形成。所谓"三大礼"，是指皇帝连续三天分别前往太清宫、太庙和南郊，祭祀李唐皇室追认的远祖老子、李唐皇帝的真实祖先和昊天上帝。随着大中祥符九年（1016）供奉赵宋皇室追认的远祖黄帝的景灵宫的落成，从天禧三年（1019）开始，北宋也有了景灵宫、太庙和南郊"三大礼"。《宋史·礼志》："故事，三岁一亲郊，不郊辄代以他礼。"[14] "他礼"包括泰山封禅、汾阴祀后土、亳州太清宫祭祀、明堂亲享、宗庙大祫等形式，皇祐二年（1050）以后在不举行南郊亲祭的时候主要是用明堂亲享代替，在明堂亲享的前两天仍然有景灵宫、太庙的亲祭。

"三大礼"的形成极大地增强了皇帝祭祀的表现力度，卤簿在其中发挥的作用也很关键。对于生活在京城内的普通民众而言，在无法亲眼目睹祭祀过程的情况下，卤簿成为他们感受大礼气氛最直接的方式。根据《东京梦华录》的记载，在大礼仪式的两个月

---

11 马冬：《唐代大驾卤簿服饰研究》，《文史》2009年第2期，第111页。
12 《宋史》卷一四五《仪卫志三》，北京：中华书局，1977年，第3401页。
13 《宋史》卷一四五《仪卫志三》，第3404页。
14 《宋史》卷九八《礼志一》，第2423页。

前，官府就要在开封的主干道举行卤簿的排练，"诸戚里宗室贵族之家，勾呼就私第观看，赠之银彩无虚日。御街游人嬉集，观者如织，卖扑土木粉捏小象儿，并纸画看人，携归以为献遗"。[15] 皇帝完成南郊亲祭后，"入南薰门，御路数十里之间，起居幕次，贵家看棚，华彩鳞砌，略无空闲去处"。[16] 北宋皇帝在非郊庙大礼的场合外出时，就有"士庶观者率随员从之人夹道驰走，喧呼不禁。所过有旗亭市楼，垂帘外蔽，士民凭高下瞰，了无忌惮，逻司街使，恬不呵止。威令弛阙，玩习以为常"的现象，[17] 在大礼前后，气氛变得更为热烈。宋英宗与龙图阁直学士吕公著有过一番意味深长的对话。宋英宗问："今之郊何如？"吕公著回答："古之郊也贵诚而尚质，今之郊也盛仪卫而已。"[18] 这一看法或许略显极端，却也称得上犀利。

在宋代，与卤簿图绘有关的记载不少，这反映了卤簿制度受重视的程度。卤簿图在汉、晋、齐、陈、唐几朝都有绘制，[19] 但是在修撰频度上均不及宋代。在至道二年（996）的南郊亲祭前，宋太宗"顾左右，瞻具车驾，自庙出郊，仗卫周列，千官奉引，旌旗车辂，相望无际，郊祀之盛仪，京邑之壮观，因诏有司画图以献。凡为三幅，外幅列仪卫，中幅车辂及导鸾官人物，皆长寸余，又图画

---

15 孟元老撰、邓之诚注：《东京梦华录注》卷一〇《大礼预教车象》，北京：中华书局，1982年，第235页。
16 《东京梦华录》卷一〇《郊毕驾回》，第246页。
17 《宋会要辑稿》舆服一之一四至一五，上海：上海古籍出版社，2014年，第2175页。
18 《续资治通鉴长编》卷二〇六治平二年十一月壬申条，第5007页。
19 高似孙：《纬略》卷二《卤簿》，《全宋笔记》第6编第5册，郑州：大象出版社，2013年，第166页。

圜坛、祭器、乐架、警场。青城别为图,以纪一时之盛"。[20] 天圣六年(1028),翰林学士宋绶奏上《天圣卤簿记》十卷,[21] 宝元元年(1038),宋绶在对前者进行增饰的基础上,又奏上《景祐南郊卤簿图记》十卷。[22] 根据记载,宋仁宗统治时期的《卤簿图记》,"凡仪卫之物,既图绘其形,又稽其制作之所自而叙于后,一代之威容文物,备载于此矣"。[23] 宋绶的两种《卤簿图记》均已佚失,但其内容在中国国家博物馆所藏的《大驾卤簿图书》中多有引用。北宋末年对卤簿制度又有不少调整,于是兵部尚书蒋猷以"陛下顷以治定制礼,如卤簿仪制,革而新之者多矣"为由,"乞命有司取旧《图记》,考今之所革者,依仿旧体,别为一书",[24] 其成果便是宣和元年(1119)完成的《宣和重修卤簿图记》:"凡人物器服,尽从古制,饰以丹采,三十有三卷,目录二卷。"[25] 中国国家博物馆所藏的《大驾卤簿图书》是目前唯一能看到的宋代卤簿图,虽然在史书中没有对应的记载,但是研究者根据车制的变化认定此图反映的是皇祐五年(1053)的卤簿制度。

除了上述图记外,在北宋还有卤簿字图。字图起源于何时,已经无法确知,但是至少在五代就已经出现,北宋初年的《南郊行礼

---

[20]《玉海》卷九三《至道南郊图》,南京、上海:江苏古籍出版社、上海书店,1987年,第1773页。
[21]《续资治通鉴长编》卷一〇六天圣六年十一月癸卯条,第2484页。
[22]《续资治通鉴长编》卷一二二宝元元年十一月乙巳条,第2885页。
[23]《续资治通鉴长编纪事本末》卷一三四《礼制局》,北京:北京图书馆出版社,2003年,第4213-4214页。
[24]《宋会要辑稿》舆服二之一,第2193页。
[25]《玉海》卷八〇《宣和重修卤簿图记》,第1482页。

图》就参考了后唐天成年间所修的《南郊卤簿字图》。[26] 对于卤簿字图的样态，梅原郁和伊佩霞都有讨论：前者在分析宋代的卤簿时，认为明代《三才图绘》所收的《国朝卤簿图》就是卤簿字图。[27] 后者猜测，卤簿字图当与《武经总要》中的图示相似。[28] 两相比较，梅原郁的看法比较站得住脚。在北宋，除了南郊卤簿字图，还有明堂卤簿字图。皇祐二年（1050），宋仁宗举行北宋历史上第一次明堂亲享，因为此前没有法驾卤簿字图，所以由兵部和礼官共同详定法驾卤簿，并且奏上所定的字图。[29] 字图平时由兵部保管，[30] 等到举行大礼时，通常由兵部主管出任的卤簿使"掌定字图排列"。[31]

二、南宋大礼卤簿的重建

南宋政权建立后，即着力恢复各项礼仪活动，例如建炎二年（1128）冬至宋高宗在扬州驻跸时就举行了南郊祭天礼仪，但也面临很多困难，其中一项便是汴梁沦陷及其后一系列军事失利造成的礼器损失。根据《宣和录》的记载，金军攻破汴梁后，"节次取皇帝南郊法驾之属"，还胁迫宋帝下旨交出众多器物书籍，包括五辂副辂卤簿仪仗、皇后以下车辂卤簿仪仗、皇太后诸王以下车辂卤簿

---

26 《续资治通鉴长编》卷四乾德元年十一月甲子条，第108页。
27 梅原郁：《皇帝·祭祀·国都》，收入中村贤二郎编《歴史のなかの都市——続都市の社会史》，京都：ミネルヴァ书房，1986年，第299-300页。
28 Patricia B. Ebrey, "Taking Out the Grand Carriage: Imperial Spectacle and the Visual Culture of Northern Song Kaifeng," p.59.
29 《续资治通鉴长编》卷一六九皇祐二年八月己巳条，第4058页。
30 《宋会要辑稿》职官一四之一，第3395页。
31 《太常因革礼》卷二七《卤簿上》，上海：上海古籍出版社，1997年，第452页。

仪仗、百官车辂仪仗，还有不少礼器、礼图。[32]《建炎以来系年要录》的注文说："国家靖康之祸，乃二晋之所未有。中国衣冠礼乐之地，宗庙、陵寝、郊社之所，尽弃之敌，礼器乐器、牺尊彝鼎、马辂册冕、卤簿仪仗之物，尽入于敌。"[33] 金军南下后，一些新造的礼器也损失殆尽："昨建炎二年郊祀大礼，其所用祭器，并系于东京般取到新成礼器。绍兴元年明堂大礼所用祭器，为新成礼器。渡江尽皆散失。"[34] 绍兴元年（1131），礼部尚书秦桧认为郊祀亲祭不具备可操作性，只能改行明堂亲享，理由便是："今卤簿、仪仗、祭器、法物散失殆尽，不可悉行。"[35]

南宋的大驾卤簿建立于绍兴十三年（1143）。从绍兴元年至绍兴十年，虽然宋高宗多次改换驻跸之地，但都没有举行南郊亲祭，而是用明堂亲享来代替，从而实践"三年一大礼"的制度。绍兴十二年宋金和议达成之后，南宋迎来了相对和平的外部环境，开始从战时体制转轨至正常体制，在礼制上的表现便是该年年底宋高宗预定在次年冬至举行南郊亲祭。[36] 作为恢复南郊亲祭的必要举措，卤簿制度因此得以重建。次年二月，朝廷内经过多次商议，特别是考虑到南郊青城规模有限、大量车服尚未制造，最终确定大驾卤簿"依国初卤簿人数"，即11222人。[37] 11222人是建隆四年（963）宋

---

[32]《三朝北盟会编》卷七七，上海：上海古籍出版社，1987年，第584页。
[33]《建炎以来系年要录》卷一四八绍兴十三年二月乙酉条，北京：中华书局，1956年，第2383页。
[34]《中兴礼书》卷五九《明堂祭器》，第243页。
[35]《建炎以来系年要录》卷四二绍兴元年二月戊寅条，第755页。
[36]《中兴礼书》卷二《郊祀议礼》，第19页。
[37]《中兴礼书》卷一八《郊祀大驾卤簿一》，第79页。

太祖南郊亲祭所用的卤簿人数。[38]绍兴十六年,随着捧日、奉宸队的加入,大驾卤簿扩大为15050人,[39]达到了南宋大驾卤簿规模的顶峰。与北宋大部分时间内大驾卤簿动辄超过两万人相比,南宋卤簿的规模偏小,这里既有卤簿之中若干模块的弃用,也有获得保留的模块中人员、器物数量的压缩。北宋大驾卤簿必备的前部黄麾仗没有出现在绍兴大驾卤簿中,缺席的还有指南车、记里鼓车、白鹭车、鸾旗车、崇德车、皮轩车、相风乌舆、行漏舆。[40]在保留下来的模块中减少人员、器物数量的现象,这里只举一例:北宋初年的朱雀旗队中有引旗者2人、执旗者1人、夹旗者2人、执弩者4人、执弓箭者16人,[41]政和大驾卤簿的朱雀旗队中有引队金吾折冲都尉1人、执㦸稍者2人、执朱雀旗者1人、引旗者2人、夹旗者2人、执弩者4人、执弓矢者16人、执稍者20人、押队左右金吾果毅都尉2人,[42]而绍兴大驾卤簿的朱雀旗队中只有引队1人、执朱雀旗者1人、执㦸稍者2人、押队1人。[43]

在绍兴十三年(1143)卤簿制度的重建过程中,除了缩小其规模外,还对材质进行了改动。《建炎以来系年要录》对此有简略的记载:"卤簿应有用文绣者,皆以缬代之。"[44]《宋会要辑稿》则为我们提供了极其丰富的细节:"内旧用锦袄子者以缬缯代,用铜革带

38《宋史》卷一四五《仪卫志三》,第3400页。
39《宋会要辑稿》舆服一之二三,第2182页。
40 指南车、记里鼓车、白鹭车、鸾旗车、崇德车、皮轩车、相风乌舆、行漏舆的形制,在《大驾卤簿图书》均有呈现。
41《宋史》卷一四五《仪卫志三》,第3409页。
42《宋会要辑稿》舆服二之六,第2196页。
43《宋会要辑稿》舆服一之二四,第2182页。
44《建炎以来系年要录》卷一五〇绍兴十三年十一月戊午条,第2415页。

者以勒帛代。而指挥使、都头仍旧用锦帽子、锦臂袖者,以方胜练鹊罗代;用紬者以紬代。禁卫班直服色,用锦绣、金银、真珠、北珠者七百八十人,以头帽、银带、缬罗衫代。旗物用绣者,以错采代;车路院香镫案、衣褥、睥睨、御辇院华盖、曲盖及仗内幢角等袋用绣者,以生色代。殿前司仗内金枪、银枪、旗干,易以添饰;而拂扇、坐褥以珠饰者去之。"[45]

在宋孝宗统治时期,卤簿制度又有调整。宋孝宗于隆兴二年(1164)正月一日宣布,将在该年冬至举行其即位后的第一次南郊亲祭,并且声称:"除事神仪物、诸军赏给依旧制外,其乘舆服御及中外支费并从省约。"次月,礼部侍郎兼权兵部侍郎黄中提出,在五辂之中,除了玉辂的确是用来让皇帝乘坐外,"金、象、革、木四辂,不过为一时观美,非其所乘",因而主张"止用玉辂,其余四辂权不以从",宋孝宗对此表示支持。同月,兵部在此基础上建议,除了玉辂、平辇、逍遥辇的仪卫人数仍然如旧外,其余仪卫人数均作大幅度裁减,这一方案得到了宋孝宗的认可。[46]于是,南郊大驾卤簿的规模缩减至6889人。乾道六年(1170),臣僚出于"唯务减省,使礼文斯缺,则非所以重陟配而全事体"的考虑,奏请重新使用四辂、大安辇,并且得到了孝宗的认可。[47]虽有乾道六年的微调,此后的卤簿人数与隆兴二年相比并未发生变化:"乾道六年之郊,虽仍备五辂、大安辇、六象,而人数则如旧焉。自后,

---

45《宋会要辑稿》舆服一之二三,第2181页。
46《中兴礼书》卷二〇《郊祀大驾卤簿三》,第92-93页。
47 同上书,第99页。

终宋之世,虽微有因革,大抵皆如乾道六年之制。"[48]

在南宋,用于皇帝明堂亲享的法驾卤簿规模是大驾卤簿的三分之二。在北宋的《礼令》中,就有"法驾之数减大驾三分之一"的规定,[49]皇祐二年(1050)以后的明堂亲享均遵守了这一准则。到了南宋,除了建国初期因为政局不稳,明堂亲享采用只有1200余人的"常日仪卫"外,其他时候法驾卤簿人数都是大驾卤簿的三分之二。绍兴三十一年(1161)的法驾卤簿,就是在绍兴二十八年大驾卤簿的基础上减去三分之一,为10140人。隆兴二年(1164)大驾卤簿减半后,法驾卤簿也作了相应的调整。

三、南宋大礼卤簿的实践

南宋卤簿的人员规模、器物材质之所以不如北宋,主要原因是持续受到金军军事压力的南宋朝廷对此采取谨慎、节俭的态度,不过我们也能看到临安的城市空间对卤簿实践的限制。临安御街的某些地段已经进行了考古发掘,考古工作者推测,和宁门至朝天门段、朝天门至观桥段的宽度在十米开外,观桥至景灵宫段更窄。[50]这与唐朝、北宋的情况有很大不同。根据考古实测的结果,长安的主干道承天门街的宽度在150至155米之间。[51]东京御街沿途已有

48《宋史》卷一四五《仪卫志三》,第3408页。
49《宋会要辑稿》礼二四之一六,第1147页。
50 杭州市文物考古所:《南宋御街遗址》,北京:科学出版社,2013年,上册,第254-256页。
51 中国科学院考古研究所西安唐城发掘队:《唐代长安城考古纪略》,《考古》1963年第11期,第600页。

不少遗址得到了勘探,[52]但是御街的宽度由于现今开封中山路两侧建筑所压而未能探明。[53]在文献记载中,东京的御街宽约二百步。[54]

在南宋临安,御街的规模对车辂、卤簿的使用造成了很大影响。《建炎以来系年要录》对此有所记载:"礼官以行在御街狭,故自宫诣庙不乘辂,权以辇代之。"[55]《中兴礼书》对此事有更加详实的记录,绍兴十三年三月,礼部侍郎王赏上奏:

> 将来郊祀大礼,前二日朝献景灵宫,前一日朝飨太庙,依礼例,合排设卤簿、仪仗、车辂。缘今来行在街道与在京事体不同,所有将来车驾诣景灵宫、太庙,欲乞权依在京四孟朝献礼例,服履袍,乘辇赴逐处。行事日,服衮冕行礼,俟太庙行礼毕,依自来大礼例,排设卤簿、仪仗,皇帝服通天冠、绛纱袍,乘玉辂诣青城斋宫。[56]

高宗对这一方案予以认可。同年闰四月,礼部、太常寺又对玉辂的经行路线进行了规划:"将来车驾诣太庙行礼毕,依仪,皇帝自太庙棂星门外乘玉辂,入行宫北门,由大内出行宫南门,依先降指挥,经由利涉门至青城斋殿门外降辂。"[57]绍兴十三年制造的玉辂轴

---

52 丘刚:《北宋东京城御街遗址探析》,《中州学刊》1999年第6期,第155-157页。
53 刘春迎:《北宋东京城研究》,北京:科学出版社,2004年,第284页。
54 《东京梦华录注》卷二《御街》,第51页。
55 《建炎以来系年要录》卷一五〇绍兴十三年十一月庚申条,第2415页。
56 《中兴礼书》卷一九《郊祀大驾卤簿二》,第87页。
57 同上书,第89页。

长为十五尺三寸，[58]也就是接近五米的样子。因为御街狭窄，皇帝乘坐玉辂的路段仅限于太庙至南郊间，从宫城赴景灵宫行朝献之礼，从景灵宫到太庙行朝享之礼，都是乘辇前往。这一做法后来一直延续："故事，祀前二日诣景灵宫，皆备大驾仪仗、乘辂。中兴后，以行都与东都不同，前二日止乘辇，次日自太庙诣青城，始登辂，设卤簿。自绍兴十三年始也。"[59]

即便使用玉辂、卤簿的地段仅限于太庙至南郊，为了确保玉辂、卤簿能够顺利通过经行路线，还是需要拆除沿途两边的建筑以拓宽路面。兵部为此于绍兴十三年（1143）闰四月上奏："将来郊祀，皇城南门外至利涉门经由道路，欲依太庙已拆街道丈尺，晓示官私去拆，送部同殿前司、禁卫所、临安府相度，申尚书省。"[60]从兵部的奏请可知，太庙附近的御道两旁此前已经进行了拆除工作。宫城南门后来称为丽正门，利涉门更名为嘉会门，其间的路段不算御街的一部分，但是因为皇帝南郊亲祭时经行此地，所以仍然面临拓宽的问题。在这种情况下，兵部要求相关部门商讨此事。经过高宗批准，此事"下兵部、殿前司、主管禁卫所、车辂院，看详有无妨碍去处"。[61]

在绍兴十三年（1143）的南郊亲祭中，鼓吹的引导形式也受到了御街规模的制约。该年八月，礼部、太常寺上奏："将来郊祀大礼，车驾前后部并六引，合用鼓吹。令、丞已下至执色人，共

---

58 《宋史》卷一四九《舆服志一》，第3484页。
59 《宋史》卷一四五《仪卫志三》，第3408页。
60 《中兴礼书》卷一九《郊祀大驾卤簿二》，第89页。
61 同上书，第89页。

八百八十四人,并指教使人一名,前后摆拽导引,作乐应奉。依在京例,并合骑导。窃恐今来经由道路窄狭,摆拽拥遏,难以骑导。今相度,欲乞止令步导。"高宗对此表示同意,鼓吹由骑导改为步导。[62]

绍兴十三年(1143)以后,我们依然可以通过臣僚的奏请,看到礼仪队伍所经道路的狭窄对车辂、卤簿使用的影响。绍兴二十二年十月,干办车辂院张公立向朝廷反映,车辂院曾经设在太庙以北,高宗南郊亲祭前两天去景灵宫朝献时,车辂院将五辂排设于太庙幕屋,待高宗完成太庙朝享后,即可坐上玉辂奔赴圜丘。后来,车辂院迁移至利涉门外的冷水坞口,"若依例,前二日驾驭五辂,守利涉门,入丽正门,经由大内,于幕屋排设。窃缘街道窄隘,转弯掉圆,迟慢缓急,有碍驾路",因此建议在南郊亲祭前三天将五辂排设在太庙幕屋,最终得到了朝廷的认可。[63] 绍兴二十八年八月,临安府在申奏时提到:"排办郊祀大礼五辂、大象,旧例经由内中往诣青城,所有和宁门里至丽正门内一带妨碍屋宇,合权去拆,及填迭渠海,铺筑道路。"[64] 由此可见,在此之前,为了使车辂、卤簿顺利通过,宫城内的屋宇若有妨碍,也不得不进行拆除。

即便是在卤簿的使用上作了如此改动,当皇帝为大礼而外出时,临安的街道仍然十分拥挤。有过跟随使节出访金朝的周煇,如此比较汴梁与临安的街道宽窄及其带来的卤簿与民众距离的差异:"煇幼见故老言,京师街衢阔辟,东西人家有至老不相往来者。迨煇出疆,目睹为信。且言每值驾出,甲马拥塞驰道,都人仅能于御

---

62 《中兴礼书》卷一九《郊祀大驾卤簿二》,第90页。
63 同上书,第91-92页。
64 同上书,第92页。

盖下望一点赭袍。在绍圣间,约拦尤更严肃,几不容士庶观觇。第岁暮春上池亲御鞍马,则禁卫稍宽繁密,不若今日近瞻法驾不违于咫尺也。"[65]

在南宋,我们不但可以看到玉辂的使用多受街道条件的限制,而且它的性能也有问题。我们来看洪适在其自传中讲述的一则故事:

> 既寻盟,首为贺生辰使,上谓副介龙大渊曰:"前日洪某侍玉辂上,见其容貌甚悴,岂有声色之奉邪?方欲大用之,可往谕朕意,令其自爱。"某答之曰:"家素无侍妾,近以法服执绥车辂,撼顿失其常度。只尺天威,有战栗之色,所以颜状如是。"[66]

根据史料记载,洪适、龙大渊是在隆兴二年(1164)十二月被任命为贺生辰使、副。[67]正如前文所说,宋孝宗在隆兴二年冬至举行过南郊亲祭。因此,虽然引文没有提供这则故事的具体时间,不难确认发生的时间是隆兴二年的年末。洪适所说的"执绥车辂",是指陪同皇帝乘坐玉辂。《梦粱录》对玉辂上的人员配置状况有详实记载:"正座在玉辂上,左右各一内侍,名'御药',冠服执笏侍立。左首栏槛边,一从侍中书宦者,曲身冠服,旁立于栏,以红丝绦系

---

65 周煇:《清波别志》卷下,《全宋笔记》第5编第9册,郑州:大象出版社,2012年,第173页。
66 洪适:《盘洲集》卷三三《盘洲老人小传》,《景印文渊阁四库全书》第1158册,台北:台湾商务印书馆,1983年,第471页。
67 刘时举撰、王瑞来校注:《续宋中兴编年资治通鉴》卷八隆兴二年十二月条,北京:中华书局,2014年,第184页。

定,免致疏失,名为'执绥官',以备玉音顾问。"[68] "执绥官"又被称为"备顾问官",朱熹认为其实质是"太仆卿执御之职",只是宋人将其"讹曰'执绥官'、'备顾问官'。然又不执绥,却立于辂侧,恐其倾跌,以物维之"。[69] 根据洪适的自述,宋孝宗在玉辂上看到他面容憔悴,误以为他是纵情声色,其实只是洪适因为玉辂的晃动而感到不适。

玉辂不稳的问题并非仅在洪适笔下有反映,周必大的《玉堂杂记》提供了更多的信息:

> 大礼,上乘玉辂,率命翰林学士执绥备顾问。近岁多阙正员,临时选差他官,与五使同降旨。淳熙丙申南郊、己亥明堂,必大再为之。按京师用唐显庆辂,尝以登封,其安固可知。元丰改造,已不能及。今乃绍兴癸亥岁所制,上自太庙,服通天冠、绛纱袍,乘辇至辂,后由木陛以登,惟留御药二宦者侍立,执绥官先从旁用小梯攀缘而上,卫士以彩绳围腰,系以箱柱,辂行颇摇兀,宸躬亦觉危坐云。[70]

"绍兴癸亥"即绍兴十三年(1143),"淳熙丙申"、"淳熙己亥"分别是淳熙三年(1176)、淳熙六年。南宋的玉辂制成于绍兴十二

---

[68]《梦粱录》卷五《驾回太庙宿奉神主出室》,收入《东京梦华录·外四种》,上海:古典文学出版社,1956年,第171页。

[69]《朱子语类》卷一二八《法制》,北京:中华书局,1986年,第3067页。

[70] 周必大:《文忠集》卷一七四《玉堂杂记上》,《景印文渊阁四库全书》第1149册,台北:台湾商务印书馆,1983年,第6页。

年,[71] 周必大虽然两次充任执绥官,他对玉辂历史的掌握也不是完全准确。不过,在其他方面,他的记载尚属可靠。正如周必大所说,北宋长期以"显庆辂"为玉辂。宋仁宗、宋神宗统治时期朝有过自制玉辂的举措,[72] 最后都未能取代显庆辂。孙机认为,原因在于统治者看重玉辂的排场和装饰,导致车体愈发笨重,结构均衡性被破坏。在谈到南宋的玉辂时,他用《宋史·舆服志》、《西湖老人繁胜录》的记载指出其需用人力推、压,还要用铁压、用人牵挽。[73] 南宋玉辂需要用人牵挽的特点事实上也见于上文《玉堂杂记》,辽宁博物馆所藏的《卤簿玉辂图》更是为细致观察南宋玉辂提供了可能,从中亦可看到人力推动、牵拉玉辂的细节。虽然不像北宋玉辂那样用马拉动,但是笨重程度丝毫不输。在这种情况,玉辂很不安稳,连坐在上面的皇帝都感觉危险,也就不难理解了。

四、结语

卤簿在宋代皇帝的"三年一大礼"中扮演着极其重要的角色。与北宋一样,在南宋,统治者对卤簿也是颇为看重,在绍兴十二年(1142)与金朝达成和议后不久,就开始重建卤簿制度。不过,我们也看到了在卤簿制度的制定和执行过程中遇到的种种制约因素。

---

71 《建炎以来系年要录》卷一四六绍兴十二年九月戊申条,第2356页。
72 《续资治通鉴长编》卷一六〇庆历七年正月辛卯条,第3861页;卷二八三熙宁十年七月癸酉条,第6939页;卷三一九元丰四年十一月己丑条,第7707页。
73 孙机:《中国古舆服论丛》,上海:上海古籍出版社,2013年,第83-84页。

首先，南宋始终面临来自金朝的军事压力，即便在绍兴十二年后，这种压力也从未消失，在这种情况下，统治者在宫室、舆服的花费上都比较节制，宋高宗是这样，宋孝宗更是如此。正是因为这样，南宋大礼卤簿的规模远不及北宋。其次，南宋大礼卤簿的使用时常受到临安空间状况的束缚。最突出的表现，便是临安街道的狭窄造成玉辂无法在皇帝举行三大礼期间全程使用，只能在皇帝从太庙前往南郊或返回宫城亲享明堂时启用。再次，由于原有的车辂仪仗散失殆尽，南宋朝廷不得不重新制造，新造器物的质量有不足之处，特别是玉辂行进起来很不安稳。以上这些建立在对文献记载、图像数据基础上的论点，为过去研究所无，或许具有一定的价值，谬误之处，尚祈方家指正。

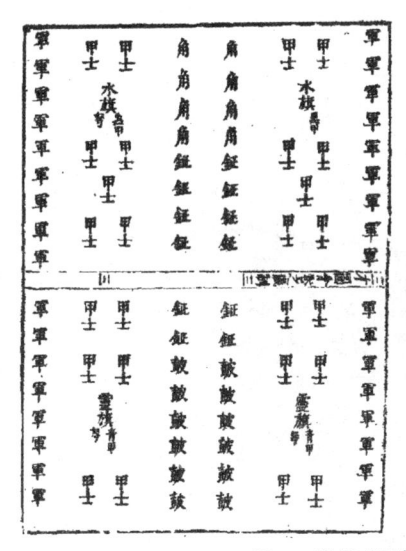

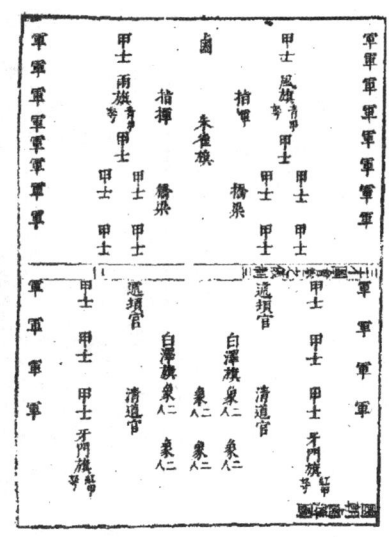

图一　明代"国朝卤簿图"（局部）

（王圻：《三才图会·仪制三》，上海古籍出版社，1988年，第1853页）

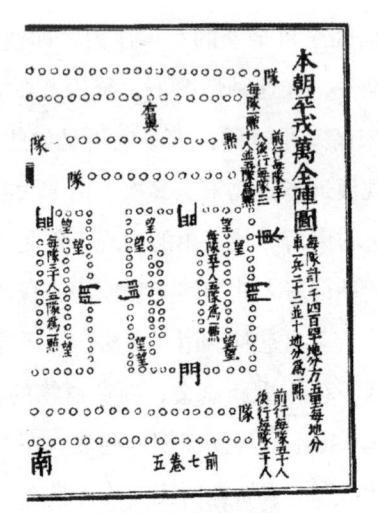

图二 平戎万全阵图

（曾公亮、丁度等：《武经总要》，《景印文渊阁四库全书》第726册，台湾商务印书馆，1983年，第277页）

图三 玉辂图

（聂崇义：《新定三礼图》卷九《旌旗图》，浙江人民美术出版社，2015年，第129页）

图四　辽宁省博物馆所藏南宋"卤簿玉辂图"（局部）

朱子礼学思想发微

——以篚和幂尊疏布巾为例[*]

王志阳（武夷学院）

朱子十分重视"三礼"之学，正如钱穆所说："朱子于经学中特重《礼》，其生平极多考《礼》议《礼》之大文章。尤其于晚年，编修《礼》书，所耗精力绝大。"[1] 故礼学是朱子学重要组成部分，现已成为朱子学研究新的热点问题，尤其是家礼学，研究成果汗牛充栋，如吾妻重二先生《朱熹〈家礼〉实证研究》[2] 以朱子《家礼》为基础，全面考察了宋代以来实用礼仪制度及其影响，但是吾妻重二先生着力于具体礼仪制度，很少涉及朱子礼学的基本原则。国内学者则着力于考察朱子礼学基本原则，如周予同《朱熹之经学》[3]、蔡方鹿《朱熹经学与中国经学》[4]、殷慧《朱熹礼学思想

---

[*] 本文为2018年度福建省社会科学规划项目"朱子学派礼图思想及影响研究"（FJ2018C101）、2017年武夷学院引进人才科研启动经费项目"《仪礼经传通解》与朱子学派礼学思想衍变过程及其影响研究"（YJ201707）项目成果。

[1] 钱穆：《朱子学提纲》，北京：生活·读书·新知三联书店，2002年，第176页。

[2] ［日］吾妻重二：《朱熹〈家礼〉实证研究》，上海：华东师范大学出版社，2011年。

[3] 周予同：《朱熹之经学》，《周予同经学史论著选集》，上海：上海人民出版社，1983年，第161-163页。

[4] 蔡方鹿：《朱熹经学与中国经学》，北京：人民出版社，2004年，第458-461页。

研究》[5]等，主要以《语类》《文集》等为依据，尚未系统考察朱子基于时的实用礼学思想。故本文先考察朱子礼学思想的基本特征，并以《绍熙州县释奠仪图》的篚和幂尊疏布巾为例，考察朱子改革礼器的实用性原则。

一、实用性：朱子礼学思想的基本特征

关于朱子礼学思想，周予同先生说："要之，朱子之治礼，盖不拘拘于礼经，而欲依据古礼，斟酌人情，以自创一当时可行之礼仪而已。故以经学言，朱熹多因袭之论；而以礼制言，则朱熹亦自有其创见也。"[6]这已涉及朱子以礼经为基础，以人情为变化依据，改革礼制，适用社会情况。但是如何改革礼制，周予同先生未及详述。此后，蔡方鹿先生、殷慧博士等有更详尽的研究，如殷慧博士认为朱子在礼仪使用方面是"因时制宜的践礼观"。[7]但是尚未系统论述朱子因时制宜改革礼仪的实用性特征。故我们将就朱子因时制宜的礼学思想展开论述，以见其实用性原则。

一方面，礼的施行因人情而变化，采取更为疏略的礼仪规范。关于礼的变化依据，朱子说：

> 古礼繁缛，后人于礼日益疏略。然居今而欲行古礼，亦恐情文不相称，不若只就今人所行礼中删修，令有节文、制数、等威

---

[5] 殷慧：《朱熹礼学思想研究》，长沙：湖南大学博士学位论文，2009年，第258-267页。
[6] 周予同：《朱熹之经学》，第163页。
[7] 殷慧：《朱熹礼学思想研究》，第258页。

足矣。[8]

古礼于现实社会难行，原因在于情文不相称，起因于人情对礼仪的观念与态度都发生了巨大变化，无法继续施行古礼原有的礼仪内容。这主要有两方面缘故：一是古礼大量散轶，后世无法了解古礼的全部内容。朱子说：

> 礼学多不可考，盖为其书不全，考来考去考得更没下梢，故学礼者多迂阔。一缘读书不广，兼亦无书可读。如《周礼》"仲春教振旅，如战之阵"，只此一句，其间有多少事？其阵是如何安排，皆无处可考究。其他礼制皆然。大抵存于今者，只是个题目在尔。[9]

礼学文献散轶严重，存书十分有限，许多礼学内容只存题目，具体内容很难被确切地考证出来，无从谈起。

二是古礼的礼义无法被完整理解。这主要有两个原因：首先是礼学典籍散轶严重。朱子说：

> 若是如今古礼散失，百无一二存者，如何悬空于上面说义！是说得甚么义？须是且将散失诸礼错综参考，令节文度数一一着实，方可推明其义。若错综得实，其义亦不待说而自明矣。[10]

---

[8]（宋）黎靖德：《朱子语类》，上海：上海古籍出版社；合肥：安徽教育出版社，2002年，第2877页。
[9]（宋）黎靖德：《朱子语类》，第2876页。
[10] 同上书，第2877页。

礼学典籍留存百无一二，那么其礼义，自然无从知晓。其次是现存礼学典籍，学者荒废礼学，无法掌握礼义。《朱子语类》载：

> 杨通老问《礼书》。曰："看《礼书》，见古人极有精密处，事无微细，各各有义理。然又须自家工夫到，方看得古人意思出。若自家工夫未到，只见得度数文为之末，如此岂能识得深意？如将一碗干硬底饭来吃，有甚滋味？若白地将自家所见揣摸他本来意思不如此，也不济事。兼自家工夫未到，只去理会这个，下梢溺于器数，一齐都昏倒了。如今度得未可尽晓其意，且要识得大纲。"[11]

礼义蕴含于具体礼仪之中，但是制礼者并未言及具体原则，这就要求学礼者需要系统学习礼仪内容，方能掌握礼义。

正是古代礼学典籍与礼仪内容都散轶严重，世人又无法掌握现存礼学典籍所载礼仪的礼义，故古礼无法被继续施行。故制礼者需要从礼学的大本大原着手制作礼仪。故朱子说：

> 圣人有作，古礼未必尽用。须别有个措置，视许多琐细制度皆若具文，且使要理会大本大原。曾子临死丁宁说："君子所贵乎道者三：动容貌，斯远暴慢矣；正颜色，斯近信矣；出辞气，斯远鄙倍矣。笾豆之事，则有司存。"上许多正是大本大原。如今所理会许多，正是笾豆之事。曾子临死，教人不要去理会这

11（宋）黎靖德：《朱子语类》，第2887页。

个。"夫子焉不学,而亦何常师之有?"非使孔子,如何尽做这事?到孟子已是不说到细碎上,只说"诸侯之礼,吾未之学也。吾尝闻之矣,三年之丧,齐疏之服,饘粥之食,自天子达于庶人"。这三项便是大原大本。[12]

朱子重在说明礼仪的大本大原,但仅用举例法说明大本大原的内涵,并未给出明确定义,我们只能从其所举曾子与孟子观点来获悉其内涵,其要有二:一是曾子所言礼仪内容有三方面,即动容貌、正颜色、出辞气,涵盖了视听言动的规范。二是孟子所言内容是丧礼的最基本原则,出自《孟子·滕文公上》,正如朱子注:"三年之丧者,子生三年,然后免于父母之怀。故父母之丧,必以三年也。齐,衣下缝也。不缉曰斩衰,缉之曰齐衰。疏,粗也,粗布也。饘,糜也。丧礼:三日始食粥。既葬,乃疏食。此古今贵贱通行之礼也。"[13] 由此可知,丧礼原则有三:丧期三年期,丧服等差原则,丧期饮食原则。这包括了丧礼的基本原则,也涵盖了礼仪的礼尚往来的原则。

在遵循礼学大本大原基础上,具体他礼仪内容需要根据人情的文质情况而变化。《朱子语类》载:

> 或曰:"礼之所以亡,正以其太繁而难行耳。"曰:"然。苏子由《古史》说忠、质、文处,亦有此意,只是发挥不出,首尾

---

12 (宋)黎靖德:《朱子语类》,第 2878-2879 页。
13 (宋)朱熹:《四书章句集注》,上海:上海古籍出版社;合肥:安徽教育出版社,2002年,第 308 页。

不相照应，不知文字何故如此。其说云'自夏、商、周以来，人情日趋于文'；其终却云'今须复行夏、商之质，乃可'。夫人情即日趋于文矣，安能复行夏、商之质乎？其意本欲如先进之说，但辞不足以达之耳。"[14]

夏商周的人情日趋于文，礼仪自然趋于文雅，只是到了周代后期，礼仪不再遵循大本大原原则，故需要从先进之说以适应大本大原。

正是以古礼的大本大原为依据，以人情为条件，又不拘泥于笾豆之事，这种制礼方法所获得的结果就是疏略的礼仪梗概而已。朱子说：

"礼，时为大。"使圣贤有作，必不一切从古之礼。疑只是以古礼减杀，从今世俗之礼，令稍有防范节文，不至太简而已。观孔子欲从先进，又曰"行夏之时，乘殷之辂"，便是有意于损周之文，从古之朴矣。今所集《礼书》，也只是略存古之制度，使后人自去减杀，求其可行者而已。若必欲一一尽如古人衣服冠屦之纤悉毕备，其势也行不得。[15]

以古礼为依据，结合世俗之礼，使社会礼仪规范稍有条理性而不会太简陋，即朱子不追求完美的礼仪规范，而是注重礼仪的实效性，删汰各类细节，这正是从孔子所述损周之文的原则，也是《仪礼经传通解》的使用原则。因此，礼需要以人情为变化依据，遵循古礼

14（宋）黎靖德：《朱子语类》，第2878页。
15 同上书，第2886页。

的内涵，制作疏略的礼仪内容。

另一方面，制礼当依据时代情况，再断以礼义标准。礼因人情而变化，容易出现徇俗的情况，而礼的大本大原对现实社会却过于抽象，故在两者之间，礼义就成为制礼的适中准则。其要有二：

一是礼义是纠正徇人情陋俗的有效方法。礼义源于礼仪，若缺少古礼内容，必然无从知晓礼义的内涵，从而走向另外一个极端，即媚俗。朱子说：

> 古者礼学是专门名家，始终理会此事，故学者有所传授，终身守而行之。……如今直是无人。如前者某人丁所生继母忧，《礼经》必有明文，当时满朝更无一人知道合当是如何，大家打閧一场。后来只说莫若从厚。恰似无奈何，本不当如此，姑徇人情从厚为之。是何所为如此？岂有堂堂中国，朝廷之上以至天下儒生，无一人识此礼者！然而也是无此人。[16]

礼学是专门之学，但是到宋代，无人学习礼仪文献，故朝廷只能徇人情而采取从厚原则，这就使礼仪失去了适当原则，即"礼，……体次之，宜次之，称次之"。[17] 不顾礼仪与行礼之人的身份、关系，以徇人情而行礼，使社会陷入了无序状态。这种问题的解决方法正以礼义为标准来调整具体礼仪内容。《朱子语类》载：

16（宋）黎靖德：《朱子语类》，第 2884–2885 页。
17（清）阮元：《十三经注疏》，北京：中华书局，1980 年，第 1431 页。

> 问:"前日承教,喻以五服之制,乃上有制作之君,其等差如此。今在下有志之士,欲依古礼行之既不可,若一向徇俗之鄙陋,又觉大不经,于心极不安,如何?"曰:"非天子不议礼,不制度,不考文。这事要整顿,便着从头整顿,吉凶皆相称。今吉服既不如古,独于丧服如古,也不可。古礼也须一一考究着所在在这里,却始酌今之宜而损益之。若今便要理会一二项小小去处,不济事,须大看世间都得其宜方好。"[18]

学者知道不可施行古礼,又否定徇俗的态度,意在寻求顺人情与媚俗的中正之道,故朱子以"礼学属天子之事"婉拒学生,只回答以具体礼仪内容,即考究古礼获得礼义,才能够酌今之宜来损益古礼礼仪内容。

二是礼义是礼学大本大原的具体原则,又是具体礼仪内涵,起承上启下的作用。《仪礼经传通解·冠义第二》载:

> 凡人之所以为人者,礼义也。礼义之始,在于正容体,齐颜色,顺辞令。容体正,颜色齐,辞令顺,而后礼义备,以正君臣,亲父子,和长幼。君臣正,父子亲,长幼和,而后礼义立。[19]

此文出自《礼记·冠义》篇,其要有二:一是礼义是判断人的行为是否符合人的标准,具有根本性地位。二是正容体、齐颜色、顺辞

---

18 (宋)黎靖德:《朱子语类》,第2889-2890页。
19 (宋)朱熹等:《仪礼经传通解》,上海:上海古籍出版社;合肥:安徽教育出版社,2002年,第71页。

令,与前引曾子所说"君子所贵乎道者三"内容一致,即三者是礼的大本大原,那么礼义的本原也是礼学的最大本原。又由此三者达到君臣正、父子亲、长幼和,礼义才完备。因此,礼义的大源头是正容体、齐颜色、顺辞令,再分化出其他原则。

由此可知,礼义是指导礼仪制作的具体原则,即冠礼有冠义,昏礼有昏义等,正如朱子所说:"《仪礼》有《冠礼》,《礼记》便有《冠义》;《仪礼》有《昏礼》,《礼记》便有《昏义》,以至燕、射之类,莫不皆然。"[20] 具体礼仪都有各自的礼义内涵,故礼义成为革新礼仪的原则。

正因礼义极其重要,故朱子将《礼记·郊特牲》之语作为提要《仪礼经传通解·冠义第二》之语,其言曰:

> 礼之所尊,尊其义也。失其义,陈其数,祝史之事也。故其数可陈也,其义难知也。知其义而敬守之,天子之所以治天下也。[21]

礼处于被尊重的地位,源于礼义,否则徒有仪式而已,故礼义才是礼仪的根源,也是天子以礼治天下的最重要依据,正如郑玄所言:"言政之要尽于礼之义。"[22] 因此各类具体礼仪均需符合礼义标准。

又由前述可知,礼义来源于古礼,不被世人所熟知,故具体礼仪的制作需要结合时代情况,调整古礼,制作符合现实的礼仪内容。《朱子语类》载:

20（宋）黎靖德:《朱子语类》,第2899页。
21（宋）朱熹等:《仪礼经传通解》,第71页。
22（清）阮元:《十三经注疏》,第1455页。

> 胡兄问礼。曰:"礼,时为大。有圣人者作,必将因今之礼而裁酌其中,取其简易易晓而可行,必不至复取古人繁缛之礼而施之于今也。古礼如此零碎繁冗,今岂可行!亦且得随时裁损尔。孔子从先进,恐已有此意。"[23]

"礼,时为大"语出《礼记·礼器》,孔颖达正义:"'礼,时为大'者,揖让干戈之时,于礼中最大,故云:'时为大也。'"[24] 重在强调具体场合问题。朱子则由此引申为具体时代情况是制礼的重要基础,即以今之礼为基础,遵循古礼礼义,方能制作出符合实际情况的礼仪。

因此,以礼义为标准,依据世俗礼仪,制作现实可行的礼仪内容。

二、适用性:朱子改革礼器的原则之一

据《四库全书总目》,《绍熙州县释奠仪图》开始编撰于绍兴二十五年(1155),历经淳熙六年(1179)、绍熙元年(1190)、绍熙五年(1194)三次修订,最后于绍熙五年(1194)刊刻。[25] 此书篇幅不长,修订时间却前后长达40年,跨越朱子青年、中年、老年三个阶段,可谓朱子礼学思想的代表作品。故我们以此为依据,考察朱子实用性礼学思想指导下的礼器改革基本原则。

---

23 (宋)黎靖德:《朱子语类》,第2877-2878页。
24 (清)阮元:《十三经注疏》,第1431页。
25 (清)永瑢等:《四库全书总目》,北京:中华书局,1965年,第702页。

《绍熙州县释奠仪图·礼器图》之筐图有文曰：

> 筐通足高五寸，长二尺八寸，阔五寸二分，深四寸，盖深二寸八分。筐以竹为之，用于荐物而有节焉者也。币帛之将，织文之贡，爵觯之设，苴茅之颁，冠昏饮射之礼无不用焉。郑氏谓："筐，竹器如筥。"《广韵》："以筊箐为小笼，《说文》所谓筐'如竹筐'者是也。"今祭祀之间，奉币奠爵，皆以是致恭钦之意。旧图所载长广高深，未知所据。今所制造，特加细密。[26]

除了说明筐的足高、长度、宽度、深度、盖深、材质、功能之外，朱子还特别说明了其制作礼器的方法，即改造旧图，"特加细密"。因此，我们只能先考证"旧图"，再考察"特加细密"原则。

又据《文公潭州牒州学备准指挥》所说："淳熙颁降《仪式》并依聂崇义《三礼图》样式。……而所颁降仪式印本尚仍聂氏旧图之陋，恐未为得。"[27]则其所述旧图当指聂崇义《三礼图》。又考聂崇义《三礼图》，聂崇义所绘筐图也是继承前人成果而来。《三礼图》卷十二载：

> 旧图云："筐以竹为之，长三尺，广一尺，深六寸，足高三寸，如今小车筥。"臣崇义又案：《士冠礼》云"筐，实勺觯角

26（宋）朱熹：《绍熙州县释奠仪图》，上海：上海古籍出版社；合肥：安徽教育出版社，2002年，第54页。

27《文公潭州牒州学备准指挥》，《绍熙州县释奠仪图》，上海：上海古籍出版社；合肥：安徽教育出版社，2002年，第23页。

栖",注云:"筐,竹器如筹者。"以此言之,筐又有盖也。[28]

聂崇义所引"旧图"为何时何人作品,无从知晓。但据此可知,在旧图中,筐的规格是"长三尺,广一尺,深六寸,足高三寸"。又因聂崇义未辨析上述"旧图"所述筐的规制,则聂崇义当采纳了"旧图"的规制。

又据丘光明《中国古代度量衡》,宋代一尺等于31.2厘米,[29] 则聂崇义所制的筐长93.6厘米,宽31.2厘米,深18.72厘米,足高9.36厘米,全身高28.08厘米。朱子所制的筐长87.36厘米,宽16.224厘米,深12.48厘米,足高15.6厘米,全身高28.08厘米。两相比较可知,朱子采取不等比例缩减聂崇义所制筐的规格,即长度缩减了6.26厘米,宽缩减了14.976厘米,深缩减了6.24厘米,足高增加了6.24厘米。这是朱子以适用性原则调整礼器的结果,其要有三:

第一、筐的规格仅考虑八岁及以上男子的身体特征。

据《四库全书总目》,《绍熙州县释奠仪图》起因于同安县释奠仪旧例以人吏行事,不符合释奠仪的规则,又缺少释奠礼的规范礼书。[30] 因此,释奠礼参与人员不应以人吏为主,而要以州县长官与州县学学员作为主体,这亦可见于《州县释奠至圣文宣王仪》斋戒条,即"献官各以州县长吏,已斋而阙者,通摄其事"。[31] 其

---

28 (宋)聂崇义:《三礼图》卷十二,清康熙十二年通志堂刻本。
29 丘光明:《中国古代度量衡》,北京:中国国际广播出版社,2011年,第142页。
30 (清)永瑢等:《四库全书总目》,第702页。
31 (宋)朱熹:《绍熙州县释奠仪图》,第26页。

注有云:"阙,以次官充。"[32] "新潭本增云:其陪位诸学生皆斋于学馆。"[33] 州县长官当然属于成年人,但是安排施礼场所及陪位人员当以州县学学员为主,其年龄则是八岁以上。《宋史·选举三》载:

> 崇宁元年,宰臣请:"天下州县并置学,州置教授二员,县亦置小学。县学生选考升诸州学,州学生每三年贡太学。……"三年,始定诸路增养县学弟子员,大县五十人,中县四十人,小县三十人。凡州县学生曾经公、私试者复其身,内舍免户役,上舍仍免借借如官户法。[34]

由此可知,县学属小学,州学从县学学员中遴选,太学再从州学遴选,则州、县学的最初级学员当属小学学员。在宋代,小学入学年纪以八岁为起点,正如《宋史·选举三》所说:"政和四年,小学生近一千人,分十斋以处之,自八岁至十二岁,率以诵经书字多少差次补内舍。"[35] 虽属北宋旧例,但是两宋制度相沿袭,这也是两宋士大夫所持的普遍观点,正如《仪礼经传通解·学制》朱子按语说"入学之年,诸说不同"[36],又引程颐观点:"古者八岁入小学,十五入大学。"[37] 可见朱子高度赞同程颐观点,亦属朱子个人观点。因此,到两宋时期,八岁入小学已是社会共识。

---

32 (宋)朱熹:《绍熙州县释奠仪图》,第 26 页。
33 同上。
34 (元)脱脱等:《宋史》,北京:中华书局,1977 年,第 3662-3663 页。
35 (元)脱脱等:《宋史》,第 3668 页。
36 (宋)朱熹等:《仪礼经传通解》,第 380 页。
37 同上。

由上述可知，释奠礼由官员与州县学员共同参与，那么筐的规制需要考虑到所有释奠礼参与人员的身体条件，故释奠礼的礼器当符合八岁以上学员的身体条件。又因中国传统社会的各级官员及各级学校入学人员均是男子，《释奠礼》当仅适用于男子身高情况而已。

第二、筐的规格要适应施礼人员的身体条件。

筐主要用于盛放各类礼仪用品，故其规格需要适应施礼人员身高、臂长、手掌长度等条件。目前尚未有关南宋人身高、臂长、手掌长度等情况的精确数据，只能借助古人文献数据，再与当代男子相比较，结合古今八岁男子身体发育情况，考察朱子调整筐的规格的依据。现分三步来考察，具体如下：

一是宋代成年男子平均身高是156厘米。南宋人华岳《翠微先生北征录》卷八《器用小节·弩制》有按语曰：

> 臣闻番长于马，汉长于弩，制骑以弩，此旧说也。然近日诸军弩手皆欠指版。人身通以五尺为率。上顶至项一尺，则下止四尺，泥泞五寸，则上止有三尺四五寸，弩手进则蹋弩以射，退则肩弩以归。檐长若过六尺，椿长若过三尺，肩弩则檐梢拄地而下有绾绊之忧，蹋弩则椿头拄胸而上无牵挽之力……38

《翠微先生北征录》属兵书，《续修四库全书》将其收录于子部兵家类。上述弩制的基础是"人身通以五尺为率"，由此可知华岳不是

38（宋）华岳：《翠微先生北征录》卷八，续修四库全书本，上海：上海古籍出版社，2002年，第259页。

以南宋入伍军人为基础，而是以南宋男子平均身高为基础。故南宋男子的身高大概是五尺，即 156 厘米。

二是宋人与当代中国人的身体发育程度基本同步。古人以六岁以上为少年，16 岁或者 18 岁以上为青年，六岁以下为儿童，正如宋人刘昉《幼幼新书》卷二所说："凡人年六岁以上为小，十六以上为少，（《巢源》、《外台》作十八以上为少）三十以上为壮，（《巢源》、《外台》作二十以上为壮）五十以上为老，其六岁以下经所不载。"[39] 由此可知，古人对人生各阶段的具体年龄虽有不同，但以六岁作为少年与儿童的区分点则是共识。

又据 2005 年《中国少年先锋队章程修正案》第十一条："凡是 6 周岁到 14 周岁的少年儿童，愿意参加少先队，愿意遵守队章，向所在学校少先队组织提出申请，经批准，就成为队员。"[40] 故现代中国人以六周岁属于少年当可确定了。因此，宋代与我国当代年龄段划分标准大体相当，即 6 或 7 周岁属于少年。因此，宋人与当代人的身体发育情况基本同步。

三是当代中国八岁少年的身体情况。据李辉等统计，当代中国 8 岁男子身高介于 119.9-140.4 厘米，均值 130 厘米。[41] 又据《中国成年人人体尺寸》（GB10000-88），成年男子身高介于 154.3-181.4 厘米，均值 167.8 厘米；成年男子的手掌长度介于 16.4-20.2 厘米，

---

39 （宋）刘昉：《幼幼新书》卷二，北京：人民卫生出版社，1987 年，第 17 页。

40 《中国少年先锋队章程》，中国少年先锋队，2007-07-12, http: //61.gqt.org.cn/sxd/200905/t20090512_239909.html。

41 李辉等：《中国 0-18 岁儿童、青少年身高、体重的标准化生长曲线》，《中华儿科杂志》2009（7）：487-492 页。

均值 18.3 厘米。[42] 又因手掌长度与人的身高成正比例，却未有精确数据，故我们根据成年人的身高、手掌长度来估算 8 岁少年的手掌长度，即假定各年龄段身高与手掌长度的比值相同。由此可得，8 岁少年手掌长度 = 成人手掌 × 儿童身高 ÷ 成人身高，故 8 岁少年手掌长度 =（16.4-20.2）厘米 ×（119.9-140.4）厘米 ÷（154.3-181.4）厘米，即 12.74-15.63 厘米，均值 14.18 厘米。

又由前述可知，在南宋，成年男子身高平均值低于当代男子 11.8 厘米，即（167.8-156）厘米，则宋代 8 岁男子平均身高也应该低于现代 8 岁男子 11.8 厘米，两只手掌长度也应该少 11.8 厘米，即一只手掌长度平均值为 8.78 厘米，长度范围是 7.34-10.23 厘米。

因此，宋代 8 岁男子身高 108.1-128.6 厘米，均值 118.2 厘米，手掌长度 7.34-10.23 厘米，均值 8.78 厘米。

第三、筐的规格需要考虑筐的使用功能及礼仪规定。

筐主要用于盛放各类礼仪用品，端筐者需要从容端起筐，故端筐者手指当可承受筐及所装物品重量，无法伸开全部臂展，故人所承受长度需要从臂展长度扣除手掌的长度，即筐的长度是 8 岁男子双臂伸展之后两手最长指尖之间的长度扣除手掌的长度。又因身高与双臂伸展之后两手最长指尖之间的长度相等，故筐的长度应该小于或者等于身高与双手掌长度之差的最小值，即筐的长度 ≤ min {（108.1-128.6）厘米 -［(7.34-10.23) × 2］厘米}，即筐的长度 ≤ min（93.42-108.14）厘米，故筐的长度只能小于或者等于 93.42 厘米。

---

[42] 中国标准化与信息分类编码研究所：《中国成年人人体尺寸》(GB10000-88)，1989 年 7 月 1 日。

又因聂崇义所制的筐长93.6厘米，朱子所制的筐长87.36厘米，则前者长度不符合宋代8岁男子手臂长度。由前述南宋成年男子大概身高156厘米，又据孙蕾考证，宋代郑州成年男性平均身高164.262厘米，[43] 两者相差8.262厘米。又由当代中国人各地区平均身高依次东北与华北区169.3厘米，西北区168.4厘米，东南区168.6厘米，华中区166.9厘米，华南区165厘米，西南区164.7厘米，那么郑州所处的西北区平均身高比东南区还低点，也比原南宋统治区域的平均身高高了3.7厘米，故南宋时期男子的身高范围当比当代男子的身高范围多了4.562厘米，即（8.262-3.7）厘米。因此，身高与双手掌长度之差最小值的范围应该缩减或者扩大4.562厘米，即筐的长度≤min（88.858-112.702）厘米，故筐的长度只能小于或者等于88.858厘米。

由前述可知，筐的长度只能小于或者等于88.858厘米，为了便于工匠的制作方面，筐的长度当取其整数值正是二尺八寸，正合朱子所制筐的长度。

至于筐的宽度，朱子依据宋代8岁男子手掌长手掌长度7.34-10.23厘米，平均长8.78厘米，将筐的宽度调整为16.224厘米，即刚好超过两位8岁男子同时抬起筐之时，两人之手不会互相触碰，又能够完全握住筐的边框。与之相似，朱子将筐的深度由聂崇义所定的18.72厘米调整为12.48厘米，即由超过8岁男子最小手掌的2.55倍左右调整为1.7倍左右，又将筐的足高由9.36厘米增加到

---

43 孙蕾：《郑州汉唐宋墓葬出土人骨研究》，长春：吉林大学博士学位论文，2013年，第26-27页。

15.6厘米，这些均是因为祭祀需要保持严肃庄重的原则，正如《礼记·曲礼上》所言："毋不敬，俨若思，安定辞。"郑玄注："俨，矜庄貌。人之坐思，貌必俨然。"故孔颖达正义："先当肃心、谨身、慎口之事。"[44]故施礼者通过自然弯腰就可取得筐中物品，无需过分下弯身体，否则容易出现各种差错，有违肃心、谨身原则。又据前述宋代8岁男子身高情况，筐的高度是28.08厘米，符合参与释奠礼人员的身高情况，无需改变，故朱子保留筐的原有高度。

综上所述，朱子调整筐的长度、宽度、深度及足高都是为了满足施礼人员身体条件，表现出明确的适用性原则。

三、有效性：朱子改革礼器的又一原则

适用性是实用性的基础，而实用性的最终归宿却是有效性。在改革礼器的过程中，朱子十分重视有效性原则，这可见于幂尊疏布巾的改革实践中。

在幂尊疏布巾方面，朱子调整了它的形状。朱子说："幂尊疏布巾，《三礼图》：布之幅二尺有二寸而圆之。今以布一幅，取方为之。"[45]那么聂崇义《三礼图》的幂尊疏布巾是圆形，朱子改为方形。搜检朱子学文献，未见朱子阐述依据，故我们从幂尊疏布巾的功能与成本考察其依据，兹述如下：

第一、幂尊疏布巾需要满足覆盖尊与擦拭尊等器物的基本功能。
幂尊疏布巾，顾名思义，由两部分组成，一是幂尊，二是疏

44（清）阮元：《十三经注疏》，第1230页。
45（宋）朱熹：《绍熙州县释奠仪图》，第48页。

布巾。前者重在描述功能，后者重在说明材质。《周礼·天官》载"羃人掌共巾羃，祭祀以疏布巾幂八尊，以画布巾幂六彝"，郑玄注："共巾可以覆物。……以疏布者，天地之神尚质。"[46] 郑玄将共巾和幂看作一体，故仅注释共巾一词，重在说明共巾覆物的功能和疏布的材质。但是郑注说"可以覆物"，则共巾可能还有其他功能，故孔颖达疏：

> 巾者则下经王巾皆黼是也。幂者，则幂八尊之类是也。注共巾可以覆物，释曰：据经，巾、幂俱有。郑唯言共巾可以覆物，不言幂者，但幂唯覆物，其巾则兼以拭物，故特解巾以覆物者也。[47]

孔颖达补充郑注"可以覆物"的内涵，说明共巾除了覆物的功能之外，还有擦拭物品功能。

由此可知，幂仅有覆盖物品的功能，巾有覆盖物品和擦拭物品两种功能。至于巾与幂的关系，郑注未详述，故孔颖达补充说：

> 祭天无灌，唯有五齐三酒，实于八尊。疏布者，大功布为幂，覆此八尊。故云：疏布幂八尊。此据正尊而言。若五齐加明水三，酒加玄酒，则十六尊，皆以疏布幂之也。[48]

幂有两种词性，即一为名词，材质是大功布，如"大功布为幂"；

46（清）阮元：《十三经注疏》，第 675 页。
47 同上。
48 同上。

二是动词，覆盖之义，即"疏布幂八尊""以疏布幂之"，用疏布覆盖八尊或者十六尊。由此可知，疏布巾用作幂，即幂由疏布巾制作而成。因此，幂仅用于覆盖之义，与疏布巾可用于覆盖物品和擦拭物品存有功能上的差异。

正因幂尊疏布巾有两大基本功能，即覆盖器物与擦拭器物，故幂尊疏布巾的形状与材质当以满足上述功能作为基本要求。又由幂尊疏布巾之名可知，幂和疏布巾所覆盖和擦拭的器物正是包括尊在内的器物，故覆盖和擦拭尊器正是幂尊疏布巾的基本作用。

据《说文解字》载："尊，酒器也。从酋，廾以奉之。《周礼》六尊：牺尊、象尊、箸尊、壶尊、大尊、山尊，自待祭祀、宾客之礼。"[49]段氏注曰："凡酒必实于尊以待酌者。郑注礼曰：'置酒曰尊。'凡酌酒者，必资于尊。故引申以为尊卑字。犹贵贱，本谓货物而引申之也。自专用为尊卑字而别制罇、樽为酒尊字矣。"[50]许慎依据《周礼》确定六种酒尊，囊括所有祭祀与接待宾客之礼，段玉裁则指出尊器的本义指盛酒容器，重在说明尊敬之义。正是以酒敬尊者，需要符合尊敬之义，故段玉裁以敬酒礼注解，即"廾者，竦手也。奉者，承也。设尊者，必竦手以承之"。[51]正是酒尊用于严肃场合，需要竦手端承。这决定了幂尊疏布巾需要满足尊口覆盖要求，还要满足庄重场合的行礼规范。

正是幂尊疏布巾在覆盖的功能方面主要是覆盖尊口，它的擦拭功能也要满足于尊等物品的擦拭要求，这些功能都要满足庄重场合

49（汉）许慎，（清）段玉裁：《说文解字注》，上海：上海古籍出版社，1981年，第752页。
50（汉）许慎，（清）段玉裁：《说文解字注》，第752页。
51 同上。

的行礼规范。

第二、幂尊疏布巾的形状需要符合覆盖酒尊口和擦拭酒尊等器物的条件。

由前述可知，幂尊疏布巾的功能都要满足施礼要求，故幂尊疏布巾的形状要符合覆盖酒尊口和擦拭礼器要求。

一方面，在覆盖酒尊口方面，方形幂尊疏布巾更能满足礼仪要求。考之《绍熙州县释奠仪图》，州县释奠仪涉及的酒尊有牺尊、象尊、太尊、山尊、著尊、壶尊六种。这些酒器正是前引《说文解字》提及的《周礼》六尊，各口径依次是："口径二寸四分"[52] "口径一寸八分"[53] "口径五寸七分"[54] "口径六寸七分五厘"[55] "口径四寸三分"[56] "口径四寸五分"[57]。由此可获悉两方面内容：一是各尊器开口都是圆形。二是六尊开口直径从一寸八分至六寸七分五厘。验之于《绍熙州县释奠仪图·礼器图》，这些礼器图都是圆形开口。[58]

由前述可知，聂崇义《三礼图》"布之幅二尺有二寸而圆之"，以形状言，聂崇义《三礼图》符合六尊开口形状。以大小言，布的一幅宽二尺有二寸，所裁圆布直径最大达到二尺二寸，正是前述最大口径六寸七分五厘的三倍之多，满足覆盖六尊的基本要求。与之不同，朱子将幂尊疏布巾"取方为之"，即更改为正方形。用材质、

---

52 （宋）朱熹：《绍熙州县释奠仪图》，第42页。
53 同上书，第43页。
54 同上书，第44页。
55 同上书，第45页。
56 同上书，第46页。
57 同上书，第47页。
58 同上书，第42-47页。

大小相同的布匹制作幂尊疏布巾，则朱子的正方形幂尊疏布巾，即长度和宽度都等于二尺又二寸，因保留四边角料，重量比聂崇义的圆形幂尊疏布巾多出约27.39%，即（方形幂尊疏布巾面积－圆形幂尊疏布巾面积）/圆形幂尊疏布巾 = [（二尺二寸）^{2}－π（二尺二寸/2）^{2}]/[π（二尺二寸/2）^{2}] ≈ 27.39%。多出近三分之一的重量，更能避免被风掀开，更符合释奠礼要求。

另一方面，在擦拭器物方面，方形幂尊疏布巾更能满足礼仪要求。据《绍熙州县释奠仪图》可知，大量礼器由金属制作而成，如豆。朱子说："周豆，范金为之，承槃以圆，而圈足稍大，纹理疏简，庶合献豆疏刻之说。"[59] 豆是金属制品，纹理虽简，却带有大量图案，即"加疏刻之工"[60]。其他礼器如簠、簋、牺尊、象尊、太尊、山尊、著尊、壶尊、洗罍、洗、爵、龙勺等，虽未明言材质，但在说明规格时，除太尊外，朱子记载它们的重量，如"簠并盖重一十三斤二两"[61] "簋并盖重九斤"[62] "牺尊重九斤一十两"[63] "象尊重一十斤"[64] "山尊重六斤四两"[65] "著尊重四斤七两"[66] "壶尊重四斤一两二钱"[67] "洗罍重十二斤"[68] "洗重八斤八两"[69] "爵重一斤八

59（宋）朱熹：《绍熙州县释奠仪图》，第38页。
60 同上。
61 同上书，第40页。
62 同上书，第41页。
63 同上书，第42页。
64 同上书，第43页。
65 同上书，第45页。
66 同上书，第46页。
67 同上书，第47页。
68 同上书，第49页。
69 同上书，第50页。

两"[70] "龙勺重一斤"[71]。故它们当属金属材质,否则标注重量就属画蛇添足。又据《文公潭州牒州学备准指挥》说:"一、祭器。……其用铜者,许以铅锡杂铸。"[72] 亦可确认它们当是由铜或铅锡等金属熔铸而成。除太尊外,上述礼器也有各种图案或者造型。[73] 因此,上述礼器存有各种图案或者造型,均由金属熔铸而成,存有难以擦拭的棱角或旮旯犄角之处。

又因圆形幂尊疏布巾,被裁去各角,难以擦拭金属祭器的旮旯角落,不符合礼仪标注。与之相反,方形幂尊疏布巾拥有四个边角,满足祭器擦拭要求。故方形幂尊疏布巾更能满足擦拭器物功能的要求。

第三、方形幂尊疏布巾节省各项费用,便于推广释奠仪。

除了擦拭礼器的优势之外,方形幂尊疏布巾具有更高性价比,满足推广释奠仪的现实条件。

一是在单价方面,方形幂尊疏布巾的成本至多是圆形的四分之一,性价比至少高出八倍以上。

在形状制作方面,方形幂尊疏布巾仅需确定长度之后,用刀截断,其时间和成本接近于零。圆形幂尊疏布巾则再以方形幂尊疏布巾的中心为圆心,以其宽的一半为半径,剪刀轨迹长度=$2\pi r$。前述一幅布二尺二寸,则方形幂尊疏布巾仅需缝纫师量出长度二尺二寸,再用剪刀剪断另一端二尺二寸的宽幅,即剪刀轨迹=2.2尺,

---

70 (宋)朱熹:《绍熙州县释奠仪图》,第51页。
71 同上书,第53页。
72 《文公潭州牒州学备准指挥》,《绍熙州县释奠仪图》,第22-23页。
73 (宋)朱熹:《绍熙州县释奠仪图》,第40-53页。

完成一块方形幂尊疏布巾的雏形。圆形幂尊疏布巾以上述方形幂尊疏布巾的中心为圆心，以其宽的一半为半径，即 1.1 寸为半径，剪刀轨迹的长度就是圆形幂尊疏布巾的周长 = 2.2 尺 + $2\pi r$ = 2.2 尺 + $\pi \times 2.2$ 尺 ≈ 9.11 尺。后者的加工长度是前者的 4.14 倍左右。

在缝补方面，一幅布被制成幂尊疏布巾还需要缝纫师缝补周边部分，以免各类线头或者丝线脱落。以前述一幅布二尺二寸为例，方形幂尊疏布巾需缝补的长度 = 4×2.2 尺 = 8.8 尺，圆形幂尊疏布巾需缝补长度 = $2\pi r$ = $\pi \times 2.2$ 尺 ≈ 6.91 尺。因此，方形幂尊疏布巾需缝补的长度是圆形的 1.27 倍。但在制作工艺方面，圆形幂尊疏布巾的周边是圆弧，方形幂尊疏布巾的周边是直线，前者的难度远大于后者，主要体现于两个环节：一是剪切，即圆形幂尊疏布巾从方形的剪切出来，圆弧的难度至少是直线的两倍以上；二是缝补，即圆形幂尊疏布巾的周边是圆弧，其缝补难度至少是直线的两倍以上。前后相抵，方形幂尊疏布巾的缝补成本至多是圆形幂尊疏布巾的四分之一而已。

在使用效率方面，相同布料方形幂尊疏布巾至少是圆形幂尊疏布巾的两倍以上。由前述可知，方形幂尊疏布巾可以覆盖礼器口和擦拭礼器，圆形幂尊疏布巾仅适用于覆盖礼器，则新的方形幂尊疏布巾可以用于覆盖礼器，当其变旧后，还可直接擦拭礼器，那么方形幂尊疏布巾性价比自然又翻倍了。

二是州县财政处于窘境，不具备铺张浪费的条件。

在制度方面，宋代财政以中央为主，州县仅能按照上级政府规定的数额内使用钱粮，没有任何自由权限。李焘《续资治通鉴长编》卷六乾德三年三月条载："上（引者按：宋太祖）始即位，犹循常制，牧守来朝，皆有贡奉。及赵普为相，劝上革去其弊。是月，申命诸州度支经费外，凡金帛以助军实，悉送都下，无得占留。"[74] 自此确立了宋代地方财政严格按照中央规定来开支，地方失去自由裁量权，正如包伟民所说："天下州军财赋，须由中央规定其得以支用的项目与数额。"[75] "诸州军除中央规定运用的各项经费之外，其他一切财赋，地方均不得动用。"[76] 州军没有自由裁量权，由州军节制的县级政府更不可能拥有自由裁量权。

在现实方面，宋代州县财政长期处于赤字的窘迫状态。据包伟民不完全统计，南宋前期，严州财政赤字达45%，洪州财政赤字达100%；南宋中期，南康军财政赤字达300%，饶州甚至出现财政无保障情况；南宋后期，宣州赤字达到500%。[77] 由此可知，州军财政在南宋前期已经处于赤字状态，且随朝政衰颓加剧，赤字逐步扩大，甚至出现无保障的荒唐境地。其中，南康军财政数据源自朱子知南康军时掌握的情况，故朱子深知州军财政困难情况。至于县级财政情况更糟糕，正如包伟民所说："当州军财政普遍存在赤字的前提下，由州军核定岁计的县级财政，具体情形因时因地容有差异，总体看其窘态更甚于州军，是可以想见的。时人至有'为令丞者日坐汤火涂炭，而每不聊生'的说法。"[78]

由此可知，不论是财政制度，还是财政实况，都决定了州县财政不允许有任何浪费现象。故在各方面不变的情况下，更具性价比

---

[74]（宋）李焘：《续资治通鉴长编》卷六，文渊阁四库全书本。
[75] 包伟民：《宋代地方财政史研究》，上海：上海古籍出版社，2001年，第48页。
[76] 包伟民：《宋代地方财政史研究》，第49页。
[77] 同上书，第166-167页。
[78] 同上书，第167页。

的方形幂尊疏布巾，更能够有效推广释奠仪。

综上所述，朱子的礼学思想具有实用性的基本特征，具体到礼器改革方面，则遵循适用性与有效性原则。

理学的知识考古

——以敖继公《仪礼集说》为中心[*]

何 俊（复旦大学）

通过引入分析的、批判的方法，宋儒摆脱了经学的汉唐旧知识形态，发展出经学的新的理学形态。这种摆脱与发展在初期，比如开启宋学的中晚唐啖助新《春秋》学派那里，甚至北宋庆历时期，破旧的取向显然是非常强烈的，尽管立新的探索也强有力地获得推进。但是，如果分别以王安石、朱熹为北、南宋的学术思想代表而言，宋学的知识形态显然已经确立与完善，经学的汉唐旧知识形态在宋儒那里是被认为充分扬弃而彻底超越了的。借用王安石对宋神宗所讲，不以唐太宗为意，"每事当以尧、舜为法"。[1]这固然是着眼于政治，但在宋人心中，政治完全基于学术思想。换言之，学术思想的表达与竞争，更多的存在于运用共同的学术思想语言与方法的宋儒之间，而主要不存在于与汉唐争胜，至少这已不是显性的根

---

[*] 本文为国家哲学社会科学基金重大项目"《群经统类》的文献整理与宋明儒学研究"（13&ZD061）的阶段研究成果。
[1] 黄以周等辑注：《续资治通鉴长编拾补》卷三上，"治平四年九月乙巳条"，中华书局，2004年，第92页。

本问题。后来清儒为了彰显自己学术思想的正统性与知识生产的可靠性，标举出汉学与宋学的对立与冲突，仿佛这种紧张自始至终存在于宋明理学的发展中，虽未必是故意，也不免于自说自话。经过长时段的学术思想浸淫，理性支配下的知识表达已经成为寄身于经学中的宋明理学的基本形式。《仪礼》研究由于涉及的是纯形式的研究，尽管形式从来都是有意义的，但礼义的表达终究更多地呈现于《礼记》与《周礼》，因此，《仪礼》研究更集中地表证了宋明理学家的知识考古。[2] 沿袭清儒的立场、观点与方法来批评理学家的经典解释固然也有助于我们对理学的认识，但不能否认这样的认识也会带来间隔与误解。摆脱清人所确立的汉学与宋学的是非评判，并非要为理学的经典解释反案。相反，正面呈现理学的经典解释，不仅有益于理学的真正理解，而且也更有益于传统经学多样性的呈现。本文以宋末元初敖继公《仪礼集说》[3] 为中心，试观理学在知识探求上的精神与方法。

一、无用、有用之说何足以蒂芥于胸

赵翼尝云："六朝人最重三《礼》之学，唐初犹然。"[4] 但经过安史之乱，一方面是社会结构转型，世家渐被庶族取代，另一方面割

---

[2] 福柯在他的《知识考古学》（三联书店，1998年）中通过对话语、陈述的分析，以及考古学方法的运用，梳理了思想史上的历史知识的生成。本文仅取"知识考古"这一名词的表层意义，以概括对于已为沉寂了的历史知识《仪礼》的复原。
[3] 关于敖继宝及其《仪礼集说》，参见该书点校者孙宝的《整理说明》，见《仪礼集说》，收入笔者主持整理的"马一浮编选《群经统类》整理丛书"，上海古籍出版社，2017年。
[4]《廿二史札记校证》卷二十"唐初三礼汉书文选之学"，中华书局，1984年，第440页。

据促使制度反省,故有啖助新《春秋》学标示孔子修《春秋》是"参用二帝三王之法,以夏为本,不全守周典",[5] 三《礼》之学受到冲击。虽然在整个知识转型的过程中,经学在新知识形态的拓展中重获型塑,但三《礼》之学重在《礼记》与《周礼》。前者是为理论建构提供思想框架与概念,比如《大学》与《中庸》的被聚焦;后者则为政治改革作张本,荆公新学即是。相比较而言,《仪礼》全是度数节文,实在不适合新的学术思想进行驰骋竞说。更何况世移俗易,原来就不是为庶人而设的礼数也完全不适用于新的时代,因此不受待见是情理中事。整个北宋一代,治《仪礼》者几无。即便有《仪礼》刊行,也是完全转录郑玄注。直到朱熹指出"《仪礼》,礼之根本,而《礼记》乃其枝叶";[6] 并于晚年亲定《仪礼经传通解》部分卷次,拟定规摹次第,经黄榦、杨复三代人完成,《仪礼》才真正由古典转成为宋代理学的经典。由于朱熹的地位,以及《仪礼经传通解》本身的成就,在清代考证学起来以前,整个元明时代有关《仪礼》的注疏,几乎唯《通解》是从,唯一在理学的知识形态上对《仪礼》作出有意义的推进者,便是敖继公的《仪礼集说》。

据钱大昕讲:"君善(继公字)此书不显于元明之世,自纳兰氏刊入《九经解》而近儒多称之。"[7] 清康熙时,考据学远未形成风气,故纳兰成德写于康熙丁巳(康熙十六年)的《仪礼集说序》对

---

[5] 陆淳:《春秋集传纂例》卷一《春秋宗指议第一》,武英殿聚珍版丛书本。

[6]《朱子语类》卷八四,中华书局,1986年,第2186页。关于宋儒在礼学上这一思想转变的分析,请参拙稿《由礼转理抑或以礼合理——唐宋思想转型的一个视角》,收入笔者《儒学之镜》,新星出版社,2017年,第44-58页。

[7] 钱大昕:《跋仪礼集说》,见《仪礼集说》附录,第1052页。

敖继公此书给予了很好的评价：

> 敖继公以（郑）康成旧注疵多醇少，辄为删定。取贾（公彦）疏及先儒之说补其阙，又未足，则附以己见，名曰《集说》，盖不以其艰词奥义自委者已。宋相马廷鸾生五十八年始读《仪礼》，称其"奇词奥旨中有精义妙道焉，纤悉曲折中有明辨等级焉"。观于继公是书，不信然欤？[8]

马廷鸾是南宋末年右相，其子马端临的《文献通考》成书于元大德十一年，较成书于大德五年的《仪礼集说》晚数年，是敖继公同时期人。据马廷鸾《仪礼本经注疏会编后序》，"王介甫新经既出，士不读书"，马廷鸾五十八岁前也没有读过《仪礼》，至晚年决定研读，以家藏监本《仪礼》经注为本，"手自点校，并取朱氏礼书，与其门人高弟黄氏、杨氏诸家续补之编，分章析条，题要其上，遂为完书"。[9] 敖继公自述他的《仪礼》研究：

> 此书旧有郑康成注，然其间疵多而醇少，学者不察也。予今辄删其不合于经者而存其不谬者，意义有未足，则取疏、记或先儒之说以补之。又未足，则附之以一得之见焉，因名曰《仪礼集说》。[10]

---

8 纳兰成德：《仪礼集说序》，《仪礼集说》，第1页。
9 《碧梧玩芳集》卷十二，文渊阁四库本。
10 敖继公：《仪礼集说序》，《仪礼集说》，第1页。

两相对比，可知方法上很相似，目的也都是为了阐明《仪礼》。因此，纳兰成德取马廷鸾语而誉《仪礼集说》，除了赞誉本身，以及借马廷鸾的话来阐扬存于《仪礼》中的礼义，应还有揭明敖继公的《仪礼集说》代表着同时代人对《仪礼》的共识这层意思。换言之，《仪礼集说》是宋元理学成熟时期研究《仪礼》的代表性著作。

不过，敖继公讲郑玄的旧注"疵多而醇少"，在刻意标举汉学与宋学相对立、要举汉学的旗帜来推倒宋学的乾嘉诸儒那里，便成为一个足以取笑的说法。前引钱大昕跋文在说明《仪礼集说》原不显于元明，只是因纳兰成德刊入《九经解》而为人所知后，接着便讲：

> 其说好与康成立异，而支离穿凿，似是而非。吾友褚刑部寅亮有《仪礼管见》三卷，攻之不遗余力矣。

褚寅亮以为，敖继公所谓的郑玄旧注"疵多而醇少"，实质上是刻意与汉学争胜。褚寅亮讲：

> 至敖氏继公著《仪礼集说》一编，自谓：于郑注之不合于经者，删之；意义有未足，则取先儒之说补之；又未足，则附以己见。其致力亦云勤矣，用心亦良苦矣。然为之反复而紬绎焉，其意似不专主解经而维在与康成立异。特含而不露，使读之者但喜其议论之创获，而不觉其有排击之迹。……夫郑氏之注《仪礼》，简而核，约而达，精微而广大，礼家莫出其范围。一旦敖氏之说行，而使人舍平平之正道，转入于歧趋，窃恐郑学晦而《礼经》

之文亦将从是而晦矣!¹¹

显然，褚寅亮不只是在攻驳《仪礼集说》，而更是在争所谓汉学与宋学方法上的是非。钱大昕讲："自敖氏之说兴，缀学者厌注疏之繁而乐其易晓，往往舍古训而从之。"¹² 王鸣盛讲："所以欲明郑氏之精者，正为郑注明而经义乃明也。"¹³ 所持的都是这样的立场。

敖继公《仪礼集说》是否存在着许多"似是而非"的解释，这其实完全是可以各抒己见的学术问题，而"维在与康成立异"，"特含而不露，使读之者但喜其议论之创获，而不觉其有排击之迹"，则完全已是学术态度，甚至是学术品德的问题了。学术态度与品德单独看，似乎与学术方法不完全等同，但实质上，如果学术态度与品德存在着问题，学术方法即便是正确的，也会导致在研究中被错误地加以运用，从而影响学术研究本身的正确与否。然而，学术态度与品德的评定，本身是一件非常缺乏客观标准的事情。就敖继公《仪礼集说》而言，同样以汉学与宋学的对立作为学术史基本框架的四库馆臣虽然也认为敖继公"未免南宋末年务诋汉儒之余习"，但"未免"与"维在""特含而不露"还是有很大的区别，更重要的是，馆臣对敖继公的治学态度与品德给予了基本的肯定。馆臣云：

（《仪礼集说》）于郑注之中录其所取而不攻驳所不取，无吹毛索垢、百计求胜之心，盖继公于《礼》所得颇深，其不合于旧

---

11 褚寅亮：《仪礼管见自序》，见《仪礼集说》附录，第1063页。
12 钱大昕：《仪礼管见序》，见《仪礼集说》附录，第1062页。
13 王鸣盛：《仪礼管见序》，见《仪礼集说》附录，第1063页。

说者不过所见不同，各自抒其心得，初非矫激以争名，故与目未
睹注、疏之面而随声佐斗者有不同也。且郑注简约，又多古语，
贾公彦疏尚未能一一申明，继公独逐字研求，务畅厥旨，实能有
所发挥，则亦不病其异同矣。卷末各附正误，考辨字句颇详，知
非徒骋虚词者。……继公所学犹有先儒谨严之遗，固异乎王柏、
吴澄诸人奋笔而改经者也。[14]

显然，这样的论断更接近事实。[15]

除了馆臣所举证据，还可以补充两点以佐证之。一是敖继公对朱熹《仪礼通解》的处理。[16] 由前引马廷鸾《仪礼本经注疏会编后序》知，宋末元初朱熹《仪礼通解》已近乎《仪礼》研究的典范著作，但敖继公并没有以朱子之是非为是非，甚至没有隐晦地表达自己与朱子的分歧，而是明白地交待自己与朱子的不同，并阐明原因。《仪礼》共十七篇，其中十三篇附有《记》。"夫《记》者，乃后人述其所闻以足经意者也。旧各置之于其本篇之后者，所以尊经而不敢与之杂也"，"朱子作《仪礼通解》，乃始以《记》文分属于经文每条之下"。这当然是《通解》的重要体例，而且也包含着对《仪礼》的理解。敖继公明确指出"于此则不能从"，因为《记》所针对的经文情况复杂，如果简单分属于经文每条之下，不仅体例不

---

14 《四库全书总目·仪礼集说提要》，见《仪礼集说》附录，第1055页。
15 清人对于敖继公的批评，彭林在《清人对敖继公之臧否与郑玄经师地位之恢复》中作了非常详尽的梳理，参见氏著《〈周礼〉主体思想与成书年代研究》附录三，中国人民大学出版社，2009年，第221-261页。
16 此一专题的研究可参见廖明飞《敖继公〈仪礼集说〉と朱子〈仪礼经传通解〉その继承と修正》，《中国思想史研究》（京都大学），2018年，卷39，第105-135页。

妥，而且对《记》也会引起误读。敖继公讲：

> 不若仍旧贯之为愈，而不敢效朱子《通解》之为也。鲁人所谓以"吾之不可学柳下惠之可"者，吾有取焉尔。夫岂敢有求异之意哉？

这里所谓的"仍旧贯之"，指的是一仍《记》附篇后的体例。敖继公根据"《艺文志》言《礼》经与《记》各自为篇数，是班固之时经、《记》犹不相合"，推测《记》附篇后的体例大概是郑玄定的。[17] 究竟如何确定《记》与经文的体例，不在本文议题之内，这里所要认识到的是，在这一重要问题上，敖继公取郑舍朱，并且专门在《后序》中申明，实足以证明他没有那么强烈的所谓宋学与汉学争胜之心。甚至可以以为，敖继公不仅没有宋学与汉学争胜之心，而且宋学与汉学相对立的观念也未必那么明确地存在。

这当然只是推测，但也并非毫无依据。这个依据便是另一个佐证，即敖继公在《仪礼集说序》中所自述的研究状态：

> 继公半生游学，晚读此书。沉潜既久，忽若有得。每一开卷，则心目之间如亲见古人于千载之上，而与之揖让周旋于其间焉，盖有手之舞、足之蹈而不自知者。夫如是，则其无用、有用之说尚何足以蒂芥于胸中哉？呜呼！予之所玩者仅十七篇耳，而其意已若此。设使尽得"三百"、"三千"之条目而读之，又将何

17《仪礼集说后序》，《仪礼集说》，第1050-1051页。

如耶？此书旧有郑康成注，然其间疵多而醇少，学者不察也。予今辄删其不合于经者而存其不谬者，意有未足，则取疏、记或先儒之说以补之。又未足，则附之以一得之见焉，因名曰《仪礼集说》。[18]

据此自述，敖继公的研究经历了两个阶段。一是"沉潜既久，忽若有得"；二是删、存、补，以及"附之以一得之见"，修撰《仪礼集说》。这两个阶段所呈现出的内涵生动而丰富，下文将分别讨论，这里只想就敖继公《仪礼》研究中的汉学宋学问题略作申论。在第一个阶段，敖继公完全沉浸在古礼的复原中，可以想见，此时他的诉求应该只是弄清古礼，而决不会纠缠于汉学或宋学。只有在第二个阶段，进行集说时，他才可能于取舍之间考虑到立场，但由他讲的删、存、补，以及"附之以一得之见"，他的标准是在"合于经"，而不在汉宋学。当然，"合于经"与否，最终是一个见之于认识者主观的判定，但如此泛化的观念实在不足以成为判定具体一项研究的依据。实际上，只要不存偏见地体会敖继公所讲的"每一开卷，则心目之间如亲见古人于千载之上，而与之揖让周旋于其间焉，盖有手之舞、足之蹈而不自知者。夫如是，则其无用、有用之说尚何足以蒂芥于胸中哉"？便能够认识到他对古礼的复原已达到为知识而知识的境界，至于这样的知识考古是否有什么功用，已不在考虑之中，更何况汉学与宋学知识门户的依傍。

综上所言，宋代理学在其成熟的宋末元初时期，对于知识的追求已进入一个比较纯粹的境地。这样的判识在宋明儒学的大部分领

---

[18]《仪礼集说》，第1页。

域,因为所涉都涵摄着价值性知识,往往难以获见。所幸《仪礼》的研究为这样的判识提供了可能。因为礼虽然具有着义,涵摄着价值性知识,但终究可以在具体的研究中暂时剥离形式背后的意义,仅就纯粹的仪式作知识考古,敖继公所谓"其无用、有用之说尚何足以蒂芥于胸中哉"?正是进入到这样的知识考古境界的表证。

二、与古人揖让周旋于其间

阮元《仪礼注疏校勘记序》讲:"《仪礼》最为难读。"又讲:"经文且然,况注。"又讲:"贾疏文笔冗蔓,词意郁塞。"概言之,要想对古代的礼仪进行复原,实在是一项非常艰难的知识考古。司马迁讲当时礼学:

> 诸学者多言《礼》,而鲁高堂生最本。《礼》固自孔子时而其经不具,及至秦焚书,书散亡益多,于今独有《士礼》,高堂生能言之。
>
> 而鲁徐生善为容。孝文帝时,徐生以容为礼官大夫。传子至孙徐延、徐襄。襄,其天姿善为容,不能通《礼经》;延颇能,未善也。襄以容为汉礼官大夫,至广陵内史。延及徐氏弟子公户满意、桓生、单次,皆尝为汉礼官大夫。而瑕丘萧奋以《礼》为淮阳太守。是后能言《礼》为容者,由徐氏焉。[19]

---

[19]《史记》卷一二一《儒林列传》,中华书局,1972年,第3126页。

司马迁的叙述透露了复原礼仪有两个路径：一个是"言"，即解释；另一个是"容"，即演示。按照司马迁的记载，汉代起，这两个路径是同时展开的，而演示似乎更重要，所以最后能够解释《礼》并能演示的，还是由"善为容"的徐氏后人。这也许表征了《仪礼》的研究与其他经典有所不同，其他经典的研究完全建立在经文考辨与解释的基础上，而《仪礼》的研究仅依靠经文解释是不够的，甚至经文的解释不如演示更重要。作此理解，似乎也不无道理。前述阮元讲《仪礼》最难读，而注与疏也都有问题，固然有文字的原因，恐怕与《仪礼》本是各种仪式的记录，而仪式的记录有时实非文字所能讲清，只有图像才足以传达。如果能够演示，那么进而作文字的说明，应是比较有效的。反之，如果无法演示，那么文字的说明，便很容易牵强。

由此来看前引敖继公的《仪礼集说序》，他的研究正是先由演示来再现各种礼仪，而后再集众说加以说明。这里，便以分析他的演示为主，兼及他的集说。敖继公讲：

> 沉潜既久，忽若有得。每一开卷，则心目之间如亲见古人于千载之上，而与之揖让周旋于其间焉，盖有手之舞、足之蹈而不自知者。

在长时期的研究以后，他对礼仪首先是在演示的意义上获得了理解与掌握。所谓"亲见古人于千载之上"，实际上是他对仪式本身完成了复原；"与之揖让周旋于其间焉"，则是他假想自己参与其中，完整地进行了演示。

思想观念的分析可以完全系于语言，礼仪的演示则如舞台表演，需要将诸多要素，如空间场景、次第先后、角色配合，等等，都能考虑周全。敖继公要复原古礼，必须要将潜藏于简略，甚至缺失、错乱的经文中的这些内容，依靠他的想象加以呈现。先举一例以见之。《士冠礼第一》"每曲揖"。郑注与贾疏虽都有解说，但都不详明，敖继公讲：

> 每曲揖，谓大门之内、庙门之外。宾主于凡所行曲折之处，则相揖也。周左宗庙，尊卑同之。主人迎宾入门右，西面而立；宾入门左，东面。乃折而北，又折而东，又折而南，与主人相乡而前，乃东行入阁门。主人入门右，宾入门左。接西塾，东面而立。主人折而东，又折而北，又折而西，与宾相乡而前，乃北行入祢庙也。凡主人以宾入而有每曲揖者，惟将入庙之礼，然其余则否。[20]

读此，实与观看一段影像材料没有区别。

有些仪式，如果不着意说明空间位置，则不仅无法知道仪式进行的空间场景，而且也无法体会特定位置的礼义。前者比如，士冠礼的"布席于门中，闑西阈外，西面"。郑注很简单："闑，门橜。阈，阃也。"很难真正了解场景的具体布置。继公谓：

> 闑西，东西节也。阈外，南北节也。此席西于闑，乃云门

20《仪礼集说》，第18页。

中，则二扉之间惟有一闑明矣。[21]

这便将场景呈现出来了。后者比如，"士冠礼"的第一句话，"筮于庙门"。郑注：

> 筮者，以蓍问日吉凶于《易》也。冠必筮日于庙门者，重以成人之礼，成子孙也。庙谓祢庙。不于堂者，嫌蓍之灵由庙神。[22]

敖继公引用时，摘录为："筮，以蓍问吉凶于《易》也。庙，谓祢庙。"删去："冠必筮日于庙门者，重以成人之礼，成子孙也。……不于堂者，嫌蓍之灵由庙神。"继公自己的解释：

> 此目筮日之事也。凡经文类此者，不悉见之。筮日者，重冠事也。于庙门者，为将有事于庙中故也。必于门者，明其求于外神也。[23]

"此目"至"见之"，讲明了经文的某一体例，显然不仅对此一仪式的理解有意义，而且对全部经文的理解都有意义。只是此处要分析的是场景问题，具体的是此下三句：1. "筮日者"句。"重冠事"，点明这是冠礼的一个重要环节；郑注似乎也强调这点，"冠必筮日于庙门者，重以成人之礼，成子孙也"。但细读可见，继公以为"重冠事"，指的是整个"筮日"，而郑注则注重在"冠必筮日

21《仪礼集说》，第3页。
22《仪礼注疏》，上海古籍出版社，2008年，第4页。
23《仪礼集说》，第2页。

于庙门者",聚焦于"庙门",故此句删去。2."于庙门者"句。继公说明有事将要去庙里,但先要在庙门进行筮礼,从而将前面讲的"重冠事"之"重"在仪礼上作了更细致的呈现;郑注没有这样的区分。3."必于门者"句。郑注"不于堂者,嫌蓍之灵由庙神",与第1句就有了冲突,前面讲是"重以成人之礼",重心在礼,这里讲"嫌蓍之灵由庙神",重心转到神。虽然神本是礼的内容,但笼统言之,显然不确切。继公强调"筮日"为重,而"于庙门"则是因"求于外神"。这就既明确了场景,也说明了礼义。同时,也清楚地看到敖继公对郑注进行删、存的原因。

场景如此,其他细节也是如此。比如道具。"士冠礼"前引"筮于庙门"后面的一句,"主人玄冠,朝服,缁带,素韠,即位于门东,西面"。整个解释大致相近,只有"素韠"这一道具的解释,敖继公要比郑注更富内涵。郑注曰:

> 素韠,白韦韠。长三尺,上广一尺,下广二尺,其颈五寸,肩革带博二寸。[24]

《仪礼集说》照录,而继公补曰:

> 素韠,象裳色也。士之韠,率象裳,色或近焉。惟有为而变者,乃大异也。韠之义,说者谓古者田狩而食其肉,衣其皮。先以两皮如韠,以蔽前后,后世圣人易之以布帛,犹存其蔽前,示

---

[24]《仪礼注疏》,第6页。

不后古云。[25]

前引照录的郑注，已讲清楚素韠的形制。"象裳色"是颜色的补充性说明，与郑注"白"相比，虽更细化，但大致无区别。唯进一步解释的"韠之义"，却富意味。敖继公引"说者"的解释，进而抉发了素韠的由来及其意涵，显然对于此一道具的理解由知其然，进入到知其所以然。这里便充分呈现了敖继公的"补"以及"附之以一得之见"。

除了场景、道具这样的硬件外，人物角色的配合无疑是礼仪进行中最重要的部分，前举"每曲揖"的例子，已概见敖继公的解说。请再举一例"每曲揖"后面的"至于阶，三让"，更进一步见其解说的详尽：

> 让，据主人言也。主人三让而客三辞，既则主人先升一等而宾从之。凡让升之法，宾主敌，则主人先让而先升；主人尊，亦然；客尊，则客先让而先升也。惟天子之使则不让。[26]

这便近乎导演在给演员说戏了。三让礼仪中，主人与客人之间究竟如何配合，宾主身份的不同在三让之礼中的相应处理，以及"天子之使"的特殊要求，这一解释讲得清楚明白。

上述例子，仅是在《士冠礼第一》的开头部分，随意选取，在

---

25 《仪礼集说》，第2页。
26 同上书，第18-19页。

整个《仪礼集说》中这样的解释可以说是俯拾皆是。只要有此意识，读敖继公的解释，则完全会产生前引他讲的："每一开卷，则心目之间如亲见古人于千载之上，而与之揖让周旋于其间焉。"这样的演示复原，一方面足以看到敖继公的工作深得汉代礼学的精髓，另一方面则足以彰显理学主导下的知识考古的方法与精神。敖继公的演示复原，虽然也涉及礼义方面的内涵抉发，如前述例中所及，但是更主要的取向是礼仪的形式复原。尤其这个形式复原是整个《仪礼集说》工作基础，从而使得敖继公的知识考古具有非常明显与强烈的技艺性质。换言之，《仪礼集说》的整个工作的基础部分充满着某种知识上单纯性，或者是纯粹性。这样的单纯或纯粹，恰恰是理性活动所追求的某种境界。理学固然是具有强烈思想诉求的哲学，但理学的方法却有着超越于具体思想内容的知识逻辑性质，而敖继公对《仪礼》的复原，极大程度上便是这一理学方法的运用，并于这样的运用中达到纯粹理性活动的境界，即他对自己的工作是否具有实际功用性，已能基本超越。

此外，由于敖继公的《仪礼》复原工作的单纯性，因此，粗略看去，似乎他的复原与前人也有许多相似处。这当然首先是因为共同的复原对象决定了这样的结果；但是细加体会，也不难发现，敖继公的解释清楚明白，前引诸例均彰显了这一特征，这里再各举场景与活动一例以见之。先看集说场景者：

> 筮与席、所卦者，具馔于西塾。
> 注曰：筮，谓蓍也。具，俱也。馔，陈也。西塾，门外西堂也。门侧之堂，谓之塾。

继公谓：蓍而云筮者，以其所用名之。席，蒲筵也。士用蒲席，神人同。所卦者，所以画地记爻及书卦之具也。《士丧》筮日之礼云："奠龟于西塾上，南首有席，燋在龟东。"然则此时具馔之位，蓍亦当南乡。席在其后，而所卦者则在蓍右，亦变于筮时也。[27]

案郑注原文："筮所以问吉凶，谓蓍也。所卦者，所以画地记爻……"[28] 前一句，敖继公删"所以问吉凶"；后一句则在他的附以己见中予以改写，保存"所卦者，所以画地记爻"增加了"及书卦之具也"数字。观其删及存补，并对比郑注与敖继公的解释，可知郑注对"席"没有注，对"筮"与"所卦者"则放在了"所以问吉凶""所以画地记爻"的功能解释；而敖继公所录与所附者，紧扣"筮""席""所卦者"三种道具及其布置的说明，并交待了筮时与龟时场景的变化，清楚明白。再看集说活动者：

冠者见于兄弟，兄弟再拜，冠者答拜。见赞者，西面拜，亦如之。

注曰：见赞者西面拜，则见兄弟东面拜。

疏曰：亦如之者，言赞者先拜而冠者答之也。

继公谓：兄弟与赞者皆先拜之，亦重冠礼也。兄弟位在洗东，赞者位在西方，亦西当西序。赞者为礼竟，则亦出而就次。此时兄弟之在庙者，冠者皆见之。乃不见父者，以难为礼也。盖

---

[27]《仪礼集说》，第3页。
[28]《仪礼注疏》，第8页。

> 此时冠者于凡所见者皆不先拜而答拜，乃其礼当然尔。父至尊也，是礼有不可行，故阙之。且父为冠主，虽不见之，亦无嫌也。不见宾者，宾既醴之则交拜矣，是亦见也。若复行礼，则几于亵。[29]

此处集说，敖继公照录郑注，而摘录贾疏的部分是对仪式中赞者与冠者拜答先后的重要补充，而他自己的解释则进一步申诉此一仪式的含义、场景细节，以及相关事项，比如"不见父""不见宾"的说明，让人充分理解，进入仪式的演出。

总之，敖继公的《仪礼》复原工作，具有着浓重的纯粹知识探求的性质，亦因此性质，故能使他超越于功利目的的考量。不过，诚如孔子所言："知之者不如好之者，好之者不如乐之者。"[30] 人的任何行为，只有在进入到以此为乐的境地，此一行为才足以真正摆脱功利性质的考问，孔子悬以"游于艺"为最高境界，正是充分阐明这样的洞见。所幸的是，《仪礼》所载，虽然是有意义的形式，是彰显文明的仪式，其意义与文明是极具思想价值性质的议题，但就形式与仪式本身而言，则由于具有高度的演示性，从而足以满足"游于艺"的要求。敖继公所谓"盖有手之舞、足之蹈而不自知者""予之所玩者仅十七篇耳，而其意已若此，设使尽得'三百''三千'之条目而读之，又将何如耶"云云，实际上刻画出他对《仪礼》的演示复原进入到"游于艺"的状态，而此正是理学的知识考古达到最高境地的表证。

---

[29]《仪礼集说》，第27-28页。
[30]《论语·雍也》。

三、删、存、补及附以己见

当一个人心目之间已建立起某一种形式时,并不必然意味着能够将这个形式呈现出来。以艺术的创造而言,能够呈现的,不一定是艺术家,也可能只是工匠,但艺术家一定能够驾驭相关的技术加以呈现。正如庄生所谓"技进乎道",技未必一定能进乎道,但道必有待于技。对于敖继公来说,当他于《仪礼》"沉潜既久,忽若有得。每一开卷,则心目之间如亲见古人于千载之上,而与之揖让周旋于其间焉",仅此是不够的,作为经典的诠释,他必须将他心目之间所亲见的,进一步落在经学形式的文字阐明中,也就是他《仪礼集说序》中所讲的,在郑注贾疏基础上进行删、存、补,以及"附之以一得之见"的工作。

在前文所举"篚于庙门"等诸例的分析中,已涉及敖继公对郑注的"删"与"存",引"说者"以为"补",以及他的"附以己见",窥见他力求"合于经"的方法与标准之一斑。宋、元的礼学趋向与特征,前述纳兰成德引用马廷鸾论说《仪礼》时,已稍涉及。为了能够更清楚地分析敖继公在《仪礼集说》中的经学方法,尤其是彰显其中的理学知识考古,这里不再举《仪礼集说》中的例子,而是将敖继公的删、存、补以及附以己见,放在宋、元的礼学脉络,尤其是敖门的学术风格中加以理解。

按照《宋元学案》的处理,与敖继公相关的礼学脉络,被置于《艮斋学案》中的《忠甫续传》。忠甫是张淳的字,《宋元学案》载:

> 谢山《永嘉张氏古礼序》曰:"宋中兴,《艺文志》谓'《仪

礼》既废,学者几不复知有此书'。忠甫始识其误。则是经在宋,当以忠甫为功臣之首。"又曰:"永嘉自九先生而后,伊川之学统在焉,其人才极盛。《宋史》不为忠甫立传,故其本末阙然,独见于陈止斋所作墓志,乃知其与薛士龙、郑景望齐名,固乾淳间一大儒也。"[31]

南宋永嘉学派至陈傅良、薛季宣,以经制言事功的学术倾向已经形成,礼学是永嘉学者重要的学术领域,只是在陈、薛,礼学研究主要仍然聚焦于《周礼》,而同籍永嘉的张淳却对《仪礼》深有研究,并且校定"《古礼》十七卷,《释文》一卷,《识误》三卷"。[32] 张淳因无功名而不显,《宋史》无传。幸因陈傅良撰其墓志而留名,故《宋元学案》将他作为《艮斋同调》,补入《艮斋学案》中。从《永嘉张氏古礼序》知,全祖望是将张淳放在"伊川之学统在焉"的永嘉学术脉络中处理的,而且评其"与薛士龙、郑景望齐名,固乾淳间一大儒",实际上是将他既作为永嘉学术的重要组成,又属于理学学统中人加以看待的。

敖继公是福建长乐人,寓居湖州,自称"半生游学",似无明确师承。《宋元学案》将他归在《忠甫续传》,依王梓材的说明:

> 敖先生传,黄氏补本列《李俞诸儒学案》。兹以其为《仪礼》之学,系之《忠甫续传》,以明宋、元两朝礼学之不绝有自云。[33]

---

31 《宋元学案》卷五二《艮斋学案》,《黄宗羲全集》第五册,浙江古籍出版社,第59页。
32 《宋元学案》卷五二《艮斋学案》,《黄宗羲全集》第五册,第59页。
33 同上书,第66页。

可知《宋元学案》没有将敖继公视为永嘉学术的构成，但却是作为礼学研究这个学术领域的一个环节。这意味着，永嘉张淳与湖州敖继公一方面是两浙理学的一部分。另一方面，《宋元学案》的这一安排，虽然没有明确说明敖继公的《仪礼》之学具有怎样的性质与风格，但却与前引马廷鸾的《仪礼》研究，以及敖继公与马廷鸾都曾认真研阅的朱熹《仪礼经传通解》一起，表证着从南宋乾淳起，《仪礼》之学确实有着一个渐进的推进过程；而且，敖继公的《仪礼集说》实际上已成为承张淳、朱熹、马廷鸾之后的重要著作。

此外，张淳"居母丧，无不与《士丧礼》合。间为族姻治丧，亦断断持古制"。因此，其《仪礼》研究致力于"持古制"是重要特征。另一方面，他虽批评"今之仕者，皆非出于古之道"，而在具体举例时，讲："始至则朝拜，遇国忌，则引黄而荐在天之灵，古有之乎？是以虽贫，不愿禄也。"可见他的"古之道"，决不仅仅是形式本身，而是蕴涵着礼之义，即仪式背后的理，并且依循此理而笃实践行。因此，《宋元学案》称誉道：

> 呜呼！先生斯言，可谓得礼之精，而能以之自持，岂徒考度数之末文者哉！[34]

清代考据学在经学的研究中有吴派"信古"与皖派"求是"的分别，[35] 由《宋元学案》对张淳礼学的描述，可以说，宋代理学的礼

---

[34]《宋元学案》卷五二《艮斋学案》，《黄宗羲全集》第五册，第 58-59 页。
[35] 梁启超：《中国近三百年学术史》，上海古籍出版社，2014 年，第 21 页；另参见梁启超《清代学术概论》之十、十一，东方出版社，1996 年。

学研究是"信古"与"求是"的合一。"考度数"的"信古"是基础,"礼之精"的"求是"是深入;"求是"也决不是空言"礼之精",而是最终"能以之自持",落在循理践礼的工夫上。敖继公作为《忠甫续传》,那么在《宋元学案》看来,他的《仪礼》之学无疑是与张淳一样,具有着共同的性质与特征,这与前文的分析是相吻合的。

敖继公的《仪礼》之学似乎还有别的特征,从而呈现出更鲜明的风格。首先,他的《仪礼》之学是从属于他的整个经史研究的一部分,而且他的经学研究具有明显的整合汉宋学的取向。《宋元学案》说敖继公在寓家湖州时,"筑一小楼,坐卧其中,冬不炉,夏不扇,日从事经史"。[36]《敖氏门人》"主簿倪文静先生渊"传云:

> 倪渊,字仲深,乌程人。生而卓异,精敏绝人。既长,刻意圣贤之学。三山敖先生继翁,深于《三礼》,而尤善《易》。先生从之游,于节文、度数之详,辞变、象占之妙,靡不博考洞究。[37]

明确指出敖继公"深于《三礼》,而尤善《易》";虽然是讲倪渊"于节文、度数之详,辞变、象占之妙,靡不博考洞究",但却是从游于敖继公的结果。"节文、度数"是指《三礼》的《仪礼》,"辞变、象占"是指《易》学之象数,这两者都不是宋代伊洛理学的重心,至朱熹虽作出调整并产生影响,但大的学术风尚还没

---

36 《宋元学案》卷五二《艮斋学案》,《黄宗羲全集》第五册,第63页。
37 同上书,第66页。

有来得及改变，这从前述饱学的马廷鸾五十八岁尚未读《仪礼》，以及敖继公坐卧小楼的沉潜，便略知宋末元初的理学正在经历着治学风格的自我调整之中。敖继公的经学研究代表着这一调整。

其次，由于明显的整合汉宋学的取向，因此敖继公《仪礼集说》中所贯彻的删、存、补以及附以己见，完全基于分析的、批判的理性精神，诚无汉学与宋学的门户依傍。这以敖继公另一位更著名的弟子赵孟頫为例予以佐证。《宋元学案》将赵孟頫列在《双峰学案》程钜夫门人中，因为当初"程钜夫搜访遗逸于江南，得先生，以之入见，故终身以师事之"。但王梓材"谨案"：

> 朱氏《经义考》引《姓谱》，言"敖继公寓居湖州，邃通经术，赵孟頫师事之"。是文敏本敖氏门人。[38]

赵孟頫的弟子杨载所撰《赵公行状》证明了这一点。杨载受业于赵孟頫近二十年，"尝次第公语，为《松雪斋谈录》二卷，复采其平生行事以为行状，念当世立言君子，且移国史院请立传，移太常请谥"，对赵孟頫无疑非常了解。他在《赵公行状》中明确记载：

> 皇元混一后，闲居里中。丘夫人语公曰："圣朝必收江南才能之士而用之。汝非多读书，何以异于常人？"公益自力于学，时从老儒敖继公质问疑义，经明行修，声闻涌溢，达于朝廷。[39]

---

[38]《宋元学案》卷八三《双峰学案》，《黄宗羲全集》第六册，第332页。
[39]《赵孟頫集》附录三，浙江古籍出版社，2012年，第516—525页。

赵孟頫尝撰有《重缉尚书集注》,已佚,但《重缉尚书集注序》尚存,对于了解敖继公的经学很重要。《序》曰:

> 《书》之为《书》,二帝三王之道于是乎在。不幸而至于亡,于不幸之中幸而有存者,忍使伪乱其间耶?又幸而觉其伪,忍无述焉以明之,使天下后世常受其欺耶?孟頫覈其真而为之集注,越二十余年,再一订正,手录成书。……《书》之为道诚邃矣。汉自伏生以下,晁错、倪宽、夏侯胜,皆专治《书》而不得其旨,孔安国虽为之注,多惑于伪序而讨论未精,蔡邕才堪厘正,而其说不尽传。孔颖达之疏,曲畅附会,无所折衷。至宋朱子,留心虽久,未遑成书。蔡沈过谨而失之繁,亦为才识之所限。金履祥征之而失于简,亦以精力之所拘。终不若他经之传注,审之熟而言之确也。……孟頫翻阅考撮自童时,今至于白首,……集注始于至元十六年,中更作辍,成于大德元年。今又二十余年矣……[40]

此《序》成于大德元年后二十余年,已在赵孟頫晚年。《重缉尚书集注》始于至元十六年,就是1279年,南宋祥兴二年,南宋崖山战败而亡之年。也就是这年起,赵孟頫随敖继公研究经学。另据《行状》,至元二十三年,因程钜夫举荐,赵孟頫于冬季北上大都,离开湖州,至此,他随敖继公研究经学已长达七年。与倪渊专攻《礼》《易》有别,赵孟頫似乎偏重于《书》。"《书》之为《书》,二帝三王之道于是乎在",作为赵宋宗亲,崖山之痛对于赵孟頫选

---

40 《赵孟頫集》,第383页。

择研究《书》，想来是有直接关系的。敖继公解答赵孟頫的疑义，指导他编撰《尚书集注》，则说明对《书》也深有研究。赵孟頫的《尚书集注》成于大德元年，敖继公的《仪礼集说》成于大德五年，此时赵孟頫在任上，师徒两人是否有直接交流，则不得而知。

判定《尚书》伪乱，这是清代考据学的标志性成果，而由此序，知赵孟頫对此已有明确认定。从赵孟頫对伏生以下《书》学史研究回顾，他对汉唐诸儒固然不满，对宋儒也同样不满，即便朱子也不例外，只是措词委婉许多。对宋儒虽似肯定略多于汉唐，但也只能说是对认识的自然进步作出肯定而已。概言之，赵孟頫对《书》学史总体上是评价不高，"终不若他经之传注，审之熟而言之确也"。不过，如果仔细审读赵孟頫对各家点评，可以清楚地看到，他的批评虽然简短，但却是一种分析性的论断，属于行家精准的识见，决不是空泛否定。[41] 由这些分析性的批评，可以相信，对所论及的汉唐宋诸儒的《书》学研究，赵孟頫显然都是研读过的。尽管如此，赵孟頫的《书》说研究并没有采用宋儒的经说形式，而是"覈其真而为之集注，越二十余年，再一订正，手录成书"。显然，知识考古以"覈其真"是赵孟頫《书》学研究的目的，而"集注"的形式极大程度限制了主观发挥，尽可能在前人知识这一客观基础上进行分析与判断。

反观前述敖继公的删、存、补及附以己见，其目的、方法、风

---

[41] 此序所见赵孟頫的《尚书》学史批评，如与他的书论作比较，比如《赵孟頫集》中《评宋人十一家帖》（第384页）、《跋宋苏轼书唐方干诗卷》（第391页）、《题黄山谷草书杜诗》（第403页）、《跋米南宫临谢太傅慰问帖》（第422页）等等，可见其批评风格具有言简意赅的高度一致性，此似亦可佐证赵孟頫的《尚书》学史批评并非空论。

格，实与赵孟頫序文所言相一致。因此，杨载所谓"（赵）公益自力于学，时从老儒敖继公质问疑义，经明行修"，完全表证了敖继公的治学在赵孟頫那里获得传承。事实上，前述倪渊的经学研究，也充分佐证了敖门经学研究所具有的共同性，即理学发展到成熟时期的基于分析的批判的知识考古。

明清之际浙西地区的行礼团体及其论礼

何淑宜（台北大学）

一、前言

　　道光七年（1827），钱仪吉（1783-1850）在其先祖钱汝霖（1618-1689）年谱的刊刻序文中略述钱汝霖生平："弱冠，遇事变飞遯不出，读朱子之书，省察践履……然敬宗收族，分财教善之事，犹一二见于杨园张氏遗书中。……（先生）行道同术乃有杨园……桐溪、澉浦同源合流，实与于斯文之维系，岂不重哉。"[1] 钱仪吉对族祖的推崇虽然稍有溢美之处，然而大体描绘出明清鼎革之际，乡里儒士钱汝霖的处世与交游。其中，值得注意的是，钱氏着重省察践履的朱学倾向、隐居家乡从事敬宗收族的家族工作，及跟程朱学者张履祥（1611-1674）的交流互动。

　　钱汝霖在他生存的年代及后世都不算举世闻名的士人，但是他的思想与行动却清楚反应明清之际一股不同于明代理学、心学、文社的思想潮流在地方社会隐然成形的趋向。明清之际学风的讨论，

---

[1] 钱聚仁编：《紫云先生年谱》，收入《北京图书馆藏珍本年谱丛刊》（北京：北京图书馆出版社，1998年），钱仪吉序，第581页。

向来是学界研究的重点,课题包括由王返朱的思潮、经世思想、从理学转向朴学、礼教主义的兴起等。[2]

上述研究成果勾勒的时代图像中,重新思考思想与所处社会及个人日常生活的关系,以及摸索一套在变动无常的环境中,更明确的行事规范(如:礼仪),是两项突出的特点。本文开头提及的钱汝霖、张履祥及其友人们即处在这股潮流日益成形的当口,百年后的钱仪吉论及族祖钱汝霖时,着重的是连结他跟理学系谱上的重要大儒张履祥的关系,以彰显宗族荣耀。而从钱仪吉的"桐溪、澉浦同源合流"观念出发,更让人好奇张履祥遗书中收录钱汝霖"敬宗收族,分财教善"的理由为何?跟张氏的思想倾向有何关系?本文将以主要活动于浙江海盐县的乡里儒士钱汝霖为中心,旁及当时与他交往密切的浙西士人,如张履祥、陈确(1604-1677)、吴蕃昌(1622-1656)等,探讨底层士人的思想行动跟时代环境的关系,尤其着重在他们透过什么样的方式,形成共同的意见论域,进而成为强调以礼行事的群体。

二、海盐儒士钱汝霖的家族工作

海盐钱氏本为何姓,始祖何贵四居住在嘉兴府海盐县西甘泉

---

[2] 相关主题的研究成果甚为丰硕,兹举数例如下:林聪舜:《明清之际儒家思想的变迁与发展》,台北:台湾学生书局,1990年;Kai-Wing Chow, *The Rise of Confucian Ritualism in Late Imperial China: Ethics, Classics and Lineage Discourse*, Stanford: Stanford University Press, 1996;王汎森:《清初思想中形上玄远之学的没落》,《中研院历史语言研究所集刊》69:3(1998.9),第557-587页;[美]艾尔曼:《从理学到朴学:中华帝国晚期思想与社会变化面面观》,赵刚译,江苏:江苏人民出版社,2012年;王汎森:《清初"礼治社会"思想的形成》,收入王汎森、陈弱水编:《中国史新论:思想史分册》(台北:"中央研究院",2012年),第353-392页。

乡，洪武年间因故谪戍贵州都匀卫，行前将其子何玙托付给同乡友人钱富一，之后何玙袭钱姓，改名钱裕，后世子孙虽曾尝试复姓，但未成功，从此以钱为姓，逐渐在明代中叶之后发展成嘉兴地区的著姓望族。[3]（参见表一）

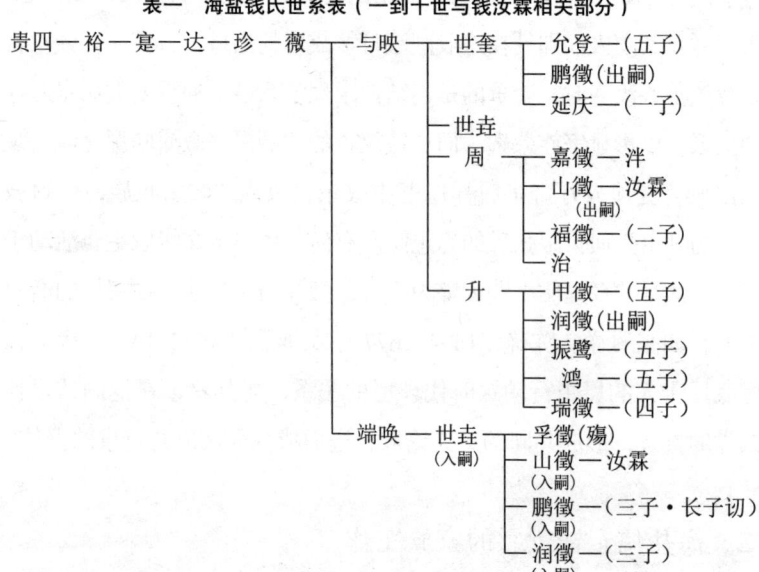

表一 海盐钱氏世系表（一到十世与钱汝霖相关部分）

```
贵四—裕—寔—达—珍—薇─┬─与映─┬─世奎──┬─允登─（五子）
                        │        │        ├─鹏徵（出嗣）
                        │        │        └─延庆─（一子）
                        │        ├─世垚
                        │        ├─周──┬─嘉徵─泮
                        │        │      ├─山徵─汝霖
                        │        │      │     （出嗣）
                        │        │      ├─福徵─（二子）
                        │        │      └─治
                        │        └─升──┬─甲徵─（五子）
                        │                ├─润徵（出嗣）
                        │                ├─振鹭─（五子）
                        │                ├─鸿──（五子）
                        │                └─瑞徵─（四子）
                        └─端唤─世垚──┬─孚徵（殇）
                                  （入嗣）├─山徵─汝霖
                                          │     （入嗣）
                                          ├─鹏徵─（三子·长子㘦）
                                          │     （入嗣）
                                          └─润徵─（三子）
                                                （入嗣）
```

据于志嘉：《异姓别籍或复姓归宗：以庐江钱氏家族为例》，第813页，"世系图二：庐江钱氏太常房（六世至十一世）"改绘。

十世的钱汝霖生当明末局势板荡之时，相较于积极参与科考

---

[3] 目前所见海盐钱氏最完整的族谱为钱仪吉及其弟钱泰吉所编的《庐江钱氏年谱》（上海图书馆藏）。潘光旦也曾介绍过该家族，见潘光旦：《明清两代嘉兴的望族》（上海：上海书店，1991年），第25页。于志嘉则从钱氏前后几次企图复姓的举动，探讨军户制度与钱氏家族历史建构的过程，十分值得参考。于志嘉：《异姓别籍或复姓归宗：以庐江钱氏家族为例》，《中研院历史语言研究所集刊》85：4（2014.12），第769–826页。

的家族兄长，或上疏首劾魏忠贤（1568-1627）而声名大噪的族叔钱嘉徵（1589-1647），钱汝霖虽曾跟随塾师读书，但显然没有机会往科举之路迈进，[4] 活动范围基本上也以海盐县祖居半逻（沈荡镇半逻村）、澉浦为中心。[5] 顺治二年（1645）清兵南下，杭州、嘉兴等地相继降清，已搬迁到嘉兴府城的族叔钱福徵回半逻祖居，与钱汝霖同住，逃避兵祸。避难期间，钱汝霖常常"静坐一室，看性理诸书"，也会跟友人谈到："周程张朱一脉，吾辈不可令断绝。"[6]

钱汝霖的家族工作约略始于顺治九年（1652），是年冬天他合葬已过世多年的父母于澉上大岭卧龙冈，[7] 之后直到顺治十五年间（1658），他从事的几项家族工作还包括：顺治十一年（1654）恢复开济乡易姓祖（何玙、钱裕）墓祭、重修万苍山楼（墓祠）、修葺半逻祖居的遗安堂、倡议建立宗族墓地（宗茔）、主张成立赡军田（顺治十二年）等。

上述家族工作的重点除了遗安堂之外，主要围绕着宗族墓地与墓祭问题。海盐钱氏从明初到清代顺治年间，与钱汝霖相关的支系祖先葬地主要分散在海盐县境内的四个地方。万历二十八年（1600），七世钱与映的四房儿子曾共议祖墓的承祭房支，分别为：

---

4 其友人屠安道即说："云士（按：钱汝霖）幼年未尝有师友父兄之教。"钱聚仁编：《紫云先生年谱》，崇祯三年四月条，第589页。

5 崇祯九年，钱汝霖族伯钱嘉徵回海盐，隐居澉浦仙掌峰，年谱记载钱汝霖其时"时从读书山中"。钱聚仁编：《紫云先生年谱》，崇祯九年丙子条，第589页。

6 钱聚仁编：《紫云先生年谱》，顺治二年乙酉条，第591页。

7 钱汝霖之父钱山征早卒于万历四十七年，其母沈硕人则于顺治三年过世。钱聚仁编：《紫云先生年谱》，万历三十七年己未条、顺治三年丙戌条，第586、592页。此外，他也积极进行复姓为"何"的工作，相关讨论参见于志嘉：《异姓别籍或复姓归宗：以庐江钱氏家族为例》，第797-803页。

一是海盐县开济乡太尉庙之东，葬易姓为钱氏之祖钱裕（何玙，如渊公）、钱寔、钱达等三世，由二子钱世垚承祭；二是海盐宋波湖化城，葬五世钱珍等，四子钱升承祭（中钱）；三是海盐彭城，葬六世钱薇等，长子钱世奎承祭；四是永安湖万苍山（荆山），葬七世钱与映等，三子钱周承祭。[8]（参见图一）

不过，崇祯年间之后各支祭祀相继废弛，钱汝霖在顺治十年（1653）开始试图恢复开济乡祖墓的祭祀，同时写下"墓祭约"，公告族众周知，并在顺治十一年春天，复举开济乡太尉庙墓祭。[9] 钱氏拟定的墓祭约，除葬地、祭仪、祭品、祭期之外，更规定："子孙年十五以上咸与，风雨必赴。"有事外出者若未告知，"罚无赦"，而行礼越次喧哗，或"不孝不弟，弃礼背义，不守家法者，于祖墓前挞罚"。[10] 他希望藉墓祭联合族属，示范祖先祭祀重要性于族人的用意，十分明显。

不仅如此，钱汝霖同时提出仿效万历年间八世祖钱升设置宗茔，帮助族中缺乏殡葬之资族人的想法。不过，比先前的办法更进一步，他认为"若兼赵季明族葬法行之，则尽善矣"。他对族葬的要求是，需有规制次序、疏密不踰限、需勒石诒远、谋为可继。[11] 也就是说，他所主张的宗茔，不只是济助的性质，更是企图结合宗族济助及在墓葬时展现宗族秩序。

我们有理由相信钱汝霖上述的作法与想法，并不是一时兴起，

---

8 钱仪吉编：《庐江钱氏年谱》（上海：上海图书馆藏）卷五，万历二十八年庚子条，第19页。
9 何汝霖：《紫云先生遗稿》，收入《清代诗文集汇编》（上海：上海古籍出版社，2010年），《杂文》，第65-66页。
10 钱仪吉编：《庐江钱氏年谱》续编卷一，顺治十年癸巳条、顺治十一年甲午条，第7-8页。
11 钱聚仁编：《紫云先生年谱》，顺治十一年甲午条，第596页。

而可能是一整套的规划。同年稍早,钱氏将半逻祖居的正寝改建成遗安堂,预计将来做为宗祠,祠祭易姓始祖如渊公祖妣、恩祖钱富一祖妣等,同时,拟定宗祠规仪。[12]可惜,后来祠堂因故未能建立。钱汝霖并不是海盐钱氏第一个透过祭祀进行宗族建设的人,五世的钱琦(1467-1542)曾为太尉庙祖墓写记并"发现"远祖何长官墓、[13]七世钱与映在故居立祠祭祀四世祖先、八世钱升开始在家祠中祭祀恩主钱富一等。[14]顺治年间钱汝霖的做法,似乎可视为海盐钱氏的传统,但是在易代惶惶不可终日之际,进行家族建设,显然需要有更强烈的动机。

顺治十一年举行开济乡太尉庙合族墓祭之后,钱汝霖撰文描述当时的心境,他写道:

> 岁甲午,余春秋三十有七,闭门九载,学无一成。人生朝露,上不能有所纲维,以为斯世斯民赖;下不能有所整饬,以为吾祖吾宗羞。肉粟徒饱,我犹腼然人也。用是旧修坠绪,勇却遗赀……浃月之中,其端有五,聊复识其颠末,以示后人云:复墓祭、存先庐、却继产、葺万苍丙舍、让叔产修开墓域。[15]

---

12 钱聚仁编:《紫云先生年谱》,顺治十一年甲午条,第595页。

13 钱琦在嘉靖初年不仅设置太尉庙祖茔墓祠、墓祭田,同时,也认定被甘泉乡人称为何长官墓的无名墓冢为其家远祖,绘制河源复古图,邀集同乡友人赋诗歌咏。透过寻访祖先墓葬的活动,为复姓作准备,也开启海盐钱氏(何氏)在地方上发展的先声。钱仪吉编:《庐江钱氏年谱》卷二,嘉靖七年戊子条、八年己丑条、十三年癸巳条,第10-12、18-19页。

14 钱仪吉编:《庐江钱氏年谱》卷五,万历十二年甲申条,第1-3页;卷六,万历四十四年丙辰条,第8-9页。

15 何汝霖:《紫云先生遗稿》,《杂文》,第65页。

钱氏在文中流露出自顺治二年因战乱避难祖居以来，个人在社会、家庭都无所施展的自愧情绪，而他在顺治十一年先后进行的墓祭、让产、修建丙舍等家族工作，似乎就成为缓解他在乱世中，学无一成、无所贡献焦虑的解方。

从现存资料中不易断定钱汝霖顺治十一年之前的家族工作是否受到其他人的影响，不过，值得注意的是，他的同乡友人吴蕃昌约略此时择取《朱子家礼》部分仪文，改写成"日月岁三仪"、"阃仪"、祠堂增仪等仪注，实行于家族之中，同时，也频繁地跟同门张履祥、陈确往复商榷上述仪注的内容。[16] 崇祯末年，张履祥因自身经验，对乡里流行的丧祭风俗极为痛恨，不仅写作《丧祭杂说》批评时下风俗，同时注意及《家礼》《大明会典》中的日用礼仪。[17]而陈确在顺治初年也积极关心如何对抗乡里丧葬习俗，除了撰著《丧实论》《葬论》，大力宣扬族葬的优点，也积极改变自身家族丧祭不合礼之处。[18] 他们对丧祭礼仪的意见，应该也会成为此时一些士人集会讨论的话题，如顺治九年张玙在海宁硖石山举办紫薇阁社，钱汝霖、吴蕃昌都曾参加。[19] 钱汝霖此时虽然不认识陈、张二

---

16 吴蕃昌为明亡时在北京殉难的太常寺少卿吴麟徵之子。明亡后隐居海盐澉浦。顺治三年，陈确逃避兵祸至海盐时，两人时相过从。陈确：《陈确集》（北京：中华书局，1979年），吴骞：《陈乾初先生年谱》，顺治三年丙戌条，第838页。另外，吴蕃昌与张履祥讨论如何行礼的书信参见张履祥：《杨园先生全集》（北京：中华书局，2002）卷三，《答吴仲木（八、九）》《与吴仲木（十、十一）》，第52-58页。三人都师事刘宗周。

17 张履祥：《杨园先生全集》卷十八，《丧祭杂说》，第525-535页。

18 陈确：《陈确集》，吴骞：《陈乾初先生年谱》，顺治七年庚寅条，第841-842页；卷七，《撤主议》，第195页。

19 根据朱韫斯的记载，紫薇阁社在顺治九年之后仍有数次聚会，钱汝霖也都每期必至。钱聚仁编：《紫云先生年谱》，顺治九年壬辰条，第593-594页。吴蕃昌也参加了顺治九年之会，会后，曾向张履祥传达会中讨论课题。张履祥：《杨园先生全集》卷三《答吴仲木（八）》，第53页。

人，但很可能透过与会成员得知两人的主张及行事，如吴蕃昌即常常跟钱氏谈到张履祥的言行。[20] 上述探讨的重点并不是为了将钱汝霖从事家族工作，与陈确、张履祥等大儒的丧祭主张建立直接的因果关系，而是希望呈现钱汝霖的行动并不孤立，至少在浙西地区，上述士人表现出有意识地、急切地找寻一套可实行于日常生活，又能证学的规则与礼仪，来面对现实环境各种时不我予的变动。[21]

三、易代之际浙西士人的交游与"反"交游

顺治十五年（1658），钱汝霖拜访坐馆于嘉兴秀水县徐彬家的张履祥，两人正式定交，两年后，张履祥开始任教于钱汝霖在半逻祖居的家塾。[22] 此后两人十分投契，往还密切而频繁。事实上，两人未相识之前，即有不少共同的友人，如吴蕃昌、吴谦牧（1631-1659）、张玙、徐彬、屠安道等，而钱汝霖每会必至的紫薇阁社，举办者张玙曾邀请张履祥与会，只是张履祥都显得兴趣缺缺。[23]

硖石山的紫薇阁社在张玙的主持下，刻意强调"相期以考德论学，终始不渝"。[24] 不过，张履祥对此仍不无疑虑，他曾跟吴蕃昌说道：

---

20 何汝霖：《紫云先生遗稿》，《跋杨园先生尺牍后》，第 40 页。
21 王汎森透过探讨吴蕃昌族弟吴谦牧在清初的种种作为，论述 17 世纪部分遗民以更严格地实践礼为定义自我的方式。王汎森：《经学是生活的一种方式——读〈吴志仁先生遗集〉》，《华东师范大学学报（哲学社会科学版）》2016 年 2 期，第 1-9 页。
22 何汝霖：《紫云先生遗稿》，《跋杨园先生尺牍后》，第 40 页。
23 张履祥曾对吴蕃昌说："紫薇之会，弟之欲赴者，今才二、三，其不欲之意，仍居六、七。"张履祥：《杨园先生全集》卷三，《答吴仲木（十三）》，第 61 页。
24 钱聚仁编：《紫云先生年谱》，顺治九年壬辰条，第 593 页。

白方兄(按:张玛)会,因其成迹而守之可也,且未宜求广。一、二年来,远近人士已渐开此种风气,然弟私揣,人心未能返朴。大都聪明才俊之士,拣取世间一个好题目做耳,未必真有朝闻夕死之志也。苟其不从此志发端,则终是内交要誉之窠臼,与夫数年以来时贤所为声气,不过改头换面而出耳。其弊将使人人羞称而止。[25]

张履祥虽然肯定此社强调问学求道的主张,但是他认为以顺治年间的士风来说,并不是适合举行集会的时机。而最令他感到疑虑的是,若不是真心求道,此一聚会将与明末以声气相高,造成社会纷纷扰扰的士人社集没有差别。

显然张履祥刻意采取一种拒绝晚明士人好结社、好交游风气的态度。明末士人社集遍地开花,张氏早年也如一般士人,游走于各社之间。但在友人颜统影响下,逐渐对社集活动敬而远之。颜统曾告诫张氏:"谓彼皆贤士,何贤士之多?如非贤士,敝俗伤教,莫此为甚。"并撰作《贫交诗》一首表达自己的立场。[26]因此,崇祯七年(1634)张履祥坐馆于颜家,正当东南文社大兴之时,两人即"严约毋滥赴"。颜氏峻拒社集活动,因此当听说张履祥参加硖石山社、语水社时,十分不满,几乎与之绝交。[27]此后,张履祥对交游、

---

25 张履祥:《杨园先生全集》卷三,《答吴仲木(八)》,第53页。
26 张履祥观察此一风气,说道:"近代盛交游,江南益甚。虽僻邑深乡,千百为群,缔盟立社无虚地。……当是时,士有不谈介生、天如者(按:周钟、张溥),人皆鄙之。"张履祥:《杨园先生全集》卷三十一,《言行见闻录》,第882-883页。
27 张履祥:《杨园先生全集》,附苏惇元《张杨园先生年谱》,崇祯七年甲戌条,第1492页;卷三十一,《言行见闻录》,第882-883页。

社集更为审慎，甚至定下自己坐馆时的三个原则：不拜客、不与筵席、不赴朔望之会。[28]

随着时局日益混乱，张履祥屡屡致信友人表达他的忧虑，譬如他给沈子相（字）的信中说：

> 方今天下交游之事，几于沸鼎，吾郡尤甚。弟于孤坐之际，每为念之。朋友所以谋情志也，今以起争；所以敦德义也，今以树势，以是之交，不如其已。[29]

给屠燔的信忧心更甚，他写道：

> 方今天下声气之习，衰靡特甚，士之入此，约有二种，非突梯滑稽以邀浮誉，则抗视厉气以启分争，不独于古人安身立命之业相去之万，即所谓文章气谊亦重违其指。……东南坛坫，西北干戈，其乱于世无所上下。閭伯……亦尝疾心及此否？[30]

张氏将"东南坛坫"跟"西北干戈"共同视为造成天下大乱的主因，其中社集的弊害更是表现在两方面，一是带起浮躁的士习及社会风气，二是远离了研习学问为安身立命的本质。

社集活动并未随着明亡消歇，顺治到康熙初年士人往来各地参

---

28 顺治十五年，张履祥应秀水徐彬之聘时，即与徐氏约法三章。当时，其友人施博正好邀集远近友人进行朔望讲会，张氏之言即是针对此事而发。张履祥：《杨园先生全集》，附苏惇元《张杨园先生年谱》，顺治十五年戊戌条，第1504页。
29 张履祥：《杨园先生全集》卷九，《与沈子相（一 癸未）》，第259页。
30 张履祥：《杨园先生全集》卷九，《与屠閭伯（癸未）》，第257页。

加集会活动的风气仍盛。职是之故，张履祥不断规劝友人、门生需慎交游，甚至戒交游。例如他听到友人孙英将应文社之请，立即去信阻止；[31] 他也提醒吴蕃昌，交游广对学问之事"非徒无益"，"为害要亦不浅"，因此"前时通交游，今欲息交游"，并认为"日新之图，诚莫急于此"。[32] 他甚至告诫徐彬："窃见一载之间，缁流往还去其一，声气应酬去其一，诗文赠答去其一，杂书涉览去其一，燕放闲适与夫博奕饮酒又去其一，人生精力几何？日力几何？堪此四分五裂也！"[33] 张履祥希望戒除的，正是晚明士人最常进行的活动，除了交游，另一项值得注意的是对知识的态度。

张履祥反对徐彬"杂书涉览"，那么他对于获取知识的方式，及为何研讨学问的看法是什么？他曾向朱韫斯表露懊悔以前读书"泛涉"，以致至今一无所得，因此建议他：

> 惟幸仁兄潜心经义，其余量力及之，切勿蹈弟之覆辙也。更有进者，诸书义理，更望虚心平气，从容以求之。若只以己见读古人之书，则虽博通古今，祇以长养得一副自家面目，于克己功夫全无当也。[34]

张氏对钱汝霖讲得更明白，说自己读书"则四书、五经、儒先文集而外，不敢接于左右"。[35] 张履祥提倡的学问有别于晚明广

---

31 张履祥：《杨园先生全集》卷八，《与孙商声（三癸丑）》，第244页。
32 张履祥：《杨园先生全集》卷三，《答吴仲木（十三）》，第61-62页。
33 张履祥：《杨园先生全集》卷八，《又赠别徐敬可（六）》，第224页。
34 张履祥：《杨园先生全集》卷二十四，《与朱韫斯（乙未）》，第665页。
35 张履祥：《杨园先生全集》卷五，《与何商隐（六十三壬子冬）》，第143页。

博、多识多知、驰骋己见的为学态度。他认为为学的目的并不在高远，只在"克己复礼"，为免流于禅，必须留心克己、复礼并非二事，而是"求端用力之际，莫切于礼"，他直言若无礼，"则亦何所取准"？³⁶ 显然只是内省式的理学也不为张履祥所欣赏，类似吴蕃昌制作实践《日月岁三仪》《闺仪》，"从日用行习实用其力"，才是张氏觉得最理想的态度，而且他觉得此举不仅"修身以是"，更是"善俗以是"，³⁷ 在历经明亡的冲击后，这两者显得更为重要。

然而，易代之际的士人需面对更实际的问题——如何治生，馆谷四方似乎成为此时许多士人的选项之一，张履祥自己基本上就是以馆谷维生。但是，他却不赞成因馆谷而远游，他认为"馆谷一事，贫士不免，然丰欠亦有命也。乡邦百里内外，可择地而处，何待远游哉"。因此，当他听到张玚将有东粤之游，立即去信提醒："吾兄学古之道，不应有此等举动。"³⁸ 观察张履祥一生的足迹，除了家乡浙江嘉兴府桐乡县之外，他曾坐馆的地方还包括：湖州府归安县菱湖镇、湖州府苕溪、嘉兴府海盐县澉浦、嘉兴府秀水县、海盐县半逻、嘉兴府石门县语水等地。³⁹ 大体以家乡桐乡县为中心，旁及隔壁的湖州、嘉兴二府，运河水道可至之处，确实如他所说的"乡邦百里内外"之地。因此，"寡交"与"不远游"是他刻意自别于明末以来多数士人处世方式的态度，也成为时人对他最鲜明的印

---

36 张履祥：《杨园先生全集》卷四，《与沈上襄》，第83页。
37 张履祥：《杨园先生全集》卷三，《与吴仲木（十五 甲午）》，第64页；卷三，《答吴仲木（九 甲午）》，第55页。
38 张履祥：《杨园先生全集》卷二十四，《与张白方（丙申）》，第667页。
39 此外，他曾于崇祯十七年到山阴从学于刘宗周、顺治二年避乱吴兴。他的行迹参见陈敬璋编：《张杨园先生年表》，收入《上海图书馆藏珍本年谱丛刊》（北京：国家图书馆出版社，2015）7册，第395-409页。

象。⁴⁰ 虽然张、钱两人有许多共同的朋友，但迟至顺治十五年才正式与他定交的钱汝霖，也类似于张氏，除了早年父祖的移居地嘉兴府府城、顺治年间之后赴海宁县硖石山参加社集之外，钱氏主要的活动范围就是海盐县半逻村、澉浦，晚年则隐居澉浦西方永安湖紫云村。无怪乎张履祥称二人："予与何子，足迹不出二、三百里之外，耳目亦因之。"⁴¹

虽然不能说刻意弃绝泛交是明清易代之际士人的共相，但是确实可以看到当时部分士人将此视为人际关系新起点的标志。张履祥同门友陈确曾叙述他跟位列西泠十子之首的陆圻（1614-?）的友情："确等之得交景宣，在丧乱之后；而交之深，尤在景宣谢社事、慎交游之后。"⁴² 陆圻因在康熙元年（1662）卷入庄廷鑨史案而改变心境，陈确则在顺治10年左右感到自己"过累山积"，开始"痛戒同志"，⁴³ 一改以往的习惯。陆氏因政治原因，选择隐遁；陈确除了改朝换代的影响之外，奉行《人谱》，致力于改过，⁴⁴ 也是促使他调整言行的关键。两人在交友与交游模式上的转向，反应明末那种跨越长距离、聚集众多人的集会风气，正在慢慢改变，张履祥、钱汝霖、

---

40 他曾跟钱汝霖说道："所交朋友，则自先生而外，落落数人，通国耳目，无不共知。余不敢泛及，自谓于此受益良多。"张履祥：《杨园先生全集》卷五，《与何商隐（六十三 壬子冬）》，第143页。
41 张履祥：《杨园先生全集》卷二十，《跋五老同寿卷（癸丑）》，第608-609页。
42 陈确：《陈确集》卷十四，《祭陆伯母裘太孺人文》，第341页。
43 陈确：《陈确集》卷一，《寄陆丽京书》《答陆丽京书（癸巳）》，第68、81页。
44 根据吴震研究，陈确早在顺治六年左右已奉行《人谱》，并与其友人、子弟成立省过会，互相纠劾言行。参见吴震：《明末清初劝善运动思想研究》（台北：台湾大学出版中心，2009年），第六章"《人谱》与明清之际的思想转向"，第237-241页。关于省过会的研究，请参见王汎森：《明末清初的人谱与省过会》《中研院历史语言研究所集刊》63：3（1993年），第679-712页。

陈确及其较为亲近的友朋弟子,大体上以桐乡、海盐、海宁三地为活动范围。值得进一步探究的是,在时代驱迫下对学与行的重新定义、移动范围的内缩,以及对行为准绳的强调,这三者如何具体反映在这批浙西士人的言行上?以下将再以钱汝霖为中心,进行讨论。

四、浙西士人的论礼与行礼

综观钱汝霖一生的家族工作,掌理父祖辈的丧葬事宜及家族墓地是主要的部分。我们也可以发现,他在顺治十五年与张履祥定交后,开始新一波的祖先墓地与祭祀的调整。现尝试将钱氏在顺治十五年之后所从事的家族相关工作整理成下表,以为讨论的基础。

表二 钱汝霖家族事务年表(1659-1689)

年　代	事　　　务	备注
顺治十六年	以灰隔法改葬考妣	
康熙二年	属云间顾企重摹历代祖先像,奉于遗安堂	
康熙四年	葬叔父钱福征(厚庵公)于万苍山祖墓	
康熙九年	改葬叔父君政公于万苍山曾祖墓之旁	原葬麂山
康熙九年	增置万苍山墓祭田	
康熙十一年	改葬嗣曾祖钱端唤(秦南公)、嗣祖钱世垚(沧屿公)于彭城祖茔	原葬收原
康熙十二年	重定族谱世次(原以如渊公何玙始异姓为始祖,钱汝霖认为当以何贵四公为始祖,何玙为二世祖)	
康熙十六年	复姓为何姓	
康熙二十三年	辨开济乡太尉庙墓碑之误、肇举钱翁母墓祭于开济乡	
康熙二十八年	增置开济乡始祖茔田、卧龙冈考妣茔祭田;遗命祔葬卧龙冈考妣茔昭穴	

(钱聚仁编:《紫云先生年谱》,顺治十六年己亥条到康熙二十八年己巳条,第597-618页。)

上表中有两项工作十分突出,一是改葬祖茔,二是重定始祖及恩祖墓祭。改葬先茔在当时十分普遍,此时海盐钱氏的特殊之处何在？先看顺治十六年（1659）钱汝霖改葬其父母的例子。钱汝霖本生父钱山徵（1595-1619）逝世于万历四十七年（1619）,其母沈硕人顺治三年（1646）病卒。钱山徵原先权殡在海盐宋波湖龙城,其高祖钱珍墓穴之左,顺治九年（1652）,钱汝霖重新卜地,将父母二人合葬于大山卧龙冈。七年后,顺治十六年,以"圹未安"为由改葬。钱汝霖在《改葬志》中强调此次改葬,"作灰隔,遵古法也"。事实上,这次改葬主要是因为在原墓之后得到新穴,改葬过程中则用《家礼》所载的灰隔法重新安葬。康熙三年（1664）,钱氏将此篇改葬志呈送张履祥过目,张履祥除赞许钱汝霖之孝,也将此文标题从原先的"显考迁葬志"改为"显考妣改葬志",而文中的"灰夹"字样,也订正为"灰隔"。[45] 这些改动看似仅仅是润饰文章,但是由钱汝霖迁葬、撰著葬志、文中特意提及葬法遵守古法、请张履祥删正等种种步骤看来,这次的改葬不免俗地按照风水位向进行,但也融合了《家礼》的葬法,只是钱氏仍然无法安心,因此又求教于张履祥。慎重处理先祖葬事一直是钱汝霖的重要志愿,但是认识张履祥、陈确等人之后,他更关心"是不是符合礼""要如何处理才能合于礼"等问题。

　　之后,康熙九、十一年两次的祖墓改葬工程更可见钱汝霖戮力实践礼经原则于日常之中。康熙九年（1670）,由于叔父钱治（君

45　现存可见的钱汝霖文集为清抄本,除本文外,该页空白处另有张履祥识语,文中也留有删改前后的文字。何汝霖：《紫云先生遗稿》,《显考妣改葬志》,第42页。

政公）无后，他将之从原葬地麂山改葬到万苍山曾祖墓（钱与映）旁，以祔于治之祖。^46 康熙十一年（1672）的工程更是浩大，钱汝霖将原葬在收原的嗣曾祖钱端唤（秦南公）、嗣祖钱世垚（沧屿公）改葬于彭城祖茔。改葬后穴位安排为：

> 彭城在贡湖之浒，距所居二里许，距太常公（钱薇）墓百武。中穴秦南先生（钱端唤），昭穴沧屿先生（钱世垚），其穆则沧屿先生所后之次子鹏徵，其又昭鹏徵之长子讱也。^47

海盐钱氏在三世钱寔时由县治西居地迁到秦溪（沈荡镇半逻村），四世钱达以下即定居于此，嘉靖十八年（1539），六世钱薇（1502-1554）削籍归乡，在秦溪西面建彭城书院讲学，^48 死后即葬于该地。钱端唤为钱薇的妾之子，因无子，由兄长钱与映的仲子世垚承祭，世垚也无子，死后由兄弟之子钱山徵、钱鹏徵承祭，钱汝霖为钱山徵之子（参见表一）。从前述的世系关系与钱汝霖改葬后的穴位安排，可见他是以不动高祖，迁葬其余四世，并以昭穆次序安葬的方式重新安排。之所以无法以钱薇为中穴，可能跟葬地大小有关。

张履祥对钱汝霖此次的改葬工程极为赞赏，并收入他所辑录的

---

46 钱聚仁编：《紫云先生年谱》，康熙九年庚戌条，第605页。
47 钱聚仁编：《紫云先生年谱》，康熙十一年十二月丙辰条，第608页。
48 钱仪吉编：《庐江钱氏年谱》卷一，成化二年丙戌条，第18页；钱泰吉编：《太常公年谱》，收入《北京图书馆藏珍本年谱丛刊》（北京：北京图书馆出版社，1998年），第46册，嘉靖十八年己亥条，第119页。海盐钱氏三世以前的原居地地点究竟在何处，目前存世的钱氏资料记载不一，根据于志嘉的研究，应该与其先祖隶属军籍，恩祖钱富一为灶籍，在明代时事涉敏感有关。参见于志嘉：《异姓别籍或复姓归宗：以庐江钱氏家族为例》，第769-803页。

《言行见闻录》一书中，张氏写下他的赞语：

> 自太常以下，合葬凡五世云。其地即商隐（钱汝霖）所受嗣产也。……观兹二事，一皆以子孙从其祖父，既合古人族葬之义，又使有后人者得以早葬，无后人者祭祀以时，封树无虞。仁人之为虑，何其远且厚哉！ 49

文中的二事指康熙九、十一年的两次改葬，张履祥认为钱氏所为有三点意义，一是符合古人"族葬"的精神，二是早葬，三是无后者灵魂得以安顿。其中第二点针对张履祥有切身之痛的停棺不葬风习，一、三两点则跟当时张、钱二人及其友朋弟子热烈讨论的理想葬制与祭祀有关。

如果翻检崇祯到康熙初年，以张履祥、钱汝霖、陈确为中心，及其相关士人的文集，不难发现他们彼此之间热烈讨论着：应该如何葬埋、祭祀先人，才算合礼？问题是，那一套方式是他们认可的"礼"？怎么知道自家的行为对不对？这些讨论中有一项共同的特点是，注重实际进行时的仪节、步骤，少谈原则式的礼意。而从崇祯到顺治年间，我们也可以看到一点变化，崇祯年间，《大明会典》《家礼》都是士人遵循的蓝本，他们也会互相借阅《家礼》，50 但

---

49 张履祥：《杨园先生全集》卷三十四，《言行见闻录四》，第962-963页。
50 崇祯末年祝渊因为希望以古礼迁葬母墓，遍寻自家收藏的《家礼》，想起陈确也曾希望跟他商借该书。事实上，祝渊早年十分相信风水之术，但师事刘宗周后，对此颇为懊悔。祝渊：《祝子遗书》，收入《四库全书存目丛书》（台南：庄严出版公司，1997年）集部195册，卷四，《与陈子乾初》，第398页；卷六，附录，吴蕃昌：《开美祝子遗事》，第412页。

是顺治之后不再能公开参考《大明会典》，除了《家礼》之外，同侪师友家的做法成为新的取法对象。譬如祝渊（1614-1645）看到吴蕃昌之父吴麟徵（？-1644）的自祭文及丧禁后，"深以为合礼"，增补其内容为自家规则，之后陈确再以此为基础，不及者，"以朱子丧礼行之"，用于祝渊殉死后祝家的丧葬准则。[51]

祝渊的例子或许较为极端，钱汝霖也可为一例。钱氏着力以礼经营先祖祭葬事宜在浙西士人圈颇为著名，其做法常常成为士人参酌的基准。钱氏友人王锡阐（1628-1682）就曾请他出示钱氏遗安堂的合祀仪节，做为王氏家族设影堂祭祖的参考。[52]张履祥弟子张嘉玲父亲过世，向老师请教丧葬之礼，张履祥直接告诉他："敬与敝友何商隐、屠子高斟酌其可。盖商兄之于葬事，讲之素详，而行之复尽其诚，所周旋于亲友间者已多。"[53]钱汝霖俨然成为这个师友圈的礼仪顾问。

虽然这批士人专注讨论"如何做"的仪节，较少对礼进行原理原则式的阐发，但是如前所述，他们显然不是为守礼而行礼，"一一从身心日用间体验天理民彝，以为立身应事，自淑淑人"，[54]才是终极目标，也就是说"礼"（规矩准绳）是帮助个人达到这个

---

51 祝渊：《祝子遗书》卷六，附录，吴蕃昌：《开美祝子遗事》，第412页；祝渊：《月隐先生遗集》，收入《丛书集成续编》（台北：新文丰出版公司，1989年）188册，卷四，《临难归属》，第355页。
52 王锡阐：《晓庵先生文集》，收入《清代诗文集汇编》（上海：上海古籍出版社，2010）105册，卷二，《与何商隐书》，第723页。
53 张履祥：《杨园先生全集》卷十一，《答张佩葱（一·丙午六月）》，第302页。
54 何汝霖：《紫云先生遗稿》，《张念芝先生初学备忘引》，第41页。陈熙远讨论陈确对治生问题的想法时，也提到陈确认为学者道德的圆融，并非自度自化，而是必须在人际关系的脉络中实践出来。参见陈熙远：《时代思潮与转折点上的异数——陈确思想试析》（台北："国立"台湾大学历史研究所硕士论文，1991），第32-34页。

目标的桥梁。而在当时的时空环境下,家族事务是最切身,也最能连接"道"与"日用"、个人与众人的所在。族葬问题也因此吸引这批士人的关注。

浙西士人中,陈确对族葬问题着力最深,《陈确集》中收录多通他给友人的书信,都逃不开族葬的话题,譬如他致信吴蕃昌说道:

> 顷以二书奉正,曾为弟一批驳否?欲并前《族葬图说》合刻之,以呼世之昏昏醉梦者……族葬之法,决宜修行。而今天下葬师如织,残民如逞……若乃良田连亩……耕夫一家之命,咸仰于此。一旦夺为坟茔,永废农业,较弃粒米之罪,已相去几万万亿……深有望吾同志之士共相审究,定为不刊,以少捄贪愚之万一。[55]

文中所说的二书,应是指他先前写过的《丧实论》《葬论》;《族葬图说》则是指元代赵季明所写的族葬方法。显然,族葬是他用来对抗风水习俗的利器,而从书信的语气更可以感受到他急迫希望同志共同参究如何实行,一起实践的心情。同年,他给同乡友人董缵绪的信中,也表达了同样的急切之情。[56]

族葬由于隐含合族的精神,自元代以来,一直被认为是儒家理想的葬制。[57] 但是族葬制却隐藏着三个问题:一是随之而来的墓祭,

---

55 陈确:《陈确集》卷一,《与吴仲木书(癸巳)》,第83-84页。
56 陈确:《陈确集》卷一,《与老友董东隐书(癸巳)》,第86页。
57 关于《族葬图说》作者赵季明的身份及元末明初族葬情况的讨论,请见何淑宜:《香火:江南士人与元明时期祭祖传统的建构》(台北:稻乡出版社,2009年)第一章,第55-70页。赵克生则对明代士人有关族葬的想法与实践进行详尽讨论,参见赵克生:《明代地方社会礼教史丛论:以私修礼教书为中心》(北京:中国社会科学出版社,2011年),第二章第四节"明代士人对族会、族葬的构想与实践"。

挑战理学家的魂魄观；二是《家礼》中没有族葬的相关仪节；三是族葬的土地问题。陈确早先并不赞成墓祭，他在劝阻为母守丧庐墓过哀，大病一场的吴蕃昌时，曾说：

> 居庐，礼也；庐墓，非礼也。盖以魄藏于墓而魂返于家，故速归而虞而宁，以堂封未了之事委之子弟。轻重之义，略可睹矣。古者祭庙不祭墓，意亦准诸此。……守坟土有人，则朝夕献几筵者无人，此谓重其所轻，轻其所重，失礼甚矣。[58]

上述说法反应陈确所执守的儒家魂魄二元观念，跟吴蕃昌相信的祖先灵魂仍存于墓地之间的冲突。[59]此封信虽然出于劝阻友人伤身的动机，但从陈确随后将之载入家规，言明："不墓祭（春秋拜扫，归祭于寝。祧主之墓，拜而不祭）。"[60]可见他对葬、墓地、祭祀、祠堂（或"寝"）的整体构想，在他的主张下，择地、墓祭都没有太大意义。

然而，陈确后来改变他的想法，在安排自家的祖墓祭祀时，他拟议："祭于墓，凡祔葬者皆得合祭。"在回答旁人对他前后立场不一的质疑时，他说："今既不可止矣，就俗言俗，当如是耳。"他所能容忍的"俗"，主要着眼于若合葬墓祭可能达到的效果——"墓

---

58 陈确：《陈确集》卷一，《与吴仲木书》，第143页。
59 关于汉代的灵魂观，学界大体有两种说法，一是魂魄二元论，如余英时认为人死后，魂随气升天，魄随形入地；另一是魂魄一元论，如蒲慕州认为人死后，灵魂仍在墓地接受祭祀。参见余英时：《东汉生死观》(上海：上海古籍出版社，2005年)，第127-153页；蒲慕州：《墓葬与生死：中国古代宗教之省思》，台北：联经出版公司，1989年。
60 陈确：《陈确集》别集卷9，《丛桂堂家约》，第516页。

祭故重宗，重宗故合族"。[61] 在家族不一定有能力营建祠堂的情况下，族葬墓地代替祠堂，成为合族场所；而且族葬也可以避免《家礼》的祠堂只祭四世的限制。

陈确到处劝人实行族葬，但他也了解习俗锢人之深，不易改变，因此他退而求其次，从合葬开始。当时不少士人习青乌之术，如曾参与抗清的蒋平阶（1616-1714），陈氏友人查继旦也是。陈氏不仅将《族葬图说》及他的族葬意见寄给查氏参考，更进一步劝他，如果要帮人择葬，"莫若劝人合葬、祔葬，勿轻造新坟，勿妄言祸福"。[62] 合葬、祔葬虽然也是大工程，但比起族葬，在当时的现实条件下较为可行。钱汝霖当时的两次改葬即是分别进行合葬与祔葬。

钱汝霖、陈确两人的文集中，并无两人通信的书信，但是顺治十八年（1661）钱汝霖在其家墓祠万苍山楼召开的集会中，陈确是参与者之一，会后也为此会写序一篇。会中讨论的主题包括：是否讲学、奉行《人谱》改过、如何处理葬事。会后陈确向张履祥表示，他跟钱汝霖"盘旋最久"，[63] 以两人同样对于如何妥善处理家族丧葬事宜的注意，两人应有机会共同讨论族葬问题。由于资料的限制，我们无法得知可能的具体内容，但可以确知的是两人对于合葬、祔葬都持肯定的态度。根据钱汝霖弟子许楹记述，他的老师重新合葬先祖，并乘机以三和土实筑棺椁的做法，海盐、海宁不少家

---

61 陈确：《陈确集》卷七，《南北坎祭议》《宗祠末议上》《宗祠末议下》，第 190-194 页。
62 陈确：《陈确集》别集卷六，《与同社书》，第 486 页；卷一，《致查静生书》，第 79-81 页。
63 陈确：《陈确集》卷十，《会永安湖楼序》，第 232-233 页；卷三，《与张考夫书》，第 126 页。

族加以仿效，除了许楱本身之外，许楱的外祖家海盐祝氏行两世合葬、其友吴玉章之弟合葬父母以下两世五棺等等，也都尽可能实行此法。[64]

相较于陈确大力宣扬的赵季明族葬法，钱汝霖早先虽也觉得赵说甚好，不过实际进行改葬时，他主要参考北宋程颐（1033-1107）的下穴昭穆法。他说："昔程子尝改葬先少师虞部而下凡数世，故某之谋改葬不敢不力也。"[65] 事实上两种方法都脱胎自《周礼》所载王诸侯墓葬昭穆制，[66] 程颐的方法为："葬之穴，尊者居中，左昭右穆而次。后则或东或西，亦左右相对而启穴也。出母不合葬，亦不合祭。弃女还家，以殇穴葬之。"[67] 而赵季明的办法则以程颐之说为本，但体系更细致完整，如增加妻、继室、妾祔葬原则；殇穴安排；男女异位原则等。[68]（参见图二）两相比较，赵季明以宗族为单位族葬，始祖以下子孙不分嫡庶祔葬，虽然尽可能包纳大部分的宗族成员，但是程颐以单一尊者为中心，子孙昭穆祔葬，反而自由度较高，也较易实行。钱汝霖两次改葬以及海盐钱氏原有太尉庙祖茔，即分别以各支祖先为中心形成一个一个的合葬群。这样的方式更容易被希望藉进行合葬，力行"道"的士人所接受与仿效。

---

64 许楱：《罔极录》，收入《堪舆集成》（扬州：江苏广陵古籍刻印社，1997年）第6集20册，附记，第9745页。三和土实筑法即是灰隔法。
65 钱聚仁编：《紫云先生年谱》，康熙十一年十二月丙辰条，第609页。
66 《周礼·春官·冢人》："先王之葬居中，以昭穆为左右。"《周礼》（台北：台湾开明书局，1984年），《春官·冢人》，第34页。
67 程颐：《二程文集·伊川文集》，收入《景印文渊阁四库全书》（台北：台湾商务印书馆，1983年）卷十一，《葬说（并图）》，第5页。
68 陈确：《陈确集》别集卷七，《葬书下·赵季明族葬图说》，第491-492页。

五、结语

康熙二十八年（1689），钱汝霖病卒，因膝下无子，他的葬事是由弟子许楱一手操办。钱氏后人所编的《紫云先生年谱》中记载：钱汝霖遗命祔葬卧龙冈父母墓地昭穴，"葬与考妣合兆。许氏考核古人良法，用灰隔、沥青，深藏实筑，隆冬监视工作，昼夜罔懈"。[69]钱氏本身的葬事可说是《家礼》与变通古礼族葬制的实践过程。更值得注意的是，钱汝霖的弟子遵照老师遗命营葬，并致力于以此套葬法影响外围亲友的心思与行动，显示合于礼的行动本身，就代表了实践理与道。

对钱汝霖、张履祥、陈确、吴蕃昌、许楱等浙西士人而言，在日常生活中实践道，是重要而急迫的问题，前述顺治十八年的万苍山楼集会曾有以下对话，会中钱汝霖、沈德甫"以不讲学为忧"，张玙则说："学固不可不讲，要以力行为贵，毋徒为口耳之学也。"张履祥、陈确也同意这种说法，同时陈确进一步举例，孔子的讲学是为了修德，因此，他认为此时的他们应该以"改不善，为日用最切实工夫"，他并说自己的大过，"无如浅葬一事"，应该引以为戒。[70]上述的对话明确地表现出这群浙西士人在当时的时代情境下，开始发展一种将学问、检讨过往言行及致力于在家庭日用间有所做为，三者相互结合的思想倾向。

由他们的人际连结网络与活动范围，也可以看到他们刻意让自己缩小交际范围，更专注在家族与乡里。这样的发展虽然跟朝代鼎

---

[69] 钱聚仁编：《紫云先生年谱》，康熙二十八年己巳条，第618页。
[70] 陈确：《陈确集》卷十，《会永安湖楼序》，第233页。

革,政权易主有关,但却不一定是来自清廷的政治压力,事实上,顺治到康熙初年,东南地区的士人社集风气比起晚明并不逊色。这群浙西士人有意识地调整言行,无疑是来自对抗社会风气,有意与当时士风相区别,并以此自我改过、践道的思想。而他们由此倾向出发的行礼,也成为此一时期不可忽视的重要现象。

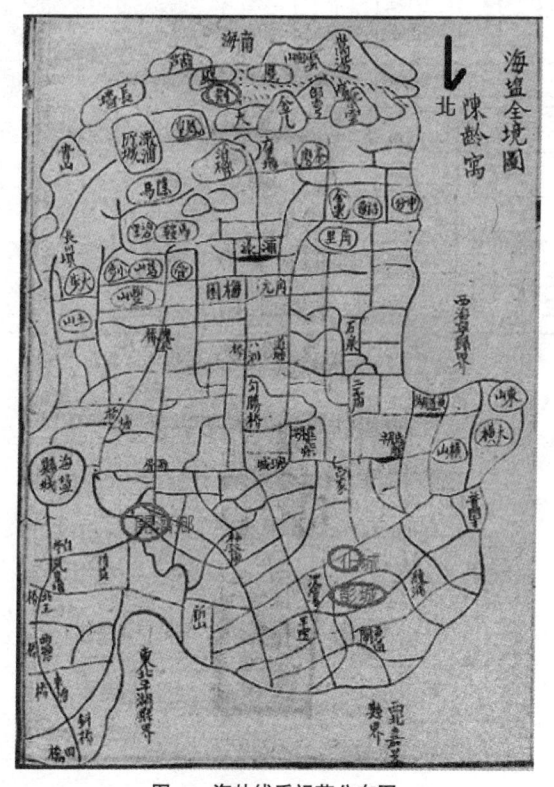

图一　海盐钱氏祖茔分布图

据清陈世倕等《海盐县续图经》(台北:故宫博物院藏乾隆十三年刊本)"海盐全境图",第1页b改绘。

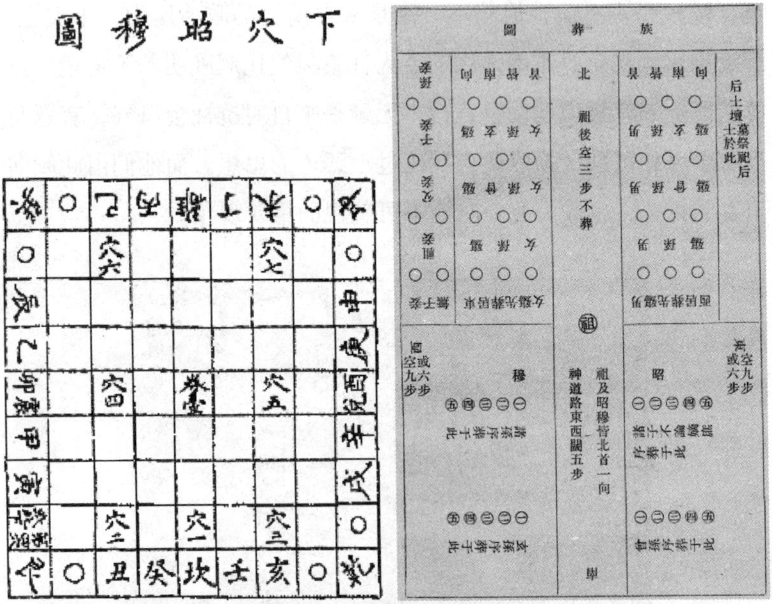

图二　程颐"下穴昭穆图"（左）与赵季明"族葬图"（右）

程颐：《二程文集·伊川文集》卷十一，《葬说（并图）》，第5页。陈确：《陈确集》别集卷七，《葬书下·赵季明族葬图说》，第492页。

程瑶田礼学的心性学基础

吴 飞（北京大学）

清儒戴震、程瑶田、凌廷堪等有一个共同特点，一方面有非常细密的礼学著作，另一方面也有对宋明理学心性之学的反思。针对戴震、凌廷堪的研究已经比较多，程瑶田的研究还比较少。

程瑶田所著《通艺录》，考据严谨精详，多有创获，许多观点至今仍为定论，为乾嘉考据学的杰出著作，无论在当时还是后世，均备受推崇。其中最能代表程瑶田先生义理思想的，当属《通艺录》的前四篇：《论学小记》《论学外篇》《宗法小记》《仪礼丧服文足征记》。程瑶田将此四篇置于《通艺录》之首，也意在以此标明学旨。[1] 这四篇构成一个整体，不仅是了解程瑶田思想全貌的钥匙，也是研究清代丧服礼学的重要门径。以前的论者，多从《宗法小记》与《仪礼丧服文足征记》看程瑶田的礼学考据成就。自钱穆先生以降，又颇有学者从《论学小记》与《论学外篇》看他的义理学思想，对程瑶田思想的研究有很大拓展。但还是很少有学者能沟通这两方面著作的，因而也就难以窥见程瑶田先生礼学思想的全貌。

---

[1] 张寿安：《以礼代理——凌廷堪与清中叶儒学思想之转变》，河北教育出版社，2001年版，第231页。

笔者即尝试从总体上研究这四篇，以期对程瑶田礼学有一个更全面的把握。本文首先梳理其心性学。

一、理与则

程瑶田亲手编辑《通艺录》，将《论学小记》与《论学外篇》置于最前，其中深意颇值得玩味。程瑶田与戴震交往密切，于戴震对宋明理学的攻击非常清楚。《通艺录》刊于戴震卒后很久，程瑶田对朱子又非常敬重，故其义理学对戴震之学既是修正，也是发展。对于程瑶田与戴震论学之异同，张寿安先生非常细致精彩的讨论[2]，可以大大帮助我们进一步考察程瑶田的思想体系。

与戴震一样，程瑶田首先要面对宋儒所言之理。在《论学小记》中，程瑶田很少直接讨论"理"的问题。在《论学外篇》中，他于数处辨析了自己为什么不喜欢言"理"。在《擘窠书四字说》中，他说："事必有理。俗谓之'理路'，若大路然。今不曰理而书'让'字者，理但可以绳己，自己见得理路一定如此。自达其心，岂故有违？若将理绳人，则人必有诡词曲说，用相取胜，是先启争端也。今吾以一让应之，彼虽有褊心，不自知何以变为豁达之度。"[3] 程瑶田晚年自号让堂，此一段就在解释为什么选"让"字，而不选"理"字。在程瑶田看来，作为理路之理并不错，但仅可用来律己，而非待人接物之原则。在《让堂卮言》中，程瑶田又更全面地阐释了他对"理"的看法。他说："窃以谓礼之本出于理，而

---

2 张寿安：《以礼代理——凌廷堪与清中叶儒学思想之转变》，第 231 页。
3 程瑶田：《论学外篇》，收入《程瑶田全集》第一册，黄山书社，2008 年版，第 94 页。

理亦有所难通,据理而执一,不以礼权之,亦不可通也。人之言曰:'天下止有一理。'余以为此亦一是非,彼亦一是非,乌在其为一理也?"[4] 此处所说的"人之言",当即宋儒论理之言。从程瑶田这段话看,他似乎在原则上并不否定礼出于理,但认为若只是从理的角度出发,就会导致人们各执一是非,争论不休。比如在性的问题上,孟子、荀子、扬子就都有不同看法;即使在武王伐纣这样的大事上,也还有伯夷、叔齐来争论。因此,"各是其是,是人各有其理也,安见人之理必是,我之理必非也?而于是乎必争,争则持其理而助之以气"。[5] 程瑶田进一步说,孟子可以养浩然之气,不动其气,但这是圣贤才能做到的,一般人在争理的时候做不到这一点,而往往会动气,导致更加激烈的争论。既然言理只能导致争斗,程瑶田就导向了情,说:"故言理者,必缘情以通之;情也者,出于理而妙于理者也。情通则彼执一之理自屈,而吾之理伸矣;情不通,则吾之理转成其为执一,是吾以理启人之争矣。"[6] 程瑶田并作楹联以言其意:"直任理来终惹气,曲通情处渐能和。"程瑶田的这一态度,代表了清儒批评理学时一个非常流行的倾向。戴震批评宋儒"以理杀人"为以意见杀人,亦与此颇类似。过多执着于理,自然会导致很多争端,因此要达致中庸和乐的儒家理想,需要更多体会人情,尚让而非尚争,而"人情"与"让"正是礼的核心涵义。不过,这种对理的批评似乎还只是从相当外围的角度进行的,即,其所反对的乃是过于执着于理,却并没有反对理本身。因而程瑶田

---

4 程瑶田:《论学外篇》,收入《程瑶田全集》第一册,第97页。
5 同上书,第97–98页。
6 同上书,第98页。

自己也承认，礼出于理，情出于理。但仅如此论理，还看不出高明之处来，从这样笼统的角度看，尚不能窥见程瑶田义理学之全貌。

程瑶田对理的讨论还有更复杂的层面。我们尚需细究其所谓"礼出于理"为何意。《论学小记》的核心篇章是《诚意义述》，程瑶田于篇中全面展示了他的义理学体系。其中释《大学》八条目说："格者，举其物而欲贯通乎其理，致知者，能贯通乎物之理矣。而于是诚意，使吾造意之时务不违乎物之理，而因之正心，使吾心常宅乎物之理；而因之修身，使万物皆备之身，始终无愧怍乎其物；而驯致乎家之齐，国之治，亦惟不外乎顺物之情，尽物之性，使天下无一物不得其所，而《大学》之能事毕矣。"[7] 无论格物、致知、诚意，还是正心，都就物理而言，而修齐治平之礼亦皆由此来，这就是程瑶田所谓的礼出于理之意。初看上去，这似乎与朱子所谓"礼也者，天理之节文也"并无大异。但需要注意的是，程瑶田谈的是物理，而非天理，这不是一个可有可无的小差别。他在下文又说："不知循物，寂守其心，此异学之所以歧也。吾学则不然，'慎独'者，慎其意之接于物。"[8] 寂守其心，是程瑶田对佛老二氏的批评，也是对体认天理的宋儒的暗中批评。故程瑶田论理，必在物上言，而不会蹈空谈天理。在这一点上，程瑶田与戴震实无二致，惟戴震之辞激切，程瑶田之言婉转，戴震直指宋儒要害，程瑶田批评宋儒之实质，却从不直标所批评者之名姓。

在《论学小记》诸篇当中，并无专门论理的题目。但对于如此

---

[7] 程瑶田：《论学小记》，收入《程瑶田全集》第一册，第30页。
[8] 同上。

重要的问题，程瑶田不会避而不谈。或许因为戴震对理的批评激起了相当热烈的讨论，程瑶田尽可能回避了对理的直接讨论，但他在很多地方其实就是在谈论理。还是在《诚意义述》中，程瑶田写下非常重要的一段：

> 天分以与人而限之于天者，谓之命。人受天之所命而成之于己者，谓之性。此限于天而成于己者，及其见于事为，则又有无过、无不及之分以为之则。是则也，以德之极地言之，谓之"中庸"；以圣人本诸人之四德之性，缘于人情而制以与人遵守者言之，谓之威仪之礼。盖即其限于天、成于己者之所不待学而知，不待习而可能者也，亦即其限于天、成于己者之所学焉而愈知，习焉而愈能者也。是之谓"性善"。诗曰："天生烝民，有物有则。民之秉彝，好是懿德。"孔子释之曰："有物必有则，民之秉彝也，故好是懿德。"增"必"字、"也"字、"故"字，而"性善"之义见矣。"性"、"命"二字，必合言之，而治性之学斯备。五官百骸，五常百行，无物无则。性、命相通，合一于则，性乃治矣。

此一段中备述程瑶田对性、命、礼、则的理解，乃是其义理学之总纲。若要理解程瑶田之义理学体系，需要细细辨析这几个概念的关系。张寿安先生以为，四个字同源异名[9]，应该有些失于粗疏了。若是四者完全同源，程瑶田也就不会强调必须性命合一于则才可以治性。天给人的是命，人得自天而自成的是性，这当然是对

---

9 张寿安：《以礼代理——凌廷堪与清中叶儒学思想之转变》，第257页。

"天命之谓性"的演绎。命与性虽然很难分开，但命是就天而言，性是就己而言，性命在具体事情上，就体现为每个事物的理则，这个则恰到好处时就是中庸，而其外在表现出来，就是礼。性命都是不学而知、不习而能的，但若有学习之功，则可以愈知愈能，所以说人是性善的。程瑶田强调性、命必须合一言，即必须看到人性来自于天，而天命必成于人性，天命、人性之成，则在于则，按照则制定具体的行为规定，就是礼。程瑶田在解释礼时，又说了本四德、缘人情，因四德、人情皆是天命之性。可见，程瑶田所谓的则，就是天命之性的条理、规则，那么，这个"则"字，正是理的另外一个说法，物之理即物之则。

程瑶田随后举了《孟子》中的两段话来说明性、命、则的关系。孟子说："口之于味也，目之于色也，耳之于声也，鼻之于臭也，四肢之于安佚也，性也，有命焉，君子不谓之性也。"人们生下来就会有对这五者的喜爱，因而这是"与生俱生之性"，但是，人们并不是总能满足这些欲望，也并不应该不知餍足地满足它们，因而，"其不能必遂者，命之限于天者也"。在这五者上面，"遂己所成之性恒易，而顺天所限之命恒难"[10]，因而性和命并不总是一致的。由于性易遂，所以"必过乎其则"；而由于命难顺，也使得"不能使不过乎其则"。因而，必须"节之以命而不畏其难顺，斯不过乎其则矣"[11]。在《述性三》中，程瑶田解释"性也，有命焉"说："命即则之所从生也。"[12] 如果过乎其则，就成为恶。

---

10 程瑶田：《论学小记》，《程瑶田全集》第一册，第37页。
11 同上。
12 同上书，第42页。

孟子又有另外一段话："仁之于父子也，义之于君臣也，礼之于宾主也，智之于贤者也，圣人之于天道也，命也，有性焉，君子不谓命也。"这五者的性命状况又不同。这五者也是与生俱生之性，但因为命限于天，也并非总是能够做到。但是对于这五种大节，却是"遂己所成之性恒难，而顺天所限之命恒易"。[13] 因为性难遂，所以人们经常做得不够，"必不及乎则"；命易顺，也总是"任其不及乎则"。所以在这五者之上，就必须要"勉之以性而不畏其难遂，斯必及乎其则矣"。[14] 对比这两段话，我们就可以明白程瑶田综合性、命、则的考虑所在。无论是人身体中最一般的欲望，还是德性大义，都有性、命、则的维度，只是表现不同而已。

二、论性、诚、敬

由此，我们也就可以理解程瑶田在《述性一》开篇所言的："有天地，然后有天地之性；有人，然后有人之性；有物，然后有物之性。"[15] 万物之性来自天之所命，但万物之性各自不同，其理则也各自不同。因而程瑶田与戴震一样，认为并不存在一个独立的天理，理不过是万物之理则，正如性不过是万物之所自成于己者。程瑶田没有明确批评宋儒的天理说，却明确批评了宋儒的性论："使以性为超乎质、形、气之上，则未有天地之先，先有此性。是性

---

13 程瑶田：《论学小记》，《程瑶田全集》第一册，第 37 页。
14 同上书，第 38 页。
15 同上。

生天地，天地又具此性以生人、物。"¹⁶ 程瑶田认为，一定要追求一个超乎形质之上的性，是"后世惑于释氏之说，遂欲超乎形、质、气以言性，而不知惟形、质、气之成于人者，始无不善之性也"。¹⁷人与禽兽之性之所以有差异，就是因为形、质、气有差异，而不是在相同的形、质、气上面又有不同的性。

既然认为没有独立的天理，也没有天地之性，程瑶田也和戴震一样，否定宋儒对天地之性与气质之性的二分。他说：

> 夫人之生也，乌得有二性哉！譬之水，其清也，质、形、气之清也，是即其性也；譬之镜，其明也，质、形、气之明也，是即其性也。水清镜明能鉴物，及其浊与暗时，则不能鉴物。是即人之知愚所由分也。极浊不清，而清自在其中；极暗不明，而明自在其中。是即"下愚不移"者，其性之善自若也。知愚以知觉言，全在禀气清浊上见。性则不论清浊，不加损于知觉，但禀气具质而为人之形，即有至善之性。其清，人性善者之清；其浊，亦人性善者之浊也。其知其愚，人性善者之知愚也，此之谓'性相近'也，断乎其不相远也。¹⁸

既然性是天命所成于己，则每个事物有怎样的形、质、气，就有怎样的性。万物皆各有一性，正如水之性即为清，镜之性即为明。若水不清，镜不明，并不是因为另外一个性，而是因为性被遮

---

16 程瑶田：《论学小记》，《程瑶田全集》第一册，第38页。
17 同上书，第39页。
18 同上。

蔽了。同样，人也不会有二性。人性本善，无论智愚清浊，皆不改其至善之性。因此，程瑶田认为性皆就气质而言，没有气质之外的性。人性之所以与禽兽不同，是因为人的气质就与禽兽不同，这正是孟子所谓"人之所以异于禽兽者几希"之处。孟子又说"庶民去之，君子存之"，庶民之所以去之，不是因为有另外一种性，也不是因为性有不善，而是因为他丢掉了本性，遮蔽了本性，就如同水变浊了，镜变脏了一样。

程瑶田深知，宋儒之所以会有二性之分，是因为"无解于气质之有善恶，恐其有累于性善之旨"，因"别之曰有气质之性，有理义之性"。[19] 但对性这样的二分，不仅无助于性善之说，反而有很大问题。因为，"无气质则无人，无心则无心，无心，安得有性之善"。[20] 宋儒受佛老影响，将人性追溯到人未生之前，说那是天地之性；但程瑶田指出，天地也自有其形质，因而才有天地之性，即天道。生生不穷是天道，天所赋予万物者为天命，人之禀赋为人性，无论禀赋，都要从气质上说，"岂块然赋之以气质，而必先谆然命之以性乎"？[21] 如果一定要说性是脱离于气质之外的，则人与禽兽之性就有可能是一样的了。就气质论性，而不区分二性，亦为程瑶田与戴震非常相同的一点。

但人性之善是不可见的，所以要通过情来看性善。他说："性不可见，于情见之。情于何见？见于心之起念耳。人只有一心，亦只有一念。善念转于恶念，恶念转于善念，只此一念耳。性从人之

---

19 程瑶田，《论学小记》，《程瑶田全集》第一册，第40页。
20 同上。
21 同上。

气质而定，念从人之气质而有。若有两念，便可分性有善恶；今祇此一念，善者必居其先，恶则从善而转之耳。"[22] 程瑶田坚信人性皆善，体现在心之发念皆出于善，只是因为外在原因才转而为恶，但恶念一转即可为善。程瑶田举盗贼的例子说，盗贼最初的念头，其实都是为了谋生，这不是恶念，而谋生的手段本来也很多，完全可以择其善者而为之，但是这个人若是没有机会选择，又有一两个盗贼引诱，结果一切不顾，甘做盗贼，就陷入了恶念。程瑶田以为，这些下愚之人之所以纵欲败度，根本上还是因为善念"过乎其则"。下愚之人不仅一般地过乎其则，而且积重难返，结果大大远于其则，从而成为下愚不移的人。但即便是这种下愚不移之人，他的善性也尚未消失，只不过是被遮蔽得太深，几乎看不到了，也很难回归到原来的样子了。但这样的人偶尔也会改变，也会显现出善性。

谈到下愚不移的问题，程瑶田对历史上一个著名的问题，即孔子论性与孟子论性是否不同的问题，给出了自己的诠释。由于孔子说上智下愚不移，而孟子说性善，所以经常有人以为，孔、孟对性的理解并不一样。程瑶田则认为，孟子之言恰恰可以证明孔子的说法。在他看来，孟子说的性善，正是孔子所谓的"性相近"，人人从天获得的禀赋是相同的，因而人性都是同样至善的，不存在善恶的差别。之所以人们会有行为善恶的不同，是因为外在的影响所致。孟子说："富岁子弟多赖，凶岁子弟多暴，非天之降才尔殊也，其所以陷溺其心者然也。"因为陷溺其心的不同，而导致人们的善恶之差，正是孔子之所谓"习相远"。恶，多为长时间陷溺习惯而

---

[22] 程瑶田，《论学小记》，《程瑶田全集》第一册，第41页。

来，而不是因为人性有什么不同。孔子所谓的下愚不移之人，并不是天性上就与别人有什么不同，而是因为长时间陷溺于恶，积重难返，遂为恶人，而且难以改变。程瑶田又强调："孔孟言性，并主实有者言之。如溯'性'于未有气质之前，此所以终日而言诚，茫然不解诚之所谓也。"[23]

以万物之则来解释理，以气质之性来看人性，这构成了程瑶田先生思想的基本出发点，他对其他问题的讨论都来自这两点。他作《述诚》两篇，解释说："诚者，实有焉而已矣。"[24] 天地人皆实有之物，故人性之德皆实有之德，性善即实有其善，此即"诚者"；"诚之者"，即能实有此性之善。"自明诚，谓之教"，指的就是通过教育，使人做到实有其善，这就是"成己"，从而实有各种德性。若是不实有人之气质，就无法实有其性，实有其性之善。而二氏从空、无上谈诚，便不是实有之诚。所谓在实有上求诚，求性善与德性，就是要尽伦尽职，而不能通过主静之类的方式去做。他说："吾学之道在有，释氏之道在无。有父子，有君臣，有夫妇，有长幼，有朋友。父子则有亲，君臣则有义，夫妇则有别，长幼则有序，朋友则有信。以有伦，故尽伦；以有职，故尽职。"[25] 实有之诚，便是在人伦当中求善。他因此进一步批评释老从静坐、空无的角度谈诚。程瑶田对佛学是有相当精深的研究的，所批评皆能切中要害。他说，释氏虽然言无，但若不在实上用功，无亦为无，其道便不能自立。因而，释氏之诚就是如《心经》所说的"无无明，亦

---

23 程瑶田,《论学小记》,《程瑶田全集》第一册, 第44页。
24 同上。
25 同上书, 第46页。

无无明尽,乃至无老死,亦无老死尽"。释氏所无的,是万万不可能无德明与老死。二氏之诚,亦从实处求,但是实有其"无",儒家之诚,是从有处,求实有其有。因此,程瑶田以为,释氏实无之说,袭儒学实有之说而来,所以并不出儒学之范围。虽然他们宣扬形如槁木,但形毕竟不是槁木,所以还是要从实有之事上做,一定还是要实有其形、实有其心,才能主静主无。程瑶田此说既是为辨析儒佛之别,暗暗也是在批评宋儒因袭佛老主静之说。

程瑶田又有《述敬》一篇,可与《述诚》对观。程瑶田于篇中强调,敬亦主动言,因而敬之全功必在日用之间的具体事情上,而不能是一个悬空的敬。"人于日用之间,无时无地之非事,即无时无地之非动"。[26] 因而,导国家言"敬事",事君言"敬其事",论仁言"执事敬",论君子言"事思敬",还有"事上敬""交久敬""行笃敬""敬鬼神""祭思敬"等等,经文中的敬,皆就具体事上说。程瑶田又以为,人生在世,动时多,静时少,动时皆须敬,即使偶有静时,也需要用敬来联属之,即静处之敬皆为辅助性的,都以动处之敬为目的的,因而绝不能把敬全部归为静处之涵养。孔子让颜回省察其视听言动,都是先看清其礼,然后再去视听言动,而不能如释氏一般寂守其心。此处显然是在暗指宋儒之说。但程瑶田又不愿意显驳程朱,所以下文就辩驳说:"程子为人不知收放心,故单说一个'敬'字,为收放心之第一法。其吃紧为人,实具一片苦心。"[27] 至于其弟子上蔡所谓"敬是常惺惺法",是主静涵养,程

---

26 程瑶田:《论学小记》,《程瑶田全集》第一册,第55页。
27 同上书,第56页。

瑶田就并不认可了。程瑶田煞费苦心，从程朱言论中找出与自己相合之处，但这一思路也开启了清代后期汉宋兼采的一个方向。

三、情与意

无论诚还是敬，在程瑶田的思想体系中，都是为相当核心的诚意之讨论做准备。而对诚意的讨论的一个出发点，在于对情与意的区分。

前文谈到，程瑶田礼学的一个核心问题，是辨析理与情，因为他认为，情虽出于理，却妙于理，而礼正是本于情。前文既已辨析了理和相关的各个问题，现在再来看程瑶田论情的文字。程瑶田在《述性三》中言："性不可见，于情见之。"[28] 情是性的表现，性是情之根源，性善所以情亦然。这便是程瑶田《述情》的主要观点：

> 性善，情无不善也。情之有不善者，不诚意之过也。由吾性自然而出之谓情，由吾心有所经营而出之谓意。心统性情，性发为情，情根于性。是故喜怒哀乐，情也。故曰："喜怒哀乐之未发谓之中，发而皆中节谓之和。"其中节也，情也；其未发也，情之未发也；其中也，情之含于性者也；其和也，性之发为情者也。是故"心统性情"。情者，感物以写其性情者也，无为而无不为，自然而出，发若机括，有善而已矣。[29]

---

28 程瑶田：《论学小记》，《程瑶田全集》第一册，第41页。
29 同上书，第47页。

这是理解程瑶田思想非常重要的一段话。性情关系本来就是宋明理学中非常根本的一对关系，心统性情亦为朱子非常重要的一个命题。而今程瑶田在许多说法上都与宋儒很相似，但其实却有了相当大的不同，这也是我们理解其最终集中于礼学的关窍所在。朱子论心统性情，以性为未发，情为已发，性皆为善，情则有善有不善，以致朱子在此陷入了一个矛盾。[30] 而程瑶田则明确讲情无不善，情若不善，则归结于不诚意，诚意一节，在程瑶田的功夫论中至关重要，故其作长文《诚意义述》以发明此旨。前文所引《述性三》中所说"情于何见？见于心之起念耳"，说的正是意的问题，意念之转换，即为善恶之变化。所以他在《述情》中也有对意非常重要的讨论。意究竟怎样导致不善呢？程瑶田非常细致地分析了意的产生和转变：

> 自夫心之有所作为也，而意萌焉。其初萌也，固未有不善者也。何也？意为心之所发，而心则统乎性情，故意萌于心，实关乎其性情，则安得而不善？然而意之萌也，未有不因乎事者也。事之乘我也，有吉有凶；而人之趋事也，有利有害。吉凶天降之，利害人权之，君子于此，亦未有不思就利而务去害也。主张之者，意而已矣。于是经营焉，曰：必如是，然后有利而无害也。然而善从此而亡矣。曰：苟如是，则必得利而远害也。然而不善从此而积矣。[31]

---

30 陈来：《朱子哲学研究》，华东师范大学出版社，2000年版，第211页。
31 程瑶田：《论学小记》，《程瑶田全集》第一册，第48页。

意是心的发动作为，最初也都是善的。因为心统性情，性情无不善，心无不善，意之始发亦无不善。但意都是就某事而发的，就有可能脱离本来的心性。具体的事情有吉凶利害之别，面对这些事情时的权衡经营就是意。如果意唯利是图，就有恶而无害，这就是恶意的出现。如果人之意总是这样做，恶意越积越多，善意越来越少，不慎其独，自欺欺人，终于无法诚意。程瑶田总结说："岂其意之萌也，果遂不善乎？经营之巧习于中，利害之途炫于外，故事触于情，而喜怒哀乐不转念而应，情交于利害，而取舍疑惑，一转念而淆。慎之又慎，在持其情于独焉。即事察义，以诚其意而已矣。"[32] 即事察义，就是程瑶田解诚意的关键，也正是慎独的意义所在。若是能够于人所不见不知之事都能做好，即在隐微之处持其情之正，而不失其本心之善，就会将情之四端发现于外。

程瑶田认为，孟子所说的"端"，就是"情之初出于性，即连乎意之始萌于心者也"[33]。此中既有意之初萌，也有情之初出。就四端问题，程瑶田可以进一步辨析情与意的关系。心统性情，而心之动就是意之萌，"故情与意同居而异用。事触于性，而自然而出之谓情；事感于心，而经营而出之谓意"。[34] 四端初发，其意与情皆为善，只是情是性的自然流露，情即性之用，性即情之体。而意却要经营，善恶之转，就是在这经营中来的。若是发动了恶意，"于是心不能察，而性亦退听焉而已矣。惟加以慎独之功，而毋自欺其初萌之意，随事察义，以条理其本然之情，而归根于其有生之性，

---

32 程瑶田：《论学小记》，《程瑶田全集》第一册，第48页。
33 同上书，第49页。
34 同上。

于是乎性得其养而心以存。能存其心以见之于事，而身有不修者乎"。[35] 心、性虽善，对恶意却无能为力，只能靠慎独之功，条理其情，归根于善性，才能够存心养性以修身。在根本上，这仍然是意中的较量，即善意依靠情的力量对恶意的驱赶，而心性则是被动地被存养。

因此，程瑶田给意赋予了极大的重要性，使诚意成为善恶转换的关键。他特别细密地辨析心、意、性、情的关系，以为，心统性情，情出于性，而意则是心之动。情与意似不同源，但又皆具于心。既然都出于心，则不仅性、情有善无恶，意亦无恶，但由于心与外部的接触要通过意，意之经营会导致恶的产生，而意又主张于情，因而意变恶，会影响到情，乃至丧失良心，而此皆为不诚意之害。意与情的区别在于，"盖情之发于性也，直达之而已；意之主张乎情者，有所经营，不能直达"。[36] 所谓诚意，就是使已经不能直达的情重新成为可以直达本性的情。

四、诚意

正是在这样的框架之下，我们才能理解程瑶田作长文《诚意义述》的用意。他把诚意定义为"真好真恶之情发于性者"，情是"好恶之出于不容已者"，意是"好恶之情动于中而欲有所作为者"。即情是一种自然的好恶流露，但意则是欲做某事的念头。如果人的自然之情非常喜欢某个东西，但是此人却不想做这件事；非常讨

---

35 程瑶田：《论学小记》，《程瑶田全集》第一册，第49页。
36 同上书，第50页。

厌某个东西,却要去做,就不能真的做到为善去恶,这就是不诚意。"发于情之好恶,是真好恶也;发于情而即欲好之恶之,是其意已自知其当好当恶也",但是如果不能按照这个好恶之情去做,就是自欺。"'毋自欺'者,知其当然而即无丝毫之不然,是能充实其为善拒恶之意,而能不负其出于不容已之情,夫是之谓诚其意也"。[37]

程瑶田特别强调,诚意之功的关键在于慎独。如何理解《大学》《中庸》里面的"慎独",自宋以后就是一个大问题,清儒争论尤多。郑君对"慎独"的理解非常朴素,以为即"慎其闲居之所为";朱子认为,所慎的乃是"人所不知而己所独知之地",即人欲将萌未萌之时,仅自己知道的状态,因而慎独就是去除人欲最细微的萌芽。程瑶田则综合了郑、朱两说,以为"独者,内外相交之际,而慎则专在内也"。[38] 所谓独,是对他人而言的,所以独是他人所不见处。他在几处讨论慎独时都举了《后汉书》中王密见杨震的事:"所举荆州茂才王密为昌邑令,谒见,至夜,怀金十斤以遗震,震曰:故人知君,君不知故人,何也?密曰:暮夜无知者。震曰:天知,神知,我知,子知,何谓无知?密愧而出。"这便是二人独处时,王密自欺以欺人,其意便是私意而不诚。这样的例子,显然更符合郑君闲居的理解,所以程瑶田不同意宋儒"专在内"理解慎独的思路。他发挥郑注的理解,认为古人所说的"出门如见大宾","独立不惭影,独寝不愧衾",说的都是慎独。[39] 他认为慎独是内外相交之际,之所以强调其外,是因为其总要在耳、

---

37 程瑶田:《论学小记》,《程瑶田全集》第一册,第26页。
38 同上书,第29页。
39 同上书,第16页。

目、口、鼻的视、听、言、动上面，即随时行事的合礼与不合礼。但慎又必须专在内言。仅仅按照合礼去做事还不够，还要"如好好色，如恶恶臭"。见到好色，本来是非礼的，也知道不应该去做，却仍然心里喜欢，那就是尚未做到慎独，意还不够诚。见到自己不喜欢的东西，虽然知道应该做才合礼，却不能如好好色，心里还是有一些厌恶，那也是没有做到诚意。

在对如"恶恶臭"的理解上，程瑶田体现出与宋儒相当大的不同：

> 诚意者之"恶恶"也，非专指恶已有之而后去之务尽之谓也，谓不使丝毫之恶有以乘于吾之身也。故曰：夫子言"恶不仁者，其为仁矣，不使不仁者加乎其身"，说恶字最精妙也。若不善乘于吾身，此所谓"恶念"也。不可误认为吾欲诚之意，其治之之功谓之"去恶"，谓之"改过"，亦不得以"诚意"二字统言之，而此去恶、改过之皇皇焉不容缓者，此之谓"恶恶"之意也，此之谓"内自讼"也，此之谓"独"之当慎者也，此之谓"毋自欺"以诚其意也。[40]

对"如恶恶臭"的理解，是宋儒讨论天理、人欲的一个重要证据，戴震已经有所辨析。而程瑶田于此处尤加措意，以孔子之言证明，诚意并非去除已有之人欲和恶意，而是努力做到不使恶念加乎其身。所谓"去恶""改过"当然很重要，但并不是"诚意""如恶恶臭"的本意，因为所恶的并非自己的人欲，而是外在的诱惑。他

---

40 程瑶田：《论学小记》，《程瑶田全集》第一册，第28-29页。

随后详细说道:"吾之恶之也,虽猝值之而几于不能避,然卒无有肯受之者,何也?其恶之意诚也。夫天下之可恶如此'恶臭'者多矣。今即以'好色'例之,色虽好,而视之即为非礼之视,由君子观之,其为可恶何异于'恶臭'!而人之见之者,往往不能不视之也。此其恶之之意不能'如恶恶臭'之诚也,此即'独'之不慎也。"[41] 在宋儒二性的框架下,修身最重要的是"存天理,灭人欲",因而其功夫论的核心在于遏制人欲,因而朱子对《大学》《中庸》里面的"慎独",都强调遏制人欲。戴震与程瑶田对这个问题的辨析是从他们以气质之性为善的人性论推出的必然结论。这个看似微小的差别,遂成为清学之功夫论区别于宋学的关窍所在。因而程瑶田在很多地方都非常强调这一点,特别是对《大学》《中庸》一些细节的诠释上。

程瑶田对《中庸》里"莫现乎隐,莫显乎微"的解释是:"隐为黑暗之地,非无其处,而视之不能见也;微为细小之物,未尝不可见,而见之不能显也。此真如视听言动之接于吾,而吾欲视之、听之、言之、动之之时也。此时心中即以礼权之,如其非礼则勿视、勿听、勿言、勿动也。此慎独之事也。"[42] 内在的修养也一定要落实在具体的事情上,而不是对人欲的内在斗争,所以隐和微并不是指自己的内心深处,而是黑暗之地、细小之物,即使在黑暗之处的小事上面也以礼权之,视听言动无不合礼,自觉地以好好色之心态对待应行之礼,以恶恶臭的心态对待不当行之事,就是做到了慎

---

41 程瑶田:《论学小记》,《程瑶田全集》第一册,第29页。
42 同上书,第29-30页。

独。如曾子三省其身之说，所针对的都是自己的行事。"盖行事不疚，乃吾之志即好善恶恶之意也。好恶之不诚，以自欺其意，是见恶于其志矣。能于内外相交之际，断乎不蹈于非礼，则是于人之所不见时而能慎独，以无恶于志矣"。[43]

宋儒对理与欲的区分导致对二性的讨论，从而呈现出丰富的内在自我。戴震、程瑶田将这些地方都理解为实事，是否就取消了内在自我的丰富性呢？戴震和程瑶田虽然不再区分内在的二性，但对内在修养的强调并不弱于宋儒，同样有相当复杂的人性结构。正是这一点，使清儒在讲汉学的时候，与完全强调礼制的郑君并不一样。他们是在更细密地阐释孟子性善说的基础上，重新重视礼学建构的。因此，程瑶田既然不承认二性说，就必须构造一个新的心性论体系。所以，无论是对性情还是对诚意慎独的讨论中，他都贯彻了一贯的思路，即反对从理欲二分的角度讨论问题，他所理解的修身也不是静坐内省式的修身，而一定要落实到具体的事情上。在修身的具体理解上，他更强调正面的修养，而反对遏制欲望。他特别严厉地批评了以遏制欲望为核心的功夫论：

> 今之言学者动曰"去私"、"去蔽"。余以为，道问学其第一义不在"去私"，致知之第一义亦非"去蔽"。盖本不知者，非有物以蔽之；本未行者，非必有所私也。若五金然，其性有光，能鉴物，是"明德"也；铄之，煎之，锻之，范之，钁之，厉之，是"明明德"也。鉴受尘则拭之，有垢则磨之，是"去蔽"、"去

---

[43] 程瑶田：《论学小记》，《程瑶田全集》第一册，第30页。

私"之事也。是故崇德,"明明德"之事也;"道问学"以"尊德性",所以"明明德"也。修慝,去蔽、去私之谓也;诚意者,崇德、修慝兼而有之者也。"好善恶不善",非修慝也;"毋自欺",亦非修慝也。自欺则慝也,反其不诚以几于诚,是之谓修慝也。问学之事,崇德一大端,大之大者也;修慝亦一大端,所以辅其崇德,大之次者也。今之言学者但知修慝为大端,认修慝为即以崇德,其根由于不知性善之精义,遂以未治之身为丛尤集怨之身,虽亦颇疑于性善,及其着于录也,不能不与荀子《性恶篇》相为表里。此说之不能无歧也。[44]

张寿安先生认为,程瑶田在此所批评的"今之言学者"指的就是戴震。此说相当敏锐。戴震虽然也反对理欲二分,但还是强调"去私""去蔽"。如在《原善下》中,他说:"人之不尽其材,患二:曰私,曰蔽。私也者,其生于心为溺,发于政为慝,见于事为悖为欺,其究为私也。蔽也者,其生于心为惑,发于政为偏,成于行为谬,见于事为凿为愚,其究为蔽已……不惑于心,不疑于德行,夫然后乐循理,乐循理者,不蔽不私者也。得乎生生者仁,反于是而害仁之谓私。得乎条理者智,隔于是而病智之谓蔽。"[45] 在《孟子字义疏证》中,戴震也说:"智也者,言乎其不蔽也;仁也者,言乎其不私也;勇也者,言乎其自强也。非不蔽不私加以自强,不可语于智仁勇。"[46]

---

44 程瑶田:《论学小记》,《程瑶田全集》第一册,第13页。
45 戴震:《东原文集·原善下》,《戴震全书》,黄山书社,2010年版,346-347页。
46 戴震:《孟子字义疏证》,中华书局,2008年版,第209页。

在程瑶田看来，这些地方就是戴震对宋儒批评得还不够彻底的地方。所以他在许多地方都反复强调，修身的核心不在于去私、去蔽、修慝之类，而是在于更积极地崇德好善，从而使外界之恶无法侵入。虽然程瑶田很少直截了当地批评宋儒，但在这个问题上，他距离宋儒比戴震更远。

由于对诚意的极端重视，程瑶田对《大学》诸条目的理解也与宋儒非常不同。朱子对《大学》诸条目的理解中，格物致知是首位的，诚意则相对次要。这在《朱子语类》的好几条中都非常明显。他说："致知、格物是源头上工夫。看来知至便自心正，不用'诚意'两字也得。然无此又不得，譬如过水相似，无桥则过不得。意有未诚，也须着力。不应道知已至，不用力。""知若至，则意无不诚。若知之至，欲着此物亦留不住，东西南北中央皆着不得。若是不诚之人，亦不肯尽去，亦要留些子在。""致知者，诚意之本也；慎独者，诚意之助也。致知，则意已诚七八分了，只是犹恐隐微独处尚有些子未诚实处，故其要在慎独。"[47] 因为有理欲二分之说，所以朱子认为最重要的是认识天理，格物致知就是认识天理的功夫，等到有了真知，诚意就不难了，甚至会说，致知之后自然就可以诚意。

程瑶田正是针对朱子的这个观点，说："说者只为诚意工夫是致知之后、正心之前夹缝中事，故必说在发念之初，方能不侵界限。不知此意也，以一事言，则一事之始终该之。故意之发端在

---

[47] 三条分别见于《朱子语类》十五、十六卷，《朱子全书》第十四册，上海古籍出版社、安徽教育出版社，第483页，第483页，第522页。

一念，而诚意之功，则非一念之可毕也。"[48] 程瑶田既然否定理欲二分，也就不认为认识理则是最根本的问题，而认为是否真心好善恶恶才最重要，因为这是善恶之间的分界。程瑶田与朱子一样，在原则上同意，致知、诚意、正心、修身虽然界限有四段，但四段的工夫不能截然分开，而"诚意之功，以一事言，则贯乎其事之始终；以一身言，则贯乎终身"。[49] 在这个意义上，程瑶田其实更强调不间断的修身。而对于致知与诚意的关系，他更正面的表述是："当其致知时，既知'仁为己任'，'死而后已'矣，此时便有好仁之意，日日好之，事事好之，所谓诚也。心即由此而正矣，身即由此而修矣，其诚意之功未尝间断也。"[50]

程瑶田也并没有因为特别突出诚意而忽视致知，而是仍然强调致知在诚意之前。他说："诚意为明明德之要，而必先之以致知。知非空致，在于格物。物者何？意、身、心、家、国、天下也。"[51] 这段话非常概括地总结了程瑶田的义理学。他不仅同样强调致知，而且是以求理的目的来求知，但所求的并非天理，而是物之理，以便可以顺物之情，尽物之性。他批评佛教"不知循物，寂守其心，此异学之所以歧也"，这也正是宋学的问题。由于程瑶田从物则的角度理解理，致知以求物理，这就构成了诚意的基础，通过诚意来顺其情，尽其性，从而使得天下万物各得其所，这正是程瑶田礼学的心性论基础所在。前文也已经谈到，他认为情出于理而妙于理，缘情

---

48 程瑶田：《论学小记》，《程瑶田全集》第一册，第27页。
49 同上书，第28页。
50 同上。
51 同上书，第30页。

制礼，使得礼也出于理，但却并不认定死理，而是曲通于情以制礼。

五、《论学小记》的结构与礼的问题

在对心性学的讨论中，我们处处可以看出程瑶田对礼的重视，而在其礼学当中，程瑶田尤其重视的是人伦。所以，他在《志学篇》中说："学也者，学为人子，学为人臣，学为人弟，学为人友之道也。"[52] 这种对礼的重视与汉儒颇不同，因为他又强调："圣教安归乎？归于自治而已矣。今有能纯乎喻义而绝不喻利之人，处人伦如此，酬世务如此，夙兴夜寐举如此，尔室屋漏中如此，稠人广众中复如此，志气清明时如此，梦寐惶惑时无不如此。此其人，不亦可以立于天地间乎？"[53] 这便是程瑶田礼学区别于汉学最大的地方：人伦礼制不是制度架构，而是修身之道，来自他所理解的心性结构。但这与宋学的修身之法也颇不同，因为他重视的是在人伦日用中的修身，而不是静坐体悟。他在《颜子不改其乐述》中阐释颜子之乐说："假使于人伦之中，如父不慈，子不孝，愧怍之无地，乐于何有？故曰：实事求是而能行之，此为其乐筑固灵株也。"[54]

由于程瑶田不把心性重点放在理欲之间，而是落实在具体事务中的诚意上，所以，"其立乎世也，必有以接乎其人也。人也者，父子、兄弟、夫妇，苟在家，毋相离也。朋友，则出而日相见者

---

52 程瑶田：《论学小记》，《程瑶田全集》第一册，第13页。
53 程瑶田：《通艺录自叙》，《程瑶田全集》第一册，第9页。
54 程瑶田：《论学外篇》，《程瑶田全集》第一册，第131页。

也。至于能仕，则事之者吾君也。"[55]学，就是在这各种人伦关系上做到无过无不及，也就是视、听、言、动皆不失乎礼。学的目的是立于世上，方法是博文与慎独，而无论博文还是慎独，都要通过礼才能完成，所以孔子说："不学礼，无以立。"所以有《博文篇》《慎独篇》《立礼篇》的安排。

在诠释礼的意义时，程瑶田也是就人伦说的："礼之于人大矣！以求之其子者而事父，以求之其臣者而事君，以求之其弟者而事兄，以求之其友者而先施，礼也。"[56]贤者之过，在过于礼，不肖者不及，也在于不及乎礼。要做到人伦之礼的恰到好处，就要"视不以邪色接乎目，听不以淫声受于耳，言不以游辞出诸口，动不以畸行加诸身，礼也"。在这些方面，智者之过，也是过乎礼，愚者之不及，也是不及乎礼。所以，学者要以礼自立。

所谓以礼自立，虽然要通过在与人相接的各个方面做到，但其最终的落实却在内在之德，所以《立礼篇》随后是《进德篇》释"恕"，《主让篇》释"让"，《以厚篇》释"厚"，《贵和篇》释"和"。他以为，仁是人之德，而恕是行仁之方，尧舜之仁不过终身行恕道。让之所以重要，因为它是争之反、任之对。做到不争夺，不任性，自然是礼之真意。而程瑶田以为，凡人之获令名、膺遐福，都是因为厚。最后，礼之用以和为贵，无论治己治人，都是和气招祥。这四德是程瑶田所理解的礼意所在，所以他特别重视。这是程氏祠堂障壁上写的四件事，程瑶田曾作《祠堂障壁四事书呈宗

---

55 程瑶田：《论学小记》，《程瑶田全集》第一册，第13页。
56 同上书，第17页。

老垂示后生》以示其同族子弟。他又作《擘窠书四字说》《和厚让恕四德贯通说》两篇,来阐述这四德之义,而其晚年所号让堂,即从此中来,均收入《论学外篇》。述四德之后,程瑶田又作《大器篇》,强调有容乃大的道理。随后是《游艺篇》。因为程瑶田特别强调要在实事中体认礼意,所以尽职尽伦都必须有所落实,"夫德之能据也,仁之能依也,皆于艺乎得之"。[57] 以上为《论学小记》前十篇,为程瑶田论学之大纲,皆以礼为归。随后则是《论学小记》的核心篇章《诚意义述》,再后面就是对其学说之关键概念的阐释,即"诸述篇",是对其心性论的详细阐发。

最后一篇《论学约指》,综述全书主旨,再度阐发学与人伦的关系,特别指出:"人之类,有出于君臣、父子、夫妇、昆弟、朋友之外者乎?是故五伦者,百行之本也。"[58]

由此可以看出,程瑶田置于《通艺录》之首的《论学小记》虽然不像他的考据学著作那样受到人们的重视,却是一部精心安排的著作,其思想关键在于否定宋儒理欲二分之说,阐发性善论,特别以诚意为功夫论的核心,而所有这些讨论都落实到人伦之礼上面,他所强调的恕、让、厚、和四德,都是礼学上强调接人待物之法的德性。《论学外篇》收入的是相关的一些散论,可以帮助我们更好地理解《论学小记》。而这正是《宗法小记》和《仪礼丧服文足征记》的用意所在。

---

[57] 程瑶田:《论学小记》,《程瑶田全集》第一册,第25页。
[58] 同上书,第85页。